20개의 언어로 떠나는
세계 문명기행

바벨

가스통 도렌Gaston Dorren 지음
김승경 옮김

미래의창

언어는 너무나도 사적인 소유물이다.
사람이 언어를 소유하는 만큼 언어도 사람을 소유한다.
언어는 인간 존재의 토대와 기억과 감정들
그리고 사람이 살아가는 세계의 미묘한 구조들과
아주 깊이 관련되어 있다.

- 알록 라이Alok Rai, 〈힌디어 민족주의Hindi Nationalism〉

서문
스무 개의 언어: 세계의 절반

세계에 존재하는 모든 언어의 개수를 세는 것은 매우 어려운 일이다. 일단 영어, 프랑스어, 러시아어, 태국어 등 수십여 개의 표준화된 언어들이 존재한다. 이렇게 공인된 언어들의 수를 세는 것은 어렵지 않다. 그러나 그 외에 수많은 표준화되지 않은 언어들이 있다. 이 수많은 언어들은 공식화되지 못하고 그저 어떤 지역의 언어로만 존재할 뿐이다. 게다가 어느 지역에서 한 언어가 끝나고 어느 지역부터 다른 언어가 시작하는지 구분하고 결정하는 것도 매우 어려운 일이다. 그러므로 확정적인 합계를 낼 수는 없지만 오늘날 세계에서 말이나 수화로 사용되는 언어의 숫자는 6,000개 정도라는 것이 일반적인 추정치다. 평균적으로 125만 명당 한 개의 언어가 있는 셈이다. 얼마나 아름다운 다양성인가. 우리는 바벨(신에게 도전하는 인간들에게 분노한 신이 인간들을 혼란스럽게 하기 위하여 수많은 언어를 만들었다는 이야기에 등장하는 도시)에 살고 있다!

그런데 정말 그러한가? 다른 통계자료를 보자. 영어, 북경어, 스페인어 그리고 힌디-우르두어, 이 네 가지 언어만 할 줄 알면 통역사 없이도 세계 대부분의 지역을 별 어려움 없이 다닐 수 있다. 힌디-우르두어와 북경어는 세계에서 가장 인구가 많은 두 나라에서 널리 사용되고, 스페인어는 아메리카 대륙 대부분 지역에서 유용할 것이며, 영어는 말할 것도 없는 국제적 공통어라고 할 수 있다. 그런데 바벨이라니?

이 책의 주제인 세계에서 가장 많이 쓰이는 언어들은 수백 개 혹은 수천 개의 보다 작은 언어들의 몰락을 초래하고 있을지도 모른다. 이것은 비극이다. 보다 작은 언어들이 점점 쓰이지 않게 되면서, 단어·이야기·이름 속에 체계화된 소중한 지식들이 몰살당하고 있기 때문이다. 알록 라이Alok Rai(델리대학교의 영문학과 교수)가 말했듯이, '사람이 살아가는 세계의 미묘한 구조들'이 사라져가는 것이다. 하지만 이와 동시에, 지배적인 언어들은 흔히 생각되는 것보다 훨씬 더 많은 언어적·문화적·역사적 다양성을 갖고 있다. 이 아이러니한 상황이 바로 이 책을 달콤하면서도 씁쓸한 책으로 만들고 있다. 이 책에 등장하는 스무 개의 언어들은 그 맛이 좋은 만큼 동시에 위험하기도 한 것이다.

이 스무 개의 언어들은 세계 인구의 절반이 넘는 사람들이 모국어로 사용하고 있다. 이 언어들을 제2언어로 사용하는 사람들까지 생각하면 그 수는 훨씬 더 늘어난다. 물론 정확한 숫자에는 여전히 논란의 여지가 있다. 그러나 지구에 사는 사람들의 적어도 75퍼센트는 이 책에 나오는 스무 개 언어 중 하나로 의사소통이 가능하다고 말할 수 있다. 좀더 정확하게 표현하자면 인류의 90퍼센트는 중앙 정부가 이 스무 개에 포함되는 언어를 일상적으로 사용하는 나라에 살고 있다.

그렇다면 이 언어들은 어떻게 현재의 위치에 올랐을까? 각 언어의 일대기는 모두 다르지만 대부분 한 가지 공통점을 가지고 있다. 이들 대부분이 공통어lingua franca 즉, 여러 다른 모국어를 사용하는 사람들 사이를 이어주는 언어라는 점이다.

이 책이 다루는 공통어 중 스와힐리어와 말레이어는 처음에 무역언어로 발전해나갔다. 나중에 여러 정부들이 이 언어들을 행정언어로도 받아들이긴 했지만, 오늘날에도 이 언어들은 모국어로 사용되기보다는 사람들 사이 언어의 틈을 메워주는 제2언어로 더 자주 사용된다. 공통어를 창조하고 운반하는 것은 언제나 제국주의였다. 페르시아어, 포르투갈어, 영어 모두 제국주의의 확장으로 자신의 요람을 벗어났다. 다른 아시아 언어들도 비슷했다. 아랍어는 칼리파가 다스리는 지역을 통해, 북경어는 중국 왕조를 통해, 터키어는 오스만 제국을 통해 그리고 베트남어는 베트남의 왕들과 군대를 통해 퍼져나갔다. 포르투갈어와 영어처럼 다른 유럽 언어들 역시 식민지를 확장하면서 이 추세에 편승했다. 스페인어와 프랑스어는 바다를 통해, 러시아어는 육지로 퍼져나갔다. 남부 인도의 사람들은 힌두어가 인도를 대표하는 언어가 되는 것을 격렬히 반대하지만, 역사는 원하는 방향으로만 흘러가지는 않는다.

이제까지 13개의 언어를 언급했다. 남은 일곱 개는 독일어, 일본어, 자와어, 한국어 그리고 3개의 남아시아 언어인 벵골어, 펀자브어, 타밀어다. 이 언어들은 공통어라고 하기에는 무리가 있다. 그러나 대신 이 언어들은 좁지만 인구밀도가 높은 지역에서 사용된다는 공통점을 가지고 있다.

바벨 20 언어들은 각각 제공하는 단어가 다르고, 이용하는 문법이 다르며, 내는 소리가 다르다. 표기 체계 역시 그 외양만 매혹적으로 다양한 것이 아니라 그 기능에 있어서도 완전히 다른 점들을 가지고 있다. 또한 사람들이 자신의 언어에 대해 가지는 집단적 감정들도 매우 다양하다. 존경심이나 자부심, 과잉보호 그리고 때로는 무관심도 찾아볼 수 있다. 또한 제2언어 사용자들 사이에서는 체념이나 증오 같은 감정이 발견되기도 한다. 바벨 20 언어들은 사용되는 양상도 다양하게 나타나는데, 주로 정부나 기업에서 인기가 있다. 일부 언어들은 매우 풍부하고 오래된 문학적 전통을 가지고 있는 반면, 그렇지 않은 언어들도 있다. 또한 일부 언어들은 이민자들이 여러 세대 동안 지키고 유지하지만, 어떤 언어들은 이민자들이 금방 포기하고 만다. 또한 모든 언어들은 내적 다양성을 보여주는데 그 양상은 서로 다르다. 일반적으로는 한 언어 안에 지역적으로나 문화적으로 매우 다양한 종류가 존재한다. 때로는 말하는 데 쓰는 언어와 글로 쓰는 언어가 다르기도 하다. 격식 있는 대화에 사용하는 언어와 격식 없이 수다를 떨 때 사용하는 언어가 구별되기도 한다. 또는 사회적 지위가 높은 사람을 대할 때와 지위가 낮은 사람을 대할 때 혹은 동료를 대할 때 쓰는 말이 구분되기도 한다. 다시 말해서, 고유한 의사소통 체계라는 점을 제외하면 바벨 20 언어는 각기 자신만의 언어적 역사와 언어적 문화를 가지고 있다. 각 언어가 세계 그 자체라고 말할 수 있는 것이다.

우리는 이 책에서 이 복잡하고 다양한 언어의 세계를 하나씩 들여다볼 것이다. 가장 작은 세계에서 시작해 가장 거대한 '언어적 슈퍼파워'의 세계까지 가게 될 것이다. 각 이야기는 한 가지 언어에 집중하는 동시에, 그 언어와 다른 언어 사이에 나타나는 특정한 특징도 살펴볼 것이다. 예를 들어, 러시아어가 영어와 '관련된' 언어라는 것은 사실인가? 인도나 중국에서 사용되는 비음소문자는 영어 알파벳과 동일한 기능을 해낼 수 있을까? 벨기에와 캐나다가 언어적 평화를 지키는 데 애를 먹고 있는데, 인도네시아 같은 다중 언어 국가들은 이 같은 상황을 어떻게 해결할 수 있을까? 다른 식민제국에 비해 적은 식민지를 가졌던 포르투갈의 언어가 어떻게 세계적으로 널리 쓰이는 언어가 되었을까? 그리고 왜 네덜란드어는 그렇게 되지 못했을까? 왜 일본에서는 여성과 남성이 다르게 말할까?

바벨에 대해서 - 몇 가지 (비)실용적 내용들

•

이 책의 각 장은 해당 언어에 대한 짧은 소개로 시작한다. 그 언어를 부르는 다양한 이름들, 언어적 족보, 사용자의 수, 문법, 소리 및 표기 체계에 대한 몇 가지 기초적인 사항 그리고 차용어에 대한 정보(어느 언어에서 주로 단어를 빌려왔는지 그리고 어떤 단어들이 이 언어에서 다른 언어로 입양되어 나갔는지) 등이 포함된다. 언어에 대한 통계자료들은 무척 변덕스럽기 때문에 이 책에서 제시하는 숫자에도 물론 의문의 여지가 있다. 하지만 많은 자료들을 참고했고, 믿기 어려운 예외적인 숫자들은 무시했으며, 나머지 숫자들의 평균을 내서 그 값을 구했다.

외국 언어의 익숙하지 않은 소리들을 국제음성기호International Phonetic Alphabet를 사용하지 않고 표기하는 것은 쉽지 않은 일이다. 하지만 비전문가들이 국제음성기호를 알고 이해하고 있는 경우는 매우 드물다. 따라서 이 책에서는 두 가지 방법을 사용했다. 대부분의 경우, 외국어 단어들의 발음은 영어 철자법이나(예를 들어, 단어 bee의 모음 소리와 비슷한 모음 소리를 표시하기 위해서 /ee/를 사용했다), 일부 '유럽대륙식' 철자법을 사용해서 (bee와 비슷한 모음 소리를 /i/로 표시하거나 아니면 모음의 길이가 중요한 본문인 경우 아예 /ī/로 표시하거나 해서) 근사치에 가깝게 표시하도록 노력했다. 이 방법이 통하지 않는 몇몇 경우에는 내가 운영하고 있는 블로그(languagewriter.com)의 자료를 참고했다. 블로그의 'BABEL' 메뉴로 들어가면 음성파일을 찾아볼 수 있다.

바벨 20 언어 중 절반은 로마 알파벳이 아닌 다른 문자를 사용한다. 러시아어, 북경어 등의 단어들은 로마 알파벳으로 (또는 한글로) 옮겨 적거나 빗금을 사용해 소리 나는 대로 표기했다. 이렇게 표기하는 방법에는 각 언어마다 한 가지 이상의 방법이 존재할 수 있는데, 이 책에 표기된 일본어나 아랍어 단어들이 본인이 알고 있는 것과 다르다면 아마 이 때문일 것이다. 또한 작은 대문자를 사용하여 영어와 다른 언어를 구별하였다.

이 책에 실린 수많은 외국어 단어들을 정확히 표현하기 위해 열심히 노력했지만, 그럼에도 철자에 오류가 있을 수도 있다. 특히 비유럽언어의 경우에는 더욱 그럴 것이다. 만일 이 책을 읽는 동안 어떤 오류를 발견한다면, 이후에 나올 개정판과 번역본에 도움이 될 수 있도록 블로그에 있는 연락처 페이지를 통해 알려주기 바란다.

가스통 도렌

차례

20

베트남어

TIẾNG VIỆT

8,500만 명

약 7,500만 명의 원어민이 베트남에 살고 있으며, 베트남어는 베트남의 유일한 공식 언어다. 그리고 50만 명의 원어민이 캄보디아에 살고 있다. 또한 약 200만 명의 베트남인들이 미국에 살고 있으며, 상당수의 베트남인들이 프랑스, 호주, 캐나다, 독일, 체코 공화국, 영국에 거주한다. 500만 명에서 1,000만 명 사이의 제2언어 사용자들은 대부분 베트남에 살고 있는 소수민족들이다.

자칭 이름 띠엥비엣TIẾNG VIỆT. 때로는 띠엥비엣남TIẾNG VIỆT Nam 또는 비엣응으VIỆT NGỮ.

어족 베트남어는 오스트로아시아어족에서 단연코 가장 널리 사용되는 언어다. 이 어족에는 캄보디아의 국가 언어인 크메르어도 포함된다. 오스트로아시아어족에 속하는 100개가 넘는 소규모의 언어들은 동남아시아 전역과 인도 동부의 여러 소수 민족들이 사용한다.

문자 놀랄 만큼 많은 개수의 발음구별기호(강세표시)를 더한 로마 알파벳을 사용한다. 20세기 초반까지는 중국 문자에 기반을 둔 문자를 사용했다.

문법 본문 참조.

소리 본문 참조.

차용어 선사시대에는 주변의 따이어파 언어들에서 농경 관련 용어를 들여왔다. 20세기 중반까지 약 2,000년에 걸친 시기 동안, 중국의 언어들에서 수많은 단어를 빌려왔다. 30~60퍼센트의 베트남어 어휘가 중국어에 그 기원을 두는 것으로 추정되고 있다. 프랑스 식민 지배 시기, 수십여 개의 프랑스어 단어들이 들어와 베트남어의 음운 체계와 철자법에 맞게 바뀌었다. 오늘날에는 영어 단어들이 조금씩 들어오고 있다. 예는 본문 참조.

수출어 주로 베트남 문화에 관련된 것들을 지칭할 때 베트남어 단어들이 쓰인다. 영어권에 가장 잘 알려진 단어는 아마도 육수를 기반으로 한 인기 많은 쌀국수인 퍼PHỞ일 것이다. 베트남 전쟁 기간 동안, 베트남어 단어들이 미군의 군사용어 안에 일시적으로 들어오기도 했다. 예를 들어 '저리 가'라는 뜻의 디디ĐI ĐI, '군대경찰'을 의미하는 꾸언칸QUÂN CẢNH, '최고'를 뜻하는(문자적으로는 '숫자 1'을 뜻하는) 소못SỐ MỘT 등이 있다.

억양 장애물 문법적으로는 그렇지 않지만 발음과 어휘에 있어서 베트남어는 지역 방언들의 특색이 강하다. 언어를 배우는 입장에서 이것은 큰 장애물이다. 주요 억양들을 서로 구분하기는 쉽지만 무슨 말인지 알아듣기는 어렵기 때문이다. 남부에서 사용되는 방언들은 특히나 더 그렇다. 실제로 북부 방언을 사용하는 원어민들은 남부 방언을 잘 알아듣지 못한다고 한다. 베트남어 표준 발음에는 북부 지역의 특징이 많이 섞여 있으며, 남부 지역의 특징은 일부만 반영되어 있다.

20: 베트남어

언어 등반하기

●

하노이에서 지내기로 예정된 3주 중 절반이 지난 시점에 나는 베트남어 선생인 르완Loan에게 이렇게 말했다.

"Bác học tiếng Việt một năm và ruỗi, 아니, 잠깐만! rưỡi – rồi nhưng chưa có thể nói không được!"

단어들이 자연스럽게 연결되어 나오지는 않았지만 그래도 르완이 고개를 끄덕이는 걸 보니 내가 하려고 하는 말을 제대로 전달하긴 한 것 같았다. 베트남어를 일 년 반 동안 배웠는데 아직도 베트남어를 못한다는 말을 하고 싶었는데, 과연 제대로 전달된 것일까? 그렇다면 나는 내가 지금까지 말했던 베트남어 중 가장 긴 (그리고 가장 모순적인) 문장을 말한 것이다.

르완은 잠시 말이 없더니 고개를 가로저으며 말했다.

"고쳐봅시다."

나는 몹시 실망했지만 애써 괜찮은 척하며 명랑한 목소리로 대답했다. "왜요? 제가 베트남어를 못한다고 말하는 게 잘못됐다고 생각해요?"

"방금 말한 문장에 실수가 여러 개 있어요"라고 말하며, 르완이 내 실수들을 나열하기 시작했다.

"이렇게 다시 말해보세요. Bác học tiếng Việt một năm rưỡi rồi nhưng chưa thể nói được."

나는 르완과 베트남어를 공부하는 것이 좋았다. 르완은 영어를 잘할 뿐 아니라(물론 이것은 양날의 검이 될 수 있다), 생기발랄하고, 재미있으며, 베트남어 수업에 열정이 넘치는 선생님이었다. 우리는 함께 박물관, 서점, 식당 등에 가고, 르완의 친구들을 몇 명 소개받기도 했다. 르완은 헌신적인 선생님이지만 약간 엄격한 면도 있다. 르완은 칭찬보다는 질타를 통한 동기부여의 힘을 믿고 있는 듯했다. 그래서인지 이런 말을 자주 했다. "왜 그 단어를 몰라요, 박bác(삼촌)? 어제 배운 단어잖아요!"

"물론 그래요. 하지만 짜우cháu(여자조카), 배운 단어를 전부 다! 아니, 반이라도 외우는 건 불가능해요! 베트남어 단어를 공부하는 건 코 칸khó khăn(어렵다)이야!"

"그래도 외울 수 있어요. 아주 훌륭한 학생이니까요!"

나는 허리를 펴고 곧게 앉았다.

"하지만 실력이 별로 늘지 않은 건 사실이에요."

나는 다시 축 늘어졌다.

"그래도 약간 늘기는 했어요. 그리고 발음은 확실히 늘었어요."

르완의 칭찬과 채찍이 내 말문을 막아버렸지만 기분은 좋았다.

하노이 중심부에 위치한 응옥선 사당. 수세기 동안 대부분의 글은 한자로 쓰였다. 베트남어에서는 한자를 개조한 버전의 문자도 쓰였다.

이게 우리가, 나의 스무 살짜리 베트남어 선생님과 내가 함께 하는 방식이다.

그런데 나는 왜 베트남에 와 있는 것일까? 친구들과 가족들이 있는 고향과 6,000마일이나 떨어진 타국에서 진짜로 특이한 외국인들이나 배우고자 할 이 언어와 나는 왜 씨름을 하고 있는 것일까? 무엇이 나로 하여금 이 언어를 배우게 만들었을까? 바로 이 책 때문이다.

서문에서 밝힌 대로 세계 인구의 절반과 그들의 모국어를 사용해 말할 수 있으려면 스무 개의 언어를 배워야 한다. 실제로 그 일을 해낸 사람들이 몇 명 존재한다. 나는 전에 미국인 폴리글랏polyglot(많은 언어를 사용할 줄 아는 사람)인 알렉산더 아르구엘레스Alexander Argüelles와 인사를 나눈 적이 있다. 그는 바벨 20 언어 중 16~17개를 할 줄 알고, 바벨 20 언어에 들지 않는 다른 언어들도 많이 할 줄 알았다. 나는 바벨 20 언어 중 일곱 언어(영어, 독일어, 스페인어, 프랑스어, 포르투갈어, 러시아어, 터키어)를 공부한 적이 있고, 이 언어들 중 몇 개는 유창하게 말할 수 있으며, 또 몇 개는 단순히 아는 정도다. 스무 개 언어 전부를 한 번씩 모두 배워볼까 하는 생각이 잠시 들긴 했었다. 하지만 전부 다 도전했다가는 출판사나 내 재정 상황이 허락하는 시간 안에, 아니 사실 내 기대수명 안에 기초적인 내용조차도 다 배울 수 없을 것이 분명했기 때문에 일단 한 개의 언어에만 도전하기로 했다. 대신 그 언어는 쉽지 않은 언어로 고르기로 결심했고, 베트남어를 선택했다.

내가 바벨 20 언어 중 베트남어를 선택한 이유는 아랍어·힌디어·한국어 등의 다른 선택지와는 달리 새로운 표기법나 수천 개의 한자를 배우지 않아도 되기 때문이었다. 그리고 베트남어가 이 책의 첫 장을 장식할 예정이었으므로, 베트남어를 배우면 책의 초반부터 외국어의 여러 특징들에 대해 논의하기에도 유용할 것으로 생각했다. 또한 다른 부가적이고 개인적인 동기도 있었다. 우리 집에서 일하는 베트남 출신의 가정부 뚜웻Tuyet에게 그녀의 모국어로 말을 걸어볼 수 있겠다는 작은 바람도 있었던 것이다. 뚜웻이 예상하고 있지 못할 때 베트남어로 말을 걸어 그녀를 놀라게 해주고도 싶었다. 그렇게 나는 베트남어를 배우기로 마음을 정하고 독학이 가능한 책을 골라,* 베트남어를 향한 여정에 올랐다.

첫 만남

•

베트남어로 적힌 글은 강렬한 첫인상을 남겼다. 내가 아는 그 어떤 언어도 이렇게 많은 발음구별기호를 가지고 있지 않다. 나는 어렸을 때 아버지가 보던 잡지 《파리마치Paris Match》가 이국적이라고 생각했었는데, 수많은 é, à, î 그리고 끝없는 아포스트로피 기호(') 때문이었다. 하지만 프랑스어도 베트남어에 비하면 삭막하고 평범해 보인다. 베트남어는 아홉 개나 되는 발음구별기호(á, à, ả, ã, ạ, â, ă, đ ơ - 나는 마지막 기호의 비공식적 이름인 '구레나룻 기른 o'라는 표현을 좋아한다)를 가지고 있어 예리한 눈썰미를 가진 사람들을 위한 언어라 할 수 있다. 단어 하나 또는 심지어 글자 하나에 여러 개의 발음구별기호가 붙어 있는 경우도 전혀 드물지 않게 찾아볼 수 있다. 나는 베트남어를 공부하면서 뚜웻Tuyet의 이름을 실제로는 Tuyết으로 쓴다는 것을 (그리고 '눈'이라는 뜻이라는 것을) 알게 되었다.

이 강세표시들은 정확한 발음을 표시하기 위해서는 꼭 필요하지만, 베트남어를 배우는 사람의 입장에서는 외울 것이 늘어난다는 단점이 있다. 그래도 다행히 베트남어의 거의 모든 단어들이 단음절이라는 것은 장점이라고 할 수 있다. 최대 여섯 글자로 이루어진 단어를 외우는 것이 독일어·러시아어·터키어에서 흔히 볼 수 있는 아주 긴 단어를 외우는 것보다는 확실히 쉬울 것이다.

• 베트남어 코스를 제공해준 아씨밀Assimil에게 감사를 표한다. 이 책 맨 뒤의 '참고 자료 및 추가 읽을거리' 부분에 내가 사용한 학습 자료들을 열거해놓았다.

또 하나 좋은 소식은 영어와 달리 베트남어의 철자는 발음을 꽤 정확하게 반영한다는 것이다. 그렇다고 모든 철자 규칙이 직관적으로 설명되는 것은 아니다. 예를 들어 /z/ 소리를 적는 방법이 세 가지나 되는데, 글자 z는 그 세 가지 방법에 포함되지 않기도 하며, /k/ 소리를 적는 방법도 세 가지나 된다(물론 영어에서도 /k/소리를 kan, keen, kween이라고 적지 않고 can, keen, queen이라고 적긴 하지만 말이다). 베트남어 철자에서 또 한 가지 복잡한 점은 t와 th의 구별이다. 전자는 /t/ 소리이고 후자는 /tʰ/ 소리인데 /t/에 약간의 공기를 더해 내는 소리다. 영어에서는 두 소리를 모두 t로 적는데, 베트남 사람들이 좀 더 정확한 철자법을 선호한다고 해서 이에 대해 불만을 표시할 수는 없는 노릇이다.

그래도 나는 베트남어의 발음이 전반적으로 쉬운 편이라고 말하고 싶다. 대부분의 동아시아 언어들을 어렵게 만드는, 우리가 다 아는 바로 그 문제, 성조만 제외한다면 말이다. 베트남어에서 각각의 단어는 여섯 개 중 하나의 '곡조'에 따라 소리를 내야 한다. 나는 내 모국어(림뷔르흐어)도 성조를 사용했기 때문에, 베트남어의 성조를 가볍게 해치울 수 있을 것이라고 생각했다. 그러나 그것은 잘못된 생각이었다. 베트남어의 여섯 개 성조는 내게 익숙한 두 개의 성조와는 너무나도 달랐다. 베트남어에서는 성조를 잘못 사용하면 '여기'가 '저기'가 되고(ĐÂY, ĐẤY), ĐI의 뜻이 '가다'에서 '매춘부'ĐĨ로 바뀌거나, 그것도 아니면 '음낭'이나 '비난하다'가 된다(둘 다 ĐÌ). 다행히 이때 베트남어 철자가 많은 도움이 된다. 아홉 개의 발음구별기호 중 다섯 개가 올바른 성조를 나타내기 위한 것이기 때문이다. 여섯 번째 성조는 이 다섯 가지 기호를 쓰지 않음으로써 표시한다. 결과적으로 베트남어는 글자와 성조가 반반으로 이루어졌다고 할 수 있다.

베트남어 문법은 어렵지 않아 보이지만 알면 알수록 복잡하고 어려워진다. 보통 사람들이 언어를 배울 때 어려움을 느끼는 부분들이 있는데 베트남어에는 그런 부분이 없다. 예를 들어 대부분의 유럽 언어를 배울 때 골치 아프게 하는 동사변형이 거의 없다. 있다 하더라도 몇 개 되지 않고 형태도 변하지 않는 불변화사를 붙이기만 하면 되는 경우가 많으며, 그나마도 생략할 수 있다. 라틴어나 그리스어, 슬라브어파 언어들 및 독일어에서 나타나는 격 체계는 아예 존재하지 않는다. 슬라브어파 언어들•과 덴마크어, 독일어에서 나타나는 불규칙 복수형도 없다. 베트남어에는 우리가 생각하는 것 같은 복수형이 아예 없다. 정리하자면 베트남어에는 어미가 없다! 베트남어 단어들은 그 모습 그대로 존재한다. 결코 변하지 않는다. 믿기 힘들겠지만 사실이다.

하지만 베트남어가 내가 생각했던 것보다 꽤 쉬울지도 모른다는 희망을 가지기 시작한 바로 그 때, 작은 악마들이 나타나 괴롭히기 시작한다.

첫 번째 악마는 인칭대명사다. 도대체 어디서부터 시작해야 할지 모르겠다. 일단 베트남어의 인칭대명사 문제는 그 수가 너무 많다는 데 있다. 단순히 '나' 또는 '너'라고 말하지 않는다. 수많은 '나'와 '너' 중에서 골라야 한다. 부분적으로는 성별에 따라 달라지지만 나이에 따라서도 달라진다. 어떤 대명사를 고르느냐에 따라 특정한 관계가 만들어진

• 슬라브어파 언어들이 여러 면에서 베트남어와 정반대라는 것에 유의하라. 수십 년 동안 소련은 베트남의 주요 동맹국이었는데, 이 때문에 베트남인들은 두 세대 동안 고통스럽게도 슬라브어파 언어인 러시아어를 배워야 했다.

다. '나'를 뜻하는 가장 중립적인 단어인 또이TÔI를 사용한다고 해도 진짜로 중립적인 것은 아니다. 이 단어를 사용하면 몹시 쌀쌀맞게 들리며 거리감을 느끼게 한다.

중립적이거나 거리감을 주는 대명사들보다 훨씬 더 흔하게 쓰이는 대명사들은 문자적으로 번역해보면 온갖 종류의 가족 관계를 나타내는 것들이다. 상대방이 나보다 약간 나이가 많으면, 상대방을 안ANH(손위 남자형제) 또는 찌CHỊ(손위 여자형제)로 지칭하고 자신은 앰EM(동생)이라고 칭한다. 하지만 상대방이 나보다 어리면 앰EM이라고 하고 나는 (남자이므로) 안ANH이라고 할 것이다. 이 세 단어 모두 누가 누구에게 말하느냐에 따라 '나' 또는 '너'를 의미할 수 있다는 것에 주목하라. 만일 어떤 베트남어 대화에서 인물들이 이런 대명사들을 사용한다면 가장 먼저 맥락상 누가 나이가 많고 적은지를 알아내야 한다. 그래야 어느 대명사가 누구를 지칭하는지 알 수 있다. 나이 차이가 더 많이 나는 경우에는 완전히 다른 단어들이 등장한다. 위에 나온 르완과 나 사이의 대화에서 서로를 박BÁC과 짜우CHÁU라고 부른 것은(문자적으로 '삼촌/이모/고모', '조카'라는 뜻) 내 나이가 르완 부모님의 나이와 비슷하기 때문이다. 그런데 위의 대화에서 내가 이 단어들을 넣은 것은 현지 느낌을 내기 위해 일부러 쓴 게 아니다. 베트남 사람들은 영어로 대화할 때도 이 단어들을 흔히 사용한다.

두 번째 악마는 '미로 같은 문장'이다. 새로운 언어를 배우기 시작할 때 막막한 느낌이 드는 것은 당연한 일이다. 하지만 다른 언어들의 경우, 보통 단어의 뜻은 모르더라도 어떤 종류의 단어인지는 구분할 수 있다. 어미, 주변의 관사, 대명사 등의 수많은 신호들이 내가 동사 때문에 당혹스러운 건지, 명사 때문에 헷갈리는 건지, 아니면 형용사 때문에 당황하고 있는 것인지는 알 수 있게 도와준다. 이것은 위로도 되고 실제 유용하기도 한데, 마치 어둠 속에서 물체의 어렴풋한 모양이나마 알아볼 수 있게 해주기 때문이다. 하지만 베트남어에는 어미와 관사가 없고 대명사는 너무 많기 때문에 문장 안에서 완전히 길을 잃어버리기가 쉽다.

나는 곧 또다른 문제를 발견했다. 일반적으로 많은 수의 베트남어 단어들은 동사가 될 수도, 명사가 될 수도, 전치사가 될 수도 있고, 아니면 아예 또다른 품사가 될 수도 있는데, 그 뜻은 서로 연관될 수도 있고 아닐 수도 있다. 찌CHỈ는 '가리키다'라는 뜻일 수도 '오직'이라는 뜻이 될 수도 있다. 어Ở는 보통 '~에'를 뜻하지만 '있다/거주하다'라는 뜻일 수도 있다. 라LÀ는 '~이다'라는 뜻일 수도 있지만 '그녀가 ~라고 말했다'에서 '~라고'의 뜻일 수도 있다. 그리고 드억ĐƯỢC은 그 뜻과 문법적 역할이 너무나 다양해서, 아주 많은 연습을 통해 감각을 익힐 수 있기를 바라는 방법밖에는 도리가 없다.

악마가 하나 더 있다. 바로 어순이다. 일단 기본적인 어순은 영어와 같이 주어+동사+목적어 순이다. 형용사가 명사 뒤에 오는 점이 영어와는 다소 다르지만 프랑스어나 스페인어에서 익숙하게 봤던 것이다. 불행히도 그 외에 다른 베트남어 단어와 구절들의 배치는 매우 까다롭고 변덕스럽다. '매우'를 뜻하는 단어 중 한 가지는 형용사 앞에 오고, 같은 뜻의 다른 단어는 형용사 뒤에 온다. 예를 들어 럿RẤT과 람LẮM은 모두 '매우'라는 뜻이지만 형용사인 런LỚN(커다란)과 같이 쓸 때는 럿RẤT은 런LỚN 앞에(RẤT LỚN) 그리고 람LẮM은 런LỚN 뒤에(LỚN LẮM) 와야 한다. 문장의 끝에 오는 키 나오KHI NÀO(언제)는 과거를 의미하지만, 문장의 앞에 이 단어가 오면 이 단어는 미래를 의미한다. 과거시제를 만드는 불변화사 중 한 가지인 다ĐÃ는 동사 앞에 오지만, 다른 한 가지인 로이RỒI는 동사 뒤에 온다. 이외에도 수많은 사례들이 있다.

이처럼 발음과 문법에 어려운 부분이 있긴 하지만 사실 쉬운 부분도 꽤 많이 있다. 그런데 어휘에 있어서만큼은 결코 쉽지 않다. 19세기 말 이후 베트남에 미친 유럽의 영향력을 생각했을 때, 나는 베트남어 가운데 유럽에서 온 차용어가 많을 것으로 기대했다. 실제 그랬다면 얼마나 좋을까! 외국 이름들과 드물게 외국에서 건너 온 몇몇 단어들을 제외하면, 베트남어 글은 아주 생경하고 불가해한 글자들의 모임으로 이루어져 있고, 하나의 모임, 즉 한 단어에는 글자가 한 개에서 여섯 개까지 들어 있다. 이 어휘들을 배우려면 그저 기계적으로 외우는 수밖에 없다.

내가 베트남어를 실제로 마주한 경험 역시 당혹스럽기는 마찬가지다. 나는 얼마 전 다중언어 사용이 가져오는 개인적·집단적 장점에 대해서 테드TED 강연을 했다. 강연 중 나는 베트남어를 공부하고 있다는 것에 대해 간단히 언급했다. 이후 한 동아시아 남성이 내게 친절하게 베트남어로 말을 걸어왔는데, 나는 그가 하는 말을 한 단어도 알아들을 수 없었다. 그는 내가 이해할 수 있도록 독일어로 바꿔 말하면서, 그저 간단한 인사를 한 것뿐이라고 설명했다. 내가 공부한 내용 중 제일 첫 장에 나오는 표현인데 알아듣지 못한 것이다. 그리고 얼마 후 내가 우리 집 가정부 뚜웻에게 베트남어로 인사를 하자 뚜웻은 깜짝 놀라기는 했지만 기분 좋게 놀랐다기보다는 짜증이 난 것 같은 반응을 보였다. 아마 내가 고른 대명사가 뚜웻의 나이에 어울리는 것이 아니었던 것 같다. 6개월 동안 베트남어를 배우기 위해 애썼지만 결국 나는 패배를 인정해야 했다.

이별 그리고 재회

•

이후 여름 내내 이 책을 준비하면서 나는 베트남어를 멀리했다. 하지만 이 기간 동안 유럽의 가장자리에 위치한 상대적으로 규모가 작은 언어들(불가리아어, 노르웨이어, 아일랜드어)이 사용되는 지역을 방문하게 되면서 언어를 배우고 싶은 욕구가 다시 돌아오는 것을 느꼈다. 베트남어에 대해 써야 할 시점이 다가오면서 너무 빨리 기권해버렸다는 생각이 들기 시작한 것이다. 그리고 10월의 어느 날, 다시 베트남어를 배우기로 마음을 정했다. 다만 이번에는 조금 더 학습 욕구를 고취시키기 위해 인터넷에서 온라인 선생님도 구하고 베트남으로 여행도 가기로 했다. 마음을 정한 후 바로 3월에 베트남을 방문하기 위한 비행기표와 숙소를 예약했다. 그리고 italki.com이라는 일대일 외국어 학습 사이트를 통해 스스로를 '어쩌다보니 폴리글랏'이라고 설명하는 휘엔Huyền과 연락하게 되었다. 휘엔은 스페인어 선생님을 찾다가 남자친구를 만났다고 한다. 그 남자친구가 카탈로니아어 원어민이어서 스페인어뿐 아니라 카탈로니아어도 익히게 된 것이다. 남자친구의 부모님과 이야기할 때 휘엔은 그의 부모님이 살고 있는 섬의 방언인 메노르까어를 섞어 말하는 것을 좋아한다고 했다. 딱 내 스타일로 보였다.

내 계획은 잘 진행되었다. 우리의 일대일 수업은 재미있었고 나는 바보처럼 보이고 싶지 않았기 때문에 성실히 문법을 복습하고 새로운 어휘를 열심히 암기했다. 좋은 소식은 휘엔이 내가 하는 베트남어를 알아듣는다는 것이었다. 물론 내가 아무것도 보지 않고 스스로 베트남어를 할 수 있는 수준은 아니었지만, 내가 문장을 소리 내어 읽으면 내 발음을 휘엔이 알아들을 수는 있었다. 나쁜 소식은 휘엔이 말하는 베트남어를 거의 알아듣지 못했다는 것이다. 휘엔의 말에 지역 억양이 약하게 섞여 있다는 것이 아주 조금 문제일 수도 있겠으나, 진짜 문제는 나였고 그 다음으로는 베트남어 자체가 문제였다. 내가 문제인 이유는 개인적으로 어느 언어든 말을 알아듣는 것이 제일 취약한 부분이었기 때문이다. 그리고 베트남어가 문제인 이유는 어미와 관사가 없고 대명사가 너무 많아 읽을 때도 어렵지만 들을 때는 훨씬 더 어렵기 때문이다. 게다가 여러 모음들(ơ와 â, e와 ê, a, o와 ă)이 서로 비슷하게 들리고 단어 끝에 오는 많은 자음들이 거의 들리지 않았다. 밭BÁT과 박BÁC 같은 단어 쌍은 입술 모양을 보고 구분하는 것이 최선이었고 밭BẠT과 반BẠN의 경우에는 입술 모양을 보고도 구분이 되지 않았다.

휘엔과 베트남어 공부를 하지 않을 때는 베트남어에 대한 글을 읽었다. 그 과정에서 베트남어 단어 중에 서양인들에게 익숙하게 들리는 단어가 왜 그렇게 적은지 발견했다. 80년에 걸친 프랑스 식민 지배와 40년에 걸친 소련과의 동맹에도 불구하고, 20세기에 한참 들어선 이후까지 중국어*가 여전히 차용어의 주된 출처였기 때문이다. 이것은 2,000년 동안 이어져온 관행이었을 뿐만 아니라 음성학적 관련성 때문에 중국어에서 단어를 빌려오는 것이 상대적으로 쉬웠기 때문이다. 물론 내게는 중국어 단어들이 베트남어 단어들만큼이나 생경하다. 하지만 휘엔이 지적해준 적어도 한 가지 예외가 있긴 하다. 베트남어 단어 히엔 다이HIỆN ĐẠI는 한국 자동차 브랜드 이름인 '현대'와 동일한 중국어 단어에서 비롯되었다. 이들은 공통적으로 '모던하다'는 뜻이다.

그런데 여기서 잠깐 짚고 넘어가야 할 것이 있다. 앞에서 언급했던 것처럼 베트남어 단어들은 짧고 단음절이어야 하는 것 아닌가? 사실은 그렇지 않다. 그렇게 보이는 것뿐이다. 수천 개의 단어들이 사실은 두 음절로 되어 있고, 그보다 더 많은 음절로 되어 있는 경우도 있다. 각 음절을 따로따로 적는 것뿐이다. 이것은 베트남어가 중국어 스타일의 문자를 사용하던 시절에 한 음절당 한 글자로 적던 전통으로부터 온 유산이다. 빈 칸 옆에 있는 한 무리의 글자들은 문맥에 따라 한 단어일 수도 있고 한 음절일 수도 있다. 영어에서 context(문맥)를 'con text'라고 적거나 protocol(프로토콜)을 'pro to col'이라고 적는 것과 같다.

베트남어에 러시아어에서 들어온 차용어는 놀랄 만큼 적다. 다음과 같은 국제주의에 대한 단어들 몇 개를 찾을 수 있을 뿐이다. 쿨라크kulak(혁명 후 러시아 부농층)는 꾸락CU-LẮC이 되었고, 소비에트soviet는 쏘비엔XÔ VIẾT, 루블ruble(러시아 화폐 단위)은 루쁘RÚP, 차르tsar(제정 러시아 황제의 칭호)는 사 호앙SA HOÀNG 등이 그것이다. 내가 제일 좋아하는 단어는 '마르크스 레닌주의'를 뜻하는 쭈 응히아 막-레닌CHỦ NGHĨA MAĆ-LÊNIN이다. 맥레닌MacLenin! 패스트푸드 전문점이 떠오르지 않는가? 베트남 국

• '중국어'라는 표현을 쓴 것은 베트남어가 단어를 빌려온 주된 출처가 북경어가 아니기 때문이다. 중국 남부의 언어들이 더 중요한 역할을 했다.

기는 금색 별 하나가 (대부분의 공산주의 국가들이 사용하는 전형적인) 붉은 색 바탕 위에 놓여 있는 모양이다. 하지만 이제 베트남 국기를 볼 때면 내 눈에는 맥도널드의 금빛 아치가 겹쳐 보이고 만다.

베트남이 영어가 지배하는 국제 경제에 문호를 개방한 이후 영어에서 온 단어들이 베트남어에 유입되고 있다. 예를 들면, 인터넷internet, 포토카피photocopy, 데이터data, 블로그blog, 골프golf 등이다. 하지만 조금씩 흘러 들어올 뿐 폭우처럼 쏟아져 들어오는 것은 아니다. 웹사이트website, 사이버스페이스cyberspace, 앱app 같은 영어 단어들의 경우, 다른 나라에서는 영어 그대로 널리 사용되고 있지만 베트남에서는 고유어가 주로 사용된다. 그리고 차용어들조차도 베트남어식 발음을 반영한 새로운 철자를 부여받는다. 인터넷은 IN-TƠ-NÉT, 데이터는 ĐA-TA, 블로그는 BỜ LỐC, 골프는 GÔN으로 쓰인다.

이런 철자의 변화 때문에 영어에서 들어온 차용어를 알아보기 어려운데 프랑스어에서 들어온 단어들의 경우는 더욱 그러하다. 베트남어에 섞여 들어갈 시간이 더 많았기 때문이다. 식민지 시대(19세기 말에서 20세기 전반)에, 수백 개의 단어들이 프랑스어에서 유입되었다. 대부분은 새로운 문물이나 기술에 대한 단어들이었다. 소-꼬-라SÔ-CÔ-LA(초콜릿), 섬 반SÂM BANH(샴페인), 무 딱MÙ TẠC(머스터드), 꽁 딱CÔNG-TẮC(스위치), 지암 봉GIĂM BÔNG(햄), 씨 망XI MĂNG(시멘트), 깸KEM(크림), 끼-옷KI-ỐT(키오스크), 러LƠ(블루) 등이 대표적인 예다.

베트남어가 서양으로부터 단어를 차용해오는 것을 싫어하고, 약간 차용해온 단어들조차 베트남어식으로 귀화시키는 것을 좋아한다면, 이는 베트남어를 처음 접하는 서양인이 괜찮은 수준의 베트남어 실력을 갖추기 위해서는 아주 열심히 공부해야 한다는 것을 의미한다. 영어 사용자들은 프랑스어·스페인어·독일어를 공부할 때 오거니제이션 organization(조직)에서 하이진hygiene(위생)에 이르기까지 그리고 알지브라 algebra(대수학)에서 요거트yogurt(요거트)에 이르기까지 자신들이 얼마나 풍부한 양의 어휘를 거저 얻고 있는지 깨닫지는 못하는 것 같다(프랑스어·스페인어·독일어에서 organization, hygiene, algebra, yogurt 같은 단어는 영어 단어와 철자만 조금 다를 뿐 기본적으로 영어 단어와 동일하다. - 옮긴이 주). 물론 유럽의 언어적 가장자리로 가게 되면 거저 얻게 되는 어휘의 양이 줄어들긴 하지만 수세기에 걸친 문화적 교차수분 덕분에 비슷한 단어들을 많이 찾아볼 수 있다. 예를 들어, 영어의 매니저manager(관리인)와 '조경'을 뜻하는 프랑스어 단어 페이자주PAYSAGE는 러시아어와 터키어에도 존재한다. 한참 더 멀리 떨어진 지역에서 사용되는 스와힐리어·타밀어·말레이어 등의 경우에도 유럽에서 온 단어들을 찾아볼 수 있다. 그리고 영어를 사용하는 사람들에게는 너무나 생소해 보이는 아랍어조차도 수세기에 걸친 교역으로 인해 흔히 생각하는 것 이상으로 많은 공통점을 가지고 있다. 하지만 베트남어에서는 무 딱MÙ TẠC(머스타드)과 섬 반SÂM BANH(샴페인) 정도로 만족해야 한다.

특히나 문법은 내가 처음에 생각했던 것보다 훨씬 어려웠다. "Do you live in this beautiful house?"(네가 이 아름다운 집에 사니?)와 같은 간단한 영어 문장을 베트남어로 바꾸기 위해서는 꽤 여러 단계를 거쳐야 한다. 우선 1단계로 성별, 나이, 존경을 올바르게 표현하는 형태의 '너'를 고른다. 2단계로는 선택한 '너'를 맨 처음에 놓는다. 3단계로 문장을 의문문으로 만들기 위해서 문장의 끝에 의문문을 만드는 단어를 더한다. 그리고 4단계로 'this beautiful house'(이 아름다운 집)의 순서를 'house beautiful this'(집 아름다운 이)로 바꾸면 같은 뜻의 베트남어 문장이 완성된다. "Chị sống ở nhà đẹp này không?"

"거의 맞았어요." 휘엔이 말한다. "하지만 한 단어가 빠졌네요." 아, 마지막으로 5단계에서는 일반적인 개념으로서의 '집'을 우리가 지금 이야기하고 있는 특정한 집으로 바꿔주는 작은 무언가가 '집'이라는 단어 앞에 와야 한다. 영어에서는 한정사 this가 이 일을 해내지만, 베트남어에서는 일반적으로 명사 앞에 분류사라고 하는 것을 붙여야 한다. 이 경우에는 까이CÁI를 붙여야 한다. 이렇게 나는 베트남어에서 어떤 문법 규칙들은 복잡하다는 것을 점점 알아갔다. 분류사에 대한 문법 규칙이 특히 그런데, 이 작고 귀찮은 단어들을 알맞게 고르는 법은 수십 가지의 규칙들과 더욱 더 귀찮은 예외 조항들이 정하고 있다. 다행히 CÁI는 대부분의 구체적인 사물들과 함께 사용할 수 있지만 수많은 다른 범주도 존재하며 각각의 범주는 자신만의 분류사를 가진다. 탈것에 대한 분류사, 책에 대한 분류사, 식물에 대한 분류사 등 그 종류가 매우 다양하다. 계란이나 공같이 둥근 물체에 대한 분류사도 따로 존재하는데 대부분의 과일들이 이 범주에 드는 것은 이해가 간다. 그런데 왜 바나나에도 이 분류사를 사용하는지는 의문이다. 그리고 왜 강·칼·눈eye 및 다른 여러 종류의 것들이 문법적으로 동물인 것처럼 취급되는지도 알 수 없다. 또한 그 어떤 분류사의 사용도 거부하는 일부 자족적인 명사들도 있다. 이 자족적 명사들을 정의하는 특징은 아직도 모르겠다.

문법적으로 예상치 못한 내용들을 배울 때는 매우 흥미로웠다.

예를 들어 베트남어에서는 "그 뱀이 얼마나 길었나요?"와 "그 뱀이 얼마나 무서웠나요?"라는 질문에 쓰이는 '얼마나'가 각기 다른 단어로 사용된다. 길이는 측정 가능하므로 첫 번째 질문은 "그 뱀이 얼마나 많이 긴가요?" 정도로 옮길 수 있다. 반면 무서움의 정도는 아주 정확하게 전달할 수 없으므로 적절한 표현은 "그 뱀이 얼마나 어떻게 무서운가요?"와 비슷할 것이다. 이것은 영어에서 많고 적음을 표현할 때 셀 수 있는 명사와 셀 수 없는 명사를 many/few와 much/little을 사용하여 구분하는 것을 생각나게 한다.

몇 달 간의 노력 후에도 나는 여전히 휘엔이 베트남어로 말할 때 알아듣지 못했다. 그나마 다행히도 내 읽기 실력은 휘엔의 가르침 덕분에 어느 정도 발전이 있었다. 의식적으로 머릿속 어휘 목록을 뒤지지 않아도 일부 단어들의 뜻을 이제는 즉각적으로 알 수 있게 되었다. 문장의 구조도 더 분명하게 보였다. 문장을 이해한다는 말은 아니다. 내 눈이 베트남어 글을 훑고 지나갈 때 내 머릿속에 떠오르는 내용은 다음과 같다(각 숫자는 한 단어 또는 한 음절을 나타낸다).

> 1. 젊은 남자 또는 여자, 2. 무언가를 한다, 3. ~안에, 4. 어떤 장소, 5. 이미 (그렇다면 과거 시제), 6. ~때문에, 7. 그 또는 그녀, 8. ~하고 싶다 또는 ~하고 싶었다, 9. 드억ĐƯỢC(오! 신이시여. 이건 99가지 뜻을 가진 ĐƯỢC이다. 여기서는 수동태를 나타내는 것 같다), 10. 동사인 것 같은데 무슨 뜻인지는 모름, 11. 뭐라도 될 수 있음, 12. 집(아니면 가족, 아니면 전문가), 13. 모름, 14. 모름(혼란스럽다), 15. 많다.

형편없다고 할지 모르겠지만 어떤 면에서는 내가 구글 번역보다 낫다. 구글 번역은 가끔 전혀 이해할 수 없는 결과를 내놓기도 하기 때문이다. 이 소프트웨어는 대명사에 쩔쩔매고 문법에 당황하고 많은 동음이의어에 곤란해한다. 휘엔은 "저는 웃고 싶을 때만 구글 번역기를 써요"라고 말하기도 했다. 물론 구글은 나와는 달리 수천 개의 단어를 알고 있으니 어휘 면에서는 나보다 뛰어날 것이다.

출발을 몇 주 앞두고 비자 때문에 대사관에 가면서 나는 대사관에서는 베트남어로 대화를 시도하지 않기로 결심했다. 오히려 당혹스러운 상황이 벌어질 것이 분명했기 때문이다. 대사관 직원이 서류를 검토하는 동안 나는 직원 뒤에 있는 안내문을 해독하기 위해 애썼지만 아무것도 이해하지 못했다. 그때 직원이 고개를 들고 말했다. "언어 공부를 하겠다고요? 3주 안에?" 며칠 후, 베트남에 사는 두 명의 유럽인이 하노이에 대해 쓴 책을 보니 이렇게 쓰여 있었다. "베트남어를 공부하는 데 많은 노력을 들였겠지만 처음에는 아무도 알아듣지 못할 것이라고 예상해야 합니다. 당신이 베트남어로 말해도 '미안합니다. 영어 못 합니다'라는 대답이 돌아올 수도 있습니다." 정말 이 정도일까? 곧 알게 될 것이다.

그곳에서

•

시차 적응을 하자마자 나는 하노이가 좋아졌다. 하노이는 사람들로 붐비고, 어수선하고, 지저분하다. 하노이는 거대하고 터무니없을 정도로 시끄러우며, 공원이나 역사적 유물들이 많은 곳도 아니다. 거리는 수많은 스쿠터와 오토바이들이 점령하고 있다. 엔진 소리, 경적 소리, 건설 현장과 전화기에서 생산되는 끊임없는 소음들이 먼지, 배기 가스, 수증기가 섞인 매캐한 공기와 함께 뒤섞인 곳이기도 하다. 이곳에서 보행자는 매우 힘들다. 인도 위에도 항상 오토바이들이 주차되어 있어 길이 매우 좁기 때문이다. 그리고 그 좁은 공간은 옷가지나 다른 상품들이 진열된 선반, 길거리 음식을 만들어 파는 노점상, 수선공들 그리고 이곳에서는 카페 테라스처럼 쓰이는 작은 가구들이 차지하고 있다.

그럼에도 불구하고 내가 하노이를 좋아하는 것은 하노이 사람들 때문이다. 일단 하노이 사람들은 흔치 않은 186.7cm의 키에 떠이TÂY(서양적) 특징을 지닌 사람이 다가와도 빤히 쳐다보지 않는다. 당신이 신경을 쓰지 않는 한, 하노이 사람들도 그저 자신들의 일에 신경을 쓸 뿐이다. 일단 그들에게 다가가면 그들은 언제나 공손하게 그리고 친절하게 응대한다. 언어장벽이 있을 때도 하노이 사람들은 인내심 있고 창의적으로 대처한다. 내가 어설픈 베트남어를 사용하거나 문화적으로 맞지 않는 말이나 행동을 하더라도 그들은 사려 깊게 행동한다.

다시 베트남어 공부로 돌아가자. 나는 그곳에 머물면서 에어비앤비 숙소의 주인인 후에Hüe와 베트남어로 소소한 대화를 나누었다. 하지만 우리의 대화는 상호 호의에 기초한 것이지 실제 대화를 나눈 것이라고 보기는 힘들다. 예를 들어 내가 후에에게 빨래를 널어 주어서 고맙다고 말한다. 아니, 그렇게 말한다고 나는 생각했다. 하지만 실제로는 어떤 문법적 실수 때문에 내가 한 말은 빨래를 해달라고 요청하는 것으로 전달되었다고 한다(나중에 영어를 할 줄 아는 후에의 남편 퐁Phong에게 들어 알게 되었다).

하지만 나는 배우는 중이었다. 속도가 느리긴 했지만 말이다. 주중에는 하루에 두 시간 정도를 르완과 함께 공부하며 보냈고, 식당에서도 베트남어로 주문을 했다. 하지만 내가 질문을 하면 무슨 언어로 질문을 하든지 영어를 할 줄 아는 직원이 상황을 해결하기 위해 나왔다. 또한 택시기사들과 기초적인 대화를 나누긴 하지만 택시 안에서의 대부분의 시간을 침묵 속에 앉아 있었다. 그러나 하루 종일 집에서, 거리에서, 가게에서 베트남어 단어를 보고 느꼈으며 그 중 일부는 내 기억에 뿌리를 내렸다. '(전화)카드'는 태THẺ, '수퍼마켓'은 시에우 티SIÊU THỊ, '망고'는 쏘아이XOÀI, '세차'는 르어 쌔RỬA XE, '연씨앗'은 핫 샌HẠT SEN이다. 나는 공공장소에 영어를 찾아보기 힘들고, 심지어 식민 지배 시절의 언어인 프랑스어는 사실상 전무한 것을 보고 놀랐다.

존경과 공손함에 대한 복잡한 내용에 대해서도 점점 더 많이 알게 되었다. 르완이 나에게 "그렇다"라고 할 때 사용하는 단어는 벙VÂNG이다. 반면 내가 르완에게 대답할 때 사용해야 할 바른 표현은 어Ơ 또는 으Ư다. 문장의 끝에 르완은 규칙적으로 아Ạ를 붙이는데, 이것의 기능은 존경을 표현하는 것뿐이다. 하지만 만일 나이가 많은 내가 르완에게 아Ạ를 붙여 말한다면 우스운 꼴이 된다. 가장 쉽게 의문문을 만드는 방법은 문장에 콩KHÔNG을 붙이는 것이다. 내가 르완에게 질문을 할 때는 콩KHÔNG 대신에 하HẢ를 사용할 수 있다. 하지만 르완이 내게 질문을 하면서 하HẢ를 사용하면 버릇없이 구는 것이 된다. 이런 것들에 대해 배우는 것이 베트남 교육의 일부이며, 어린이들이 부주의해서 혹은 반항해서 이 규칙들을 어기게 되면 부모들은 아이들에게 쫑 콩TRỐNG KHÔNG, 즉 '텅 비게' 말하지 말라고 꾸짖는다.

서유럽 출신의 평등주의자인 내게 이런 언어적 예절은 어색하며 구식으로 느껴진다. 그리고 급속히 현대화되고 있는 사회에서 이런 예절이 살아남을 가능성이 있기는 할까 궁금해지기도 한다. 젊은 베트남인들은 이런 예절을 싫어하지 않을까? 한 젊은 여성은 내게 벙VÂNG(예)이라고 대답하며, 베트남어가 영어처럼 '동생', '삼촌', '할머니' 같은 것에 신경 쓰지 말고 '너'에 해당하는 단어 하나, '나'에 해당하는 단어 하나 이런 식이었으면 훨씬 좋겠다고 말하기도 했다. 하지만 이 관습을 소중히 여기는 젊은 사람들도 많이 만났다. 그 중 한 명이 인터넷으로 알게 된 후, 내가 베트남에 머무는 동안 직접 만나게 된 휘엔이었다. "당신을 '삼촌', 친구를 '언니', 아빠를 '아버지'라고 부르면서 나는 내가 좀 더 큰 무언가에 속한 느낌이 들어요"라고 휘엔은 말했다. "나에게는 나만의 영역이 있어요. 그리고 우리 아버지나 당신이 나에게 이래라 저래라 할 수 있는 것도 아니에요. 대명사에 상관없이 나는 나에요. 나만의 삶을 인정받고 있는 거죠." (휘엔은 본인이 운영하는 사업도 있다.) 도회적이고 여행도 많이 다니고 유럽인을 파트너로 둔 젊은이가 이렇게 느낀다면, 좀 더 전통적인 생활습관을 가진 사람들은 이 관습을 더욱 더 진지하고 중요하게 받아들일 것이 분명했다. 그리고 나 역시도 이 관습에 대해 어느정도 이해하게 되었다. 젊은 사람들이 나를 '삼촌'이라 부르고 나는 그들을 '조카'라고 부르는 것이 처음에는 이상하게 느껴지지만, 이것이 가지는 나름의 가치를 점점 인정하게 된 것이다. 바로 편안한 관계를 위한 멀지도 않고 너무 가깝지도 않은 거리감이다.

연장자에게 보이는 베트남인들의 강한 존경심은 문법에서만 나타나는 것이 아니다. 어느 날 저녁 나는 르완과 르완의 친구들과 함께 커피숍에 앉아 있었다. 우리는 이야기를 나누며 르완이 일하는 어학원 대표인 마이크를 기다리고 있었다. 마이크가 도착하고 우리는 악수를 나누었다. 마이크가 의자에 앉고 음료를 시키는 동안, 나는 마이크가 도착하기 전에 나누던 대화를 마무리 짓기 위해 르완에게 말을 걸었다. 하지만 르완은 살짝 놀라며 나에게 이제 주의를 분산시키지 말고 마이크에게 집중해야 한다는 제스처를 보여주었다. 마이크가 르완보다 나이가 많을 뿐 아니라 르완의 상사이기도 했기 때문이다. 이때 나는 내가 떠이TÂY처럼 행동했음을 절감했다.

이렇게 공부하고, 읽고, 돌아다니고, 더듬거리며 대화하면서 나의 베트남어 어휘도 조금씩 늘고 있었다. 새로운 단어들을 배우면서 나는 중국어에 기원을 둔 단어들이 베트남어에서 많은 부분을 차지한다는 것을 느끼게 되었다. 이 중 많은 단어들이 두 음절로 된 합성어다. 중국어에서 이 음절들은 대부분 음절마다 각각의 뜻을 가지고 있지만, 베트남어에서는 그렇지 않은 경우도 많다. 예를 들어, 쭈CHỦ는 '소유자', '주인', '총장' 등을 의미하는 중국어 단어에서 왔다. 베트남어에서 이 단어가 들어간 중국어 합성어들을 꽤 많이 볼 수 있는데, 이 음절의 뜻을 알아볼 수 있는 경우도 있지만 전혀 알아볼 수 없는 경우도 많다. 쭈 년CHỦ NHÂN은 단순히 '소유자'라는 뜻이고, 연 쭈DÂN CHỦ, 즉 '국민(이) 지배자'라는 단어는 '민주주의'를 뜻한다. 뜻이 조금 덜 명백한 경우로는 '회장, 의장'을 의미하는 쭈 띳CHỦ TỊCH이 있다. 중국어 단어로 '의자' 또는 '연회'를 의미하는 띳TỊCH은 베트남어에서는 독립된 단어로 쓰이지 않는다. 이보다 더 뜻을 이해하기 힘든 단어는 쭈 응히아CHỦ NGHĨA다. 이 단어에서 '응히아'는 '지각' 또는 '도덕'을 의미하는데, 합성어의 뜻은

'교리'라는 뜻이다. 이 합성어가 앞에서 언급한 '마르크스 레닌주의'의 '주의'에 해당하는 단어다.

베트남 사람들은 쭈CHỦ를 가지고 자신들만의 합성어도 만들어 냈다. 오래된 합성어로는 문자적으로 '주님-요일'을 의미하고, 주일Lord's day 또는 일요일Sunday'이라는 뜻의 쭈 녓CHỦ NHẬT이 있다. 이 합성어는 중국어의 문법적 양상을 따른다. 이때 중국어는 영어와 비슷하게 기능한다. '요일day'이 끝에 오고 이에 대해 부가적인 정보를 제공하는 명사나 형용사, 여기서는 주님Lord 또는 일Sun이 그 앞에 온다. 하지만 좀 더 최근에 만들어진 합성어는 이와는 반대로 작동하는 베트남어 문법에 따라 만들어졌다. 주된 단어가 먼저 오고 부가적인 정보가 나중에 오는 형식이다. '차주'를 뜻하는 쭈 쌔CHỦ XE(문자적으로 소유자-차), 채권자를 뜻하는 쭈 너CHỦ NỢ(소유자-빚) 등이 있다. 합성어의 합성어는 두 가지 순서 모두 사용할 수도 있다. 쯔엉 쭈 녓TRƯỜNG CHỦ NHẬT은 '주일학교'라는 뜻으로 문자적으로는 '학교 주님 요일'이다.

이 모든 것이 내 안의 언어학적 욕구를 채우는 데는 매력적이지만 학생으로서는 몸서리치게 어렵고 복잡할 뿐이었다. 쭈CHỦ를 보면 도대체 무엇을 떠올려야 한단 말인가? 이것이 단음절 단어로 쓰였을 가능성을 일단 생각해야 한다. 하지만 이것이 합성어의 일부로 쓰였을 가능성이 더 높다. ('민주주의'를 뜻하는 단어에서처럼) 앞에 오는 단어와 함께 쓰였을 수도 있고, ('일요일', '차주', 또 많은 다른 단어에서처럼) 뒤에 오는 단어와 함께 쓰였을 수도 있고, 아니면 앞뒤에 오는 단어 모두와 쓰였을 수도 있다. 합성어에서 전체 단어의 의미는 완전히 드러나 있을 수도 있고('소유자-차' 그러므로 '차주'), 이해하기 쉬울 수도 있고('빚-소유자'

그러므로 '채권자'; '국민-주인' 그러므로 '민주주의'), 거의 이해할 수 없을 때도 있다('주인-자리'의 의미는 '의장').

베트남어가 중국어에서 수많은 단어들을 차용해온 것처럼 영어나 유럽의 언어들은 라틴어와 그리스어에서 많은 것들을 차용해왔다. 컨스트럭션construction(건설), 인스트럭터instructor(강사), 스트럭처structure(구조) 같은 영어 단어들은 다 라틴어에서 그 어원을 찾아볼 수 있으며, 프랑스어를 거쳐 들어오기도 했다. 그러나 이 단어들이 모두 '건설하다'라는 뜻의 라틴어 동사 STRUĔRE에서 파생되었다는 것을 알거나 신경 쓰는 사람은 거의 없고 사실 그럴 필요도 없다. 그리고 베트남 사람들이 쭈CHỦ를 가지고 새로운 단어를 필요에 따라 만들어냈듯이, 영어 단어 인프라스트럭처infrastructure(사회기반시설)나 디컨스트럭트deconstruct(해체하다) 역시 마찬가지다. 이 단어들은 스트럭트struct가 들어간 다른 단어들처럼 라틴어에서 유래한 것처럼 보이지만 사실은 현대에 들어와서 새롭게 만들어진 단어들이다. 그리스어에서 들어온 단어들도 마찬가지다. 필라소피philosophy(철학)와 데모크라시democracy(민주주의)는 그리스에서부터 시작된 고전적인 용어들이지만, 앤트로포소피anthroposophy(인지학)과 클렙토크라시kleptocracy(도둑정치)는 (그리스어에서 차용해온 것처럼 보이지만) 새롭게 만들어진 것들이다.

무질서한 합성어에 대해서는 영어의 브링 업bring up(불러 일으키다)과 업브링잉upbringing(양육), 인뎁스in-depth(깊이 있게)와 라이인lie-in(늦잠), 아웃런outrun(넘어서다)과 런 아웃run out(바닥나다) 등을 비교해보라. 그리고 이제 베트남어를 모국어로 쓰는 사람의 입장에서 이 영어 단어들을 다 익혀야 한다고 상상해보자. 분명 쉬운 일은 아닐 것이다.

언어를 배우는 사람에게 포스터는 많은 도움이 된다. 이 포스터에는 '개혁을 축하하고, 영광스러운 당을 축하하고, 개의 해의 봄을 축하하라'고 적혀 있다.

나는 3주간의 일정이 거의 다 끝날 무렵에도 베트남어 실력이 별로 늘지 않았다. 베트남어로는 아주 조금밖에 말할 수 없었고, 알아듣는 것은 그보다 더 힘들었다. 그 이유는 다음과 같다.

첫째, 나는 충분히 말하지 않았다. 내 주된 관심은 단지 베트남어를 알아듣는 것이 아니라 베트남어와 그 구조에 대해서 이해하는 것이었기 때문이다. 물론 의사소통을 위해서는 어느 정도의 베트남어 실력이 필요했지만 내 주변에는 내가 베트남어에 능통하지 않아도 될 정도로 영어를 잘하는 사람들이 있었다. 내가 스페인에서 공부했을 때는 주변에 영어를 잘하는 사람이 없었기 때문에 스페인어 실력이 빨리 늘었던 것 같다. 물론 베트남에서 나에게 많은 도움이 되었던 르완과 르완의 친구들, 휘엔과 휘엔의 남자친구 그리고 숙소 주인인 퐁에게 감사한 마음을 갖고 있지만, 그들이 영어를 너무 잘해서 우리는 대부분의 경우 영어로 소통할 수밖에 없었다. 택시기사들이나 가게 주인들, 식당 종업원들은 영어를 잘하지 못했지만 그들과 보내는 시간이 얼마나 되었겠는가?

둘째, 베트남어가 실제로 어렵기 때문이다. 베트남어의 표현 방식은 유럽의 언어와는 많은 부분에 있어서 근본적으로 다르다. 베트남어는 내가 아는 것과는 다른 종류의 법칙과 단어를 통해 정보를 전달한다. 하노이 중앙역에 시간표와 몇몇 규정이 적혀 있는 공공 게시판에는 '안내'라고 쓰여 있는 것이 아니라 "친애하는 여행객들께서는 알고 계셔야만 합니다"라고 쓰여 있다. "I was taken to the theater"(나를 극장에 데리고 갔다)라는 말을 베트남어로 할 때, 영어단어 'was'에 해당하는 올바른 베트남어 단어는 내가 기꺼이 갔는지 억지로 갔는지에 따라 'got'에 해당하는 단어가 쓰일 수도 있고 'endured' 같은 단어가 쓰일 수도 있다. 또 "무엇이 다른가?"라고 말하기 위해서는 '어디 다른?'이라고 해야 하고, '어떤 것thing'에 대해 말하려면, 이야기story인지 사물object인지 선택하거나 여러 분류사 중 하나를 선택하여 말해야 한다. 물론 베트남어의 이런 면 그 어디에도 잘못된 점은 없다. 그저 유럽 언어 사용자인 나에게는 이 모든 것들이 낯설기 때문에 하나 하나 배워야만 할 뿐이다.

이런 차이점들이 얼마나 많은지 알면 알게 될수록, 어느 중국인 폴리글랏이 했던 말에 점점 더 동의하게 된다. "유럽 언어들은 서로의 방언인 것 같아요." 유럽 밖에서 보면 정말로 비슷해 보일 수도 있을 것 같다.

집으로

•

집으로 돌아가기 전 마지막 며칠을 나는 베트남어 공부를 계속해야 할지 포기해야 할지 사치스러운 고민을 하며 보냈다. 베트남어는 어렵고 솔직히 말해 별로 유용하지 않다. 베트남을 다시 방문하고 싶기는 하지만 여행을 하기 위해 베트남어가 정말 필요한 것도 아니었다. 그리고 베트남 이외의 지역에서 베트남어는 모임에서 자랑할 개인기 정도일 뿐이었다. 훌륭한 베트남 문학들도 많이 있지만 내가 읽을 수 있을 양보다 훨씬 더 많은 베트남어 소설이 이미 영어로 번역되어 있다.

"내가 계속 베트남어를 공부해야 할 이유가 있을까?" 나는 휘엔에게 물었다. "베트남은 경제적으로 발전할 기회가 무척 많은 나라예

요." 휘엔이 잠시 생각하더니 덧붙였다. "그리고 베트남어를 알고 나면 중국어를 배우기가 훨씬 쉬워요." 이것이 베트남어를 배워야 할 정도로 중요한 이유인지는 잘 모르겠다.

19

한국어

KOREAN

8,500만 명

한국어는 8,000만 명 이상의 원어민과 수백만 명 정도의 제2언어 사용자들이 사용하고 있다. 중국, 일본, 러시아, 우즈베키스탄, 카자흐스탄 및 미국 등에 상당한 규모의 한국인 공동체가 존재한다.

자칭 이름	남한에서는 한국어, 북한에서는 조선말이라고 하며, 남한에서 규범화된 언어의 이름은 표준어, 북한에서는 문화어다.
어족	한국어는 고립어로 간주된다. 고립어란 현재 살아 있는 언어들 중에 친족언어가 없다는 의미다. 그런데 제주 방언(제주도에서도 수천 명 정도가 사용)의 경우에는 표준어와 너무 달라서 독립된 언어로 간주되기도 한다. 일본어, 몽고어 및 다른 아시아 언어들과의 역사적 친족 관계가 제기되기도 하였으나 받아들여지지 않았다.
문자	한글은 15세기에 만들어졌으며, 20세기에 들어서면서 널리 사용되기 시작했다. 그 이전에는 지식인 계층에서 중국의 한자를 주로 사용했다.
문법	한국어에는 성이 없다. 격 체계는 일곱 개의 격으로 되어 있으며, 격은 불변화사, 즉 명사 뒤에 오는 별개의 작은 단어(조사)로 표시된다. 동사는 40여 개의 접미사 중 여러 개와 함께 쓰일 수 있으며, 이 접미사들이 인칭, 격식, 서법, 시제 등을 나타낸다.
소리	동아시아 언어로는 흔치 않은 경우인데 한국어는 성조 언어가 아니다. 한국어는 이전에 10개의 모음 소리를 가지고 있었으나, 현대 한국어에는 8개만 남아 있다. 자음은 21개 소리를 가지고 있다. /p/, /t/, /k/, /ch/의 경우, 각각 세 가지 종류의 연관된 소리가 존재하며, 이들을 합해보면 전체 자음 소리의 반이 넘는다. 각 음절에서 모음 (또는 이중모음) 앞이나 뒤에는 자음이 한 개만 올 수 있다.
차용어	한국어는 역사적으로 중국어에서 엄청난 양의 단어를 들여왔다. 20세기 이후로는 북한은 러시아어에서, 남한은 영어에서 단어들을 들여오고 있다.
수출어	영어권 사람들에게 익숙한 두 단어는 김치와 태권도다. 잘 알려진 브랜드 이름 중 한국어를 그대로 사용하는 것들이 몇 개 있는데, 삼성Samsung(세 개의 별), 현대Hyundai(모던함), 대우Daewoo(위대한 우, 설립자의 성이 우 씨임) 등이 포함된다.
분열된 용어	남한과 북한의 언어는 많이 달라지고 있는데, 특히 현대에 들어 생긴 용어에서 그 양상이 뚜렷하다. 2018년 동계 올림픽을 준비하던 남북 연합 아이스하키팀 선수들은 서로 완전히 다른 용어를 사용하고 있다는 것을 발견했다. 남한 선수들은 영어에서 온 단어를 사용했고, 북한 선수들은 토착 단어를 사용했다. 기술과 정보과학 분야를 비롯한 다른 분야에서도 이와 동일한 상황이 일어나고 있다.

19: 한국어

소리와 감성

●

영국의 소설가인 테리 프래쳇Terry Pratchett은 자신의 소설《이퀄 라이츠Equal Rites》에서 다음과 같은 문장으로 표의어에 대해 이야기했다.

> 소리를 내는 물체가 있다면 소리를 내는 단어도 있을 것이라고 그는 생각했다. 'glisten'(반짝이다)이라는 단어는 실제로 기름처럼 빛이 난다. 만일 타는 종이 위를 천천히 가로지르는 불꽃의 모양, 아니면 인류 문명 전체를 하루동안 밤으로 밀어넣을 때 도시의 불빛들이 온 세계를 천천히 가로지르는 모양과 똑같은 소리가 나는 단어가 존재한다면, 'coruscate'(빛나다)보다 더 적합한 단어를 찾을 수는 없을 것이다.

베트남에서의 경험이 내게 각인시켜 준 언어학적 개념이 하나 있다면 그것은 바로 단어가 내는 소리는 그 단어의 의미와는 거의 상관이 없다는 것이다. 한 언어의 기본적 어휘를 배우는 것은 온전히 인내심의 문제로, 한 단어 한 단어 외우는 수밖에 없다. 지으엉GIƯỜNG의 어떤 면도 이 단어의 뜻이 '침대'라는 것을 시사하지 않는다. 이 단어의 뜻은 충분히 '깨우다' 또는 '일곱'일 수도 있고 아니면 욕설일 수도 있다. 침대라는 한국어 단어가 지으엉GIƯỜNG(베트남어), 리LIT(프랑스어), 까마CAMA(스페인어/포르투갈어), 키탄다KITANDA(스와힐리어), 야탁YATAK(터키어) 또는 영어 단어인 베드bed에 비해 본질적으로 더 침대스럽지도 않다.

스위스의 언어학자 페르디낭 드 소쉬르Ferdinand de Saussure는 어휘의 무작위성은 언어의 기본적인 특성이라고 주장했다. 소쉬르는 학생들에게 "언어 체계는 임의적인 기호(단어)라는 비논리적인 법칙 위에 세워져 있다"라고 가르쳤다. 이보다 수세기 전에 윌리엄 셰익스피어는 줄리엣이 장미와 장미의 이름과 장미의 향기에 대해 곰곰이 생각할 때, 이와 비슷한 생각을 표현하는 기억할 만한 대사를 줄리엣에게 주었다("장미꽃을 장미꽃이라고 부르지 않아도 그 향기는 달라지지 않는다").

물론 소쉬르도 (스스로 생각하기에 별로 중요하지 않은) 예외를 인정하기는 했다. 바로 의성어다. 의성어는 단어가 의미하는 소리나 단어가 의미하는 것이 만들어내는 소리와 닮았다. 고양이가 인간의 어휘 목록에 기여한 것 중 가장 핵심적인 단어인 '야옹meow'을 예로 들어보자. 영어에서는 미아우meow(또는 mew, miaow)가 동사로 쓰인다. 베트남어에서 매오MÈO는 '고양이'라는 뜻의 명사이고, MEO와 MÉO는 둘 다 동사인데, 앞의 것은 고양이가 내는 보통의 '야옹' 소리를 뜻하고, 뒤의 것은 고양이가 두려움이나 고통 속에 내지르는 울음소리를 뜻한다.

모든 의성어가 여러 언어에서 다 비슷한 것은 아니다. 특히 농장에 사는 동물들이 내는 소리는 언어에 따라 달라져서 다른 악보를 보고 매일 콘서트를 여는 것처럼 보인다. 예를 들어 수탉은 영어로는 칵-어-두들-두cock-a-doodle-doo라고 울고, 프랑스어로는 꼬꼬리꼬COCORICO, 독일어로는 키케리키KIKERIKI, 아이슬란드어로는 각갈라구GAGGALAGÚ, 한국어로는 꼬끼오 꼬꼬, 북경어로는 워워워wōwōwō, 나바호어로는 이이아오i'ii'ąóó라고 울며, 베트남어로는 오 오 오ò ó o라고 운다. 이렇게 소리를 나타내는 표현이 각양각색인 데는 두 가지 이유가 있다. 일단 동물의 울음소리에는 인간의 음성 기관이 그대로 따라할 수 없는 소리가 들어 있다. 더욱이 각 언어들은 자신이 가진 특정 소리들의 집합 안에 있는 소리들 중에서 적당한 소리를 골라야 하고, 또한 자신이 가진 특정한 단어 형성 규칙들에 맞춰 단어를 만들어야 한다(의성어는 대부분의 다른 단어들에 비해 이런 면에서 조금 자유롭긴 하지만 말이다). 언어와 언어 사이의 이런 의성어 차이 덕분에 소쉬르와 후대의 언어학자들은 이 특별한 범주의 단어들이 '기호는 임의적이다'라는 그들의 포괄적인 주장에 별 문제가 되지 않는다고 계속 주장할 수 있었다. 오 오 오ò ó o가 베트남어에서 수탉이 우는 소리를 나타내는 표현이라는 것을 영어 사용자가 알아볼 수 없다면, 이 단어는 여전히 임의적이라고 여길 수 있다는 것이다.

물론 소쉬르가 베트남어, 한국어 및 다른 아시아 언어들에 대해 많이 알고 있었던 것은 아니었다. 서양의 언어학자들은 특정한 표본(영어, 프랑스어, 독일어, 라틴어, 그리스어 그리고 아랍어와 중국어가 약간 포함된다. 그나마도 아랍어 자료는 상투적 문구가 대부분이고, 중국어 자료는 잘못되어 있는 경우가 많다)을 정해놓고 언어에 대한 보편적인 지식을 일반화하는 다소 부끄러운 전통을 가지고 있다. 유럽에서 수세기 동안, 이미 사라졌거나 현재 사용되고 있는 여러 아시아 언어들에 대해 연구해오긴 했지만,

관련 전문 지식들은 일반적인 언어학 이론에 제대로 반영되지 못했다. 1960년대와 1970년대까지만 해도 노암 촘스키와 그의 추종자들은 인간 언어의 보편 문법을 오직 몇 개의 표본, 아니 더 정확히 말하자면 단 하나의 표본인 영어에 기초해 알아내려고 했다.

이런 지역주의적 관점은 이제 바뀌었다. 오늘날에는 아시아와 아프리카의 언어를 모국어로 사용하는 많은 사람들이 서양 언어학이 오랫동안 지켜온 여러 견해에 도전하고 있으며, 현대 문명의 편리함이 적은 만큼 언어적 보물은 가득한 지역에 다녀온 학자들 역시 그렇게 하고 있다. 아프리카와 아시아의 언어학자들 그리고 언어학 현장연구를 하는 학자들이 의문을 제기한 내용 중 하나는 바로 언어가 본질적으로 임의적이라는 소쉬르의 주장이다. 이 학자들은 특히 사하라 이남 아프리카 지역과 동아시아 및 동남아시아 지역에서 사용되는 언어들에서 음성상징sound symbolism이라고 알려진 방식의 언어 사용이 광범위하게 존재한다는 것을 입증했다. 이 언어들에는 단어의 소리가 특정 의미와 연결되는 단어, 즉 표의어ideophone가 수백 개 또는 수천 개까지도 존재한다. 이들 언어에서 의성어는 표의어 집단에 속하는 하나의 하위 집단일 뿐이다. 우리는 곧 다른 하위 집단도 만나게 될 것이다.

표의어의 즐거움

•

두 가지 동아시아 언어가 이 방면에 있어서 특별히 풍요로운 것으로 드러났다. 바로 한국어와 베트남어다. 만일 내가 언어에 조금 더 재능이 있었다면, 베트남어를 통해 직접 배운 내용을 이야기할 수 있었겠지만,

아쉽게도 내게 그런 행운은 일어나지 않았다. 하지만 베트남어를 배우면서 '고양이·소·염소'에 해당하는 단어들(매오MÈO·보BÒ·예DÊ)이 의성어일지도 모른다는 생각을 했고, '재채기'를 뜻하는 단어인 핫 씨HẮT XÌ의 경우에는 의심의 여지가 없었다.

이 장의 주인공인 한국어에는 말 그대로 수천 개의 표의어가 있다. 사실, 한국어에 대해 논의하는 책들을 보면 수많은 표의어가 한국어를 규정하는 특징 중 하나로 언급되어 있다. 한국어를 모국어로 하는 언어학자들은 이 점에 대해 이미 오래 전부터 인식하고 있으며, 표의어에 관련하여 두 가지 용어를 고안해냈다. 바로 의성어와 의태어다. 의성어는 소리를 모방하는 단어를 의미하며, 의태어는 시각적, 촉각적, 정신적 감각을 전달하는 단어를 말한다.

다른 언어에서와 마찬가지로, 한국어에서 표의어를 사용하는 주된 이유 역시 이야기를 더 생생하게 전달하기 위해서다. 표의어는 표현적이고 회화적인 면이 있기 때문에, 다른 단어들 사이에서 두드러진다. 표의어는 일종의 운율을 표현하기도 하고 아예 음절 전체를 반복해 사용하기도 한다. 말을 할 때 표의어의 특별함은 극적인 방식을 통해 드러난다. 표의어는 잠깐 동안의 정적 후에 시작되기도 하고, 손짓과 함께 사용되기도 한다. 표의어를 사용할 때 말소리의 크기, 속도, 음높이는 주변의 다른 단어들을 말할 때와 다르기도 하다.

이러한 연극적인 요소를 생각하면 표의어가 이야기를 할 때에만 쓰일 것이라고 추측할 수도 있을 것이다. 그러나 표의어가 많은 문화권에서 소중한 문학적 자원인 것은 맞지만, 그 밖의 다른 기능도 많이 있다. 표의어는 특히 화자를 좀 더 설득력 있고 신뢰감 있게 만들어

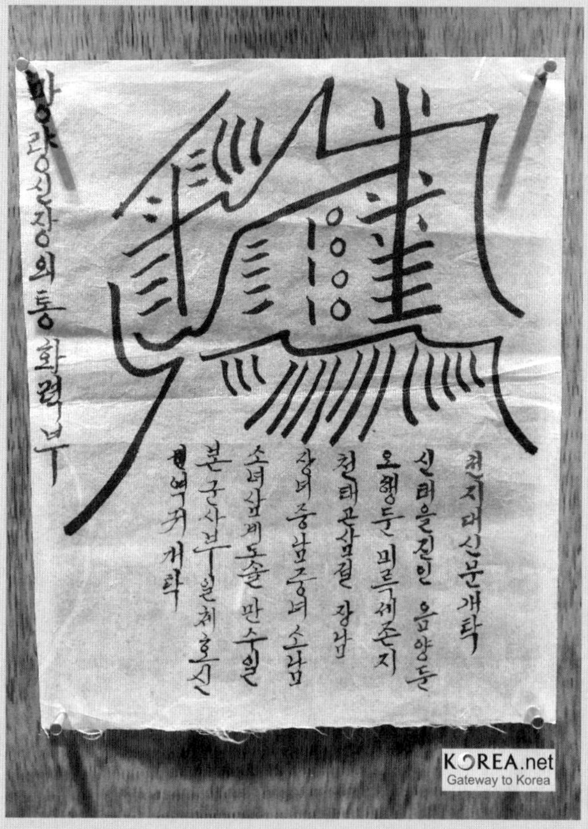

한국어 부적. 오늘날 한글은 왼쪽에서 오른쪽으로 쓰지만, 과거에는 중국어나 일본어와 마찬가지로 오른쪽에서 왼쪽으로, 위에서 아래로 썼다.

주는 역할을 한다. 표의어는 신체적 감각과 정신적 상태를 반영하기에, 표의어를 사용하여 상황을 묘사하는 사람이라면 그 사건을 직접 겪었을 가능성이 높기 때문에 믿음을 주는 것이다. 거짓말을 하는 사람들은 대부분 그러한 세부적인 표현을 하지 않는다고 한다. 알리바이를 물으면 거짓말을 하는 사람은 '어떤 모임'에 갔었다고만 말하고, 유도 질문을 하지 않는 한 세부적인 사항에 대해서는 잘 말하지 않는다. 하지만 실제로 모임에 참석한 사람은 (다른 사람들, 감정, 사건 등에 대한) 세부적인 내용들을 자진해서 말할 가능성이 크다. 그러므로 세부사항에 대한 상세한 묘사가 신뢰를 불러일으키는 것이다.

신의 휘갈김

서양 언어와 문학에서는 과도하게 표현적인 용어나 의성어에 대해 살짝 유치하다는 느낌을 갖는다. 독일 출신의 영국 철학자이자 언어학자인 막스 뮐러Max Müller는 1862년에 이런 단어들이 "장난감일 뿐 언어의 도구가 아니다"라고 했다. 그리고 1910년 프랑스의 인류학자 뤼시앵 레비브륄Lucien Lévy-Bruhl은 '열등한 사회'에 사는 원주민들이 '자신들이 감지하는 모든 것을 모방'하는 '거부할 수 없는 경향'이 있다고 주장하며, 표의어를 이에 대한 증거로 제시했다.

하지만 이런 단어들을 사용하거나 혹은 부정하거나 하는 것은 문화적 선호의 차이일 뿐, 어느 한쪽이 더 우월한 것은 아니라는 것을 알아야 한다. '하나님이 블레셋인들을 쳤다'라는 표현 대신 신이 그들을 '후려쳤다'든지 '휘갈겼다'는 표현을 읽게 된다면 서양인들은 아마

깜짝 놀랄 것이다. 서양 선교사들은 비서양권 언어로 성경을 번역할 때 이렇게 표현이 강한 용어들을 되도록이면 피하려 하겠지만, 그것은 사실 성경의 영향력을 강화시키는 것이 아니라 오히려 약화시키는 결과를 가져오게 될 것이다. 동아시아와 동남아시아 그리고 아프리카에서 표의어를 효과적으로 사용하는 능력은 서양과는 달리 유창한 화술과 문학적 세련됨의 징표가 되기 때문이다.

실제 한국어의 예를 살펴보자. 다음 표를 보면, '한글'과 그에 해당하는 '로마자 표기' 그리고 그 뜻을 정리해놓았다(한국어를 로마자로 표기하는 방식에는 여러 가지가 있는데, 저자는 그중에서 매큔-라이샤워 표기법 McCune-Reischauer Romanization을 사용하였다. 우리에게는 익숙하지 않지만 널리 사용되는 표기법이다. – 옮긴이 주).

로마자로 표기된 한국어 단어의 발음은 영어 사용자들의 직관에 맞지 않는 경우가 많은데, 논의를 위해서 설명이 필요한 주요한 부분은 네 가지 자음들이다. 이 네 가지 자음들은 영어에서는 대략 k, t, ch, p 글자가 나타내는 소리에 해당한다. 한국어에서 각각의 자음은 미세하게 다른 세 가지 종류의 발음을 가지고 있다. k 소리들을 예로 들어보자. 로마자로 표기된 한국어에서 단순히 k로 (혹은 때로 g로) 적는 첫 번째 종류의 'ㄱ' 소리는 프랑스어나 스페인어에서와 마찬가지로 공기를 내뿜지 않고 발음해야 하는 소리다(한국어를 모국어로 사용하는 사람들은 잘 느끼지 못하겠지만, 한국어에서 'ㄱ' 소리는(ㄷ,ㅂ,ㅈ 도 마찬가지) 단어 내의 위치에 따라 무성음이나 유성음으로 발음된다. 저자가 사용하는 로마자 표기법에서는 무성음일 경우에는 'k', 유성음일 경우에는 'g'로 표기한다. – 옮긴이 주). 이 발음은 한국어에서 기본적이고 중립적인 발음으로 여겨진다. 두 번

한국어 표의어

	한글	로마자 표기	뜻
1	감감	kam-gam	아득한 모양
	깜깜	kkam-kkam	까맣게 어두운 모양
	캄캄	k'am-k'am	아주 까맣게 어두운 모양
2	빙빙	ping-bing	자꾸 도는 모양
	삥삥	pping-pping	세게 자꾸 도는 모양
	핑핑	p'ing-p'ing	세게 자꾸 도는 모양
3	반짝	pantchak	빛이 잠깐 나타났다 사라는 모양
	빤짝	ppantchak	빛이 잠깐 나타났다 사라지는 모양, 더 밝게
4	빙빙	ping-bing	자꾸 도는 모양
	뱅뱅	Paeng-baeng	좁은 범위를 자꾸 도는 모양
5	끄떡끄떡	kkŭttŏk-kkuŭttŏk	고개를 아래위로 계속 움직이는 모양
	까딱까딱	kkattak-kkattak	고개를 아래위로 가볍게 계속 움직이는 모양
6	벅벅	po˘k-po˘k	긁거나 문대는 소리나 모양
	박박	pak-pak	문대거나 광내는 소리나 모양
7	박	pak	종이나 천 등을 대번에 찢는 소리나 모양
	팍	p'ak	갑자기 강하게 내지르는 소리나 모양
	죽	chuk	단번에 찢거나 훑는 모양
	쑥	ssuk	대번에 빠지거나 터지는 모양
	발딱	palttak	힘주어 빠르게 일어나는 모양
	픽	p'ik	갑자기 쓰러지는 모양

째 종류의 k 소리는 '기식음'이라고 하는데, 약간의 공기를 내뿜으며 내는 소리라는 뜻이다. 이 발음은 영어와 독일어 사용자들에게 가장 익숙한 종류의 소리다. 영어 단어 kin(친족)은 /k^hin/으로 발음되는데, 이때 사용되는 k 소리가 이와 비슷한 종류다. 내가 사용한 한국어 로마자 표기법에서는 이 'ㅋ' 소리를 k'로 적는다. 하지만 다른 상황에서 이 소리를 나타내는 일반적인 기호는 k^h이다. 세 번째이자 마지막 종류의 k 발음은 설명하기가 어려운데, 더 긴장하고 세게 발음하는 긴장음(된소리)으로 'ㄲ' 소리가 난다. 로마자로는 kk로 적는다.

슈슈슈

•

이제 앞의 표를 다시 보자. 어떻게 이 소리들이 이 단어들의 뜻을 상징하는가? 이 질문에 답하기 위해서는 먼저 소리와 의미 사이의 규칙적인 연관성을 찾아야 한다.

가장 찾기 쉬운 규칙성은 1, 2, 3번에서 찾을 수 있다. 각 열의 첫 번째 단어들(감감, 빙빙, 반짝)은 중립적인 자음으로 시작하는 반면, 두 번째 단어들(깜깜, 삥삥, 빤짝)은 긴장음으로 시작하고 두 번째 음절 역시 긴장음이 반복된다. 이 변화가 단어의 뜻을 중립적인 의미에서 강화된 의미로 바꾼다. 예를 들어 '아득하고 잘 안보이는'에서 '까맣게 어두운'이 되는 것이다. 첫 자음에 쓰인 긴장음 소리가 더 강렬한 느낌을 전달한다고 한다. 1번과 2번에서 세 번째 단어들(캄캄, 핑핑)은 기식음을 사용해서 비슷한 효과를 낸다. 역시 단어의 의미를 보다 더 강화시키는 것이다. 3번의 경우에는 세 번째 단어가 존재하지 않는다는 것 자체가 흥미롭다. 언어 사용자들이 존재 가능한 단어의 형태 중 어느 것이 한국어 어휘에 속하고 어느 것이 속하지 않는지 알고 있다는 것을 보여주기 때문이다. 만일 어떤 한국어 사용자가 3번에 빠져 있는 형태인 '판짝'이라는 표현을 사용한다면, 이 단어는 형태는 올바른 형태의 한국어이지만, 비관습적이고 직관적으로 만들어낸 신조어나 뜻이 없는 단어로 여겨질 것이다. 영어로 치면, 무언가가 '센스매싱새셔널sensmashingsational'• 하다고 말하는 것과 비슷하다고 볼 수 있다. 영어 사용자에게 이 단어의 뜻은 명백하게 전달되므로, 아주 고루하게 규칙에 얽매이는 사람만이 이 단어가 '틀렸다'고 할 것이다. 그러나 동시에 이 단어는 사용되고 이해되는 극히 짧은 순간 이외에는 실제로 존재한다고 할 수는 없다. 다시 말하자면, 표의어가 표현적인 단어인 것은 맞지만, 표의어의 주된 용도가 개별적인 표현을 위한 도구는 아니라는 것이다.

그러므로 아이에게 잠들기 전 책을 읽어줄 때 내는 표현적 소리들과 표의어를 혼동해서는 안된다. 책을 읽어 주다가 "그리고 뱀은 잔디밭을 가로질러 슈슈슈 미끄러져 갔어요"라고 말해서, 뱀이 미끄러져 가는 소리와 모양을 표현하기 위해 '슈슈슈' 또는 'ㅈㅈㅈ' 같은 소리를 낼 수 있다. 물론 이런 표현들이 재미있긴 하지만, 일반적인 표의어의 작동방식과는 다르다. 한국어와 여러 다른 언어 사용자들은 단어를 즉흥적으로 만들어내며 시간을 보내지 않는다. 이들은 사전에서 찾을 수

• sensmashingsational은 영어에 존재할 법하지만 실제로 존재하는 단어는 아니며, 단순히 sensational(선풍적인)과 smashing(굉장한)을 섞어 놓은 것으로, 영어 사용자가 이 단어를 본다면 직관적으로 '굉장히 선풍적인'이라는 뜻으로 이해할 수 있는 것이다. - 옮긴이 주

있는 광범위한 어휘 중에서 표의어를 가져다 쓴다. 아마 뱀이 잔디밭 사이를 미끄러져 가는 것에 대해서도 이미 만들어져 있는 단어가 있을 것이다.

표에 실린 예로 돌아가자. 4, 5, 6번에서는 모음이 중요한 역할을 한다. 세부적인 내용은 약간 복잡하지만 요점은 이렇다. 표의어에서 '밝은' 모음이라고 알려진 소리들은 작고, 사랑스럽고, 기쁘고, 연약하고, 여성스러운 뜻을 함축하고 있는 반면, '어두운' 모음은 크고, 무겁고, 투박하고, 음울하고, 남성적인 뜻과 연관되어 있다. (이것이 혹시 음양과 관련된 것이 아닐까 생각한다면, 물론 그렇다. 한국어 표의어에서 어두움은 음과, 밝음은 양과 연관되어 있다) 한국어에는 네 개의 밝은 모음이 있고, 각 모음은 한두 개의 어두운 모음과 짝지어져 있다. 예를 들어 어두운 모음인 '으'와 '어'에 대응하는 밝은 모음으로 '아'를 가지고 있기 때문에, 무겁고 음울한 느낌을 가진 어두운 단어인 '끄떡'보다 가벼운 단어는 '까딱'인 것이다.

지금까지 논의한 두 종류의 규칙성은 때로 팀을 이루어 함께 일하기도 한다. 빙빙이 2번과 4번에 모두 등장하는 것이 그 예다. 더 좋은 예는 (빙빙과 뜻이 비슷한) 빙글이다. 이 단어는 논리적으로 가능한 여섯 가지 형태를 모두 가지고 있다(빙글, 삥글, 핑글, 뱅글, 뺑글, 팽글).

마지막 7번은 한국어 표의어에서 상대적으로 덜 체계적으로 보이는데, 같은 자음으로 끝나는 단어들이 종종 비슷한 감각을 표현하는 것이다. 한국어에서 k(ㄱ 받침)로 끝나는 단어들은 갑작스럽거나, 날카롭거나, 꽉 조이는 것을 뜻하는 경향이 있다. 표에 따로 정리되어 있지는 않지만, l(ㄹ 받침)로 끝나는 단어들은 부드럽거나 흐르는 것, ng(ㅇ

받침)로 끝나는 단어들은 속이 비었거나 열려 있는 것, t(ㅅ 받침)로 끝나는 단어들은 보통 작고 미세한 것이나 뾰족한 것을 의미한다. 하지만 1번에서 6번까지의 단어들과는 달리 7번에 있는 단어들은 마지막 자음을 바꿔 다른 의미를 가진 단어를 만들거나 하지는 않는다.

뒤죽박죽 상징

•

표의어는 소리와 의미 사이의 규칙적인 상관관계를 보여준다. 그런데 영어에서도 소리와 의미가 가끔 비슷한 방식으로 연관되어 있을 때가 있다. 형용사 앞에 un- 또는 in-을 붙이면 보통 그 단어를 부정하는 뜻이 되고, 명사에 -s를 붙이면 복수형이 된다. 그렇다고 이런 규칙성을 음성상징이라고 주장할 수는 없다. 그렇다면 한국어 소리의 어떤 면이 이 소리들을 상징적으로 만드는 것일까? 이 소리들은 정말로 스스로 의미를 전달하는 것일까?

이 질문에 답하기 위해서는 한국어를 사용하지 않는 사람들이 이런 단어들의 의미에 대해 짐작할 수 있는지 알아봐야 한다. 물론 한국어를 모르는 사람이라면 누구도 감감, 깜깜, 캄캄의 정확한 뜻을 예측할 수는 없을 것이다. 하지만 두 번째, 세 번째 단어가 첫 번째 단어보다 더 진한 어둠을 뜻한다는 것을 직감적으로 느끼는 것 정도는 어쩌면 가능할지도 모른다.

한국의 언어학자 권나현 교수가 박사학위 연구에서 밝힌 바에 따르면 한국어를 모르는 사람들도 앞의 예시 단어들을 순서대로 듣고 점점 뜻이 강화되어간다는 것을 느낄 수 있다고 한다. 권나현 교수는 앞에서 논의한 것과 같은 규칙적인 패턴을 보이지만 실제로는 아무 뜻을 가지고 있지 않는 유사 한국어 단어들을 만들어 호주 사람들에게 들려주었다. 한국어를 전혀 모르는 상황에서 호주 사람들은 깜깜과 캄캄처럼 거센 소리로 이루어진 단어들이 감감 같은 부드러운 소리를 내는 단어들보다 더 강렬한 의미를 가졌다고 추측해냈다(우연이라고 설명할 수 없을 정도로 통계적으로 유의미하게). 실험에 참가한 한국인들도 마찬가지로 추측했다. 실험에 쓰인 단어들이 아무 의미가 없으며 만들어낸 단어들이었다는 것을 기억하자. 한국인 참가자들이 이 단어들을 원래 알고 있었던 것이 아니라는 뜻이다. 이 연구 결과는 소리가 어떤 의미를 표현할 수 있다는 것을 보여준다.

권 교수는 또한 영어를 사용하는 참가자들에게 한국어처럼 보이지만 아무 의미가 없는 단어의 쌍을 여럿 들려주었다. 각 쌍에서 (표에서 4, 5, 6번이 보여주는 것처럼) 한 단어에는 어두운 모음이 들어 있고, 다른 한 단어에는 밝은 모음이 들어 있었다. 이번에도 참가자들은 통계적으로 유의미한 직관을 보였다. 그런데 놀라운 점은 참가자들이 이번에는 우연적으로 예상되는 것보다 더 자주 틀렸다는 것이다. 더 이상한 점은 한국어를 사용하는 참가자들은 이 아무 의미가 없는 단어들을 해석할 때 완전히 당황하는 것처럼 보였다는 것이다. 이 특이한 결과는 한국어가 다른 언어와는 다른 모음상징을 가지고 있다고 가정하면 이해할 수 있다. 한국어가 아닌 다른 언어를 사용하는 세계 전역의 사람들이 대개 /ah/같이 낮고 열린 모음은 큰 것과 연관시키고(영어 단어 바스트vast(방대한)와 라지large(큰)가 여기에 해당한다), /ee/같이 높고 닫힌 모음은 작은 것과 연관시키는 경향이 있다는 증거가 많이 있다. 영어 단어 미니mini(소형의), 티니위니teeny-weeny(아주 작은), 위wee(자그마한)를 생각해보라. 다른 연구에서는 한국인들도 널리 퍼져 있는 이 모음상징을 공유하고는 있지만, 다만 한국어가 확실히 아닌 단어를 들을 때에만 그렇다는 것을 보여주었다. 권나현 교수의 연구에서와 같이, 한국어처럼 보이지만 실제 한국어에 존재하지 않는 단어들은 한국 사람들을 당황시킨다. 일반적 직관과 한국어에 대한 특정 지식이 충돌하기 때문이다. 그 결과 단어의 뜻을 쉽게 결정을 내릴 수 없게 되는 것이다. 한국어가 왜 널리 퍼져 있는 상관관계와는 거꾸로 가고 있는지에 대해서는 아무도 확실히 알지 못한다. 아직까지는 만족스러운 설명이 나와 있지 않다.

이해가 가능한 점은 왜 사람들 대부분이 /ah/를 큰 것과 연결시키고 /ee/를 작은 것과 연결시키는지다. /ah/라고 말할 때는 구강(다른 말로 하면 '입')이 크게 벌어지고, /ee/라고 말할 때는 구강이 작게 벌어진다. 이것은 음성상징의 가장 기초적인 모습이다. 입의 크기가 언급되는 물건의 크기를 반영하는 것이다. 물론 말할 때 입의 크기에 대해 인식하는 사람은 거의 없다고 반박하는 사람도 있을 것이다. 하지만 음성상징을 특별한 종류의 제스처라고 생각해보라. 대화 중 본인의 손이 어떻게 움직이는지 인식하는 경우는 거의 없지만, 손으로 하는 제스처는 의미를 담고 있으며 상징적이다. 비슷하게 '구강제스처' 역시 유의미하고 상징적일 수 있다. 하지만 구강제스처는 손이 하지 않는 일을 한 가지 더한다. 바로 소리를 만들어내는 것이다. 무의식적이지만 의미를 담고 있고, 게다가 음성을 만들어내므로 구강제스처는 의미와 소리를 연결해주는 기제가 될 수 있다. 한국어와 다른 아시아 언어들 그리고 아프리카 언어들에서 볼 수 있는 단어들이 바로 이런 경우라고 생각된다.

이제 모음에서 자음으로 넘어가보자. 한국어 표의어에서 중립적인 자음 대신 긴장음으로(ㅂ, ㄱ 대신 ㅃ, ㄲ) 시작하는 단어들이 더 강조적 의미를 전달한다는 것 그리고 기식음으로(ㅍ, ㅋ) 시작하는 단어들도 그렇다는 것을 이미 살펴보았다. 이런 상관관계는, 특히나 전자의 경우는 입을 크게 벌린 /ah/가 커다란 것을 암시하는 것보다도 더 분명하고 직관적으로 말이 되므로 굳이 설명이 필요하지 않을 것이다.

이제 한국어의 음성상징 중 세 번째 종류, 즉 단어의 마지막 자음인 받침자가 남았다. 이 받침자 역시 또 하나의 일반적인 인간의 직관을 반영하는 것으로 보인다. k(ㄱ 받침)로 끝나는 단어는 좀 더 갑작

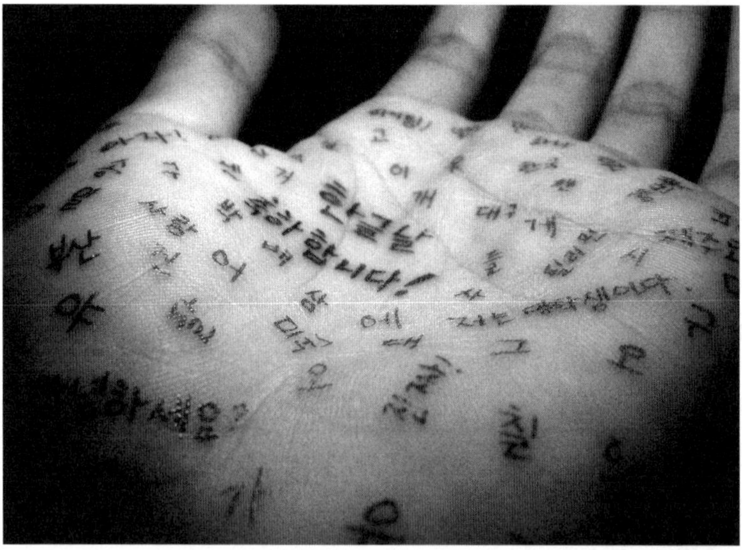

한글은 15세기에 세종대왕이 창조한 것으로 한국의 알파벳이라고 할 수 있다.

스러운 느낌을 주는데, 왜냐하면 이 자음 자체가 n(ㄴ 받침)과 m(ㅁ 받침)과는 달리 갑작스럽고 날카로운 소리의 파열이기 때문이다. t(ㅅ 받침)도 마찬가지인데, 다만 여기에서는 혀 끝으로만 소리를 내므로 소리의 파열이 좀 더 작게 생기므로 무언가 작고 미세하거나 뾰족한 것을 암시한다. 그리고 t(ㅅ 받침)를 혀 끝으로 내는 또 다른 구강제스처로 보는 것도 일견 타당한 설명일 수 있다. 혀 끝은 뾰족한 부분이 작고 민첩한 움직임을 만들어내지 않는가.

소리와 의미 사이의 상징적 연결고리를 설명해줄 수 있는 다른 현상들도 있다. 만일 어떤 움직임이 소리를 발생시키고 그것을 의성어로 표현할 수 있다면, 예를 들어 모래가 비탈을 미끄러져 내려가는 것을 표현하는 단어가 있다면, 동일한 단어를 비슷한 움직임이지만 소리는 나지 않는 다른 움직임(빗방울이 잎사귀를 미끄러져 내려가는 것)에도 적용할 수 있을 것이다. 또한 특정 종류의 소리가 뚜렷한 특징과 함께 발생한다면 연결고리가 또 생길 수 있다. 만일 어린이, 키가 작은 사람 또는 쥐 같은 작은 동물이 건장한 어른이나 사자 같은 큰 맹수에 비해 더 부드럽고 더 높은 음의 소리를 내는 것을 되풀이해서 듣게 된다면, 우리는 결과적으로 소리의 세기와 음높이를 사람, 사물의 크기와 연결 짓게 될 것이다. 이것은 'vast의 /ah/'와 'wee의 /ee/' 사이의 차이를 설명해준다. /ah/는 사자의 포효를 생각나게 하고 /ee/는 쥐의 찍찍거림을 생각나게 하기 때문이다. 그리고 길이에서도 또 다른 개념적 연결고리를 찾을 수 있다. 긴 소리는 긴 것과 긴 움직임을 나타내므로 느린 것과 느린 움직임을 표현하는 것이다.

소리의 연결고리

•

우리 마음속에 연결고리들이 일단 생기고 나면, 이 연결고리들에 점점 더 추상적인 연관성을 부여할 수 있게 된다. 예를 들어 우리가 /p/보다 /b/ 소리가 '부드럽다'고 생각한다면, 이것을 일반적인 '기분 좋음'으로 쉽게 확장할 수 있으며, 여기에서 다시 '다정함'으로 확장할 수 있다. 만일 우리에게 /ah/의 느낌이 '큰' 것을 나타낸다면, 그래서 크기를 나타내는 눈금자의 높은 곳을 의미한다면, 우리는 이 소리가 위험이나 비통함을 나타내는 다른 눈금자의 높은 곳을 의미한다고 생각할 수도 있다. 이런 식으로 표의어는 감각적 의미보다 인식적 의미를 가지게 될 수 있으므로 추상적이 되기도 한다.

표의어가 어떻게 한 의미에서 다른 의미로, 한 감각기관에서 다른 감각기관으로 전환될 수 있는지는 '지글지글'이라는 단어를 통해 살펴볼 수 있다. 지글지글을 한영사전에서 찾았을 때 나오는 첫 번째 의미는 의성어적 표현이다. 'sizzlingly; 적은 양의 물, 기름 등이 끓을 때 나는 소리 또는 그런 모양'에서 '또는 그런 모양'이라고 추가된 부분에 주목하라. 이 단어의 범위를 소리에서 움직임으로 확장할 수 있다는 뜻이다. 지글지글의 두 번째 뜻은 시각적인 표현이다. 'glaringly; blazingly; 햇빛이 강하게 내리 쪼이는 모양.' 영어의 관점에서 이것은 쉽게 이해가 된다. 구글에서 'sizzling sunlight(지글거리는 햇빛)'을 검색해보면 (솔직히 말해 나는 그 결과에 놀랐는데) 'glaring sunlight(눈부신 햇빛)'이나 'blazing sunlight(타오르는 햇빛)'에 비하면 적은 수이긴 하지만 꽤 많은 수의 검색 결과가 나온다. 지글지글의 세 번째 뜻을 보면 더 재미있다. 사전에는 그저 '(영어에) 대응하는 표현이 없음'이라고 쓰여 있고 설명은 이렇게 되어 있다. '아파서 열이 나 몸이 뜨거워지는 모양'. 여기에서 보면, 지글거리는 액체의 이미지가 (물론 요리사의 손을 아프게 할 수는 있겠지만) 열이 나며 불편한 육체적 감각으로까지 전이되었다. 마지막으로 지글지글은 마음의 상태도 설명할 수 있다. 'worrisomely; anxiously; 화 또는 걱정 때문에 조바심이 난 모양.'

표의어가 점점 더 추상적인 의미를 가지게 될수록, 한국어를 사용하지 않는 외부인들이 그 뜻을 추리하기는 점점 더 어려워진다. 지글지글의 경우, 외부인들도 이 연관성의 기차에 쉽게 탑승하여 'sizzling(지글거리는)'에서부터 'glaring(눈부신)', 'feverish(열이 나는)' 그리고 'anxious(불안한)'에 이르기까지 여행을 함께 할 수 있다. 하지만 이것은 그 과정이 어떻게 진행되는지 설명을 들었을 때 가능한 이야기다. 아무런 설명 없이 소리와 의미를 즉흥적으로 연결시키는 것은 의미가 전이될수록 점점 더 어려워진다. 내 경우에 지글지글이라는 단어의 소리는 'sizzling(지글거리는)'을 떠올리게 한다. 하지만 이 소리가 몸이 뜨겁게 느껴지는 것을 의미하는지 아니면 몸이 차갑게 느껴지는 것을 의미하는지를 고르라고 한다면 쉽게 대답하지 못하고 애를 먹을 것이다. 그리고 아마 추워서 이빨이 덜덜 떨리는 소리를 떠올려 내 직관을 잘못된 방향으로 이끌게 될 수도 있을 것이다. 표의어는 감각적 인식에 굳게 뿌리를 내리고 있지만 예상치 못한 방향으로 뻗어나갈 수도 있다. 그 방향에 대해 대부분 타당한 설명을 찾을 수는 있지만, 항상 명백한 해답이 있는 것은 아니다.

입술 소리

•

페르디낭 드 소쉬르가 “기호는 임의적이다”라고 생각하게끔 영감을 준 언어들은 프랑스어, 영어 그리고 다른 유럽 언어들이었다. 하지만 이 언어들에서도 어떤 소리들은 다른 소리들에 비해 언어의 의미와 연관성을 보이기도 한다.

영어에서도 임의성 이외의 어떠한 법칙이 작동하고 있다는 것을 보여주는 단어들을 찾아볼 수 있다. 먼저 glitter(반짝반짝 빛나다), glimmer(희미하게 빛나다), glow(은은하게 빛나다) 같은 단어들이 포함된 집단이다. 이 단어들은 모두 빛에 대한 일종의 효과를 나타낸다. 그리고 sprout(싹이 나다), sprinkle(흩뿌리다), sprawl(퍼져나가다) 같은 단어들은 다 무언가를 펼친다는 뜻이다. 반면 swerve(방향을 틀다), sway(흔들리다), swagger(뽐내며 활보하다), swing(흔들다)은 부드럽고 넓은 움직임을 표현한다. 하지만 왜 그런 것일까? 아무리 찾아봐도 gl-가 빛을 내고, spr-이 분산적이고, sw-이 퍼진다는 뜻을 가져야 할 본질적인 이유는 없다. 이 단어들은 어쩌면 앞에서 설명한 대로 그 의성어적 뿌리를 더 이상 찾을 수 없게 된 표의어일지 모른다. 그게 아니라면 각각의 집단은 우연히 두 개의 단어가 비슷한 소리와 대략 비슷한 의미를 가지고 있는 상황에서 그 두 단어의 주위에 무리를 짓게 된 것일 수도 있다. 말하자면 다른 단어들을 자신들의 음성적, 의미적 궤도로 끌어들여서 다른 단어들의 형태와 의미에 영향을 줄 수도 있는 것이다. 예를 들어, 고대 라틴어 단어 DINGUA(혀)는 그 형태가 LINGUA로 바뀌었는데, 이는 '핥다'라는 뜻의 동사 LINGERE의 영향 때문이었다.

더 직접적으로 음성상징적인 영어 단어들도 있다. 한국어에서 k(ㄱ 받침)로 끝나는 단어들이 갑작스러움을 시사한다고 했을 때, 영어 사용자라면 이렇게 생각했을 수 있다. '잠깐만, 영어에서도 k로 끝나는 flick(손가락을 튀기다), pick(꺾다), smack(찰싹 치다) 같은 단어들은 갑작스러운 움직임을 나타내지 않나?' 맞다. 그리고 이것이 그저 우연일 가능성은 적다. p로 끝나는 영어 단어들(pop(터지다), hop(깡충깡충 뛰다), flip(홱 뒤집다)) 그리고 t로 끝나는 영어 단어들(hit(때리다), punt(럭비에서 공이 땅에 떨어지기 전에 차다), butt(들이받다)) 역시 동일하게 갑작스러운 시작과 끝이 있는 움직임을 시사하며, 움직임만을 묘사하는 단어로는 l로 끝나는 roll(구르다)이 훌륭한 예다.

의심이 많은 사람이라면 여기에 예로 든 각각의 단어마다 반례를 찾아내어 상관관계가 있는 것처럼 보이는 것이 사실은 그저 우연일 뿐이라고 주장할지 모른다. 그러나 그 주장을 인정해줄 만큼의 충분한 반례를 찾을 수 없을 것이다. 언어학자들은 수천 개의 영어 단어들을 비교한 후, 영어 단어들이 그저 우연히 그렇게 될 수 없을 정도로 상당히 음성상징적이라는 사실을 확인했다. 영어는 한국어나 베트남어 또는 많은 아프리카 언어들•에 비해서는 음성상징을 훨씬 적게 사용하지만, 고유한 특징으로 인정할 수 있을 정도로 그 흔적을 상당히 많이 찾아볼 수 있다. 음성상징은 성장하여 배우는 단어들에서보다 어린 아이들이 배우는 기초적인 종류의 단어들에서 더 많이 나타나는 것으로 드

• 이 책에서 유일하게 다루고 있는 사하라 이남 지역 언어인 스와힐리어는 공교롭게도 그 지역 대부분의 다른 언어들에 비해 음성상징이 적게 나타난다.

러났다. 단어의 소리가 그 의미에 대해 암시를 줄 때 단어를 더 이해하기 쉽고 외우기도 쉬운 것을 생각해보면 당연한 결과다. 초보자들은 언제나 얻을 수 있는 모든 도움을 이용하기 마련이다.

음성상징 중 어떤 것은 언어적 국경을 자유롭게 넘나들기도 한다. 4,000개가 넘는 언어에서 100개의 기본 어휘들을 비교한 결과 꽤 유의미한 상관관계가 드러났다. 일단 'wee의 /ee/' 효과가 이 거대한 표본 전체에 걸쳐 나타나는 것으로 드러났다(하지만 'vast의 /ah/' 효과는 그렇지 않았다). 더 놀라운 것은 신체 부위를 가리키는 몇몇 단어들의 경우 언어들이 특정 소리를 선호하는 것으로 드러났다는 것이다. 많은 언어에서 '코'를 가리키는 단어는 /n/ 소리로 시작한다. /n/은 비음이며, 역시 비음인 /m/과 /ng/과 달리 혀를 코 쪽을 향해 가리키며 소리를 낸다. '혀'에 해당하는 단어는 /l/ 소리를 좋아하는데, 이 소리는 혀를 내보이기에 알맞은 소리이기도 하다. '여성의 가슴'을 뜻하는 단어는 종종 m으로 시작하며(라틴어로는 MAMA), '어머니mother'를 뜻하는 단어 역시 마찬가지인데, 아마도 아기들이 젖을 빠는 중간중간 ma 소리를 내기 때문이 아닐까 싶다. 또한 어떤 학자들은 '입술'을 뜻하는 단어에 자주 양순음, 즉 '두 입술' 소리에 해당하는 b 또는 p 소리가 들어간다는 것을 발견했다. 영어 단어 lip(입술)과 로망스어군 단어들인 LABIO, BUZĂ가 여기에 해당된다. 한국어는 유감스럽게도 이 방면에서는 연결성을 찾아볼 수 없다. 코, 혀, 유방은 전혀 이런 음성상징과는 연관이 없으며, 다만 입술IPSUL만이 음성상징에 맞는 소리를 가졌을 뿐이다.

말하는 감각

•

이 모든 표의어들에도 불구하고 오늘날 사용되는 모든 언어에서 대부분의 단어들이 임의적인 형태를 가지고 있다는 것은 부정할 수 없는 사실이다. 우리가 중립적, 사무적으로 사용하는 실물, 특질, 행동 등에 대한 수많은 용어들의 경우에는 더욱 그러하다. 컵, 배관공, 착석 등은 다 감각적으로 관찰 가능한 개념이지만, 이 개념을 가리키는 단어들은 한국어에서나 영어에서나 중립적 대상으로 여겨질 뿐이다. 이와는 대조적으로 감각을 좀 더 생생하고 선명하게 전달하려고 할 때, 표의어의 비중이 높아진다. 한국어에서는 확연히 눈에 보이고, 영어에서는 잘 보이는 곳에 숨어 있지만 말이다. 여기에서 바로 wobbly(흔들리는), swagger(뽐내며 활보하다), twiddle(배배 꼬다), titillate(간질이다), bling(고가 보석), snide(비열한) 같은 영어 단어들과 테리 프래쳇이 말하는 'coruscate(빛나다)'가 그 진가를 발휘하는 것이다. 사람들은 감각이 말하는 것을 듣는다.

"기호는 임의적이다"와 같은 단정적인 진술을 주장하기 위해서는 대부분의 경우에 있어서 참인 것으로는 충분하지 않다. 우리는 이 주장이 틀렸음을 직시해야 한다. 물론 무덤에서 탄식하고 있을 대학자 소쉬르에게는 불행한 일이지만 말이다.

18

타밀어

தமிழ்

9,000만 명

1,000만 명 정도의 제2언어 사용자를 포함한 8,000만 명의 타밀어 사용자들이 (인도 남부) 타밀나두Tamil Nadu 주에 살고 있으며, 300만 명 정도의 사용자는 스리랑카에 살고 있다. 말레이시아에도 타밀어를 사용하는 소수민족들이 오래 전부터 살고 있으며(200만 명 이상), 싱가폴, 미안마, 남아프리카공화국 및 인도양의 여러 섬에도 타밀어 사용자들이 있다. 좀 더 최근에는 영국, 미국, 호주 및 캐나다에도 타밀어 사용자들이 상당한 규모의 공동체를 이루어 살고 있다.

자칭 이름	타밀தமிழ்
어족	드라비다어족에 속한다. 이 어족에는 타밀어 외에 세 개의 규모가 큰 언어가 속해 있으며(텔루구어, 칸나다어, 말라얄람어), 문자가 없는(글로 적히지 않는) 수십 개의 보다 작은 언어들도 포함된다.
문자	타밀어는 자신만의 고유한 문자 체계를 가지고 있다. 인도의 문자 체계에 대해서는 벵골어를 참조하면 된다.
문법	타밀어 문법의 특징은 교착어적이다. 이것은 문법적 역할을 나타내기 위해 한 단어에 여러 개의 접미사를 연달아 붙일 수 있다는 것을 뜻한다. 명사에는 두 개의 범주가 있는데, 하나는 이성적 범주(인간, 신), 다른 하나는 비이성적 범주(나머지 전부)다.
소리	타밀어에는 다섯 개의 모음이 있으며, 각각의 모음은 단모음일 수도 있고 장모음일 수도 있다. 일부 타밀어 자음들은 '권설음'으로, 이는 영어(일부 미국에서 쓰이는 방언 제외)와 일반적인 유럽언어(스웨덴어 제외)에서는 보기 드문 방법으로 혀를 말아서 내는 소리를 뜻한다.
차용어	역사적으로는 산스크리트어에서, 요즘에는 영어에서 들어오고 있다.
수출어	영어 단어 라이스rice(쌀)와 진저ginger(생강)는 아주 옛날의 타밀어(더 정확하게는 드라비다어족)에 그 기원을 두고 있는 것으로 보인다. 좀 더 최근 수출된 단어로는 망고mango, 커리curry, 카타마란catamaran(쌍동선), 체룻cheroot(필터 없는 궐련), 파리아pariah(따돌림당하는 사람이나 국가) 등이 있다.
고전	2004년에 타밀어는 인도 정부에서 인정한 최초의 고전언어가 되었다. 뒤이어 2005년에 산스크리트어가 고전언어로 인정받았다.

18: 타밀어

죽고 사는 문제

●

타밀이라는 단어를 보면 아마 바로 이어서 생각나는 단어가 '호랑이'일 것이다. 이것은 합리적인 연상인데, '타밀호랑이'(정확히는 '타밀일람 해방 호랑이'라고 하며 스리랑카의 무장 반군 단체를 말한다. – 옮긴이 주)가 스리랑카를 사반세기 넘도록 뒤흔들어 놓은 내전의 주인공이기 때문이다. 이 갈등은 사실 언어 문제에서 촉발되었다. 스리랑카의 독립 이후, 다수 민족인 싱할라인이 지배하는 민족주의적 정부는 '싱할라어 유일 법률Sinhala Only Act'을 도입했다. 이것은 폭동과 타밀인들의 대학살로 이어졌고, 테러와 유혈사태로 발전한 저항운동으로 이어졌다. 이것은 언어뿐만 아니라 종교와도 관련이 있는 전쟁이었다(타밀인 대부분은 힌두교도이며, 소수는 기독교도다. 반면, 싱할라인들은 거의 대부분이 불교도다). 하지만 이 전쟁에 불을 지핀 것은 바로 타밀어에 대한 공격이었다.

이 장의 마지막에 다시 스리랑카에 대해 논의하겠지만, 사실 이 장에서 주로 다루는 지역은 인도 남부 지역으로, 이곳은 타밀어의 심장

부다. 하지만 그곳에서조차 타밀어 사용자로 산다는 것은 생존에 관련된 문제였다. 1960년대 타밀인들에게 타밀어는 힌디어의 강압에 대항하여 지켜내야 할 대의였다. 이후 수십 년 동안 수많은 활동가들이 사람들 앞에서 목숨을 끊으며 '타밀어의 제단'에 자신을 바쳤다. 반면 타밀어 학자이자 민족주의자인 '마.포.시Ma.Po.Si'(M. P. 시바그나남)는 자신이 고통스러운 병에 시달릴 때 자살하고 싶었던 마음을 멈추게 해준 것이 바로 타밀어에 대한 깊은 헌신이었다고 주장하기도 했다.

사람들은 누구나 자신이 사용하는 언어가 가진 아름다움과 풍부함, 생각의 모든 미묘함을 표현할 수 있는 월등한 능력을 극찬한다. 특히나 프랑스 사람들이 그렇고, 아랍인들도 마찬가지다. 영국인들도 그렇다. 널리 알려져 있지는 않지만, 9,000만 명의 사용하는 타밀어 사용자들도 역시 자신들의 언어를 신성한 것으로 여기며, 타밀빠루Tamilp-parru를 당연하게 여긴다. 역사학자 수마티 라마스와미Sumathi Ramaswamy가 번역한 바에 따르면 타밀빠루는 '타밀에 대한 헌신'이라는 뜻이다. 타밀어는 그들에게 신격화되어 여신으로 칭송받는다. 좀더 자세히 말하자면 타밀어는 여왕이자 어머니, 동정녀 마리아와 같은 존재라고 할 수 있다.

미운 오리 새끼

•

타밀인들의 타밀어에 대한 사랑은 사실 그들이 생각하는 것만큼 그렇게 오래된 전통은 아니다. 19세기에 접어들 당시, 타밀어의 지위는 더 낮아질 수 없을 만큼 낮았다. 영국 식민지배자들은 인도 사람들과 그들

여신으로 의인화된 타밀어. 여신의 두 번째 팔이 흔들고 있는 책과 필기구에 주목하라.

의 문화를 별로 존중하지 않았다. 그나마 영국인들이 약간의 호의를 보인 것도 북쪽 지역에 사는 밝은 피부색의 아리아인들에게만 해당하는 것이었다. 영국인들은 인도아리아어군에 속하는 대단히 문학적인 고대 언어인 산스크리트어가 유럽의 고대 그리스어 및 라틴어와 역사적으로 관련되어 있다는 것을 이제 막 발견했던 터였다. 존중할 만한 문화도 없으며 지극히 조악한 방언을 사용한다고 여겨지는 검은 피부의 남부 사람들은 영국인들과 북부 인도인들 모두에게 무시를 당했다.

하지만 마드라스라는 남쪽 도시에서 몇몇 영국 학자들이 타밀어와 타밀어로 쓰인 고대 문헌들을 연구하기 시작했다. 원어민들의 도움을 받아 이 학자들이 발견한 내용은 굉장한 것이었다. 풍부하고 세련되었으나 거의 완벽히 잊혔던 2,000년의 역사가 담긴 문학작품을 발견한 것이다. 일부 세속적이기도 하고 일부 종교적이기도 한 이 문학작품들은 남인도의 황금기를 증명하는 자료들이었다. 이 작품들을 통해 이 시기의 남인도 지역은 판디아·촐라·체라 왕조 등 여러 강력한 왕조들이 통치했었다는 것이 밝혀졌다. 남부 인도 사람들에게 이 왕조의 이름들은 유럽인들에게 알렉산더 대왕이나 카이사르, 샤를마뉴 등의 이름이 익숙한 것만큼이나 익숙하다.

1856년에 타밀어 문법에 대한 책이 한 권 발간되었다. 이 책에서 로버트 칼드웰Robert Caldwell은 타밀어가 원형을 알아볼 수 없을 만큼 변질된 산스크리트어의 한 방언이라는 주장에 대해 반박했다. 사실 타밀어는 규모가 큰 세 개의 주변 지역 언어들(텔루구어, 칸나다어, 말라얄람어) 그리고 수십 개의 보다 작은 언어들과 함께 드라비다어족이라고 알려진 어족을 이룬다. 인도아리아어군의 미운 오리 새끼로 여겨지던 타밀어는 갑자기 드라비다어족의 '가장 순수한' 백조로 탈바꿈했다. 그 당시 언어적 순수성은 인도에서나 유럽에서나 민족주의적 이데올로기에 있어서 아주 중요한 것이었다.

1930년대에는 예상치 못한 행운이 타밀어에 찾아왔다. 인더스 계곡에서 1870년대부터 알 수 없는 언어로 새겨진 짧은 글들이 발견되고 있었는데, 몇몇 유럽 학자들이 이것을 드라비다어족의 언어라고 주장한 것이다. 만일 사실이라면 드라비다어족의 글은 약 5,500년이라는 긴 역사와 더불어 아주 웅장한 기원을 가지게 되는 것이다. 이집트 문명과 메소포타미아 문명만큼이나 오래되고 발전되었으며, 그보다 훨씬 더 넓은 지역에 걸쳐 있던 인더스 문명 또는 하라파 문명이 그 기원이 되기 때문이다. 인더스 계곡에서 발견된 문자의 기저를 이루는 언어가 드라비다어족의 초기 언어라는 견해는 오늘날까지도 꽤 가능성이 있는 주장으로 받아들여지고 있다. 하지만 산스크리트어의 어머니이자 힌디어의 할머니이며, 타밀어의 최대의 경쟁자인 아리아조어Proto-Aryan를 포함한 다른 경쟁자들도 같은 자리를 놓고 다투고 있다. 고대 문자가 해독되지 않는 한 이 문제에 대한 정답을 찾기는 어려운데, 로제타석 같은 것이 발견되지 않는 한 사실 해독은 불가능해 보인다. 게다가 인더스 계곡에서 발견된 기호들이 문자가 아닐지도 모른다는 주장도 나오고 있다.

대부분 가난하고 글을 읽지도 못하는 수백만 명의 타밀인들이 2,000킬로미터나 떨어진 곳에서 발견된 해독 불가능한 기호들에 대해 깊은 유대감을 가졌다는 것이 믿기 힘들 수도 있다. 하지만 타밀인들은 그랬다. 그렇다면 왜 그랬던 것일까? 왜 이 학문적인 사건이 자기 이름도 쓸 줄 모르는 사람들에게 중요한 문제가 되었던 것일까?

극도의 흥분에 빠져들다

•

1800년대 초반 타밀인들은 과거의 영광에 대해서는 조금도 알지 못한 채 역사의 가장자리로 밀려나 있었다. 하지만 고전 문학 작품들과 고대 제국들에 대한 발견으로 그들의 역사는 주목받기 시작했고, 교육받은 타밀인 엘리트들은 금세 이를 자랑스럽게 여기기 시작했다. 이들은 대중을 교육시키고 동원하였으며, 타밀르네상스 또는 타밀부흥이라고 알려지게 된 운동을 시작한다. 이 운동이 인도에서 반향을 일으키기까지는 수십 년이 걸렸다. 이 운동은 하나의 단일한 움직임이 아니라 수많은 계획과 다양한 조직, 프로그램을 아우르는 움직임이었다. 운동은 문학적이었고, 종교적이었으며, (특히 후반에는) 정치적이었다.

타밀어의 문학적 유산에 대해 열정적이었던 지식인들은 고대의 글을 편집·발행하고, 학술원과 잡지를 만들고, 고전 언어로 수업을 하고, 도서관을 운영했으며, 또한 초등학교에서 대학교에 이르기까지 모든 형태의 교육에서 타밀어의 사용을 주장했다. 이들은 언어순수주의자들이어서, 차용어를 예전에 쓰였거나 아니면 새로 만들어낸 토착어로 대체하려고 애썼다. 이러한 노력은 사실 언어를 인정받고자 하는 운동에서 흔히 볼 수 있는 것이지만, 타밀어 공동체는 그들의 언어가 적어도 5만 년 전부터 시작된 세계에서 가장 오래된 언어라고 믿는다는 점에서 다소 특별했다. 심지어 어떤 사람들은 타밀어의 기원이 수백만 년 전으로 거슬러 올라간다고 주장하기도 한다(전혀 말이 안 되는 주

타밀나두에서 발견된 브라흐미 문자로 새겨진 타밀어 글. 상감시대(기원전 3세기~기원후 3세기)부터 내려온다.

장이지만, 그럼에도 불구하고 꽤 많은 지식인들이 1990년대까지도 이 생각을 옹호했다).

종교적 성향을 가진 부흥주의자들은 타밀어 경전을 토대로 한 힌두교의 개혁에 관심이 있었다. 그들이 생각할 때 좀 더 합리적이고 일신론적인 줄기로 돌아가자는 것이었다. 시바Shiva를 경배하는 시바교가 남아시아 전역에 오랜 기간 널리 퍼져 있긴 했지만, 이 타밀족의 시바교는 그 근원을 특히 카스트 제도, 성 불평등, 다신론 등으로 더럽혀지지 않은 이상화된 타밀족의 과거에 두고 있었다. 이들은 이런 결함들은 산스크리트어를 사용하는 사람들에 의해 나중에 들어온 것이라고 주장했다. 또한 이들에게 있어 (카스트 제도에서 사제 계급인) 브라만들은 아리아인 침입자들이었으므로, 신新시바교 의례는 절대로 브라만들이 진행할 수 없었다. 문학적 부흥주의자들은 타밀어를 세상에서 가장 고결하고 오래된 언어로 여겼지만, 신시바교도들의 목표는 더 높은 곳에 있었다. 그들에게 타밀어는 신의 언어였다.

그렇다면 문학적 부흥주의자들과 종교적 부흥주의자들은 자신들의 메시지를 대중에게 어떻게 전달했을까? 대부분의 타밀인들은 글을 읽지 못했기에, 말로 메시지를 전달해야 했다. 또한 이해를 돕기 위해 과장된 미사여구와 비유가 사용되었다. 가장 흔하게 사용된 비유는 타밀어를 아름다운 여자로 의인화하는 것이었다. 학자이자 작가이며, 활동가였던 무디야사란Mudiyarasan은 다음과 같은 시를 썼다.

> 만일 당신이 나를 거절한다면, 어떻게 내가 이 삶을 견딜 수 있으리오?
> 당신의 달콤한 열정이 나를 극도의 흥분에 빠지도록 하는 것이 아니오?
> 오 나의 향기로운 언어여! 나를 일으켜 세워 안아주오!

무디야사란의 시는 타밀어를 숭배하는 그의 마음을 숨김없이 드러내고 있다. 여러 다른 시인들도 타밀어의 '빛나는 얼굴', '광택나는 입술', '영광스러운 금빛의 몸', '풍성한 가슴' 그리고 '가느다란 허리'에 대해 열광적으로 이야기했다. 시인 바라티다산Bharatidasan는 타밀어를 묘사하는 이 에로티시즘에 대해 다음과 같이 설명했다. "여인이 주는 즐거움조차도 우리의 위대한 타밀어와는 비교가 되지 않는다!"

타밀어에 바치는 이러한 시 중에는 유혈이 낭자한 것도 있었다. 바라티다산의 시를 한 번 더 인용해보자. "우리의 첫 과제는 우리의 영광스러운 타밀어를 파괴하는 이들을 죽여 없애는 것이다! 진홍색 피의 강이 흐르게 하라!" 급진적 학자이자 작가인 풀라바르 쿨란타이Pulavar Kulanthai는 이렇게 말하기도 했다. "나는 내 어머니가 막는다 하더라도, 어머니(타밀어)의 적의 머리를 잘라내 버릴 것이다." 자기파괴적인 글도 찾아볼 수 있다. "만일 그 어떤 재앙이 당신에게 닥친다면, 나의 영광스러운 어머니 타밀어여! (……) 당신의 고통을 끝내기 위해 나는 내 목숨을 바칠 것입니다." 또한 칸나다산Kannadasan은 "죽어서도 타밀어는 우리의 입에 담겨야 한다. 우리의 재는 타밀어의 향기와 함께 불타야 한다"라고 말했다.

그리고 일부는 미사여구를 말로 하는 것에서 그치지 않았다. 1964년, 한 젊은 교사 친나사미Chinnasami는 타밀어를 찬양하는 시에서처럼 타밀어를 입에 담고 스스로를 태워 재가 된 첫 번째 순교자가 되었다. 친나사미는 고통스러운 죽음을 맞으면서도 이렇게 외쳤다. "힌디어에 죽음을! 타밀어의 번영을!" 고대 문헌을 열렬히 읽었던 친나사미의 순교는 정치적 부흥운동에 큰 영향을 미쳤다. 이런 순교자들과 정치적 부흥운동가들의 목표는 타밀어를 그들이 보기에 정당한 사회적 위치로 돌려놓는 것이었다. 즉, 수 세기 동안 억압받았던 타밀어는 다시 한 번 행정·교육·미디어에서 마땅히 사용되는, 공적 생활의 지배적 언어가 되어야 한다는 것이다.

엄밀히 말하자면, 타밀인들의 정치적 투쟁에 관련된 모든 사람들이 언어에 집착했던 것은 아니다. 사실 이 운동의 가장 영향력 있는 인물이었고, '족장', '위대한 자'로도 알려졌던 E. V. 라마사미E. V. Ramasami는 영어를 사용해야 민족의 미래가 있다고 주장하였으며, 타밀어 근본주의자들을 아주 싫어했다. 라마사미는 공식적인 자리에서 다음과 같이 말하기도 했다. "모국어로서도 국가의 언어로서도 나는 타밀어에 대한 어떠한 애착도 가지고 있지 않다. 나는 타밀어가 고전적 언어라서, 또는 고대의 언어라서, 또는 시바신이 사용했던 언어라서 같은 이유로 타밀어를 숭배하지도 않는다." 그리고는 오히려 이렇게 말하곤 했다. "아내와 아이들과 시종들에게 영어로 이야기하라! 타밀어에 심취하는 것을 경계하라. (……) 사람답게 살도록 노력하라!" 그럼에도 불구하고 라마사미가 신뢰받는 지도자가 되었고 그 자리에 남아 있을 수 있었던 것은 그가 아리아인과 브라만 계급, 산스크리트어와 북인도 제국주의의 도구인 힌디어에 대한 반대 운동을 끊임없이 벌였기 때문일 것이다.

1960년대에 이르기까지, 인도 내에서 타밀부흥운동을 이끌던 정치적 진영은 다음과 같은 중요한 문제를 놓고 의견이 갈라져 있었다. 타밀인들이 인도로부터 독립을 추구해야 하는가, 아니면 인도 안에서 그저 언어적 권리만을 주장해야 하는가? 서로 다른 정당들이 급진적이고 폭력적인 방법으로 자신들의 요구사항을 내세웠으며, 동시에 선거에도 계속 참여하였다. 문학적·종교적 부흥주의자들이 언어에 대한 헌신을 고취시키며 타밀부흥운동의 토대를 마련했다면, 정치적 진영은 그 시위를 진두지휘했고, 수십 년이 지나 그 열매를 거두었다.

자판 없이 앉은 왕좌

•

1947년, 인도는 독립을 이루어냈고, 그 과정에서 타밀인들도 큰 역할을 했다. 9년 후, 인도연방정부는 타밀인들과 다른 여러 민족들이 오랫동안 요구해오던 문제에 대하여 큰 양보를 했다. 국가를 언어적 노선에 따라 재조직한 것이다. 그때까지 다중언어를 사용했던 마드라스 주는 타밀어를 주된 언어로 사용하는 지역만 포함되도록 그 범위가 줄어들었고, 곧 타밀어는 적절한 절차를 거쳐 마드라스의 공식 언어로 제정되었다. 입법부의 한 의원은 "타밀따이Tamiḻttāy(어머니 타밀어)께서 상서로운 왕좌에 여왕의 품격으로 기대 앉으심으로 이제 우리의 모든 문제들이 사라졌다"라며 기쁨에 차 외쳤다.

어머니 타밀어는 편안히 앉아 그녀의 통치를 우아하게 즐길 수 있었을지 몰라도, 주정부는 그렇게 하지 못했다. 조치를 실행으로 옮기는 것은 힘들고 오랜 시간이 걸리는 일이었다. 행정가들은 자주 (말 그대로) 무슨 말을 해야 할지 모르는 상황에 놓이곤 했다. 타밀어를 위해 죽겠다고 맹세하거나 그녀의 매혹적인 몸매에 대해 열정적으로 말하는 것은 관료주의적이고 법적인 세부사항들을 표현하는 것과 완전히 다른 것이었다. 그렇다고 전문용어를 영어나 힌디어에서 빌려올 수도 없는 노릇이었다. 필요한 어휘를 타밀어로 개발하는 데는 시간이 필요했다. 게다가 그뿐만이 아니었다. 타자를 치는 것 같은 일상적인 문제도 대두되었다. 타자를 치는 사람들은 새롭게 만들어진 타밀어 자판 사용에 익숙하지 않았으므로 다시 훈련을 받아야 했던 것이다. 하지만 이런 골칫거리들은 초창기에 발생할 수밖에 없는 작은 문제들에 불과했다. 시간이 많이 흐른 오늘날에는 모든 행정업무가 순조롭게 타밀어만 사용하여 이루어진다.

또한 1965년에 인도중앙정부는 드라비다어족이 우세한 남부, 특히나 마드라스 주에서 일어난 격렬한 시위에 굴복하여 힌두어를 인도의 유일한 공식언어로 지정하는 것을 포기했다(이것은 인도중앙정부가 15년 전부터 계획해왔던 일이었다). 1949년, 인도국민회의의 지도자는 이렇게 말하기도 했다. "남쪽에 있는 내 벗들에게 힌디어를 가능한 한 빨리 배우는 것이 좋을 것이라고 말해주겠다. 왜냐하면 힌디어를 빨리 배우지 않으면 결국 뒤처지게 될 것이기 때문이다." 정치지도자들의 이 같은 태도와 서투른 정책들이 친나사미와 타밀어 추종자들로 하여금 자신들의 목숨을 타밀어에 바치게 만들었던 것이다. 드라비다어족이 우세한 남부에서는 힌디어가 아닌 영어를 공식적인 제2언어로 유지시

타밀나두 지역의 반反힌디어 시위를 보여주는 1960년대의 풍자 만화. 영어를 옹호하는 것은 힌디어를 사용하는 북쪽을 견제하기 위한 중요한 전략이었다.

키기를 주장했다. 이는 한편으로는 모든 인도인들이 언어적으로 공평한 경쟁의 장 위에 있기를 바라기 때문이었고, 또 한편으로는 남부 사람들에게 힌디어로 상징되는 북부의 우세함에 분개하는 마음이 남아 있었기 때문이다.

마드라스 주 입장에서 1967년은 정치적인 전환점을 맞은 해였다. 민족주의자들이 선거에서 이겼고 그때부터 줄곧 이들이 주정부를 지배해왔다. 인도에서는 유일무이한 이 위업 덕분에, 민족주의자들은 안정적으로 자신들의 의제 대부분을 실현시킬 수 있었다. 일 년도 채 지나지 않아서 이들은 힌디어를 필수과목이 아닌 선택과목으로 만들었다. 이것은 모든 국민이 영어, 힌디어 그리고 (해당되는 경우) 지역의 언어를 배우기를 기대하는 전국적인 '3개의 언어 정책three-language formula'에 대한 명백한 반항이었다. 1969년에 마드라스 주는 결국 타밀나두, 즉 '타밀인의 땅'으로 이름을 바꾸었다.• 이것은 이전의 주정부가 지속적으로 실행하기 거부했던 민족주의 정책 중 하나였다. 다른 민족주의적 조치로는 산스크리트어 단어를 추방시켜 교과서를 '정화'하는 것과 친나사미와 같은 '순교자'들을 포함한 언어 신봉자들을 기념하여 수많은 길과 공공 빌딩의 이름을 짓는 것이 포함되었다.

그렇다고 반 세기 동안 이어진 민족주의적 주정부가 타밀어 신봉자들을 충분히 만족시켰다는 것은 아니다. 타밀나두에 기반을 둔 중

• 1996년에는 주의 수도도 마드라스에서 첸나이Chennai로 이름이 바뀌었다. 하지만 이 결정의 언어적 정당성은 빈약한 것으로 보인다. 두 이름 모두 확실한 어원이 밝혀진 바는 없지만, 마드라스는 타밀어에 기원을 두었을 가능성이 상당하고, 첸나이는 오히려 텔루구어에서 왔을 가능성이 더 크다.

앙정부의 기관들, 즉 군대, 철도, 우편 등은 계속해서 힌디어로 사무를 보았다. 마하트마 간디에 의해 1918년에 세워진 남인도의 힌디어 보급 기관도 여전히 첸나이Chennai(마드라스 시의 새 이름)에 기반을 두고 있다. (첸나이의 한 지역 이름을 따서) '콜리우드Kollywood'라고 불리는 타밀어 영화 산업도 번성하고 있기는 하지만, 힌디어 영화와 노래가 타밀어 사용자들 사이에서 큰 인기를 누리고 있으며, 오늘날에는 점점 더 많은 사람들이 힌디어를 배우고 있다.

하지만 가장 크게 실망한 점은 아마도 어머니 타밀어가 '상서로운 왕좌에 여왕의 품격으로' 기대 앉으신 지 오랜 시간이 지났지만, '우리의 모든 문제들'이 사라지지 않았다는 것이다. 인도의 다른 주들에 비해서 타밀나두 주가 사회적, 경제적인 면에서 많이 뒤처지는 것은 아니지만, 그렇다고 해서 타밀나두가 부유함이나 평등함 또는 평온함을 상징하는 안식처인 것도 아니다. 사실, 이웃한 케랄라Kerala 주가 더 잘하고 있다. 문화적으로 보자면 케랄라는 또 다른 드라비다어족 지역이지만, 이념적으로 보자면 이곳은 민족주의의 지배하에 있다기보다는 훌륭한 구식 공산주의의 지배하에 있는 곳이다. 이 두 개의 주만 비교해보자면 아버지로서의 카를 마르크스가 어머니로서의 타밀어보다 더 잘해나가고 있는 것 같다.

스리랑카의 타밀호랑이

스리랑카의 인구는 약 2,000만 명으로 인도 인구에 비하면 매우 적지만, 1948년 독립 이후 언어와 문화에 뿌리를 둔 갈등을 포함하여 인도

못지 않게 격렬한 내부 분열에 시달렸다. 영국인들이 물러났을 때, 스리랑카의 공식언어는 영어였는데 이것은 스리랑카의 민족적·종교적·언어적 분열을 잠시 가려둔 미봉책에 불과했다. 스리랑카 인구의 약 4분의 3 정도는 인도아리아어군에 속하는 싱할라어를 사용하는 불교도였고, 나머지 인구의 대부분은 드라비다어족에 속하는 타밀어를 사용하는 힌두교도였기 때문이다.

영국의 국기가 내려가는 순간부터 싱할라인 민족주의자들은 타밀인들을 차별하기 시작했다. 타밀인들이 시민권을 얻기 어렵게 만들고, 많은 수의 타밀인들을 추방하여 '인도로 돌아가게' 했다. 그러다가 1956년에 민족주의자 총리인 S. W. R. D. 반다라나이케S. W. R. D. Bandaranaike가 싱할라어 유일 법률을 도입했다. 이 법률은 공적 서비스와 모든 공식 업무에서 영어를 싱할라어로 대체하는 것이었다. 이 때문에 (대략 60% 정도의 공무원 자리를 차지하고 있었던) 타밀인들이 일자리에서 쫓겨났으며, 아예 스리랑카에서 쫓겨나는 일도 벌어졌다. 이 문제는 타밀족 정치 세력들의 비폭력 시위로 이어졌다. 하지만 곧 폭력과 폭동이 이어졌고, 수백 명의 타밀인들이 싱할라족 폭도들에게 살해당하기도 했다. 2년 후, '싱할라어 유일, 타밀어 포함'이라는 비논리적인 이름이 붙은 합의안이 마련되었고, 타밀인들이 타밀어를 2등급 언어의 위치에 남는 것을 받아들이면서 타결되었다.

그러나 불행히도 다수파의 어리석은 행동은 여기에서 끝나지 않았다. 이후로도 그들은 타밀인들에 대한 탄압을 멈추지 않았다. 30만 명이 넘는 타밀인들을 인도로 추방시켰으며, 타밀인들을 대학입학시험에서 차별했고, 타밀어 매체의 수입도 제한되었다. 1972년에 제정된 새로운 헌법에서는 다수파가 타밀인들이 믿는 힌두교를 밀어내고 싱할라족이 믿는 불교에게 '가장 중요한 지위'를 넘겨주었다. 다시 말해서, 스리랑카 정부는 자신의 힘이 미치는 범위 내에서 괴물을 만들어내기 위해 할 수 있는 모든 일을 한 것이다.

그리고 예상대로 괴물이 나타났다. '타밀호랑이', 즉 약 25년간(1983~2009) 잔인한 내전을 일으킨 분리주의자 운동이 시작된 것이다. 1980년대 후반, 유일한 공식언어the official language인 싱할라어와 함께 타밀어도 하나의 공식적 국가 언어an official national language로 지정되었지만, 타밀호랑이에게는 너무 소극적이고 때늦은 조치였다.

결국 호랑이는 전장에서 패했다. 그리고 이 내전의 여파로 많은 싱할라인들은 더 이상 타밀인들을 수용할 필요가 없다고 느끼게 되었고, 이전에 호랑이의 영역이었던 북부 지방, 즉 타밀일람Tamil Eelam 지역은 중앙정부의 통제 밑으로 다시 들어가게 되었다. 2015년에 (전쟁을 잔혹하게 끝냈던) 싱할라족 민족주의자 라자팍사Rajapaksa가 좀 더 온건파 지도자인 시리세나Sirisena에게 정치적으로 패배함으로써 화해에 대한 약간의 희망이 생겨났다. 그 다음 해인 2016년 독립기념일 축하행사에서 스리랑카의 국가 스리랑카 마타Sri Lanka Matha가 1949년 이후로 처음으로 공식 국가 행사에서 타밀어로 불렸다. 하지만 이 화해는 아직 온전한 것이 아니다. 타밀인들은 여전히 싱할라족 불교도들에게 시달리고 있으며, 싱할라족 불교도들에게 타밀인과 힌두교도들은 기껏해야 '그들의' 나라에 와 있는 손님일 뿐이기 때문이다.

17

터키어

TÜRKÇE

9,000만 명

약 7,800만 명의 원어민과 1,200만 명의 제2언어 사용자가 있다. 터키와 북부 키프로스는 터키어가 지배적으로 쓰이는 지역으로, 두 지역 모두 많은 수의 사람들이 터키어를 제2언어로 사용한다. 터키어를 사용하는 상당한 규모의 소수집단이 발칸반도를 비롯하여 서유럽 지역, 특히 독일·프랑스·네덜란드 등지에 살고 있다.

자칭 이름 튀르크체TÜRKÇE, 튀르크 딜리TÜRK DILI.

어족 튀르크어족에 속한다. 이 어족에는 동남부 유럽에서부터 동북 아시아에 이르는 넓은 지역에 퍼져 있는 약 30개의 현용 언어가 포함된다. 튀르크어족 내에서 터키어는 아제르바이잔어와 투르크멘어와 함께 오우즈어파에 속한다. 이 언어들은 서로 상당히 높은 수준으로 이해 가능하다.

문자 오늘날의 터키어는 라틴 알파벳에 다음의 몇 가지 글자를 추가하여 적는다. ç, ğ, ı, ö, ş, ü. 대문자 i에 점을 찍는다(İ).

문법 터키어에는 성이 없다. '그녀she', '그he', '그것it'에 해당하는 단어는 모두 o이다. 아주 소수의 단어들만(대부분 친족관계를 나타내는 표현) 여성과 남성 단어가 따로 존재한다. 문법은 대단히 교착어적인데, 단어에 접미사들이 길게 달릴 수 있다는 뜻이다. 예를 들어, BAŞAR(성공하다)라는 단어를 기반으로 BAŞARISIZLAŞTIRILAN이라는 단어를 만들 수 있는데, '성공적이지 못하게 만든 그것'이라는 뜻이다. 일련의 접미사들이 붙어 만들어진 이 단어(BAŞAR-I-SIZ-LAŞ-TIR-IL-AN)는 터키인들이라면 아무렇지도 않게 사용할 수 있으며 완벽히 자연스럽고 전혀 억지스럽지 않다.

소리 터키어에는 모음조화가 있다. 단어의 마지막 모음이 그 단어에 붙는 접미사들의 모음에 영향을 미친다. 예를 들어, 앞선 모음이 e, i, ö, ü 중 하나라면 복수형 접미사는 -LER이지만, 앞선 모음이 a, ı, o, u 중 하나라면 -LAR가 된다.

차용어 전통적으로는 페르시아어, 아랍어, 프랑스어, 그리스어, 이탈리아아어에서 왔으며, 요즘에는 영어에서 많이 들어오고 있다.

수출어 후무스hummus(으깬 병아리콩 소스), 요거트yogurt, 바클라바baklava(견과류를 넣어 만든 디저트), 파샤pasha(터키 군사령관 칭호), 페즈fez(원통형 모자), 미나렛minaret(이슬람 사원의 첨탑), 자칼jackal, 라일락lilac, 튤립tulip, 키오스크kiosk(무인단말기), 디반divan(침대의자), 하렘harem(부인들이 거처하는 방) 등 많다(일부 단어들은 깊이 들어가면 페르시아어나 아랍어의 뿌리를 가진 것도 있다. 본문 참조).

연습생 면허증 인도유럽어족 언어를 사용하는 사람이 인도유럽어족에 속하지 않은 언어를 머리카락을 쥐어뜯지 않으면서 배워보고 싶다면 터키어가 좋은 선택이 될 것이다. 터키어는 인도유럽어족 언어와 완전히 달라서 배우기 쉬운 것은 아니지만 적어도 문법과 (라틴 문자를 사용하는) 철자가 아주 규칙적이며 성조도 없다.

17: 터키어

회복할 수 없는 개선

●

수 세기 동안 오스만 제국의 엘리트들은 아주 예외적인 언어로 말을 하고 글을 썼다. 이 언어의 이름은 터키어였지만 그 본질은 전혀 터키어라고 볼 수 없었다. 이 언어를 완전히 익히지 않고도 아니 거의 이해하지 않고서도 터키 사람은 아무 문제 없이 한평생을 이스탄불이나 앙카라에서 살 수 있었다. 이 언어를 익히고 이해하기 위해서는 학교에서 교육을 받아야만 했다. 하지만 20세기에 들어서면서 오스만 터키어는 사실상 죽은 언어가 되었다. 그리고 다른 언어로 대체되었는데, 무슨 언어로 대체되었을까? 일반 사람들이 사용하던 토착어로 대체되었을까? 전혀 그렇지 않다. 터키 공화국은 오스만 터키어도 아니고 전통적으로 사용되던 토착 터키어도 아닌 아주 다른 새로운 터키어를 발전시켰다. 이 이상한 언어의 본성을 파헤치기 전에, 그 이전 터키어들의 역사를 먼저 살펴보자.

고대 터키어에서 오스만 터키어로

•

페르시아어와 아랍어에서 어휘를 대부분 빌려왔으며, 이 두 언어로부터 문법적으로도 영향을 많이 받은 오스만 터키어는 1,000년이 넘는 중동의 역사를 반영하고 있다. 7세기 초반까지만 해도 터키인과 페르시아인, 아랍인들은 서로 크게 접촉할 일이 없었다. 그러다가 632년 무함마드가 사망한 그 다음 해인 633년에 아랍인들은 페르시아 제국을 침략하여 전쟁을 일으켰다. 역사적으로도 이것은 아주 당황스러운 사태의 전환이었는데, 그때까지 크게 부각되지 않던 몇몇 사막 부족들이 새로운 종교에 자극을 받아 많은 면에서 자신들보다 수준이 높고 강력한 제국에 대항하여 전쟁을 일으킨 것이다. 게다가 전투를 하는 족족 이겨버렸다. 그리고 643년에 페르시아 제국을 (그리고 이집트도) 멸망시키는 과업을 완수했다.

하지만 수준 높은 적을 지배하는 데는 위험이 따른다. 미처 알아차리기도 전에 그들처럼 되고 마는 것이다. 아랍인들이 페르시아인들을 무찌르고 그들을 이슬람으로 개종시키는 데는 성공했어도 그들의 문화 전체를 아랍화한다는 것은 가망 없는 일임이 밝혀졌다. 페르시아인들이 아랍어에서 단어들을 일부 빌려오기는 했지만 그것이 전부였던 것이다. 그들의 언어와 문화는 끝까지 페르시아의 것으로 남았다.

750년에 페르시아인들의 지원을 받아 새로운 아랍 칼리파 왕조가 권력을 잡게 되면서, 페르시아인들의 문화적 영향력이 더욱 커지기 시작했다. 페르시아인들이 주요한 자리들을 차지하면서 그들의 언어와 작가들의 가치도 상승했다. 아랍어를 사용하는 다마스쿠스는 제국의 수도로서의 지위를 상실하고, 대신 티그리스 강 유역의 한 페르시아 마을이 있던 자리에 건설된 도시로 수도의 지위가 넘어간다. 이 도시에는 마디나트앗살람MADĪNAT AS-SALĀM(평화의 도시)이라는 아랍어 이름이 있지만, 그 이름은 널리 알려지지 않았다. 대신 옛 페르시아 마을의 이름이었던 바그다드BAGDAD(신이 주신)로 오늘날까지 알려지게 된다.

코란의 언어인 아랍어는 계속해서 가장 중요한 언어였지만, 페르시아어도 아랍 세계에서 특히 중동과 남아시아에서 오랫동안 중요한 역할을 해왔다. 결과적으로 더 이상 페르시아어만 아랍어에서 단어를 빌려오는 것이 아니라, 그 수가 좀 적긴 하지만 그 반대의 경우도 존재하게 되었다. 이때 들어온 차용어 중에는 오늘날까지도 사용되고 있는 것들이 많이 있다. '왕관TĀJ'과 '컵FINJĀN'을 뜻하는 아랍어 단어는 페르시아어가 그 기원이며, 페르시아어 단어 '신학ELÂHIÂT'과 '무역TEJÂRAT'은 아랍어에서 파생되었다.

터키인들이 아직 중동에 살지 않고 더 북쪽인 아시아의 스텝steppe 지역에 살고 있던 때였다. 8세기에 오구즈족이라는 한 터키 부족이 오늘날 투르크메니스탄으로 알려진 카스피 해의 동쪽 지역에 정착하는데, 이때부터 페르시아인들과 이웃하게 된다. 아랍의 사막 민족들이 문화적 소양에 있어서 페르시아인들과 전혀 상대가 되지 않았다고 했는데, 스텝 지역 터키인들의 경우는 더욱 그러했으며, 그들 스스로도 이 사실을 잘 알고 있었다. 그들은 유용하다고 판단되는 페르시아 문명의 모든 요소들을 베끼고 받아들였다. 새로운 음식과 도시적 편리함뿐만 아니라 나중에는 이슬람 신앙까지 받아들인 것이다. 터키인들의 언어에 아직 이 모든 새로운 것들을 부를 만한 이름이 없는 것이 당연하기에, 그들은 개념과 함께 페르시아어 단어도 들여온다. 이 차용어들 중에는 아랍어에 기원을 둔 것도 있어서, 터키어에는 꽤 일찍부터 아랍어 단어들이 페르시아어와 함께 들어왔다. 이 시기는 또한 터키인들이 룬 문자를 닮은 고대 튀르크어의 문자를 페르시아-아랍 문자로 대체한 때이기도 하다. 요약하자면, 9세기와 11세기 사이에 터키-페르시아 혼합 문화가 발생하기 시작한 것이다.

11세기에는 일부 터키인들이 페르시아의 힘 있는 자리에까지 진출해 사실상 제국을 장악하기에 이른다. 이들이 터키어를 새로운 행정 언어로 제창하지는 않았지만, 그래도 페르시아인들은 꽤 많은 수의 터키어 단어들을 받아들이게 되었는데 대부분의 단어들은 정부와 전쟁에 대한 것들이었다. 또한 문화적으로도 터키와 페르시아의 전통이 이전보다 더 많이 혼합되었다. 덧붙여 아랍적인 요소들도 함께 섞였다.

11세기는 또한 오랜 시간이 걸린 (오늘날 대부분의 터키와 거의 같은 지역인) 아나톨리아의 터키화가 시작된 때이기도 하다. 하지만 아나톨리아 지역은 터키인·그리스인·아르메니아인·유대인·쿠르드인·로마인·아시리아인 및 다른 민족들이 함께 살면서 앞으로 많은 세기 동안 민족적 언어적 혼합체로 남아 있을 것이라는 것을 기억하도록 하자.

이제 끔찍한 한 시기를 건너뛰어 보자. 징기스칸 및 다른 몽골족들이 중동과 그 밖의 지역 전체에 죽음과 파괴를 퍼뜨리며 역사상 가장 넓은 제국을 세운 그 시기 말이다. 이야기를 1359년에서 다시 시작해보겠다. 1359년은 터키 서북쪽 한 지역의 왕자였던 오스만 1세의 후계자들이 자신들의 영토를 무서운 기세로 사방팔방 넓혀가던 때다. 300년 후, 오스만 제국은 아나톨리아와 발칸반도 전역뿐만 아니라 아

역사가 탈리키자드 메흐메트(왼쪽)가 구술하고 있는 장면을 묘사한 그림에서 보듯이 오스만의 언어는 인위적이었고 그 기법은 매우 기교적이었다.

랍 전체를 실질적으로 지배하게 된다. 오스만의 술탄들은 곧 새로운 칼리파로 여겨지게 되었으며 1517년에는 공식적으로 인정받게 되었다. 칼리파라는 단어의 문자적 의미는 '후계자'로서 보통 '무함마드의 후계자'라는 뜻으로 해석된다. 이슬람적 관점에서 보면 터키인들은 큰 상을 받은 것이다. 하지만 그들은 이번에도 자신의 언어와 문화를 제국의 다른 사람들에게 강요하지 않았다. 오히려 그 반대다. 이때가 바로 강력한 아랍어의 영향 덕분에 제국 엘리트와 문학의 언어로서 오스만 터키어가 혼성적 장엄함의 최대치에 다다른 때로 수 세기에 걸친 언어 혼합 과정이 드디어 완료되었다.

그렇다고 오스만 터키어가 페르시아어와 아랍어에서만 단어들을 차용해왔냐면, 그것도 아니다. 그리스어 · 라틴어 · 이탈리아어 · 아르메니아어와 그 밖의 언어들에서도 들어온 차용어들이 있다. 그리고 19세기에 들어서 허물어지고 약화된 제국이 스스로를 근대화시키려고 노력하면서, 당시 유럽을 이끌던 프랑스로부터 새로운 어휘가 물밀듯 들어온다.

오스만 터키어는 다양한 인종이 모인 제국의 문화적 · 정치적 상층부 사람들이 말하고 쓰는 엘리트의 언어였지만, 그 엘리트들조차도 모국어는 따로 있었다. 그들은 아랍어나 아마도 페르시아어(페르시아 자체는 수 세기 전에 이미 없어졌지만) 또는 그리스어 · 불가리아어 · 쿠르드어 · 아람어 · 아르메니아어 · 알바니아어, 아니면 터키어를 쓰고 자랐을 것이다. 이때 말하는 터키어는 오스만 터키어 이외에 일반 사람들이 쓰던 토착어를 말한다. 이 터키어 역시 다른 언어들에서 자유롭게 단어들을 빌려왔지만 오스만 터키어만큼 극단적이지는 않았고, 문법적으로도 토착 터키어는 오스만 터키어에 비해 훨씬 더 본래의 모습을 간직하고 있었다.

이 긴 과정에서 주목할 만한 점은 그 오랜 세월 동안 터키인들이 자신의 언어와 문화에 대해 꽤 겸손했다는 것이다. 자신들이 사용하던 토착 터키어를 내세우거나 고집하지 않은 것을 보면 고대 로마인들이 그리스인들을 우러러본 것처럼, 터키인들은 페르시아인들과 아랍인들을 우러러봤던 것 같다. 1923년에 터키 공화국이 세워지고 나서야 터키인들은 자신들의 열등의식을 털어내고 진정으로 터키의 모든 것을 자랑스럽게 여기게 되었다. 그러면서 앙갚음도 하기 시작했다.

오스만 터키어에서 현대 터키어로

•

1927년, 오늘날 케말 아타튀르크로 더 잘 알려진 무스타파 케말 대통령이 엿새 동안 이어진 한 정치 회의에서 장장 서른여섯 시간 동안 연설을 했다. 기념비적이었던 그의 연설은 누툭NUTUK(연설)이라고 불린다. 하지만 만일 21세기의 터키 정치인이 연설을 한다면, 사람들은 그 연설을 '누툭'이라고 하지 않고 소이레브SÖYLEV(연설)라고 부를 것이다. 이는 사람들이 누툭을 아타튀르크의 위대한 연설을 일컫는 데만 사용하기로 정했기 때문이 아니라, 단지 소이레브가 '연설'을 뜻하는 일반적이고 일상적인 단어가 되었기 때문이다.

그렇다면 이 같은 변화가 일어난 까닭은 무엇일까? 모든 언어에서 끊임없이 일어나는 우연한 변화 중 하나라고 생각하는 것이 자연스럽겠지만, 이 경우는 좀 다르다. 아랍어 차용어인 누툭이 1927년까지는 존재하지 않았던 단어인 소이레브(튀르크어에 그 기원이 있다)로 바뀐 것은 20세기 중반에 있었던 터키어의 급진적인 변신을 반영했기 때문이다.

1963년이 되었을 때, 아타튀르크의 오스만 터키어 연설 원고는 새로운 세대가 더 이상 이해할 수 없는 용어들로 가득 차 있어서 현대 터키어로 번역되어야만 했다. 하지만 이 번역 자체도 인기를 얻지 못하고 사라져 버린 신조어들을 포함하고 있어서 1986년에 새로운 번역본이 다시 발간되었다. 오늘날 터키의 젊은이들에게 1927년 버전은 17세기 영어로 쓰인 논문이 지금의 젊은 영어 사용자에게 이질적으로 들리는 것만큼이나 낯설게 들릴 것이다. 영어에서는 4세기나 걸린 진화를 터키어는 단지 두 세대 만에 겪었다.

이것은 진화라기보다 혁명에 더 가깝다. 그리고 사실 혁명이라는 표현이 터키인들 스스로 이 변화를 부르는 이름에 더 알맞은 번역이기도 하다. 터키인들은 이 급격한 변화를 딜 데브리미DİL DEVRİMİ라고 부르는데 문자 그대로 '언어 전복'이라는 뜻이다. 사전에 따르면, 데브림DEVRİM은 '빠르고 급진적이며 질적인 변화'라는 뜻이다. 혁명이라는 의미다. 그런데 어떤 이유에서인지 다른 언어로 번역이 되면서 이 변화는 좀 더 온순하게 '언어 개혁language reform'이라는 이름을 얻었다.

터키어의 문어체에는 변화가 절실히 필요했다. 19세기 중반 모든 책과 신문은 여전히 오스만 터키어 즉, 아랍어, 페르시아어 그리고 '진짜' 터키어가 수 세기 동안 친밀한 문화적 접촉을 통해 이룬 복합체를 사용하고 있었다. 따라서 보통의 평범한 터키인이 신문을 읽으려고 하면 (가능성이 낮지만 글을 읽을 수 있다는 전제 하에) 대부분의 사람들에게 법률 서류가 이해하기 힘든 것만큼이나 난해했을 것이다. 19세기 후반과 20세기 초반에 이 문제는 조금씩 해결책을 찾는 듯했다. 작가들이나 기자들이 점차적으로 좀 더 일반적인 터키어 단어들을 사용하게 되었고, 아랍어와 페르시아어에 기원을 둔 문법 구조들도 덜 쓰기 시작했기 때문이다.

예를 들어, 오스만 터키어로 '자연과학natural sciences'이라는 단어는 울루미 타비예ULÛM-i TABIIYE•다. 울룸ULÛM(과학들)은 아랍어 복수형이며, 단수형은 일림iLiM이다. 타비예TABiiYE 역시 아랍어 여성 형용사다. 터키어 자체에는 성이 없는데도 말이다. 울룸ULÛM 뒤의 -i는 소위 이자페트izafet라는 것으로, 페르시아어에 기원을 둔 문법적 장치인데 형용사를 그 앞에 오는 명사와 연결해주는 역할을 한다. 하지만 진짜 터키어에서는 명사가 형용사 뒤에 오며 이자페트는 불필요하다. 울루미 타비예ULÛM-i TABiiYE가 터키어라고 주장하는 것은 영어에서 형용사가 명사 뒤에 오는 경우가 극히 드물고 형용사는 결코 성이나 수에 따라 형태를 바꾸지 않음에도 불구하고 SCIENCES NATURELLES(자연과학이라는 뜻의 프랑스어)가 프랑스어일 뿐 아니라 영어이기도 하다고 주장하는 것만큼이나 말이 되지 않는다.

1900년대 초반 많은 작가들은 더 이상 울루미 타비예ULÛM-i TABiiYE를 사용하지 않고 대신 타비 일림레르TABIÎ iLiMLER의 사용을 선호했다. 문법적으로 말하자면 이 단어는 완벽한 터키어였다. 형용사가 먼저 오고, 복수형은 -LER를 사용하고, 아랍어의 성이나 페르시아어의 이자페

• 이것은 오스만 터키어를 현대 터키어 표기법으로 적은 것이다.

트 같은 터무니없는 것들은 전혀 없었다. 이스탄불의 길거리에서 장사를 하는 사람이 '자연과학'에 대해 말할 일이 있었다면 그 사람은 분명 이 단어를 사용했을 것이다. 물론 단어들 자체는 여전히 아랍어에서 온 차용어였지만, 그래서 어떻다는 말인가? 영어 단어의 natural(자연)과 sciences(과학) 역시 프랑스어에서, 궁극적으로는 라틴어에서 들어온 차용어일 뿐이다.

1914년에서 1923년의 전쟁 기간 동안 터키의 정치적 생존이 위태로운 상황에서 언어 문제는 그 존재감을 잃었지만, 공화국의 설립 이후 놀라울 정도로 빠르게 다시 핵심 쟁점으로 부상했다. 첫 번째 급진적 조치는 1928년의 '문자 혁명'이라 할 수 있는 하프 데브리미HARF DEVRİMİ였다. 아타튀르크는 하룻밤 사이에 페르시아-아랍 문자를 터키어에 맞춤으로 가공한 라틴 알파벳으로 교체하였으며, 모든 공적 문서에서 라틴 알파벳을 의무적으로 사용하도록 했다. 이 조치는 이 나라의 문화적 지향점이 중동에서 멀어져 서양으로 향하게 되는 상징적인 선언이었다. 바로 그 다음 해에는 아랍어와 페르시아어가 교과과정에서 빠지고 유럽 언어들이 그 자리를 대신했다. 이 조치는 터키와 중동의 나머지 지역간 문화적 유대관계를 더욱 느슨하게 만들었다. 터키의 보수주의자들은 이를 두고 지금까지 한탄하지만, 그들도 라틴 알파벳의 사용 덕분에 터키어로 글을 쓰고 읽는 것이 많이 쉬워졌다는 것은 부정하지 않는다.

문자는 어느 정도 해결했고, 문어체는 보통의 이스탄불 사람들이 말하는 방식에 가깝게 천천히 변화하고 있었다. 여기에서 그만 멈춰도 되었지만 아타튀르크는 일을 도중에 그만두는 성격이 아니었다. 더

더군다나 그는 언어에 매우 깊은 관심을 갖고 있었다. 아타튀르크는 가난한 소작농, 공장 노동자, 가게 주인들이 사용하는 터키어에조차 페르시아어와 아랍어에서 들어온 차용어들이 가득 차 있는 것에 매우 분개했다. 그는 1930년에 "터키는 자신의 언어를 외국어의 멍에로부터 해방시켜야 한다"라고 주장했다.

1932년 7월에 터키언어회TDK, Türk Dil Kurumu가 창립되었고, TDK는 '단어수집동원계획'을 개시했다. TDK 중앙위원회는 전국의 장교와 정부 관료, 교사 및 의사들에게 지역에서 사용되는 대표적인 단어들을 어떻게 모아야 하는지 설명되어 있는 책자를 배포하고 단어들을 적을 수 있는 메모 용지도 함께 줬다. 그렇게 해서 그해에만 3만 5,000개가 넘는 단어들이 수집되었다. 이에 더하여 거의 9만 개 가까이 되는 단어들이 아제르바이젠어나 투르크멘어같이 밀접한 관계가 있는 언어들의 옛날 글이나 사전에서 발견되었다. 다소 형식적인 검토 후, 이 두 종류의 단어모음집은 몇몇 자료들과 함께 타라마 데르기시Tarama Dergisi라고 알려진 한 권의 책으로 합쳐졌다. 이것은 원래 전문가들이 새로운 어휘를 제안할 때 사용할 자료로 만들어진 것이었지만, 열성적인 순수주의자들이 이것을 참고자료로 삼아 자신들의 목적에 마음대로 이용하면서 터키를 언어적 혼돈으로 빠뜨렸다. 터키언어정책의 저명한 권위자인 제프리 루이스Geoffrey Lewis의 표현에 따르자면 "한동안 바벨이 시작되었다."

여기에는 다소 희극적 요소도 있다. 예를 들어 '교체자substitutors'라는 새로운 일자리가 생겨났다. 외국어에 기원을 둔 모든 단어를 타마라 데르기시에 적혀 있는 터키어 대체어로 바꾸는 일만 전문으로 하는

케말 아타튀르크가 콘스탄티노플(이스탄불)에서 라틴 알파벳을 가르치고 있는 모습이다(1982년경).

편집자들이었다. 하지만 타마라 데르기시는 보통은 여러 개, 때로는 수십여 개의 대체어를 제안하기 때문에 교체자들은 자기 마음에 드는 대로 교체할 단어를 고를 수 있었는데, 불쌍한 독자들의 유일한 희망은 교체자가 고른 단어가 자신들이 이해할 수 있는 단어이기를 바라는 것뿐이었다. 여기에서 '이해한다'는 것은 터키어 대체어를 다시 애초에 대체된 아랍어, 페르시아어, 프랑스 단어로 번역하는 것이다. 사실인지 아닌지는 알 수 없으나 자주 인용되는 일화에 따르면 이 격동의 시기에 한 터키 작가에게 몇 개의 언어를 할 줄 아느냐고 물었더니 "터키어 따라가기만도 바쁘다"라고 답했다고 한다.

아타튀르크가 터키의 언어는 "터키라는 나라만큼이나 자유롭고 독립적이어야 한다"라고 선언했을 때 그가 생각한 자유는 이런 난장판이 아니었을 것이다. 더욱이 그는 이 결과로 생겨난 오즈튀르크체Öztürkçe라고 알려진 언어를 별로 좋아하지도 않았다. 1934년 말 어느 한 연회장에서 그는 특별히 열성적인 교체자가 다섯 개의 차용어만 남기고 다 깨끗이 정화시킨 원고로 연설을 했는데, 마치 외국어로 연설하는 것 같았다고 한다. 한 목격자에 의하면 아타튀르크가 연설하는 태도 또한 매우 어색했다고 한다(그리고 그 만찬장에 와 있던 스위스 왕실 손님들을 위해 대통령의 말을 통역해야 했던 불쌍한 통역사에 대해서도 생각해보자). 이제 감당할 수 없는 지경에 이른 것이다. 어떻게 해야 큰 무리 없이 되돌아갈 수 있을까?

이러한 상황에서 1935년에 아타튀르크가 동양학자 헤르만 페오도르 크베르기치Hermann Feodor Kvergić가 형편없는 프랑스어로 작성한 41쪽짜리 미발표 논문을 전달받았다. 이것은 그에게 있어 하늘이 내린 선물처럼 느껴졌을 것이다. 브라티슬라바에서 태어난 세르비아인인 크베르기치는 터키어가 세상의 모든 언어의 모태라고 주장했다. 그가 자신의 주장을 어떻게 뒷받침했는지는 신경 쓸 필요 없다. 자세히 설명하기에 너무 말이 안 되는 내용이기 때문이다(선사시대 사람들이 태양을 보고 감탄의 소리를 외쳤는데 이것이 인류 최초의 음절이 되었다는 등의 내용이다). 크베르기치의 주장은 태양어 이론이라는 이름을 얻었다. 여기에서 중요한 점은 만일 모든 언어의 모든 단어가 터키어에 기원을 두고 있다면 더 이상 수입되어 들어온 요소들을 터키어에서 몰아낼 필요가 없다는 것이다. 한 저명한 TDK 회원의 말에 따르면 아타튀르크는 논문을 미처 다 읽기도 전에 이렇게 말했다고 한다. "바로 이거야! 내가 원하던 것을 찾았어!"

아타튀르크가 진실로 이 이론을 믿었는지 아니면 단지 언어 문제가 수습 불가능해진 상황에서 빠져나갈 방책으로 생각했는지에 대해서는 역사학자들 사이에서도 의견이 갈린다. 다만 믿을 만한 정보에 따르면 그의 언어학 보좌관들은 그때까지 아랍어나 페르시아어, 프랑스어 또는 그리스어에서 차용되었다고 여겨졌던 단어들의 터키어 어원을 찾아내야만 했다. 예를 들어, 전기라는 뜻의 엘레트리크ELEKTRIK라는 단어는 튀르크어족에 그 뿌리가 있는 것으로 '증명되었다'. 튀르크어족에 속하는 언어인 위구르어에서 얄트리크YALTRIK이라는 단어의 뜻이 '섬광, 빛남'이기 때문이다. 만일 프랑스어에도 일렉트리끄ÉLECTRIQUE라는 단어가 있다면, 그건 틀림없이 터키어에서 차용해간 것이다! 한 가지 예를 더 들어보자. 다각형이라는 뜻의 폴리곤POLIGON은 '풍성한'이라는 뜻의 볼BOL과 '넓은'이라는 뜻의 기니쉬GENIŞ에서 파생되었고, 그래서 다각형은 '풍성한 넓이의' 무언가를 뜻한다. 물론 이 모든 것은 허위였다. 엘레트리크ELETRIK과 폴리곤POLIGON의 어원이 그리스어에 있다는 것은 이미 명백하게 증명된 사실이었다. 이런 단어들의 어원을 거짓으로 수정하는 것은 사실을 호도하는 정치적 행위였으며, 터키 밖의 사람들 중 이를 진지하게 받아들이는 사람들은 거의 없었다.

태양어 이론이 터키어를 지배하는 동안 일반적인 언어에 관한 순수주의자들의 열정에 잠시 제동이 걸리기는 했다. 하지만 아타튀르크는 과학 용어에 대해서는 언어 개혁을 계속해서 지원했다. 수학·의학·지리학·물리학 등 분야를 막론하고 대부분의 기술적 용어들은 아랍어로 되어 있었기 때문이다. 물론 태양어 이론의 신봉자에게는 아랍어 역시 터키어의 자손이었지만, 그렇다고 해서 이 용어들이 갑자기 배우기 쉬워지는 것은 아니었다. 더욱이 많은 표현들이 젊은 사람들에게는 더 이상 익숙하지 않은 아랍어의 어순과 페르시아어의 이자페트를 지닌 오스만 터키어로 되어 있었다(앞서 언급한 자연과학ULÛM-i TABiiYE의 예를 참고하라).

아타튀르트가 생각하기에 이것만큼은 꼭 바뀌어야 했다. 그래서 그는《기하학Geometri》이라는 책을 써서 이 일에 앞장섰다. 1937년에 익명으로 출간된 이 책에서 기하학 용어들은 순수주의 단어들이나 유럽 단어들로 대체되었으며, 이 중 많은 단어들이 공감을 얻어 널리 사용되었다. 예를 들어, 아타튀르크는 '다각형'을 뜻하는 단어로 원래 쓰이던 KESIRÜLADLÂ(아랍어 차용어) 대신 초크겐ÇOKGEN을 선택했다. 이 단어는 '많은'과 '넓은'이라는 뜻의 초크ÇOK과 겐GEN의 합성어다.

다시 한 번 1928년 때와 마찬가지로 분별 있는 접근법이 그 결실을 보는 듯했다. 순수주의가 그것이 유용하게 쓰일 수 있는 영역에서 선택적으로 적용되는 동안, 일상어는 점진적이고 자연스럽게 발전해나가고 있었다. 하지만 극단적 순수주의자들은 이것을 참고 기다리지 못했던 것 같다. 1938년에 아타튀르크가 사망하자 그들은 위대한 대통령의 업적을 이어가는 것이라고 주장하면서 강력하게 터키어를 정화하기 시작했다. 그들이 새로운 단어를 도입하는 속도는 혼란의 30년대 중반보다는 조금 느렸을지 모르지만, 그들은 이 일을 1940년대 내내 진행했고 1960년대에도 한번 더 진행했다. 1940년대와 1960년대의 신문에 실린 어휘들에 대한 통계적 분석을 보면 순수주의 운동이 커다란 영향을 미쳤다는 것을 알 수 있다. 순수한 터키어 단어들의 비중이 1931년의 35퍼센트에서 1965년에는 61퍼센트까지 증가했다. 아랍어와 페르시아어, '오스만어' 단어의 비중은 합쳐서 59퍼센트에서 31퍼센트로 떨어졌다. 프랑스어와 그리스어 그리고 영어를 포함하는 '기타' 단어들은 4퍼센트에서 8퍼센트 사이를 왔다 갔다 하다가 조금씩 증가하였다. 또한 이 숫자들에서는 잘 알 수 없지만, 이 시기에 많은 터키어 단어들의 뜻이 때로는 일시적으로 때로는 여러 번 변했다.

이러한 언어의 변화에 많은 터키인들은 불만스러워했다. 보수주의자들은 오스만 제국의 황금기가 더럽혀졌다고 느꼈고, 많은 사람들이 언어적 감수성에 상처를 입었다. 순수주의자들은 문어체와 구어체 사이의 차이점을 최소화하겠다는 그들의 원래 목적보다 훨씬 더 많은 것을 바꾸었다. 게다가 그 방법도 매우 강압적이었으며, 야만적이었다. 몇 년 전에 가짜 어원들을 날조해낸 사람들에게서 전문성과 품위를 기대할 수는 없었다. 루이스가 말한 대로 "사람들 앞에서 그런 짓을 부끄러워하지도 않고 했던" 사람들인데 말이다.

새로운 단어들이 전부 문제가 있었던 것은 아니다. 많은 단어들이 '조류학ornithology'을 새지식birdlore이라고 하거나 '서문preface'을 앞말

foreword이라고 하는 것처럼 누구나 이해할 수 있는 신조어들로 바뀌었다. 하지만 적지 않은 수의 새로운 터키어 단어들이 납득하기 힘든 변화를 보여주기도 했다. 터키어는 접미사를 사랑한다. 그러므로 새로운 어휘를 만들기 위해 접미사를 사용하는 것은 어쩌면 당연한 일이었다. 하지만 접미사들을 일관성 있게 사용했다면 더 좋았을 것이다. 영어에서 -er 또는 -or이 동사에 붙는다면 새로 만들어진 단어는 그 동사로 표현되는 행동을 하는 누군가 또는 무언가를 의미한다고 가정할 수 있다. 이 장의 앞에서 교체자substitutor라는 단어가 사용되었을 때, 우리는 이 단어가 무언가를 다른 무엇으로 교체하는substitute 행동을 하는 사람을 뜻한다는 것을 쉽게 이해할 수 있다. 또 다른 예를 들어 보자. 재수분공급가능rehydratable이라는 단어를 볼 때 우리는 그것이 다시re- 수분을 공급hydrate 가능하다는-able 뜻임을 즉시 이해할 수 있다. 그런데 이때 가능하다는 뜻을 가진 -able이라는 접미사를 사용하는 대신 다른 접미사를 사용한다면 정해진 규칙에서 벗어나 언어를 엉망으로 만든다고 욕을 먹을 수도 있을 것이다.

이것이 바로 터키어에서 일어난 일이다. 한 가지 예를 들어 보자. '쓰다'라는 뜻의 어근 '야즈YAZ'를 사용한 야즘YAZIM, 야즌YAZIN, 야즈트YAZIT가 의미적으로 연결되어 있을 것이라는 것은 누구나 알 수 있다. 하지만 이 단어들이 각각 '철자', '문학', '비문inscription'이라는 뜻을 가지고 있다는 것은 알 방도가 전혀 없다. 접미사들이 임의적으로 사용되었기 때문이다. 루이스가 쓴 터키어 개혁에 대한 책의 부제가 파멸적 성공Catastrophic Success인 이유 중 하나는 바로 이런 이해할 수 없는 예들 때문이다. 언어 개혁은 터키어를 손상시켰다. 물론 개혁된 언어를 쓰면서 자라는 새로운 세대들은 이 새로운 단어들을 당연하게 여길 것이고, 이전 세대의 문학에 관심을 갖게 되기 전까지는 그 단어들이 새로운 것이라는 것조차 깨닫지 못할 것이다. 하지만 개혁이 한창일 때 이미 터키어를 배우고 사랑했던 사람이라면 혼란과 괴로움의 긴 시간을 보내야만 했을 것이다.

언어적 개입

•

오스만 터키어가 아름다운 잡종이 되는 과정은 영어를 포함한 많은 언어들 역시 거쳐간 과정과 흡사하다. 그러나 후반부는 완전히 다르다. 언어 순수주의자들이 20세기 터키에서만큼 성공적으로 자신들의 주장을 도입한 경우는 매우 드물다. (그리고 일을 그렇게 엉망으로 진행하는 경우는 더더욱 드물다) 이 놀라운 이야기는 언어에 인위적으로 개입하는 것에 대해 흥미로운 쟁점을 제기한다.

문법에 목을 매는 사람, 사소한 의미 차이로 트집 잡는 사람, 발음이 틀렸다고 지적하는 사람 그리고 또 다른 종류의 이상주의적 언어 애호가들은 언어학자들이 영어·독일어·프랑스어 또는 다른 어떤 언어이든 언어의 '타락'을 막는 데 최선을 다하지 않았다고 항의한다. 이때 언어학자들은 대부분 언어가 움직이는 방향을 의도적으로 조종할 수 없다고 대답할 것이다. 학자들은 일반적으로 '과학은 상황이 어떠한지에 대한 것이지, 어떠해야 하는지에 대한 것이 아니다'라는 생각을 가지고 있다. 하지만 언어학자들은 거기에서 더 나아가 간섭하려는 것이 완전히 무의미하다고 주장한다. 언어의 변화는 자율적이며 어떠한 의도에 따라오지 않는다는 것이다.

그런데 터키의 언어 실험은 이 언어적 저항이 아무런 소용 없다는 생각에 반하는 결과물처럼 보인다. 오늘날 터키인들이 TDK가 정확히 원하던 방식대로 말하지는 않지만, 커다란 영향을 미친 것만큼은 부정할 수 없다. 특히나 어휘적 면에서는 TDK가 언어에 미친 영향은 좋든 싫든 간에 매우 크며 지속적이다.

이 모순에 대해서는 다음과 같이 설명할 수 있다. 첫째, 다민족·다언어라는 특징을 지닌 오스만 제국이 무너진 자리에 새로운 공화국이 건설되었을 때, 터키는 새로운 국민국가를 설계해야 했다. 이에 따라 차용어가 덜 포함된 좀 더 '순수하고 터키적인' 언어는 국가 건설 계획에 중요한 요소 중 하나가 되었다. 다시 말해, 터키 공화국은 그 시작부터 언어 개혁에 대해 상당히 열정적이었다. 이것이 오늘날 영어, 프랑스어, 독일어 등의 사용자에게는 이상해 보였을 수 있겠으나, 사실은 그들의 언어 역시 몇 세기 전에 비슷한 과정을 거쳤다. 그 단계들이 순수주의적인 본성을 지닌 것만은 아니었지만 분명히 비슷하게 규범적이었다.

둘째로 터키 공화국은 권위주의적이었다. 터키 공화국이 수립된 이후 한동안 다수정당선거는 이루어지지 않았고 여러 번의 군사 쿠데타도 있었다. 정부는 오랜 기간 라디오나 텔레비전 같은 대중매체를 지배했고, 모든 교과서는 공식적인 허가를 얻어야 했다. 이 같은 환경에서는 시장 권력이 거대하고 정치인들이 유권자들의 생각에 반하는 일을 하기 어려운 자유주의 사회에 비해 언어를 강제로 변화시키기 훨씬 쉬웠을 것이다. 실제로 에르도안 대통령은 2017년 5월 아주 오랜만에 공식적인 언어 숙청을 감행했다. 그는 체육부장관에게 모든 축구 경기장의 이름에 들어가 있는 라틴어 단어 아레나arena를 (프랑스어에 기원이 있으나 무슨 이유에서인지 터키어적이라고 받아들여지는) 스타디온stadyon으로 교체하라고 명령했다.

대부분의 경우 언어학자들의 주장은 옳다고 할 수 있다. 언어의 진행 방향을 조종할 방법은 없다. 그러나 이것은 특정 장소와 시간에서만 그러할 뿐 보편적인 진리는 아니다.

16

자와어

BASA JAWA

9,500만 명

자와어(또는 자바어라고 하기도 한다)는 자와 섬의 중부 및 동부에서 거의 모국어로만 사용된다. 오늘날 수백만 명의 자와인들은 인도네시아의 많은 다른 섬에도 살고 있으며, 말레이시아·수리남·네덜란드·사우디아라비아 등지에도 적은 수의 자와인들이 이주해 살고 있다.

자칭 이름 바사 자와Basa Jawa. 보통은 카라 자와Cara Jawa('자와의 길'이라는 뜻)라고 부른다.

어족 '남쪽의 섬들'이라는 뜻을 가진 오스트로네시아어족에 속한다. 자와어를 포함하여 이 어족에 속하는 거의 모든 언어들은 말레이폴리네시아어파라는 하위 어군에 속한다. 이 언어들은 거의 인도네시아·필리핀·말레이시아 및 태평양 전역(뉴기니 섬 제외) 그리고 열외로 마다가스카르에서 사용된다.

문자 라틴 문자가 자와 문자와 아랍 문자를 대부분 대체했다. 자와 문자는 인도의 힌두 문자와 불교 경전의 영향을 받아 자와 섬에서 9세기경에 발달했다. 아랍 문자는 13세기 이후로 무슬림들에 의해 들어왔다.

문법 명사와 동사는 격·수·성·시제에 따라 그 어형이 변화하지 않는다. 하지만 전치사·삽입사·접미사를 여러 다른 문법적 목적(수동태를 만드는 등)으로 사용한다. 첩어(단어 전체 또는 일부의 반복)도 복수형을 만들거나 형용사를 명사로 바꾸는 등의 여러 역할을 수행한다. 좀 더 일반적인 패턴과는 반대로 자와어는 정관사를 잃었다.

소리 여섯 개의 모음을 음소로 가졌다. 이 중 네 음소는 단어 내에 오는 위치에 따라 두 가지 다른 방식으로 소리가 날 수 있기 때문에, 열 개의 다른 모음 소리를 들을 수 있다. 스물한 개의 자음이 존재하는데, 일부 자음의 경우 오스트로네시아어족에서 찾아보기는 아주 드문 것들이라서 많은 언어학자들은 이 자음들이 산스크리트어에서 영향을 받은 결과라고 생각한다.

차용어 주로 산스크리트어에서 들어왔으며, 아랍어나 네덜란드어, 말레이어에서도 들어왔다. 예로는 바사BASA(언어), 카움KAUM(사람들의 무리), 암테나르AMTENAR(공직자), 베리타BERITA(뉴스) 등이 있다.

수출어 별로 없다. 그나마도 대부분은 가믈란gamelan(인도네시아 전통 음악 연주단), 크리스kris(인도네시아인들이 쓰는 날이 물결형인 단도), 와양wayang(인도네시아 그림자 인형극) 등 현지의 문화적 현상에 대한 것이다.

본거지 20개의 바벨 언어 중에 자와어가 지리적으로 가장 작은 범위를 차지하고 있다. 섬의 크기는 10만km^2가 채 안 되는데, 이는 대략 헝가리나 미국 와이오밍 주 정도의 크기다. 자와 섬은 아주 비옥한 땅을 가지고 있고 인구 밀집도도 1km^2당 1,000명이 훌쩍 넘을 정도로 높다.

16: 자와어

높여 말하기, 낮춰 말하기

●

어느 학자가 학술지에 논문을 쓴다고 할 때, 그가 논문에 거친 말을 사용하리라고 생각하는 사람은 없을 것이다. 그러나 1889년에 네덜란드의 문헌학자 얀 브란데스Jan Brandes는 바로 그렇게 했다. 그는 자와어에 대해 논의하면서 '병적인 현상', '심한 병에 걸린 아주 보기 싫게 생긴 혹 덩어리', '규정만 따지는 학교 선생에 의해 억지로 만들어진 것'이라며 자와어를 비난했다. 물론 브란데스가 자와어 전체를 비난한 것은 아니다. 크라마krama라고 불리는 격식을 차린 스타일(언어의 '레지스터register' 또는 '어역'), 즉 이 격식체에 크게 화가 난 것이었다. 말하는 사람이 그때 그때 필요한 대로 자유롭게 사용할 수 있다면 격식체는 아름다운 것일 수 있다. 하지만 영어나 대부분의 다른 언어들과는 달리 자와어는 이 점에서 별로 자유롭지 못하며, 수많은 사회적 상황들이 크라마의 사용을 강제한다. 브란데스는 이것을 인지하고 있었기 때문에 격분한 것이다 유럽 사람이 유럽인들에 의해 지배당하고 착취당했던 나라의 문화에 대해 신랄하게 비판하는 글을 쓴다면, 경계하는 마음이 들 수 있다. 하지만 브란데스는 실제로 뭔가 중요한 것을 알아낸 것 같았다. 우선 그는 자와어의 기본적인 비격식체에 대해서는 대체적으로 좋은 생각을 가지고 있었다. 그리고 크라마에 대해 부정적인 생각을 가진 사람은 그뿐만이 아니었다. 1980년에 역사학자이자 정치학자이며 인도네시아 전문가인 베네딕트 앤더슨Benedict Anderson은 크라마를 '극단적인 언어적 발전'이라고 하면서 "브란데스의 견해를 상당히 받아들이는 것이 옳을 것이다"라고 덧붙였다. 인도네시아 사람들도 자와어에 대해 별로 좋게 생각하지 않는데, 그렇게 생각하게 하는 이유 중 하나도 크라마이다. 1910년대 중반에는 크라마 철폐를 주장하는 자와어 운동이 일어나기도 했다. 이 운동은 짧게 끝났고 성공하지 못했지만, 격식체에 대한 혐오는 인도네시아의 언어 정책에 그 흔적을 남겼다.

격식의 뉘앙스

그렇다면 크라마에 무슨 문제가 있는 것일까? 어째서 크라마는 그렇게 많은 사람들을 오랫동안 분노하게 만든 것일까?

자와어에서 격식과 공손함의 단계를 나누어 화자들이 선택하도록 한 것은 전혀 특별한 것이 아니다. 대부분의 언어들이 다 그렇게 한다. 예를 들어 "다시 한 번 말씀해주시겠습니까?"와 "뭐라고?"의 차이점은 누구나 잘 알고 있다. 같은 사람을 '김민수 님', '민수야' 또는 '이 녀석'이라고 다르게 부를 수도 있다. 영어에서는 격식을 차리지 않을 때는 단어를 줄이는데 예를 들어 'is not'을 'isn't'로 줄이거나 아예 'ain't'로 할 수도 있다. 대부분의 유럽 언어에서 '너'라는 2인칭 대명사는 적어도 두 종류가 있는데, 하나는 좀 더 격식을 갖춘 정중한 표현이고, 다른 하나는 평이한 표현이다.

대부분의 동남아시아와 동아시아 지역에서는 이런 것들이 훨씬 더 중요하다. 이 지역에서는 무례함과 정중함 사이의 단계들이 (보통 서양 사람들에게 익숙한 정도보다 훨씬 더 엄밀한 방식의) 다양한 언어적 부호로 정해져 있다. 예를 들어, 일본어에서는 접미사와 동사의 어미변형을 통해 존경이나 겸손, 공손함이나 격식을 표현할 수 있다. 한국어 역시 복잡한 격식의 단계를 갖추고 있다. 그리고 베트남어의 인칭대명사는 '손위 여자 형제', '동생', '친구', '할아버지' 등 지위와 관련된 의미를 지니고 있다. 태국어와 크메르어, 버마어 그리고 혁명 이전의 중국어 또한 모두 격식의 뉘앙스를 잘 드러낸다. 이 지역의 언어들을 살펴보다 보면 프랑스어의 뛰tu(비격식 '너')와 부vous(격식 '너')의 차이 정도는 아무렇지도 않게 느껴질 정도다. 게다가 영어는 이 정도의 차이마저 없다. "하지만 그 어떤 언어도 자와어만큼 광범위한 체계를 구축한 언어는 없다"라고 자와어 전문가이자 원어민인 수포모 푸됴수다르모Soepomo Poedjosoedarmo는 말했다.

그러니까 자와어는 예외적으로 광범위한 격식 체계를 가졌다는 것이다. 그런데 그래서 어쨌다는 것인가? 많은 언어들이 대부분 엄청나게 복잡한 체계를 가지고 있다. 남부 러시아의 외진 지역에서 사용되는 쎄즈어의 경우 64가지의 격 체계를 가지고 있다고 알려져 있다. 그런데 이 격 체계 역시 크라마만큼 강제적으로 사용되는데도 불구하고 아무도 이에 대해서는 신경 쓰지 않는 듯하다. 그런데 인도네시아의 자와어는 왜 문제가 되는 걸까?

자와어의 체계를 좀 더 자세히 들여다보자. 자와어의 모든 단어들은 다섯 가지 집단 중 하나에 속한다. 다섯 중 네 집단은 다양한 단계의 격식이나 공손함을 전달하는데, 유일한 예외는 응오코ngoko 집단이다. 응오코는 자와어의 핵심으로 모든 아이들이 응오코를 배우고, 모든 자와어 사용자들은 응오코를 안다. 그리고 원칙적으로는 응오코를 사용해 어떤 생각도 다 표현할 수 있다. 한 세기 전 크라마에 반대하는 활동가들은 응오코만 사용했는데, 그들의 말은 완벽히 이해가 가능했고 생각도 분명히 전달할 수 있었다. 물론 다른 자와인들의 귀에는 분명 지독히 예의없게 들렸을 것이다.

응오코 단어들이 '사람'의 비격식적인 단어인 '녀석', '유방'의 비격식적인 단어인 '젖통'처럼 비속어를 사용하는 것은 아니다. 대다수의 응오코 단어들은 흠잡을 데 없이 중립적이며 어떤 대화에서도 자유롭게 사용할 수 있다. 이 점에 있어서 응오코는 우리가 일상적으로 쓰는 언어와 다르지 않다. 우리가 '개, 읽다, 가까이'라는 단어를 말한다고 해서 누구 하나 놀라 눈을 깜빡이지 않는다. 그런데 자와어에서는 약 천여 개의 일상적인 단어들이 각각 격식체 동의어를 가지고 있으며, 이 단어들을 집합적으로 부르는 이름이 크라마다. 격식을 차리기 위해서는 반드시 이 크라마 단어들을 사용해야 한다. 우리는 '개, 읽다, 가까이'라는 단어를 '견공, 숙독하다, 부근'에로 바꿔 사용할 수 있지만, 아무리 고상한 척하는 사람이라도 '개, 읽다, 가까이'라는 단어를 사용한다고 해서 격식이 없다고 비난하지는 않는다. 그러나 자와어는 다르다.

19세기 자와인 여성이 하녀에게 하는 말과 하녀가 여주인에게 하는 말은 서로 달랐다.

법정 같은 공식적인 상황에서는 크라마에 동의어가 존재하는 응오코 단어들은 절대 사용이 허락되지 않는다. 그리고 법정과 같은 특별한 상황에서만 응오코 단어들이 거부당하는 것이 아니다. 서로 잘 모르는 두 사람이 대화할 때도 응오코가 아닌 크라마를 사용해야 한다.

자와어 사전에는 각 단어의 스타일이 표시되어 있다. 예를 들어, 아방ABANG(빨간), 아도ADOH(먼), 아돌ADOL(팔다), 아가마AGAMA(종교)에는 응오코를 뜻하는 ng 표시가 되어 있다. 그리고 각 단어의 크라마 상대어(아브릿ABRIT, 뜨비TEBIH, 사데SADÉ, 아가미AGAMI)가 괄호 안에 쓰여 있다. 사전에서 아브릿ABRIT을 찾으면 '빨간; 아방ABANG의 kr'이라고 나온다(응오코-크라마 쌍은 비슷하게 생기기도 했지만(AGAMA - AGAMI), 완전히 다르게 생긴 쌍(ADOH - TEBIH)도 많다).

응오코와 크라마 사이에는 중간 단계인 (문자 그대로 '중간'이라는 뜻의) 마댜madya가 있다(크라마, 마댜, 응오꼬는 흔히 높은 자와어, 중간 자와어, 낮은 자와어라고 불린다). 마댜는 대부분 크라마 단어에 응오코 어미가 혼합된 것이지만 마댜 고유의 단어도 서른 다섯 개 정도 있다. 사전에 이 단어들은 md라고 표시된다. 사전에서 암뿐AMPUN을 찾아보면, '~하지 않다'라는 뜻 외에도 '아자AJA의 md'라고 되어 있는 것을 볼 수 있다. 이어서 아자AJA를 찾아보면, 이 단어의 크라마 버전은 삼뿐SAMPUN이라는 것을 알 수 있다. 결국 '~하지 않다'는 뜻의 단어가 낮은 단계에서 높은 단계까지 아자AJA – 암뿐AMPUN – 삼뿐SAMPUN 이렇게 적어도 세 가지가 있는 것이다.

나머지 다른 두 가지 단계는 300여 개의 단어를 가진 크라마 잉길krama inggil(높은 크라마)과 20개 정도 있는 크라마 안드합krama andhap(겸손한 크라마)이다. 이름에서 생각되는 것과는 달리, 이 두 범주에 속한 어휘들은 크라마에서만 사용되는 것이 아니라 세 단계의 격식(응오코, 마댜, 크라마) 모두에 사용된다. 높은 크라마 단어들은 이야기하고 있는 대상에 대한 존경을 나타낸다. 그 대상이 대화의 상대방이든 다른 사람이든 상관없다. 높은 크라마 단어를 사용해서 이야기해야 하는 대상은 존경할 만한 사람뿐만 아니라 그 사람의 행위, 보좌관, 물건에도 적용된다. 그러므로 우리가 만일 (자와어로) 어떤 훌륭한 사람이 '목욕하는 것'에 대해 이야기한다면, 우리는 일반적인 동사인 아두스ADUS 대신 높은 크라마 동사인 시람SIRAM을 사용해야 한다. 마찬가지로 위엄 있게 목욕

아크사라 자와Aksara Jawa라고 하는 전통 자와어 문자는 인도네시아에 여전히 남아 있다. 이 사진에서 욕야카르타Yogyakarta의 한 어린이가 거리에서 나눠 준 자료를 가지고 자와 글자를 배우고 있다.

을 마친 주인의 몸을 말리고, 분을 바르고, 옷을 입혀 주기 위해 급히 들어온 '하인'은 그저 바뚜르BATUR(응오코 단어)나 렌깡RÉNCANG(크라마 단어)이 아니라, 높은 크라마 단어인 압디ABDI를 사용해야 하는 것이다. 언어학자들은 이 범주에 속하는 단어들을 존경을 부여하는 단어라고 해서 '경어'라고 부른다.

마지막으로 겸손한 크라마는 기능상 높은 크라마가 거울에 비친 모습이라고 설명할 수 있다. 소위 '겸양어'라고 불리는 이 단어들이 하는 일은 높은 사람에게 경의를 표하는 것이 아니라 말하는 사람이나 다른 아랫사람들의 낮음을 강조하는 것이다. 카톨릭 신자들이 영성체 전에 "주님, 제 안에 주님을 모시기에 합당치 않사오나……" 같은 식으로 말하는 것을 계속한다고 생각하면 된다.

엄격하고 강제적인 언어

•

자와어에서는 잘 모르는 사람과 이야기를 할 때 늘 격식체 단어들 즉, 크라마(때로는 마댜)를 사용해야 한다. 사회적 지위가 높은 사람(예를 들어, 나이가 많은 사람)에게 말하거나 또는 그 사람에 대하여 이야기할 때는 늘 그들에 관해서는 존경을 담은 단어(높은 크라마)를 사용하고, 자신이나 다른 지위가 낮은 사람들에 관해서는 순종적인 단어(겸손한 크라마)를 사용해야 한다. 그리고 격식과 존경에 대해서 단어만 주의해서 선택해 사용하면 되는 것이 아니다. 비언어적 행동의 많은 부분 역시 엄격하게 규제된다. 크라마는 어떻게 앉고, 서고, 걷고, 손가락으로 가리키고, 손을 잡고, 눈빛을 향하고, 사람들에게 인사하고, 웃고, 옷을 입어야 하는지 등을 지시하는 복잡한 에티켓과 연관되어 있다.

자와인들에게도 이 모든 규칙을 지키는 것은 쉬운 일이 아니다. 문화적 기본 원칙들이 몸에 깊이 배어 있다 하더라도, 말의 흐름을 수월하게 유지하면서 이 모든 동의어를 정확하게 사용하는 것은 극히 소수의 사람들만 숙달할 수 있는 기술이다. 이 기술을 익히기 위해서는 많은 훈련이 필요하며, 이는 사회적 계급을 나타내는 강력한 지표가 된다. 크라마를 유창하게 사용하는 것은 전통적으로는 그 사람에게 상당한 위신을 부여하는 문화적 자산이었고, 곳에 따라서는 지금도 그렇다. 교육을 잘 받지 못해 크라마 기술을 잘 사용하지 못하는 자와인들은 사회적으로 높은 위치에 있는 사람들 앞에서는 말을 잘 하지 못한다. 인도네시아 내에서도 자와인들은 수줍고 겁이 많은 사람들로 알려져 있다(순다어·발리어·마두라어를 사용하는 주변 민족들도 동일한 평판을 얻고 있는데, 이 언어들의 격식 체계도 자와어와 거의 비슷한 수준으로 정교하고 엄격하다).

크라마는 자와인 사회의 계층적 본질을 반영할 뿐 아니라 이를 더욱 강화하고 있다. 이것이 바로 인도네시아 지식인들이 크라마를 그토록 경멸했던 이유다. 1918년에 쓰인 그 시절의 특징을 잘 보여주는 글을 살펴보자. "창조주께서 잠자던 동방에 빛을 비추셨으니, 이제 더 이상 무의미한 불평등의 참을 수 없는 조건 하에서 사는 것은 옳지 않은 일이다. (……) 크라마를 버리는 것은 바람직할 뿐 아니라 꼭 필요한 일이다." 또한 1916년에 한 유명한 독립 운동가는 '자와인들의 정신'을 바꾸기 위해서는 그들의 언어가 바뀌어야 한다고 말했다. 그는 "그들의 언어를 어쩌면 죽여야 할지도 모른다"라고 덧붙이기도 했다.

날조된 옛것

•

언어의 발전 과정에서는 당혹스러운 언어적 현상들이 저절로 일어나기도 한다. 하지만 크라마는 그러한 경우가 아니다. 만일 이 격식체가 자와인들의 사회적 계층을 반영하고 또 강화한다면, 그것은 그 계층적 체제의 기득권을 가진 자들 그리고 현상유지를 열망하는 외부 세력들로부터 도움을 받고 사주를 받은 자들이 바로 그런 목적을 가지고 고안했기 때문이다.

14세기와 15세기에 자와 섬은 강력하고 문화적으로도 발전된 마자파힛Majapahit이라는 제국의 본거지였다. 이 제국은 대부분의 인도네시아 섬들과 말레이시아 반도를 포함한 넓은 지역에 영향력을 미쳤지만, 1500년 이후 급격히 몰락하기 시작했으며 끝없는 전쟁과 학살로 기아와 대규모 이주가 일어났다. 네덜란드 동인도회사가 이 혼란을 악화시키는 데 어느 정도 기여를 했으며, 그들은 이 혼란을 이용해 큰 이득을 취했다. 자와 섬은 이 암흑기 동안 너무나 철저히 파괴되어서 이전 황금기에 대한 정보는 대부분 주변 섬들에서 찾은 자료들로 알 수 있을 뿐이며, 자와 섬에 존재하는 자료는 거의 없다.

18세기 중반 이 섬은 정치적으로 예속되고, 경제적으로 궁핍하며, 문화적으로 결핍된 아주 곤란한 상태에 놓여 있었다. 옛날의 위대한 제국은 기억 속에서 사라졌으며, 고대 자와어라고 부르는 언어로 쓰여진 그 시절의 문학도 함께 잊혔다. 궁정의 엘리트 집단은 네덜란드의 식민지배자들 때문에 모든 힘을 잃었지만, 이들은 자신들의 무력함에도 불구하고, 아니 아마도 그 무능함 때문에 더욱 더 일반 서민들로

오옹 마르요O'ong Maryono의 그림에서 보듯이 대중예술의 세계에서는 인어와 날개 달린 말도 전통 자와어 문자를 사용한다.

부터 공손한 대접을 받는 것을 아주 중요하게 여겼던 것 같다. 이미 사라지고 없었던 고전 언어의 부흥이 아니라 바로 이 존경, 예의, 의전에 대한 필요가 크라마와 다른 레지스터가 탄생한 배경이라고 할 수 있다. 이것은 삭제된 전통의 가짜 부활이라고 할 수 있을 것이다. 진실로 옛것이 아닌 단지 옛것을 흉내낸 속임수일 뿐이다. 자와인 엘리트들은 모두를 잘 속아넘겨 크라마를 만들어내었고, '새로운 옛것'이 되었다.

어떻게 이런 일이 일어날 수 있었을까? 토착 엘리트들이 식민지 배자들의 꼭두각시가 되어버린 상황에서 자와인들은 왜 이 가식적인 행태에 동조한 것일까? 앞에서도 언급했듯이 일반적으로 자와 섬과 동남아시아 지역의 문화에서 격식과 존경을 표현하는 특수한 언어 체계는 예외적인 것이라기보다 일반적인 것이다. 그렇지만 이미 살펴본 것처럼 크라마는 지역적 기준으로 봐도 매우 극단적이다. 식민통치가 없었더라면 크라마가 이 정도까지 극단적으로 발전할 수 있었을까? 식민통치자인 네덜란드인들이 현지 앞잡이들에 대해 불만이 없는 한, 이 앞잡이들은 아무것도 두려워할 것이 없었으며 국민들에게 크라마의 사용을 포함하여 그 어떤 부당한 요구라도 할 수 있었던 것이다. 식민통치자들은 자신들에게 필요한 협력자들에게 힘을 실어주기 위해 동조했던 것으로 보인다.

새로운 인도네시아어

•

네덜란드인들이 인도네시아를 떠난 지 70년이 지났다. 자와 섬은 이제 이 나라를 정치·경제적으로 그리고 문화적으로도 지배하고 있지만, 언어적으로는 그렇지 않다. 자와어가 분명히 이 나라에서 가장 널리 사용되는 모국어임에도 불구하고, 말레이어가 인도네시아어bahasa Indonesia라는 새 이름을 붙이고 국가언어로 선택되었다. 이것이 현명한 결정이었는지는 나중에 다시 한 번 살펴볼 테지만, 말레이어를 선호한 근본적인 이유 중 하나는 크라마와 관련이 있다. 복잡한 크라마가 포함된 자와어가 국가언어가 되기에는 적합하지 않다고 느껴졌기 때문이다. 크라마가 자와 섬 원어민들에게도 어렵다면, 다른 인도네시아 사람들에게는 훨씬 더 어렵고 복잡하게 느껴질 것은 당연했다. 따라서 크라마 같은 격 체계가 없는, 모두에게 쉽게 느껴지는 말레이어가 선택된 것이다.

결과적으로 자와어는 오늘날 멸종의 길로 가고 있다고 봐도 무리가 아니다. 8,000만 명에서 1억 명에 이르는 사람들이 사용하는 언어가 미래에 멸종될 것이라고 예상하는 것이 터무니없게 보일 수도 있을 것이다. 하지만 장기적인 생존은 현재의 숫자가 중요한 것이 아니라 다음 세대로의 일상적인 전이가 필요한데, 자와어는 다음 세대와 단절되고 있다. 2000년대 초 자신의 아이들에게 자와어로 말을 하는 중산층 어머니는 단지 12퍼센트뿐이었다. 이 아이들이 자와어를 완벽한 원어민 수준으로 능숙하게 익힐 가능성은 낮다. 왜 집에서 인도네시아어를 사용하느냐고 물었을 때, 여성들은 인도네시아어가 더 친근한 관계를 가능하게 하는 것 같다고 대답했다. 응오코, 크라마 등이 없는 인도네시아어는 더 '너그럽고 참여적인' 언어로 받아들여지고 있다. 여러 연구 결과 지방의 시골 지역에서도 자와어에서 인도네시아어로의 전환이 빠르게 이루어지고 있다고 한다. 자와어의 운명이 과연 어떻게 될지는 아직 분명하지 않지만, 크라마의 사용은 도시나 시골이나 할 것

없이 확실히 시들해지고 있다. 노인과 중년층 사람들은 여전히 크라마를 사용하지만, 1980년대 이후에 태어난 사람들의 대부분은 크라마를 사용하지 않거나 사용하더라도 약화된 버전만 사용할 뿐이다. 자와어가 간신히 살아남는다 할지라도, 자와어의 특별한 격식 단계는 그 운이 다한 듯 보인다. 브란데스가 관 속에서 아주 기뻐할 것 같다.

15

페르시아어

فارسی

fārsī

1억 1,000만 명

8,000만 명의 이란인이 페르시아어를 모국어나 제2언어로 사용하고 있으며, 아프가니스탄의 인구 3,500만 명의 절반 정도 역시 페르시아어를 모국어로 사용한다. 아프가니스탄의 타지크인 900만 명은 페르시아어의 일종인 타지크어를 사용한다. 오만, 아랍에미리트연합국, 페르시아 만 부근에 페르시아어를 사용하는 공동체들이 흩어져 있고, 우즈베키스탄에는 상당수의 타지크어 사용자들이 살고 있다. 200만 명에서 500만 명 사이의 이란인들이 외국에 살고 있으며(주로 1979년 혁명 이후 이란을 떠난 사람들이다), 또한 페르시아어를 사용하는 수백만 명의 아프가니스탄 난민들이 주로 이란과 파키스탄에 머물고 있다. 2,500만 명 정도의 타지크어 사용자들이 러시아나 옛 소련 지역에 살고 있는 것으로 추정된다. 또한 약 4,000만 명에서 5,000만 명 정도의 사람들이 페르시아어를 제2언어로 사용한다.

자칭 이름 파르시فارسی, fārsī 또는 포르시Форсӣ, forsī로 적는다. 아프가니스탄에서 사용되는 방언은 다리دری,darī라고도 알려져 있다. 타지키스탄에서 사용되는 방언은 타지크тоҷикӣ 또는 타지키TOJIKI라고 한다.

어족 페르시아어는 인도유럽어족의 한 분파인 이란어군 내에서 가장 큰 언어다. 이란어군 언어들은 언어적으로도 역사적으로도 남아시아의 인도-아리아어군 언어들과 가깝기 때문에 이 두 집단은 종종 인도-이란어파라는 이름으로 묶여 불린다.

문자 이란과 아프가니스탄에서는 아랍 문자에 네 개의 자음 글자를 추가하여 사용한다. 1928년까지는 타지키스탄에서도 그렇게 사용했으나, 1928년 소련이 정책적으로 타지크어를 라틴 알파벳을 사용하여 적도록 강제하였고, 1939년에는 키릴 문자가 도입되었다. 정치적 견해에 따라서 타지크인들은 키릴 문자를 유지하는 것을 선호하거나 아니면 라틴 문자나 아랍 문자를 다시 도입하여 사용하는 것을 선호한다.

문법 본문 참조.

소리 여섯 개의 모음과 23개의 자음을 가졌다. 자음 2개 이상으로 음절을 시작할 수 없으며, 2개의 자음으로 음절이 끝날 수는 있다.

차용어 가장 중요한 출처는 단연 아랍어다. 최근 몇 세기 동안에는 프랑스어(데모크라시DEMOKRÂSI(민주주의), 무지크MUZIK(음악), 테오리TEORI(이론), 파브리케FÂBRIKE(공장))와 영어(캄퓨테르KÂMPYUTER(컴퓨터), 마르케팅MÂRKETING(마케팅))에서도 차용어가 들어왔다.

수출어 서남아시아, 남아시아, 동남아시아에 기원을 둔 수백 개의 영어 단어들은 많은 언어들을 거쳐서 유럽에 도착했는데, 페르시아어도 자주 거쳐갔다. 실제로 페르시아어에 기원을 둔 영어 단어로는 백쉬시baksheesh(사례금), 파자마pyjamas(잠옷), 튤립tulip(튤립), 카라반세라이caravanserai(여행자 숙소) 등이 있다. 타지크 방언은 키릴 문자뿐 아니라 사회경제, 정부, 현대기술 등의 영역에서 수많은 차용어를 러시아어로부터 받아들였다(프롤레타리아트PROLETARIAT(노동자 계급), 데모크라티야DEMOKRATIYA(민주주의), 모신MOŠIN(자동차) 등).

지디어(Jidi) 2,500년이 넘는 세월 동안 페르시아어가 사용되는 지역에 유대인 소수민족이 살았다. 그들은 자신들만의 방언을 발전시켰는데 바로 유대-페르시아어 또는 지디어라고 불리는 언어로, 히브리 문자를 사용하여 적는다. 이 방언이 사용된 문학 작품들이 상당량 있는데 대부분 500년이 넘은 것들로 종교적인 내용이 대부분이다. 오늘날에도 유대-페르시아어를 사용하는 사람들이 이스라엘에 수만 명, 이란에 수천 명 살고 있다.

15: 페르시아어

제국의 건설자들과 건설 노동자들

●

이 장에서는 한 언어의 경이로운 모험에 대해 이야기할 것이다. 이 언어는 모험을 통해 무지몽매한 사람들에게 전파되었고, 알아볼 수 없을 만큼 변화했고, 예상을 깨고 확장되었으며, 또한 정복당하고 다른 언어와 섞여 순수함을 잃었다. 그리고는 오히려 더 멀리 퍼져나가 정치적으로도 문화적으로도 고점에 올라섰으나, 그 우아한 정점에서 추락하고 말았다. 요컨대 이 장에서는 페르시아어의 승리와 역경에 대해 이야기할 것이다. 역사를 1,000년씩 건너뛰면서, 이 언어로 말했던 수많은 왕들 중 몇 명에 대해서 알아보도록 하자.

'페르시아어'가 아니라 '파르시어' 또는 '이란어'라고 해야 하는 것 아닌가?

무엇에 대해 이야기하는지에 따라 다르다. 이란은 자주 듣는 나라 이름이고, 그곳에 사는 사람들을 이란인이라고 한다. 이건 상식이다. 이보다 덜 잘 알려진 것은 이란어군이다. 이란어군에는 여러 언어가 포함되며 이 언어들은 이란 국경을 넘어선 곳에서도 사용된다. 이 언어들을 사용하는 사람들을 이란족이라고 부를 수 있을 것이다. 이란은 아주 예전부터 이 나라의 자칭지명endonym으로, 즉 현지 사람들이 사용하는 이름이었지만, 서양에서는 이 나라를 페르시아라는 타칭지명exonym, 현지 사람들은 사용하지 않는 이름으로 불렀다. 1935년부터 이란은 자칭지명으로 알려지기를 선호했다. 그러나 1935년 이전의 역사와 문화에 대해 이야기할 때는, 페르시아 제국, 페르시아 양탄자처럼 페르시아가 서방 세계에서 여전히 일반적인 명칭이다.

그리고 질문에 직접적으로 답하자면 이 언어는 여전히 페르시아어라고 불린다. 페르시아어는 페르시아어 단어로 파르시FĀRSĪ가 맞다. 하지만 이 언어의 화자들은 자신들의 언어를 페르시아어Persian라고 부르는 것에 대해 전혀 문제삼지 않는다. 그리고 사실 이 둘은 어차피 같은 단어라고 할 수 있다. 두 단어 모두 이란의 한 지역의 옛날 이름인 파르스Pars에서 파생되었기 때문이다. 그러므로 스페인어를 에스파냐어라고 할 필요가 없듯이 굳이 파르시어라고 할 이유는 없다.

그렇다면 이제 첫 번째로 소개할 왕에 대해 이야기해달라.

그 전에 아주 먼 옛날의 상황을 잠깐 살펴보자. 기원전 1500년 무렵, 이란족은 현대의 이란보다 훨씬 더 북쪽인 카스피 해의 동쪽과 북동쪽에 위치한 스텝steppe 지대에 살았던 유목민들이었다. 기원전 1100년 이후 페르시아인들(그리고 몇몇 다른 무리들과 부족들)은 나머지 이란족으로부터 떨어져 나와 남쪽으로 움직여 오늘날 이란 위치를 중심으로, 오늘날의 이란보다 대략 두 배 정도 넓은 지역에 정착했다.

이들은 페르시아인뿐만 아니라 성경에 언급되어 유명한 메디아인과 파르티아인 그리고 두 개의 혹을 가진 박트리아 낙타를 키우던 박트리아인들도 포함된다. 이들 이란족이 남쪽으로 이동하는 동안 다른 이란족 무리들은 스텝 지대에 남아 있으면서 오늘날의 우크라이나와 카자흐스탄을 포함한 넓은 지역으로 뻗어 나갔는데 이 나머지 이란족을 합쳐 스키타이족이라고 한다. 이후 여러 세기 동안 스키타이족은 훈족, 튀르크족, 몽골족 등 자신과는 다른 언어를 쓰는 종족들에게 말살되거나 동화되었고, 문화적으로 말하자면 이들은 여기서 끝이 났다. 다만 한 가지 예외가 있는데 오늘날에는 더 이상 스텝 지대에서 사용되지 않으나 대신 카프카스 지역에서 사용되는 언어인 오세트어가 바로 그 시절의 잔유물이다. 그러나 더 먼 남쪽으로 내려간 이란족들은 번창했고 그곳에서 여러 제국을 세웠다. 이렇게 제국을 세우면서 이란어군 언어들, 특히 페르시아어에 흥미로운 일들이 일어났다. 자, 여기서 첫 번째 왕을 소개하도록 하자.

페르시아의 왕 다리우스, 기원전 522~486년

•

'다리우스', 어디선가 들어본 이름이다. 어떤 왕이었는가?

다리우스 대제라고 하면 기억이 날까? 그는 페르시아 제국의 세 번째 왕이었다. 페르시아 사람들의 표현으로는 세 번째 '왕 중의 왕XŠĀYATHIYA XŠĀYATHIYĀNĀM'이었다. 이는 그가 사트라프(지방을 다스리던 왕)들까지 지배했기 때문이다.

다리우스는 마라톤 전투에서 패배한 왕 아닌가?

맞다. 기원전 490년의 마라톤 전투 후, 한 그리스 전령이 아테네까지 온 힘을 다해 먼 길을 달려가 전투 결과를 전하고 쓰러져 죽었다는 이야기가 유명한데 이것이 오늘날 마라톤 경기의 기원이다. 그러나 이 전투는 우리가 생각하는 것만큼 큰 사건은 아니었다. 다리우스는 이 전투에서는 패했지만 그 이전에도 그 이후에도 아주 큰 제국의 왕이었다.

그의 업적이 있었는가?

그가 '대제'라고 불리는 데는 그만한 이유가 있다. 그는 제국을 오늘날의 파키스탄, 서부 이집트, 북부 그리스 그리고 흑해 전역에 걸친 지역으로 확장시켰고, 내부에서 일어난 반란들도 효과적으로 진압했다. 그리고 이것은 그의 업적의 일부에 불과하다. 행정과 정책적인 영역에서도 그는 많은 업적을 이루었다.

그렇다면 다리우스는 자신의 제국을 고대 페르시아어로 운영했는가?

그렇게 생각하겠지만 사실은 그렇지 않았다. 다리우스와 페르시아인들은 고대 페르시아어로 말을 하기는 했다. 고대 페르시아어는 인도유럽어족 언어로 이 어족에 속한 언어들이 흔히 보이는 특징들을 다 가지고 있었다. 세 종류의 성, 대명사와 명사, 형용사에 일어나는 일련의 격변화, 복잡한 동사 어미, 기이한 모음 변화 등등. 고대 페르시아어는 인도의 고전어인 산스크리트어와 꽤 비슷했고, 라틴어나 고대 그리스어와도 크게 다르지 않았다.

그렇다면 마라톤 전투에서 그리스인들과 페르시아인들이 서로를 향해 모욕적인 말을 퍼부을 수 있었을까?

멋진 생각이지만 그렇지는 않다. 두 언어가 그 정도로 비슷하지는 않았다. 이 두 언어는 이미 수천 년 전부터 다른 길을 가고 있었다. 고대 그리스인들은 같은 그리스인들의 일부 방언을 알아듣는 데도 어려움을 겪고 있었다.

그런데 다리우스가 페르시아어로 제국을 다스리지 않았다고 했는데, 그러면 그는 무슨 언어를 사용하여 제국을 다스렸는가?

아람어를 사용하여 다스렸다.

아, 예수가 사용했던 언어를 말하는 것인가?

맞다. 다리우스 이전에는 관리들이 엘람어를 사용했다. 아람어로의 전환은 다리우스가 직접 주장한 것이라고 한다. 엘람어와 아람어 그리고 페르시아어는 서로 완전히 다른 언어다.

그런데 왜 다리우스는 모국어를 사용하여 제국을 다스리지 않았는가?

엘람어는 현재의 이란 남서부 지역에 살았던 사람들의 언어였다. 이 지역은 제대로 된 제국이 세워지기 전부터 페르시아인들이 정복한 상태였다. 페르시아인들과는 달리 이 사람들은 자신들의 언어를 글로 적는 전통이 있었다. 그래서 페르시아의 왕들은 서기관이 필요할 때면 엘람족을 고용했다. 엘람족 서기관들은 두 가지 언어를 유창하게 사용할 줄 알았다. 그들은 페르시아어를 받아 적고 페르시아어로 서류를 낭독했지만, 이들이 글로 적어 내려가는 것은 엘람어였다. 이런 관행은 수 세기 동안 이어졌고, 다리우스가 바꾼 것이라고는 사실 엘람어 대신 아람어로 글을 쓰는 서기관들을 고용한 것뿐이었다.

그렇다면 다리우스 왕은 다른 언어들도 있었을 텐데 왜 하필 아람어로 바꿨는가? 당시는 히브리어도 있었고, 바빌로니아어도 있었을 텐데 말이다.

아카드어의 일종인 바빌로니아어가 있기는 했다. 그러나 다리우스가 아람어를 택한 것은 제국 내의 많은 사람들, 특히 페르시아가 이제 막 정복한 지역들에 살고 있는 많은 사람들이 아람어를 알아들었기 때문이다. 그 당시에 이 지역들은 페르시아 본토보다 더 잘 살았고 더 발전해 있었다.

그래도 페르시아어로 바꿀 기회가 있었다면 가능했을까?

그렇지 않았다. 페르시아어 사용자들은 소수에 불과했다. 제국의 인구는 약 2,500만 명이었는데 페르시아어 사용자들은 고작 100만 명 정도였다. 그리고 여전히 페르시아어로 글을 쓰는 전통이 없었다.

페르시아어를 공식 언어로 사용하지 않으면 글을 쓰는 전통이 생기지 않는 것은 당연하다.

맞는 말이다. 하지만 중세의 유럽을 생각해보라. 많은 지역에서 라틴어를 공식적인 목적으로 사용했는데 그것은 독일어나 스페인어 등을 사용해서 공식적인 것을 쓴다는 전통이 별로 없었기 때문이다. 다리우스

다리우스가 지었다고 추정되는 베히스툰 비문은 페르시아어, 엘람어, 바빌로니아어로 그의 조상과 행적에 대해 아주 과장된 문체로 서술하고 있다.

의 제국에서도 페르시아어가 가끔 글로 적히긴 하였으나 행정의 핵심적인 내용을 적는 데 사용되지는 않았다.

혹시 이 '왕 중의 왕'이 내심 자신의 언어를 부끄러워했던 것은 아닐까? 전혀 아니다. 다리우스는 항상 페르시아어로 말했다. 그리고 이 사실이 페르시아어의 위상을 높였다. 그리고 다리우스는 몇몇 중요한 순간에는 페르시아어로 글을 남기게 만들기도 했다. 가장 유명한 글은 바로 베히스툰 비문이다. 이 비문은 다리우스의 조상과 그의 업적에 대한 자랑스러운 (그러나 신뢰하기는 힘든) 이야기를 절벽에 새겨놓은 것인데, 아직도 그 자리에 있다. 베히스툰 비문은 페르시아어, 엘람어, 바빌로니아어 이렇게 세 언어로 쓰여 있다. 아람어는 사용되지 않았는데, 일상적인 사무에 사용되는 언어였던 아람어는 아마도 너무 평범하게 느껴졌었던 것 같다.

이제 다리우스에 대해서는 끝인가?

한 가지만 더. 다리우스는 야심찬 건설 계획도 실행했다. 문헌들을 보면 그리스, 이집트, 인도 등의 지역으로부터 많은 노동자들이 페르시아 본토로 넘어왔다는 것을 알 수 있다. 이 사람들은 물론 여러 다양한 언어들을 사용했을 것이다. 이들 때문에 결과적으로 페르시아는 바벨에 가까운 곳이 되었다.

그렇다면 두 번째로 소개할 왕은 누구인가?

다음에 소개할 페르시아의 왕은 바흐람 5세다.

페르시아의 왕 바흐람 5세, 기원후 420~438년

•

낯선 이름이다. 바흐람 5세가 누구인가?

아마 들어본 적 없겠지만 이란에서는 중요한 인물이다. 이란에서 바흐람 5세는 훌륭한 왕으로 기억되고 있으며, 그의 사후 수 세기 동안 쓰인 여러 권의 유명한 책에서 영웅으로 등장한다. 페르시아의 역사에서 바흐람이라는 이름의 왕은 일곱 명 있었는데, 오늘날 많은 이란 남자들의 이름이 바흐람인 것은 바로 바흐람 5세 때문이다. 바흐람 5세는 세금을 낮춰 백성들의 부담을 덜어주었는데, 아마도 이것이 명성을 얻게 된 주된 이유였을 것이다. 또한 바흐람 5세가 다스릴 당시 페르시아 영토는 매우 거대했다. 한편, 역사학자들은 이후 페르시아의 몰락이 바흐람 5세의 책임이라고 평가하기도 한다.

뒤이어 몰락했든 아니든, 다리우스로부터 거의 1,000년이 지난 시점에 여전히 페르시아 제국이 존재했다는 것이 놀랍다.

'여전히'라기보다는 '다시'라고 하는 것이 맞다. 다리우스 왕이 사망하고 약 150년 후 마케도니아의 알렉산더 대왕이 나타나 이집트와 그리스, 인도에 이르는 당시 문명화된 세계의 절반을 뒤흔들었다. 알렉산더 대왕이 대혼란을 일으키며 지나간 후, 페르시아는 그리스의 문화와 언어를 사용하는 지배 계급이 다스리는 제국의 일부가 되었다. 그 다음으로는 파르티아인(페르시아인들과 같은 이란족이었으나 다른 언어를 사용했다)들이 이끄는 제국의 일부가 되었다. 서기 224년 제1 페르시아 제국First Persian Empire의 멸망 이후 약 500년이 지난 후에야 새로운 페르시아 제국이 일어났는데, 신 페르시아 제국Neo-Persian Empire이라는 이름으로 불리거나 아니면 사산 제국Sasanian Empire이라고 불리기도 한다. 바흐람 5세는 이 시기에 등장하는 왕이다.

알렉산더 대왕의 이야기만 빼고는 거의 다 낯선 내용이다.

모두 오래 전 먼 곳에서 일어난 일이다. 그리고 페르시아 제국이 처음에는 그리스인들과, 나중에는 로마인들과 경쟁을 한 이후로, 서양인들은 주로 이 경쟁자들이 이야기하는 역사를 들어왔다. 따라서 많은 서양인들이 페르시아인들을 적으로, 광신과 폭정이 가득한 신비한 오리엔

트의 일부로 여기곤 한다. 이는 아주 편협한 시각이다. 게다가 서양과 이란이 별로 다정한 사이가 아니기 때문에, 요즘에는 특히나 페르시아에 대해 다시 생각하기 어렵게 되었다.

바흐람 왕이 신 페르시아 제국을 이끌었다면, 그는 신 페르시아어를 사용했다고 추론해도 될까?

바흐람 왕이 사용했던 것은 사실 중세 페르시아어라고 부른다. 이를 고대 페르시아어와 비교한다면 같은 페르시아어라고 믿기 힘들 정도로 탈바꿈했으니 완전 새 언어로 보이긴 할 것이다. 다리우스 시대에 새겨진 글에서 페르시아어는 평범한 인도유럽어족 언어의 하나일 뿐이지만 바흐람 시대의 문서에서 보이는 페르시아어는 전혀 다른 모습이다.

문서! 그렇다면 페르시아인들이 마침내 자신들의 언어로 글을 적기 시작했다는 것인가?

맞다. 이제 페르시아의 공식 문서들은 페르시아어를 사용하기 시작했다. 예전과 마찬가지로 아람어가 더 널리 사용되긴 했지만 페르시아어도 꽤 널리 퍼졌고 변했다. 얼마나 많이 변했는지 이해를 돕기 위해 '왕중의 왕king of kings'이라는 표현을 예로 들어보겠다. 전에 이 표현은 흐샤야티야 흐샤야티야남XŠĀYATHIYA XŠĀYATHIYĀNĀM이었으나 중세 페르시아어에서는 샤한 샤ŠĀHĀN ŠĀH로 바뀌면서 고작 세 음절로 줄어든 것이다. 대부분의 단어는 이렇게 극적으로 짧아지지는 않았으니 대표적인 예라고 할 수는 없을지도 모른다. 그러나 어느 부분에 주의를 기울여봐야 할지를 알기만 한다면, 예로 든 이 표현이 두 가지 중요한 변화를 잘 보여준다는 것을 알 수 있다.

첫 번째 변화는 격 체계가 사실상 사라졌다는 것이다. 이는 몇 세기 후에 영어에서도 똑같이 일어날 변화이기도 하다. 언어에서 이 변화가 일어날 때는 전치사를 더 많이 사용하고 강제적인 어순을 사용하기 시작한다(격을 표시하지 않고서도 한 구절 안에서 단어들이 어떤 문법적 역할을 하는지 정해주기 위해서다). 옛날 명칭의 -ĀNĀM 어미는 속격 복수형을 나타내는데(속격은 소유격이라고 할 수 있다), 새로운 명칭에서는 그 흔적을 찾아볼 수 없다. 대신 볼 수 있는 것은 -ĀN 어미인데, 이것은 영어의 -S 어미와 마찬가지로 명시적인 격 표시 없이 그저 복수형을 나타낼 뿐이다. 더욱이 이 어미가 두 번째 단어가 아니라 첫 번째 단어에 붙어 있는 것을 볼 때, 어순 역시 바뀐 것을 알 수 있다.

첫 번째 변화가 격 체계 폐쇄라는 것은 알겠다. 그렇다면 다른 '중요한 변화'는 무엇인가?

복수형이 훨씬 더 규칙적으로 바뀌었다. 샤한ŠĀHĀN이 샤SĀH의 복수형인 것과 마찬가지로 대부분의 단어들이 동일한 -ĀN 어미를 사용해 복수형을 만든다. 이 밖에 명사의 성도 폐기되었다. 더 이상 여성 탁자, 남성 의자 따위는 없다. 듀얼dual도 역시 사라졌다.

듀얼은 무엇을 의미하는가?

듀얼은 어떤 것이 딱 두 개만 있을 때 사용하는 특별한 복수형을 말한다. 또한 동사들도 많이 재조직되어, 각각 다른 동사 형태의 수가 크게 줄어들었다. 그리고 인도유럽어족 언어들이 모음을 변형시키는 것도 중세 페르시아에서는 사라졌다. 영어에는 이 흔적이 여전히 조금 남아 있는데, 예를 들어 come(오다)의 과거형이 comed가 아니라 came이 되는 것 같은 경우 말이다. 긴 이야기를 줄이자면 이렇다. 고대 페르시아어가 산스크리트어나 라틴어와 비슷했다면 중세 페르시아어는 좀 더 영어와 비슷했다. 격도, 성도, 듀얼도 없고 복수형은 아주 규칙적이다. 겉으로 보면 페르시아어는 영어와 전혀 다르게 생겼지만, 속을 들여다보면 놀랄 만큼 많은 유사점이 있다.

바흐람 5세가 낙타를 타고 사냥하는 모습이 새겨진 금 쟁반.

그러한 변화들이 이란어군 언어들에 일반적으로 일어났는가?

그렇지 않다. 쿠르드어나 파슈토어 같은 다른 이란어군 언어들은 인도유럽어족의 화려한 장식들을 오늘날까지도 간직하고 있다. 페르시아어가 이례적인 것인데 왜 그런지 설명이 필요하다. 어쩌면 언어의 내부적인 이유일 수도 있다. 페르시아어에서 첫 음절에 오는 강세가 너무 강해서 어미는 점점 소리가 희미해지고 그래서 점점 더 쓸모 없어졌다고 하는 주장이 있지만 나는 이 주장을 그다지 신뢰하지 않는다. 독일어도 그런 종류의 강세를 가지고 있고, 독일어의 격 어미에 잘 울리는 모음소리가 더 이상 남아 있지 않으며 약한 어uh-소리만 남아 있는 것이 사실이기는 하지만, 독일어의 격 체계는 아직까지도 유지되고 있다. 차라리 페르시아어의 이 변화가 비원어민 화자들 때문이라는 대안적, 혹은 부가적 설명이 더 설득력이 있어 보인다. 여기에 등장하는 비원어민 화자들은 바로 다리우스가 벌인 대규모의 건설 사업 당시 외부에서 유입된 많은 수의 석공, 목수, 짐꾼들이다. 이들은 페르시아어를 어른이 된 후에 배웠고 따라서 이들의 페르시아어는 형편없었다. 그런데 한동안 이 사람들이 인구의 다수를 차지할 만큼 그 수가 많았기 때문에 이들의 엉터리 고대 페르시아어가 결국에는 표준 중세 페르시아어가 되었다.

하지만 이 노동자들은 수 세기 전에 도착했다. 왜 신 페르시아 제국이 생기고 나서야 그 변화가 나타나기 시작한 것인가?

좋은 지적이다. 구어에서의 변화는 이민 노동자들이 도착하자마자 그 과정이 시작되었다고 봐도 좋을 것이다. 즉, 거리에서나 건축 현장에서 쓰이는 말이 변하기 시작했다는 것이다. 하지만 '왕 중의 왕'이 자신의 업적을 공개적으로 칭송하는 데 이민자들이 난도질해놓은 언어를 사용하지는 않았을 것이다. 다리우스는 서기관들이 다룰 수 있는 한 가장 순수하고 전통적인 방식의 언어를 고수했으며, 자신의 후계자들이 따를 기준도 정해두었다. 그러나 알렉산더 대왕이 제국을 멸망시킨 후, 페르시아인들은 약 600여 년 동안 소외되었고, 신 페르시아 제국에서 서기관들이 일하러 나갔을 때는, 이미 옛 시대의 언어는 사라진 후였다. 서기관들은 예전과는 달리 사람들이 실제로 말하는 방식대로 적어 내려갔고, 아무런 거리낌 없이 시원하게 전통의 짐을 벗어던졌다.

언어에서 깨끗한 단절이 가능한가?

그런 일이 전혀 없는 것은 아니다. 영어에도 비슷한 일이 일어난 역사가 있다. 1066년 노르만 정복의 여파로 잉글랜드의 새로운 엘리트 계급이 된 노르만족 사람들은 노르만-프랑스어로 글을 썼다. 이후 13세기에 마침내 다시 영어로 글을 쓸 수 있게 되었을 때, 그들은 고대 영어의 복잡한 규칙이나 조항들에 더 이상 신경 쓰지 않았다. 사실 이런 복잡함은 이미 노르만 정복 수세기 이전 구어에서는 사라지고 없는 상태였다. 외국인 건설노동자들이 페르시아어를 단순화시킨 것처럼, 어른이 되어서 영어를 배운 바이킹족들이 영어를 단순화시킨 덕분이었다. 하지만 다리우스의 페르시아어 작가들과 마찬가지로, 1066년 이전의 앵글로색슨 지식인들도 고대 영어의 그 복잡함을 글을 쓸 때는 살려두었던 것이다.

지식인들은 왜 굳이 시대에 뒤떨어진 문체를 사용하는 것인가?

과거 글을 쓸 줄 아는 사람이 매우 드물었기 때문에 글을 쓰는 것은 존경받는 거의 신비에 가까운 기술이었다. 따라서 사람들은 사소한 일에 대한 것을 글로 적지 않았다. 만일 무엇인가가 종이나 양피지에 적힐 만큼 가치 있는 것이라면 그것은 당연히 위엄 있는 방식으로, 조상들이 사용했던 것과 동일한 단어와 구절을 사용하여, 글쓰기를 위해 남겨 둔 잘 보존된 옛 형태의 문학적 방언이라고 할 수 있는 바로 그 언어로 적어야 하는 것이었다. 오늘날에는 더 이상 이 정도까지는 아니지만 글쓰기는 보수적인 편이다. 여전히 우리는 수많은 죽은 글자들을 적는다. 우리는 더 이상 사용하지 않지만 이전 세대 사람들이 말할 때 자연스럽게 사용했을 단어나 문법의 조각들을 글을 쓸 때는 유지한다는 뜻이다.

다시 돌아가서 중세 페르시아어가 바흐람의 제국 전역에 널리 퍼졌다는 것인가?

그렇다. 하지만 제국 내에서만 널리 퍼진 것이 아니었다. 중세 페르시아어는 무역언어로서도 확장하고 있었다. 페르시아 무역상들이 아프리카 해안을 따라 남쪽으로는 잔지바르까지, 동쪽으로는 오늘날의 스리랑카, 말레이시아와 중국의 남부 지역에까지 교역을 떠난 것이다. 기록으로 남은 것은 별로 없지만 전문가들은 물건을 사는 사람들과 파는 사람들이 일종의 페르시아어를 사용해 의사소통했을 것이라고 생각하고 있다. 그 증거로 바다에 접한 일부 장소들의 이름이 페르시아어에 그 기원을 두고 있다는 점을 들 수 있다. 예를 들어 탄자니아의 잔지바르는 페르시아어로 '검은 사람들의 해변'이라는 뜻이고, 남아시아와 동남아시아 그리고 오만, 소말리아에 있는 많은 도시들의 이름은 반다르로 시작하는데 반다르bandar는 페르시아어로 '항구'를 뜻하는 단어다. 브루나이의 수도는 반다르스리브가완Bandar Seri Begawan이다. 반다르스리브가완은 물론 작은 도시지만 그래도 한 독립 국가의 수도다. 그리고 이란에서는 6,000킬로미터나 떨어져 있다. 페르시아어가 그 옛날 얼마나 멀리 퍼져나갔었는지 보여주는 증거라고 할 수 있다.

나중에는 그보다 더 멀리 퍼져나갔는가?

지리적으로 더 퍼져나가지는 않았다. 페르시아어는 인도양 주변에서 사용되던 공통어 중 하나였는데 포르투갈어를 비롯한 다른 공통어들에 가로막혔기 때문이다. 여기서 우리의 세 번째이자 마지막 페르시아 왕에 대해서 그리고 그와 동시대에 살았던 두 명의 인물에 대해서 함께 알아보자.

페르시아의 왕 이스마일 1세, 1501~1524년
오스만의 술탄 셀림 1세, 1512~1520년
델리의 술탄 시칸다르 로디, 1489~1517년

•

왜 이 세 명인가?

왜냐하면 이 세 명 사이에 대단히 흥미로운 공통점이 있기 때문이다. 이 세 명은 모두 궁정에서 페르시아어로 말했고, 페르시아어로 시도 지었다. 하지만 이 세 명 모두에게 페르시아어는 모국어가 아니었다.

오스만의 술탄 셀림 1세는 터키인이었다. 그는 북아프리카 대부분과 유럽의 남동쪽을 아우르는 제국을 다스렸다. 시칸다르('알렉산더'의 페르시아식 이름)는 파슈토어 사용자였다. 파슈토어는 오늘날의 파키스탄과 아프가니스탄에서 찾아볼 수 있다. 델리의 술탄으로서 시칸다르가 다스리는 영지는 오늘날의 북부 인도, 네팔, 파키스탄 지역 대부분을 포함했다. 마지막으로 이스마일은 페르시아의 왕이었으나 페르시아 집안에서 태어나지는 않았다. 그의 아버지는 쿠르드인이었고 어머니의 부모는 아제르바이젠인과 그리스인이었다. 이스마일이 세운 사파비 왕조는 18세기까지 이어졌다. 이 세 명은 페르시아어가 어떻게 문화의 언어, 국가의 언어, 민족적 뿌리에서 분리된 언어가 되었는지 보여준다.

어떻게 해서 그렇게 되었는가?

가장 중대한 사건은 17세기에 아랍인들이 페르시아로 들여온 이슬람교의 발흥이다. 물론 아랍인들이 페르시아어를 적극 권장한 것은 아니었다. 하지만 페르시아인들이 수천 년에 걸친 도시 생활과 제국 건설에 대한 경험을 가지고 있는 반면, 아랍인들은 자신들의 새로운 피지배자 페르시아인들에게 문화적 세련됨에 있어서 전혀 상대가 되지 않았다. 한 세기만에 페르시아인들은 이슬람교에 아주 진한 문화적 도장을 찍기 시작했다. 아랍어는 여전히 종교의 언어로 남아 있었지만 페르시아어는 중동과 남아시아 전역에서 고급 문화를 의미하는 언어가 되었다고 해도 과장이 아니다. 이 과정에서 아랍어와 페르시아어는 서로 영향을 주고받았다. 후에 터키어가 이 지역의 패권 언어가 되었을 때, 터키어는 이 두 언어 모두의 영향으로 많이 바뀌었고 그 과정에서 오스만

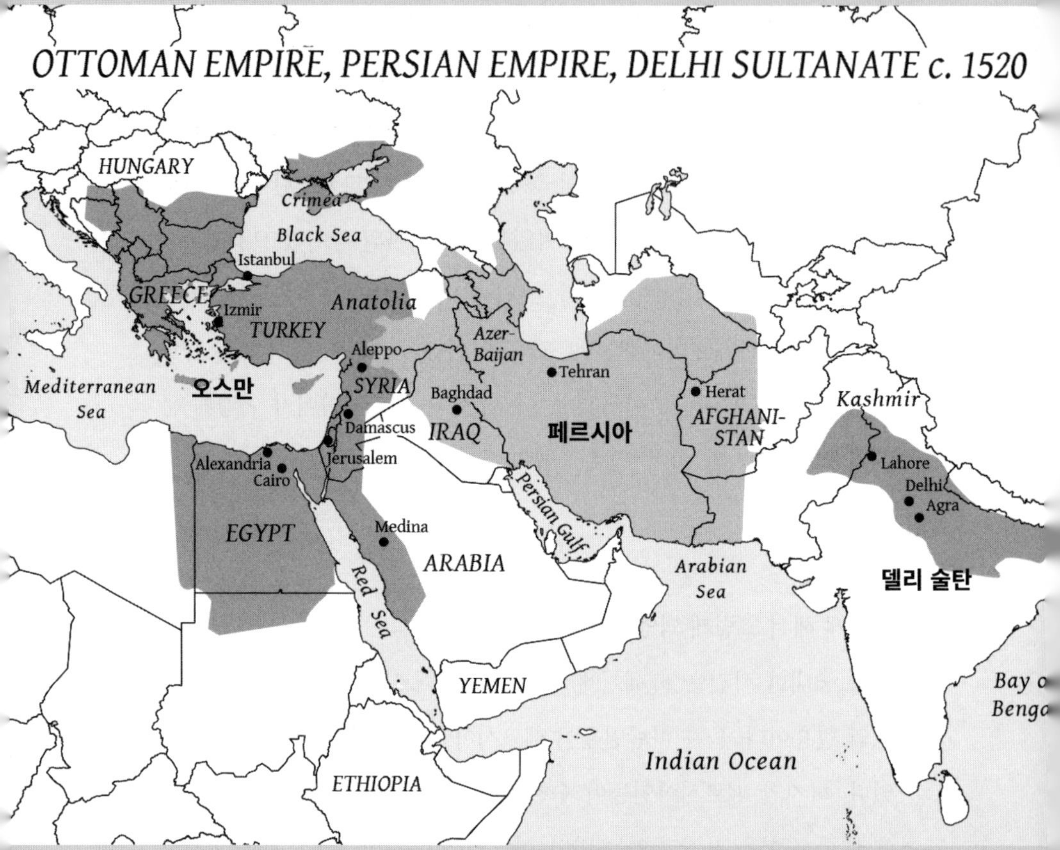

1520년 경의 오스만 제국, 페르시아 제국, 델리 술탄조

터키어가 되었다.

페르시아어를 살펴보자면, 주로 두 가지 측면에서 아랍어화되었다. 첫째, 페르시아어는 아랍 문자를 받아들였는데, 아랍어에는 없지만 페르시아어에서는 중요한 네 개의 자음을 추가해서 받아들였다. 둘째, 페르시아어는 아랍어에서 수많은 어휘를 들여왔다. 오늘날 페르시아어 사전에 실린 단어의 절반이 아랍어 단어라고 추정되고, 페르시아어 글을 살펴보면 평균적으로 약 20퍼센트 정도가 아랍어 단어다.

그렇다면 페르시아어는 또 한번 다른 언어가 된 것인가?

문자와 어휘적인 측면에서는 분명 변했다. 하지만 문법적으로는 그다지 변하지 않았고 안정적이었다. 이 시기의 페르시아어를 근세 페르시아어 또는 고전 페르시아어라고 한다. 영어 사용자들이 여전히 셰익스피어에 홀딱 빠져 있는 것과 거의 비슷하게 현대 이란인들은 지금도 피르다우시Ferdowsi나 아피즈Hafez, 루미Rumi 같은 고전 페르시아어 시기의 시인들을 아주 좋아한다.

그러면 이슬람의 출현 이후 이 지역은 좀 잠잠했는가?

완전 반대다. 13세기는 몽골족의 시대였다. 징기스칸은 상상할 수 없는 정도의 학살과 대대적인 파괴를 자행했다. 특히 터키와 파키스탄에서 중앙아시아에 이르기까지 이슬람 세계는 몽골 제국에게 심한 타격을 입었다. 하지만 이 시점에는 페르시아적인 특징이 중동의 엘리트들에게 이미 깊이 각인된 터라 페르시아의 특징은 몽골의 맹공격에도 살아남았다. 몽골 지배인들도 얼마 지나지 않아 페르시아화되었다. 몽골족

고전 페르시아어 시기에 오늘날까지도 추앙받는 시인들을 배출되었다. 이란 여학생들이 페르시아 서정시의 거장이라 불리는 피르다우시(940~1020(추정))의 무덤에서 경의를 표하고 있다.

의 지배는 꽤 짧게 끝났으나 군소 국가들이 잠시 생겨났고, 다시 새로운 제국들이 등장했다. 이후 페르시아가 외세의 지배로부터 벗어나기까지는 꽤 오랜 시간이 걸렸다. 이스마일 1세는 아주 오랜만에 페르시아를 통치한 페르시아인 왕이었다. 그는 아제르바이잔-쿠르드-그리스인의 뿌리를 가졌음에도 불구하고 스스로를 페르시아인이라고 여겼다.

요약하자면, (유럽식 표현을 빌자면) 중세 말기, 주로 몽골족의 침입과 그 여파로 인해 중동은 엉망진창이었다. 하지만 그럼에도 불구하고 페르시아어는 이 지역 전체에서 엘리트 집단의 언어로 남아 있었다.

그렇다면 1500년 이후 페르시아어를 사용하는 이 세 명의 왕과 술탄이 서로 왕래하는 사이였다는 말인가?

전혀 아니다. 이 셋은 서로의 숙적들로 전쟁을 벌였으며 종교적으로도 적대적이었다. 이스마일 왕은 시아파 이슬람을 페르시아의 공식 종교로 만들었다. 반면, 인도의 시칸다르 술탄은 광적인 수니파였다. 셀림 술탄은 첫 번째 오스만 칼리파로서, 오스만의 술탄이자 이슬람 세계의 지도자로 여겨졌다. 이 세 명은 서로를 한 번도 방문하지 않았다. 1514년의 찰드란 전투를 방문으로 칠 수는 없지 않은가. 이 전투에서 셀림은 이스마일을 이겼다. 하지만 문화적으로는 이 세 명 모두 페르시아식 문화Persianate culture에 속해 있었다. 페르시아식 문화는 예로부터 세계에서 가장 풍요로운 문학적 유산을 지녔다고 여겨져 왔다. 이는 페르시아어를 사용하는 사람들만의 생각이 아니라 괴테나 니체, 볼테르, 에머슨 같은 서양인들과 현대의 문학자들의 생각이기도 하다.

이 장의 시작 부분에서 페르시아어의 모험에 대해 승리와 역경이라고 묘사했다.

꽤 잘 설명했다고 생각한다. 이 언어가 무지몽매한 사람들에게 전파되고 알아볼 수 없게 변화했다고 했는데, 이것은 다리우스의 건축 노동자들이 페르시아어를 일터에서 익히고 단순화했던 것을 말한 것이다. 예상을 깨고 확장되었다고 했는데, 사실 그랬다. 페르시아어는 원어민 수가 별로 없었다. 특히 아람어에 비해서는 많이 적었다. 그러나 페르시아어는 제국 전체에 퍼졌고, 무역상들이 아시아와 아프리카의 해변을 따라 이동하면서 보다 멀리 퍼져나갔다. 또한 페르시아어는 아랍인들과 아랍어에 정복당하고 혼합되어 순수함을 잃었다. 그리고 이 언어는 더 멀리 퍼져나가 정치적, 문화적인 고점에 올랐다. 터키에서부터 벵골에 이르기까지 페르시아어는 이슬람의 문화적 언어로서 높은 지위를 획득했다.

그렇다면 어떻게 이 언어가 우아한 지위에서 추락했다는 것일까? 오늘날은 과거와 달리 정치적 엘리트들이 자국어보다 외국어를 선호한다고 했을 때 대외적으로 문제가 될 수 있다. 그러므로 터키와 남아시아의 지도자들은 더 이상 페르시아어를 선호하지 않는다. 또한 문학적인 면으로도 현대 페르시아어 작품의 위상은 터키어, 한국어, 일본어 등으로 쓰인 작품의 위상보다 높지 않다. 이렇듯 페르시아어의 위치가 하락하기는 했지만, 그리스어·아람어·몽골어·케추아어 등 제국의 다른 옛 언어들과는 달리 여전히 바벨 언어 20위 안에 들어갈 만큼 널리 사용되고 있다.

14

편자브어

ਪੰਜਾਬੀ

1억 2,500만 명

편자브어를 사용하는 원어민 1억 1,000만 명은 인도-파키스탄 국경에 걸친 편자브 지역에 집중되어 있다. 그 중 약 3분의 2는 파키스탄에, 3분의 1은 인도에 산다. 약 1,500만 명 정도의 편자브어 사용자는 영국, 미국, 캐나다와 페르시아만에 위치한 아랍 국가 등에 살고 있다.

자칭 이름 파자비ਪੰਜਾਬੀ, Pajābī 또는 판자비پنجابی, Panjābī라고 부른다.

어족 펀자브어는 힌디-우르두어, 벵골어와 많은 다른 남아시아 언어들과 함께 인도유럽어족의 한 분파인 인도-아리아어군에 속한다.

문자 파키스탄에서 펀자브어는 대부분 아랍 문자의 일종인 샤무키Shahmukhi 알파벳을 사용해서 적는다. 인도에서 시크족은 다른 인도 문자들과 연결된 구르무키Gurmukhi 알파벳을 선호한다. 힌두족 펀자브어 사용자들은 인도에서 가장 널리 사용되는 문자인 데바나가리Devaganari를 사용한다. 샤무키는 '왕의 입으로부터'라는 뜻이고 구르무키는 '구루의 입으로부터'라는 뜻이다. 이 장에서는 (드물게) 구르무키 문자를 사용한다.

문법 펀자브어에서 동사는 문장의 맨 뒤에 오며, 전치사 대신 후치사를 가지고 있다. 두 개의 성, 상당히 제한된 격 체계와 복잡한 동사 체계를 가진다. 대부분의 다른 인도-아리아어군에 속하는 언어들도 이런 면에서 비슷하다.

소리 펀자브어는 '인도유럽어족의 유일한 성조언어'라고 평가받기도 한다. 이에 대한 자세한 내용은 본문을 참조하라.

차용어 산스크리트어, 아랍어, 페르시아어, 영어에서 왔다.

수출어 탄두리(펀자브어 또는 우르두어), 방그라(음악 스타일).

코너샵 이 영국 밴드는 자신들의 성공한 앨범인 <When I was born for the 7th time>에 비틀즈의 노래 '노르웨이의 숲Norwegian Wood'를 펀자브어 버전으로 실었다.

14: 펀자브어

성조는 메시지다

●

펀자브어에서 남자 이름으로도 여자 이름으로도 흔한 달짓Daljit에 대한 짧은 대화를 살펴보자.

"누가 그랬어?"

"달짓."

"달짓?!"

"달짓."

"아, 안돼, 달짓……."

이제 이 대화를 소리 내어 읽어보자. 처음 두 줄은 평이하게, 세 번째 줄은 당황한 듯이, 네 번째 줄은 동조하면서, 마지막 줄은 절망적인 신음을 담아 읽어보자. 네 번의 '달짓'을 음표로 표현하면 아마 다음처럼 들릴 것이다.

여기서 듣고 볼 수 있듯이, '달짓'의 어조는 네 문장에서 각각 다 다르다. 이렇게 음의 높낮이 또는 '곡조'를 바꾸면 이름을 단순히 반복해서 말하는 것 이상의 일이 일어난다.

억양intonation이라고 하는 이 현상은 모든 음성 언어에 공통적으로 나타난다. 억양은 질문과 감탄을 평범한 서술에서 분리시킬 뿐만 아니라 다른 많은 일을 한다. 억양은 강조·역설·감정 등을 포함해 놀랄 만큼 많은 양의 정보를 전달하는데, "응, 그래"라는 간단한 말이 억양에 따라 전달할 수 있는 의미의 범위가 얼마나 되는지 생각해보라. 말할 때는 억양을 파악할 수 있지만, 종이 위에 글로 쓸 때는 억양을 표현하기 힘드므로 그 부분을 보충해야만 한다. 글을 쓸 때 단어를 훨씬 더 주의해서 명료하게 선택해야 하고, 문장부호와 기울임꼴, 요즘에는 이모티콘과 이모지까지 사용하는 이유가 바로 이것이다(글을 쓸 때 이런 것들이 다 필요한 데는 몸짓언어의 부재와 상대방이 제대로 이해하고 있는지 확인할 방법이 없다는 이유도 있다).

사람들은 보통 문장의 음악적 특성으로서 억양에 면밀한 주의를 기울이지만, 개개의 단어나 음절의 음악적 특성에는 별로 주목하지 않는 경우가 많다. 하지만 개별 단어 수준에서 억양을 전달하는 언어들도 많다. 베트남어가 그러한 경우에 속한다. 앞에서 우리는 베트남어에서 단음절 단어가 그 '곡조'에 따라 매우 많은 의미를 지니는 것을 보았다. 이는 베트남어가 성조언어tonal language기 때문이다. 성조언어마다 가진 성조의 수는 다르다. 베트남어에 여섯 개의 성조가 있는 것이 인상적이기는 하지만 매우 많은 수준은 아니다. 중국에서 사용되지만 북경어와는 전혀 다른 계통의 언어인 몽어Hmong에 속하는 두 방언에는 각각 열두 개의 성조가 있으며, 열네 개 또는 열다섯 개의 성조를 가진 언어도 있다고 한다. 음치인 몽족 사람들은 말할 때 꽤나 힘들 것 같다.

중국어와 편자브어

•

성조의 대표적인 예로 마ma를 들 수 있다. 마는 북경어 단어로, 성조에 따라 다른 의미를 지닌다. 일반적으로 '어머니', '삼베', '말', '꾸짖다'는 뜻을 가지며, 로마자로는 각각 mā, má, mǎ, mà로 표기한다. 하나의 단어가 성조에 따라 다른 의미를 가진다는 면에서 마가 특별할 것은 없다. 다만 성조나 북경어에 대한 이야기에서 마가 유명해진 이유는 마의 의미 중 하나가 기억하기 쉬운 '어머니'이기 때문일 것이다. 요즘 북경어 사용자들은 주로 마마māma라고 하지만 말이다.

중국의 언어들과는 달리, 편자브어가 성조로 유명한 언어는 아니다. 역사적으로 봤을 때 편자브어의 성조는 최근에 나타난 현상이고* 논쟁이 있는 주제이기도 하다. 언어학자들은 편자브어에 성조가 두 개인지, 세 개 또는 네 개인지 동의하지 못하고 있으며, 자신들의 언어가 성조언어라고 인식하는 편자브어 원어민들도 거의 없다. 다른 한편으로, 성조에 대해 인식하고 있는 언어적 관심이 많은 편자브 사람들은 성조가 인도유럽어족 내에서 자신들의 언어를 특별하게 만들어준다고 자랑스럽게 주장하기도 한다.

펀자브어 성조에 대한 연구는 그리 많지 않지만, 펀자브어에도 성조의 대표적인 예가 있다. 바로 코라kora다. 첫 음절을 하강조falling tone로 발음하면, 로마자로는 보통 kòra라고 표기하는데, 이 단어의 뜻은 '말'이 된다. 평조level tone로 o에 강세 표시 없이 발음하면 '채찍'이라는 뜻이고, 상승조rising tone로 발음하면 kóra라고 쓰는데 그 뜻은 '나병환자'가 된다. 이 성조들이 어떤 소리가 나는지 들으려면 내가 운영하는 블로그(languagewriter.com)에서 사운드바이트soundbite 링크를 확인하기 바란다. 블로그에서 소리를 확인하고 왔다면 아마 다음과 같은 질문들을 하게 될 것이다. 어떻게 펀자브어가 성조언어라는 것을 의심하는 사람들이 있을 수 있지? 너무 확연한 것 아닌가? 하지만 그들에게도 그만한 이유가 있다.

펀자브어가 성조언어가 아니라고 생각하는 사람들 중에는 원어민들도 있다. 한 온라인 토론장에서 어떤 펀자브어 원어민은 "펀자브어가 성조언어라는 것에 대해서 나도 읽은 적이 있지만, 솔직히 말해서 누군가가 내게 성조언어와 비성조언어의 차이점에 대해서 좀 설명해줬으면 좋겠다"라고 고백하기도 했다. 사실 원어민들은 언제나 자신이 무엇을 하는지 모르면서도 자연스럽게 해내는 엄청난 특권을 가지고

• 펀자브어와 북인도 지역 다른 언어들의 초기 조상언어 역시 성조언어였던 것으로 알려져 있다. 이 언어는 베다 산스크리트어Vedic Sanskrit로, 힌두교 베다서가 이 언어로 쓰였다. 베다 산스크리트어는 고전 산스크리트어에 앞서며, 3,000년 이상 전에 사용되었다.

있다. 이것은 영어를 포함해 어떤 언어의 원어민이든 마찬가지다. 예를 들어, 영어 원어민이라면 의식하지 않고 단어 킨kin(친족)과 스킨skin(피부)에서 k를 다르게 발음한다. 자세히 설명하자면 킨kin을 발음할 때는 k에 약간의 공기를 더해 발음한다(이것의 발음을 표기하면 위첨자 h를 사용해서 /kʰin/과 같이 적는다). 손등을 입 앞에 가까이 두고 발음해보면 공기를 직접 느낄 수 있다. 스킨skin을 발음할 때에는 그냥 /skin/으로 발음한다. 영어 원어민들은 이 규칙을 알든 모르든 상관없이 대부분 자연스럽게 이 규칙을 따라 발음한다. 사실 이 규칙을 인지하고 있는 원어민들은 거의 없다.

자, 이제 일반적인 펀자브 원어민들의 입장에서 생각해보자. 평생 동안, 아주 어릴 때부터 이 언어로 말해왔는데, 어느날 갑자기 누군가가 우리 언어에 '성조'라는 것이 있고 이는 남아시아 언어로서는 아주 흔치 않은 것이라고 한다면, 우리는 어떻게 반응할까? 또한 추가로 고려해야 할 것은 펀자브어가 힌디어나 우르두어와 달리 위상이 높은 언어가 아니라는 것이다. 따라서 이 언어의 어떤 부분이 '흔치 않다'고 하는 것은 그 부분을 비웃는 것이라고 느낄 가능성도 있다. 그렇다면 우리의 반응은 그것을 부정하는 방향으로 나타날 수 있는 것이다.

쓰기는 잊어라

•

펀자브어가 진짜 성조언어인지 의심할 만한 좀 더 실질적인 이유도 있다. 일단 성조에 따라 의미가 달라지는 단어의 수가 너무 적다. 대표적인 예로 들었던 코라(kora(채찍), kòra(말), kóra(나병환자))의 경우에는 성조에 따라 단어의 의미가 달라지고, 다른 예들도 찾을 수 있지만, 대부분의 일반적인 펀자브어 단어는 성조에 상관없이 하나의 뜻을 가진다. 두 가지의 의미가 단지 성조에 의해서 구분되는 경우도 별로 흔하지 않으며, 세 가지의 의미가 성조로만 구분되는 경우는 아주 드물다. 따라서 당신이 펀자브어의 성조를 제대로 발음하지 못한다 해도 사람들은 단지 당신이 희한한 발음을 한다고 생각할 뿐, 당신의 말을 쉽게 이해할 수 있을 것이다. 당신이 세 가지 코라kora를 섞어 사용한다 할지라도, 말을 채찍질하는 나병환자에 대해서 이야기하는 것이 아닌 이상 혼란은 없을 것이다. 사실, 성조가 없는 펀자브어 종류도 있다. 펀자브어의 몇몇 방언이나 펀자브족 디아스포라에 사는 일부 이민 2세대의 말에는 성조가 없다.

하지만 그렇다고 해서 펀자브어가 성조언어가 아닌 것은 아니다. 사실 언어들이 이 정도의 차이를 보이는 것은 아주 흔한 현상이다. 핀란드 내의 스웨덴 소수민족은 성조가 없는 스웨덴어를 사용하지만, 스웨덴어 전체는 성조언어로 여겨진다. 스웨덴어와 펀자브어 두 경우 모두 성조는 대부분의 사용자에게 중요하며 일부 단어들을 구분 짓는다. 이 정도면 성조언어라고 부르기에 충분하다고 생각한다.

하지만 펀자브어가 인도유럽어족에서 유일한 성조언어라고는 할 수 없다. 아시아에서 사용되는 유일한 인도유럽어족 성조언어일지는 몰라도, 인도유럽어족 전체에서 유일한 성조언어는 결코 아니다. 유럽에는 스웨덴어·노르웨이어·라트비아어·리투아니아어·슬로베니아어·세르보크로아트어 등의 성조언어가 있으며, 마지막으로 때로 '서중부 독일어West Central German'라고 통틀어 불리는 독일과 베네룩스 3국에

펀자브어의 구르마키(구루의 입으로부터) 문자는 시크교 제2대 구루인 앙가드 데브Angad Dev가 만들었으며 그의 이름을 따서 명명되었다. 구르마키는 주로 시크족이 사용하는 펀자브 문자다.

걸친 지역에서 사용되는 (내 모국어인 림뷔르흐어도 포함한) 한 무리의 지역어들도 성조언어이기 때문이다.

편자브어가 왜 성조언어가 아닐 수도 있는지에 대한 이유로 돌아오자. 어떤 언어학자들은 편자브어를 성조언어tone language가 아닌 음높이언어pitch language라고 부르는 것이 더 낫다고 주장한다. 성조tone와 음높이pitch를 굳이 구분한다면 이들의 의견이 옳다고 할 수 있다. 이 두 가지를 구분하는 일부 학자들은 북경어와 베트남어 그리고 아프리카 언어들과 같이 성조가 매우 중요한 역할을 하는 언어들에만 '성조언어'라는 표현을 사용한다. 하지만 성조와 음높이의 개념이 거의 비슷한 것을 생각할 때, 이 구분은 도움이 되기보다는 오히려 혼란을 가중시킬 뿐이다. 이 주제에 대해 최근에 나온 책에서는 '단어의 음높이가 그 단어의 의미를 변화시킬 수 있으면 그 언어는 성조언어다'라고 주장하고 있다. 이 책에 주장에 따르면 편자브어는 성조언어가 맞다.

편자브어가 성조언어가 아니라고 주장하는 사람들이 근거로 드는 것이 한 가지 더 있다. 이들은 편자브어에서 성조가 귀에 들린다는 것을 인정하지만, 성조가 특정 위치에서 특정 글자에 의해 일관되게 나타나는 것을 볼 때, 성조는 다른 어떤 특성의 부산물일 뿐이지 그 자체로 편자브어의 특성이라고 볼 수 없다는 것이다. 예를 들어, 편자브어에서 어떤 단어가 /k/로 발음되는 글자인 ਘ로 시작한다면, 하강조가 따라오게 되어 있다. 이것은 영어에서 모음이 바로 뒤따라오는 (단어를 시작하는) /k/ 소리를 낼 때 약간의 공기를 더해 발음하는 기식aspiration 현상과 다를 바 없다. 기식현상은 영어를 발음할 때 나타나는 특정한 현상일 뿐 기식현상 자체가 어떤 의미를 전달하는 것은 아니다. 만일 내가 영어의 킨kin을 /kin/으로, skin을 /skʰin/으로 잘못 발음한다 해도 단어의 의미는 조금도 바뀌지 않는다. 기식은 영어의 소리 체계에서 사실상 중요하지 않기 때문이다. 따라서 사람들은 성조가 편자브어 소리 체계에서 중요하지 않다고 주장하는 것이다.

그런데 사실은 중요하다. 편자브어 단어의 성조는 모든 것을 바꾸어 놓는다. 편자브어에서 /k/ 소리로 시작하는 단어는 글자 ɰ 또는 ɑ로 적을 수 있다. 첫번째 글자는 뒤따라오는 모음을 하강조로 만들지만, 두번째 글자는 그렇게 하지 않고 대신 모음을 평조로 둔다. 우리는 이미 이런 예를 앞에서 보았다. kòra는 /k/ 소리를 나타내는 편자브 글자 둘 중 첫 번째 글자로 시작하고, kora는 두 번째 글자로 시작한다. 또한 /p/, /ch/, 두 종류의 /t/• 소리 역시 똑같은 현상을 보인다. 이 소리들 역시 철자 하나는 하강조를 만들고, 다른 철자는 그렇게 하지 않는다. /k/, /p/, /t/ 소리들이 어쩐지 비슷하다고 느낀다면, 맞게 느낀 것이다. 이 소리들은 모두 무성폐쇄음voiceless stop이다. 성대를 울리지 않기 때문에 '무성음'이고, 파열 전에 공기의 흐름이 잠시 막히기 때문에 '폐쇄음'이다. 자음 'ch'는 무성폐쇄음으로 시작한다.

편자브어의 성조는 이렇게 특정 글자, 철자와 연관되어 있지만 우리가 여기서 논하고 있는 언어학의 한 부분인 음운론phonology은 결국 모두 소리에 관한 것이다. 쓰기와는 전혀 상관이 없다. 그리고 여기에는 그럴 만한 이유가 있는데 우리는 모국어의 음운체계를 읽고 쓰는

• 한 종류의 /t/는 권설음retroflex이고, 다른 한 종류는 치음dental이다. 두 소리의 차이는 혀 끝의 위치에 달렸다.

파키스탄 쪽 국경에 힌디어, 영어, 펀자브어로 쓰인 인도 입국 환영 인사

것을 배우기 한참 전인 아주 어릴 때부터 자연스럽게 배우기 때문이다. 읽고 쓰는 것은 학교에 다닐 때쯤에나 배울 수 있는 것이다. 게다가 역사적으로는 물론 대부분의 사람들이 읽고 쓰는 법을 배우지 못했고, 남아시아에서는 오늘날에도 읽고 쓰는 능력을 갖추지 못한 사람들이 매우 많다. 앞에서 살펴보았듯이 펀자브어에서 단어의 성조는 전혀 예측가능하지 않으며, 철자가 성조를 예측가능하게 할 뿐이다. 하지만 글을 모르는 사람들도 성조를 올바르게 사용하는 법을 완벽히 알고 있으며, '말'을 의미할 때는 kòra, '채찍'을 뜻할 때는 kora라고 말한다. 따라서 이들에게 성조는 유의미한 것이다. 성조가 그들의 언어에서 부산물이

아닌 주요 특성 중 하나임을 언어학자들에게 증명한 것은 바로 글을 모르는 펀자브인들이다.

무의미에서 유의미로

•

힌디-우르두어, 벵골어 그리고 다른 인도-아리아어군에게는 없는 성조가 왜 펀자브어에는 있으며, 어떻게 생겨났을까? 성조의 기원에 대해 알아보자.

먼저 성조가 특별한 것이 아님을 기억해야 한다. 성조언어가 동아시아 대신 동남아시아, 사하라 이남 아프리카 그리고 멕시코 이렇게 세 지역에 밀집되어 있기는 하지만, 다른 지역에도 성조언어가 있다. 그리고 성조가 중국-티베트어족, 니제르-콩고어족 등 특정 어족에 집중되어 나타나기는 하지만, 다른 어족들도 이런 음악적인 재능을 가진 언어들을 가지고 있다. 이 부분에 있어서는 같은 어족에 속한 언어들도 서로 다를 수 있다. 예를 들어, 노르웨이어와 스웨덴어에는 성조가 있지만 덴마크어에는 없다. 대부분의 반투어들에는 있지만 스와힐리어에는 없다. 베트남어에는 있지만 형제 언어인 크메르어에는 없다.

그렇다면 성조는 어디에서 왔는가? 영어처럼 성조가 없는 언어에서도 특정 자음이 주변 모음의 음높이를 살짝 올라가게 하거나 내려가게 하는 것은 자연스러울 뿐 아니라 거의 불가피한 현상이다. 그러나 이런 방식으로 만들어진 음높이의 변화는 아주 미미할 뿐 아니라 아무런 의미도 없다. 말하는 사람이나 듣는 사람 모두 이에 주의를 기울이지 않는다. 그런데 어떤 이유로 몇몇 자음들이 변하기 시작했다고 가정해보자. 사실 이것은 항상 일어나는 일이기도 하다. 예를 들어 th 소리가 d 소리와 합쳐진다거나(독일어에서 일어났던 현상이다), 아니면 g가 특정 위치에서 무음이 된다거나 하는 것들 말이다(영어 단어에서 많이 일어난 현상이다). 하지만 이런 자음의 변화 이후에도 주변에 있던 모음들은 자신들의 특징적인 음높이, 즉 약간 높거나 약간 낮은 음높이를 그대로 유지할 가능성이 있다. 자음의 변화가 이런 경향을 오히려 강화시켜서, 아주 살짝 높은 음높이의 모음을 약간 더 높아지게 하거나 아주 살짝 낮은 음높이의 모음을 약간 더 낮아지게 할 수 있다. 이렇게 더 강해진 성조tone가 자음의 변화로 초래된 정보의 손실을 만회하는 것이다. 그래서 어느 시점이 되면 말하는 사람과 듣는 사람 모두 이런 음높이의 차이점에 아마 의식적으로는 아니겠지만 분명 일상적으로 좀 더 세심한 주의를 기울이기 시작하게 된다.

대부분의 경우 이러한 과정은 역사적 자료를 통해서만 재구성될 수 있고, 근거자료를 찾아보기 힘들어 아예 재구성될 수 없는 경우도 많다. 이 부분에 있어서 펀자브어는 매우 특별한 경우다. 펀자브어의 성조는 아주 최근에 생겨난 것이며, 그 기원을 16세기에 고안된 철자에서 추론해낼 수 있다. 앞에서 언급한 바와 같이 성조를 발현시키는 다섯 개의 자음 글자들이 있고, 성조를 발현시키는 글자들과 오늘날 똑같은 발음이 나지만 성조를 발현시키지 않는 다른 다섯 개의 자음 글자들이 있다.

그리고 중요한 것은 바로 이 부분이다. 연관된 문자들과 간단한 비교를 해보면 성조를 발현시키는 자음들이 이전에는 현재와 다르게 발음이 되었다는 것을 알 수 있다. 글자 ਘ는 성조를 발현시키는 종류의

k를 나타내는데, 16세기에 이 글자는 /g^h/, 즉 /g/ 소리에 공기를 약간 더한 소리를 나타냈다. 이 /g^h/ 소리는 뒤따라오는 모음을 약간 높은 음높이로 시작하게 했다고 한다. 어느 시점에 /g^h/가 /k/로 변신했을 때도 모음의 높은 음높이는 사라지지 않았다(이런 과정은 예측 불가능하기에 높은 음높이가 충분히 사라질 수도 있었다). 오히려 높은 음높이가 더 강조되었을 뿐이다. 이러한 몇몇 자음들의 발음 변화가 펀자브어 모음에 음악성을 부여했다.

속삭이기·노래하기·감탄하기

•

성조는 매력적인 언어현상이지만 곤란한 상황을 만들어내기도 한다. 필요한 음높이를 쉽게 낼 수 없을 때 성조언어는 이를 어떻게 해결할까?

이런 상황 중 하나는 속삭이며 말할 때다. 속삭이면서 목소리의 음높이에 변화를 주는 것은 거의 불가능하다. 믿지 못하겠다면 속삭이면서 노래를 한 번 해보라. 그러나 이것은 펀자브어에서는 큰 문제가 아니다. 성조가 없는 방언이나 디아스포라 화자들을 보면 알 수 있듯이 펀자브어는 '평평하게' 말해도 알아들을 수 있는 언어이기 때문이다. 하지만 중국 사람들이나 베트남 사람들처럼 성조를 아주 많이 사용하는 사람들은 어떻게 해야 할까? 연구에 따르면 그 해법은 언어마다 다르다. 어떤 언어에서는 속삭이는 것이 실제로 불가능해서 그런 언어를 사용하는 사람들은 속삭여 말하지 않는다(또는 서투르게 속삭인다). 하지만 중국 사람들은 속삭여 말할 수 있는데, 어떻게 속삭이면서 성조를 구별하는 것일까? 북경어에서 각각의 성조는 음높이만 다른 것이 아니라 음의 길이나 크기 등에서도 미묘한 차이가 있는 것으로 밝혀졌다. 예를 들어 하강조는 다른 세 성조에 비해 길이가 뚜렷하게 짧다.

만일 속삭이며 말하는 화자가 이런 특징들을 약간 과장해서 사용한다면, 능숙한 청자는 일반적인 상황에서보다는 부정확하겠지만 그래도 단어를 알아들을 수는 있을 것이다.* 사실 영어에서도 비슷한 일이 일어난다. 영어로 속삭일 때 /z/는 /s/처럼 소리가 나고 /b/는 /p/처럼 소리가 나는 등, 유성음과 무성음의 대비가 엉망으로 될 수밖에 없다. 이 소리쌍들 사이의 주요 차이점은 한 소리는 성대를 울리게 하고 다른 한 소리는 성대를 울리게 하지 않는다는 것인데 속삭이며 말할 때는 이 성대울림의 차이를 구분할 수 없게 된다. 하지만 이 경우에도 성대울림 외에 미묘한 차이점들이 존재하는데, 바로 이 미묘한 차이점들이 영어를 속삭여서 말할 때 소리의 구분이 가능하게 하는 것이다. 물론 북경어를 속삭여 말할 때와 마찬가지로, 잘못 알아들을 가능성은 언제나 존재하지만 말이다.

두 번째 흥미로운 질문은 강한 성조언어를 사용하는 사람들이 어떻게 노래를 부르느냐 하는 것이다. 언어와 멜로디 둘 다 음조를 가지고 있다면, 노래를 부를 때 사람들은 어떻게 상충되는 요구를 조율하는 것일까? 정확한 음으로 노래를 부르면 가사를 이해할 수 없게 되고, 단어를 제대로 발음하면 멜로디가 이상해지지 않을까? 해답의 일부는

* 옮겨 말하기 게임은 영어로 '중국어 속삭임Chinese whispers'이라고 한다. 이 게임의 이름은 중국어로는 속삭이며 말하는 것이 불가능하다고 생각하는 데서 온 것이 아니라, 중국어가 영어권 사람들에게 전혀 알아들을 수 없는 언어로 인식되는 데서 온 것이다. 같은 이유로 프랑스에서 이 게임은 '아랍어 전화Arabic telephone'라고 불린다.

소리의 길이나 크기 등 성조에 따라오는 다른 특징들을 보존하거나 강조하는 데 있다. 하지만 더욱 중요한 점은 노래하는 사람들이 가사 쓰는 사람들의 도움을 받는다는 것이다. 베트남어와 광둥어에서(그리고 아마 편자브어를 포함한 다른 성조언어에서도 마찬가지겠지만 연구가 되어 있는 것은 이 두 가지 언어다) 가사에 쓰이는 단어들은 노래의 멜로디와 크게 부딪치지 않는 것들이다. 멜로디의 음이 올라가는 경우, 작사가들은 성조가 연이어 올라가거나 제자리에 있는 단어들을 선택한다. 멜로디의 음이 내려가는 경우에는 그 반대다. 즉, 음악과 언어가 서로 대략적으로 일치하면서 오르락내리락해야 하는 것이다. 이렇게 멜로디에 맞는 단어를 선택해야 하는 것이 어렵게 느껴질 수도 있겠지만, 이렇게 한 번 생각해보자. 영어 노래에서는 음악적 강세와 언어적 강세 사이에 유사성이 지켜져야 한다. 강세를 지닌 음절은 가장 강한 박자에 와야 하고, 강세가 없는 음절은 약한 박자나 약한 박자들 사이에 와야 하는 식이다. 영어 사용자들에게는 이것이 매우 자연스러운 일이다. 그러므로 성조언어로 가사를 짓는 사람들에게는 자신들의 일이 이와 동일하게 쉬운 일로 느껴질지도 모른다.

그리고 마지막으로 이 장을 시작하면서 언급했던 억양에 대해 이야기해보자. 억양은 모든 언어에 공통적으로 나타나는 현상이라고 이야기했는데, 그렇다면 성조언어들은 어떻게 억양까지 적용하여 말할 수 있을까? 그 답은 바로 성조와 억양을 한꺼번에 처리하는 것이다. 한 구절 내 각각의 단어들이 가진 필수적인 성조들은 전체 문장을 가로지르는 표현적이고 즉흥적인 억양의 층 위에 조화롭게 어우러진다. 만일 어떤 단어가 낮은 성조를 가지고 있는데 억양은 높은 음높이를 요구한다면, 그 결과는 중간 어디쯤이 될 것이다. 만일 억양 역시 낮은 음높이를 요구한다면, 그 단어는 보다 더 낮아지게 될 것이다. 물론 이때 일어나는 미묘한 차이는 이 언어를 아주 잘 아는 사람만이 구별해낼 수 있을 것이다.

성조언어에서 억양을 알아차리는 것은 낮은 언덕 위에 쌓인 눈의 깊이를 예측하는 것과 같다. 어느 곳의 눈이 깊고 얕은지를 알기 위해서는 그 지형이 여름에 어떠했는지를 기억해야 한다.

13

일본어

日本語

nihongo

1억 3,000만 명

일본에 사는 1억 2,700만 명 모두 사실상 일본어를 모국어로 사용한다. 약 250만에서 350만 명의 일본계 사람들이 다른 지역, 주로 브라질과 미국에 살고 있는데, 이들 모두가 다 일본어를 계속 사용하고 있지는 않다.

자칭 이름	니혼고日本語
어족	일본어를 특정 어족(알타이어족, 오스트로네시아어족, 심지어는 드라비다어족)에 포함시키려는 시도가 여러 번 있었지만, 궁극적으로 성공하지는 못했다. 조몬인이라고 알려져 있는 일본열도의 원주민들이 사용하던 언어와 기원전 이곳에 새로 도착한 야오이인들이 사용하던 언어의 혼합체가 일본어가 된 것으로 추정된다.
문자	당황스럽게도 일본어는 세 가지 문자 체계를 사용한다. 히라가나(46개의 글자를 가진 중심이 되는 문자), 가타카나(외래어를 위한 추가 음절을 가지고 있음) 그리고 간지(한자)가 사용되며, 여기에 로마자도 함께 사용한다. 일본어 문자에 대해서는 한자에 대한 장에서 추가적으로 더 다루어보겠다.
문법	일본어 단어에는 일련의 접미사들이 붙을 수 있다. 이 '교착어적' 성격이 일본어가 터키어, 한국어 및 다른 규모가 작은 많은 언어들과 함께 알타이어족에 포함되었던 주된 이유다(그러나 이 주장은 현재에는 신빙성을 잃었다). 일본어에는 문법적 성이 존재하지 않으며, 복수형도 없고 관사도 없다. 동사변형은 존재하지만, 인칭(나, 너 등)에 대해서는 변형하지 않는다. 형용사는 독립된 그룹이 아니며, 일부 형용사는 동사처럼 사용되고, 다른 일부는 명사처럼 사용된다.
소리	모음은 단모음일 수도 있고 장모음일 수도 있지만, 이중모음은 나타나지 않는다. 음절 구조는 아주 단순하다. 음절과 단어의 길이는 일본어의 특징적 개념인 모라로 측정한다. 성조는 단어의 의미와 관련이 있긴 하지만 제한적으로만 관련이 있으며, 방언에 따라 성조의 사용이 다르다.
차용어	전통적으로는 북경어와 중국의 다른 언어들에서 많이 들여왔으나, 요즘에는 영어에서 들여오고 있다.
수출어	본자이bonsai(분재), 이모지emoji, 애니메anime(일본만화영화), 쥬도judo(유도), 주짓수jujitsu, 가라데karate, 가라오케karaoke, 사케sake, 스시sushi, 와사비wasabi, 푸톤futon(일본방석), 게이샤geisha, 깅코gingko(은행나무), 고go(바둑), 하라기리hara-kiri(할복), 가미가제kamikaze, 하이쿠haiku, 망가manga, 스모sumo, 오리가미origami, 덴푸라tempura, 코이koi(비단잉어), 쇼군shogun, 기모노kimono, 토푸tofu(두부), 쓰나미tsunami, 사무라이samurai, 타이쿤tycoon(대군) 등 아주 많다. 북경어의 경우, 그 어떤 언어보다 일본어에서 가장 많은 단어를 차용했다.
네덜란드어	일본어에는 네덜란드어에서 들어온 단어가 놀랄 만큼 많다. 이것은 네덜란드가 1641년에서 1858년까지 일본과의 무역이 허락된 유일한 유럽국가로서, 서양의 문화와 지식을 일본으로 들여오는 관문이었기 때문이다. 예로는 부리키BURIKI('양철', 네덜란드어 블릭BLIK에서 옴), 카란KARAN('수도꼭지', 카란KRAAN에서 옴), 수코푸SUKOPPU('삽', 스큡SCHOP에서 옴), 주쿠ZUKKU('화폭, 천', 둑DOEK에서 옴) 등이 있다.

13: 일본어
언어적 성분리정책

●

여성과 남성은 같은 언어를 사용하는가? 가장 일반적인 답은 "그렇다"일 것이다. 사람들은 성에 상관없이 태어난 곳의 언어를 사용한다. 그런데 언어를 '사람들이 말하는 내용' 또는 '사람들이 말하는 방식'이라고 해석한다면, 답은 "아니오"가 된다. 사회언어학자들과 심리학자들은 여성과 남성이 같은 방식으로 말하지 않는다고 주장해왔다. 그런데 일본에서 또 다른 답을 찾을 수 있다.

일본인들은 모두 일본어를 사용한다. 일본은 이례적으로 단일 언어를 사용하는 국가 중 하나이기 때문이다. 그러나 여성과 남성 사이의 언어적 차이는 '사람들이 말하는 내용' 정도의 차이를 훨씬 넘어선다. 일본어에는 남자가 사용하는 일본어, 여자가 사용하는 일본어 두 종류가 있다고 말해도 될 정도다. 이 장에서는 성이라는 개념이 '독일어에는 세 개의 성이 있고 아랍어에는 두 개의 성이 있다'처럼 문법적 현상을 일컫는 것이 아니다. 일본어에서 말하는 성은 사회적 관점에서 바라보는 인간의 성별에 대한 것이다.

인간의 성은 다른 언어에서도 중요하다. 만일 당신이 스페인 사람이고, 스페인어로 "나는 스페인 사람이다"라고 말하고 싶다고 하자. 당신이 여성이라면 "소이 에스파뇰라SOY ESPAÑOLA"라고 말할 것이고, 당신이 남성이라면 "소이 에스파뇰SOY ESPAÑOL"이라고 말할 것이다(만일 당신이 여성, 남성 어느 쪽에도 포함되고 싶지 않다면, 일종의 언어적 절충을 하거나 창의력을 발휘해야 할 것이다). 왜냐하면 스페인어를 포함한 유럽 언어에서 문법적 성은 사회적 성에 의해(좀 더 전통적인 관점으로는 생물학적 성별에 의해) 결정되기 때문이다. 이 기초 위에서 화자는 형용사, 명사, 대명사 그리고 때로는 동사를 그에 상응하는 형태로 선택하는 것이다.

그런데 일본어는 다르다. 일본어에 문법적 성은 존재하지 않는다. 대신 일본어에서는 여성과 남성이 다른 종류의 '성방언genderlect', 즉 성에 기초한 다른 종류의 방언을 사용한다. 일본 사회에서 온나 코토바ONNA KOTOBA, 조세이고JOSEIGO, 또는 푸진고FUJINGO는 모두 '여성의 언어'라고 번역되는데, 이것은 일본어가 가지고 있는 독특한 특성으로 여겨지며, 문화적 지배층들은 이것을 유지하는 것을 상당히 중요하게 생각해 왔다.*

그렇다면 일본어에 특별한 여성의 언어가 만들어지게 된 역사적 배경은 무엇일까? 또한 이것을 구분 짓는 기준은 무엇이며, 무엇으

* 이것은 내가 사회언어학자 모모코 나카무라Momoko Nakamura의 《성, 언어, 이념Gender, Language and Ideology》의 첫 문장을 해석한 내용이다. 원래 문장은 이렇다. "일본에서 여성어는 사회적으로 두드러진 언어적 개념이자 패권적이고 문화적인 관념이다."

로부터 구분 짓는다는 말일까? 남성어로부터? 아니면, 중립적인 성의 구분이 없는 또 다른 언어가 있는 것일까?

마지막 질문부터 해결해보자. 일본어의 대부분은, 사실 거의 전부는 중립적이다.(이것은 자와어의 응오코를 생각나게 한다. 응오코의 대부분은 공손하지도 무례하지도 않다.) 하지만 그 너머에 여성과 남성을 위한 독립된 언어가 있다. 남성어는 다소 거칠고 강압적인 느낌이 드는데, 남성어는 사용자가 거의 전적으로 사용할지 말지를 선택할 수 있다. 남자아이들은 남성어를 말하도록 교육받지 않는다. 오히려 일본 남자아이들은 다른 나라의 아이들이 비속어나 은어를 자연스럽게 익히듯이 그렇게 남성어를 익힌다. 반면 여성어는 사용할지 말지를 선택할 수 없으며, 부모님과 선생님들은 여자아이들이 여성어를 사용하는 규칙을 따르도록 하기 위해서 최선을 다한다.

이것은 '성의 구분이 없는' 중립적인 일본어가 사실은 중립적이라기보다 남성들이 남성어에 더하여 자유롭게 선택하여 사용할 수 있는 예비언어의 성격을 가지고 있음을 보여준다. 그러나 여성들의 경우는 다르다. 여성들은 적절한 성방언을 사용하거나 사용하지 않아 사회적 질책을 받거나 둘 중 하나를 선택해야 했다. 다시 말해, 여성들은 복종하거나 아니면 대가를 치러야 하는 것이다. 물론 여성들에게도 추가적인 선택사항이 없는 것은 아니다. 일단 충분히 많은 수의 여성들이 규칙을 어기고, 자유로운 언어 사용을 주장한다면, 결국에는 여성어라는 개념 전체가 점점 느슨해질 것이다. 그리고 바로 이것이 최근 일어나고 있는 현상이다.

런천이 테이블런에 놓여 있다

•

핵심적인 내용을 살펴보자. 여성들이 사용하는 일본어와 남성들이 사용하는 일본어가 다른 점은 무엇인가? 일반적으로 여성들은 남성보다 약간 긴 형태의 단어를 사용할 가능성이 높다고 한다. 긴 단어를 사용하는 것은 단어를 공손하게 사용한다는 느낌을 준다. 영어로 말하자면, 일반적으로 쓰이는 '런치lunch(점심식사)' 대신에 구식 단어인 '런천luncheon'을 사용하는 데서 멈추지 않고, 이 차이점을 체계화해서 '테이블table(식탁)' 대신 '테이블런tableon, '플라워flower(꽃) 대신 '플라워런flow-ereon'을 사용하는 규칙을 만들었다고 생각하면 된다. 일본어에서는 이 공손함을 전달하는 음절이 단어의 끝에 붙는 것이 아니라 앞에 붙는다. 예를 들어 하나HAHA(꽃)는 오하나OHANA가 된다(말과 글 모두에서 그렇다).

다음으로, 여성과 남성은 스스로를 가리킬 때 다른 대명사를 사용한다. 와타시WATASHI는 '나'를 뜻하는 단어로 양성 모두가 사용할 수 있지만(하지만 남성이 이 단어를 사용할 때는 꽤 격식 있게 들린다), 아타시ATASHI는 여성의 단어이며, 보쿠BOKU는 젊은 (혹은 젊게 보이고 싶은) 남성이나 소년의 단어다. 사실, 영어 교재에서 그he와 그녀she를 3인칭 대명사로 가르치는 것과 마찬가지로, 일본어 교재에서는 (젊은 사람들에게) 1인칭 단수형으로 아타시와 보쿠를 가르친다. 이와 비슷한 차이점이 2인칭 대명사인 '너'에도 존재한다.

'~이다'라는 뜻의 동사인 '다DA' 역시 성에 따라 다르게 사용된다. '이것은 거미다' 같은 문장에서 남성들은 '다'를 사용하지만 여성들은 '다'를 생략한다. 예를 들어, 남성은 "이것은 거미다"라고 말하지만,

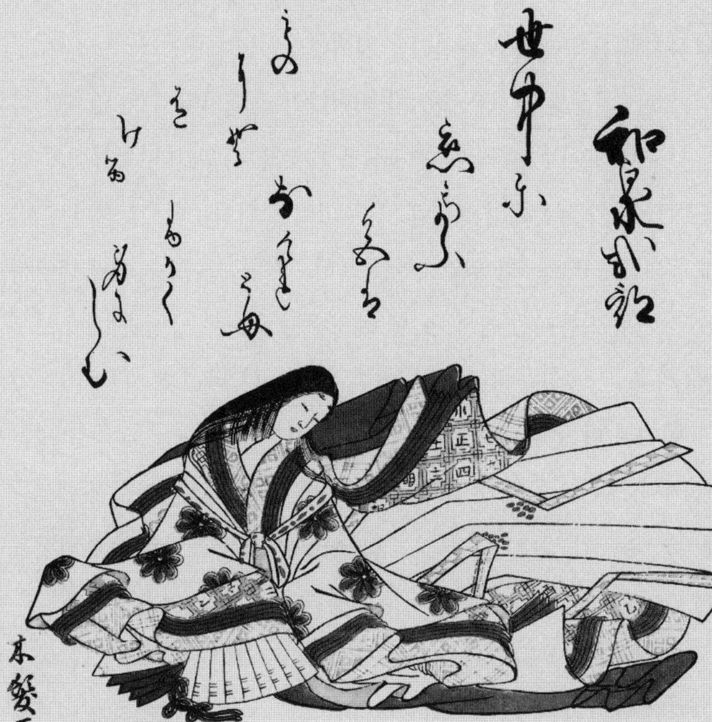

일본 여성들이 항상 공손하고 얌전한 언어를 사용한 것은 아니었다. 교토 최고의 궁중 시인 중 하나였던 이즈미 시키부Izumi Shikibu는 11세기 초에 열정적인 연애시를 썼다.

여성들은 “이것은 거미”라고 말하는 식이다. 요점은 후자의 문장이 이상하다는 것이 아니다. ‘이것은 거미’와 같은 문장은 러시아어를 포함해 다른 언어에서도 볼 수 있는 형식이다. 여기에서 중요한 점은 여성과 남성이 다른 문법을 사용한다는 것이다.

또한 여성과 남성은 확실히 이렇다라고 정의할 수는 없지만 화자의 태도를 보여주는 ‘작은 단어들’을 다르게 사용한다. 일본어에 이런 단어들은 아주 흔하며 문장에 숨은 의미를 더하는데, 그 의미는 ‘나에게 동의해주세요’, ‘다 알잖아’에서부터 ‘젠장’에 이르기까지 다양하다. ‘오! 너무 아름다워’에서 ‘오’에 해당하는 뜻으로 남성과 여성 모두 아Ā를 사용할 수 있는데, 오직 여성만 아라ARA나 마MĀ도 사용할 수 있다. ‘~이려나’의 뜻을 표현하기 위해서 여성은 카시라KA SHIRA라고 말하지만, 카나KA NA가 좀 더 중립적인 표현이다. 또 특히 잘 알려진 예로는 여성적인 와WA가 있다. 이 단어는 감탄이나 감정을 표현하는데, 남성들이 이 단어를 사용하는 경우는 아주 드물다.

또 일부 단어들은 여성 또는 남성과 강하게 연관되어 있다. 여성과 연관된 단어의 예로는 ‘아니오’를 의미하는 이얀IYĀN, 남성과 연관된 단어의 예로는 ‘식사’를 뜻하는 메시MESHI, ‘큰’을 뜻하는 데카이DEKAI 등이 있다. 이 단어들의 동의어는 이야IYA(아니오), 고한GOHAN(식사), 오오키ŌKII(큰)로 양쪽 성 모두 사용할 수 있다. 마지막으로, 발음도 다를 수 있다. 남성들은 연속 모음인 아이ai를 약화시켜 발음해도 되지만, 여성이 그렇게 하면 여성스럽지 못하다는 소리를 듣는다.

어떤 사람이 일반적으로 다른 쪽 성이 사용하는 언어적 요소를 사용한다고 해서 딱히 고정불변의 문법 규칙을 어기는 것은 아니다. 하지만 사회적 관습을 어기는 것으로 규칙을 중시하는 사람들의 비난을 받을 수도 있다. 그 사람은 규칙과 성을 모두 위반하는 것이기 때문이다. 일본어에서 여성어와 남성어 사이의 차이점의 본질은 교양에 대한 것이고, 세련되고 우아한 인상을 주느냐 아니면 경솔하고 분별 없는 사람으로 보이느냐에 대한 것이다. 일본어에서 성에 따른 차이점은 다른 언어보다 훨씬 더 뚜렷하게 나타난다. 이 차이점은 일본어에서 많은 부분을 차지하고, 더 엄격하게 체계화되어 있다.

정숙한 속삭임

많은 일본인들이 '여성어'는 아주 오래 전부터 있어왔으며, 여성들이 실제로 말하던 방식이 굳어진 것으로 여성이라면 공통적으로 지니는 여성성을 자연스럽게 반영한 것이라고 생각한다. 하지만 오늘날의 학자들은 이 모든 가정에 설득력 있게 이의를 제기하고 있다.

여성과 남성이 사용하는 언어 사이의 차이점들은 헤이안 시대(794~1185)까지 거슬러 올라갈 수 있다. 당시 여성들은 중국어에서 들어온 차용어를 피해야 했다. 어린이와 젊은 남자들도 마찬가지였는데, 이는 오직 나이가 든 남성만이 중국어 어휘를 사용할 수 있는 특권을 가지고 있었다는 것을 의미했다. 중국어 차용어는 사용자를 지식인층으로 보이게 했으므로, 당시 배움이 제한되어 있던 여성들에게는 어울리지 않는 단어라고 생각되었던 것이다. 따라서 여성들의 중국어 단어 회피는 여성어에 대한 논문들에서 자주 언급되는 주제다.

또 다른 중요한 차이점은 어휘나 문법에 대한 것이라기보다는 언어적 행동 또는 의사전달 행동과 관련이 있었다. 헤이안 시대의 여성들은 말을 또렷하고 분명하게 하지 않는 것이 좋다고 배웠다. 문장을 얼버무리듯이 그리고 스스로에게 중얼거리듯이 말하는 것이 여성적인 행동이라고 장려되었던 것이다.

가마쿠라 시대(1185~1333)와 무로마치 시대(1336~1573)의 상류층 대상 품행서(예의과 도덕을 다루는 책)들은 새로운 규범을 주창하기 시작했다. 여성들은 가능한 한 말을 하지 않거나, 반드시 말을 해야 한다면 작은 목소리로 속삭이듯이 하는 것이 낫다는 것이다. 이것은 유교적 이념에 부합하는 것으로 여성은 남성에게 복종하는 것이 옳으며, 여성이 말을 함으로써 가정과 사회 전체의 올바른 질서가 파괴될 수도 있다는 주장에 따른 것이다. 이러한 역사적 증거들로 볼 때 여성어의 탄생은 자연스러운 것이 아니라 인위적으로 정해진 규범에 따라 만들어진 것이라고 볼 수 있다.

14세기 이후 왕실에서 새로운 현상이 일어났는데, 이것은 이후 수 세기에 걸쳐 아주 중요한 역할을 했다. 바로 왕실에서 시중을 드는 귀족 여성들이 자신들끼리 사용하는 특수한 용어를 발달시키기 시작한 것이다. 이후 특히 집안에서 쓰는 단어들이 급격하게 바뀌거나 아니면 아예 새로운 단어들로 대체되었다. 몇 가지 예를 들어보자면, 만주MANJŪ(후식의 일종)는 만MAN으로 짧아졌고, 신파이SHINPAI(걱정)은 신모지SHINMOJI가 되었으며, 고노모노KŌ NO MONO(야채절임)는 짧아진 후 음절이 중복되어 고-고KŌ-KŌ가 되었다. 또한 다른 단어들의 형태는 해당하는 물건의 기본적인 감각적 특징으로 대체되었는데, 단어 앞에 존경의 접두사인 오-O-를 붙였다. 미주MIZU(찬물)는 오-히야O-HIYA(오-시원)로 바뀌었고, 다이TAI(도마)는 오-히라O-HIRA(오-평평)로, 아주키AZUKI(팥)는 오-아카o-aka(오-빨강) 또는 아카-아카aka-aka(빨강-빨강)로 대체되었다. 그리고 여성들은 중국어 단어들을 사용하지 않았으므로 가지KAJI(불)는 아카고토AKAGOTO(빨간 것)로 대체되었다. 궁정에서 시중을 드는 귀족 여성들이 왜 이렇게 단어들을 바꾸었는지에 대해서는 여러 주장들이 있다. 비밀 유지를 위해서라거나 아니면 세련된 간접성을 위해서 또는 다른 방언들을 사용하는 사람들 사이의 의사소통을 위해서라는 등의 여러가지 이유들이 있지만 여기에서 중요한 점은 그들이 만들어낸 단어들이 왕실에서부터 쇼군들의 성 그리고 사무라이들의 대저택으로까지 전파되었다는 것이다.

이때 왕실에서 만들어진 단어들은 여성들뿐만 아니라 귀족 남성들도 사용했었다. 오늘날에는 '궁녀들의 말'이라고 불리지만, 사실 이 단어들은 오랫동안 상위계층을 나타내는 표식이었다. 그 시기의 문학을 보면 수도승과 장군을 포함한 남성 등장인물들이 이 스타일의 말을 사용하는 예가 무수히 많다. 하위계층의 남성 등장인물들은 상류층이 사용하는 말투를 조롱하고 풍자하기도 한다. 나중에는 품행서들에서도 이 스타일의 말을 사용하는 남성들을 비판하기 시작했는데, 한 책에서는 이를 "역겹지만 자주 목격된다"고 했다.

이성적으로 말하지 마라

에도 시대(1603~1868)에 일본은 바깥 세계와 단절되어 있었다. 바로 이 시기에 상류층이 사용하던 궁중 언어가 점점 계층이 아닌 성의 차이를 나타내기 시작했다. 상류층이 아닌 여성들도 수백 권의 새로 나온 품행서들을 통해서 언어적으로 해야 할 것과 하지 말아야 할 것에 대해 알게 되었다. 품행서는 각계각층에 유포되었으며, 이전 어느 때보다 더 복잡하고 엄격한 규칙들을 정해놓았다. 여성들은 여전히 조용히 해야 했으며, 중국어 차용어들을 피해야 했다. 게다가 그 외에도 피해야 할 단어들이 더 늘어났는데, 예를 들면 시카토SHIKATO(확실히)와 이키지IKIJI(기개) 등의 단어들이었다. 아마도 '확실히'와 '기개'는 여성스럽지 못한 단어라고 여겨졌기 때문일 것이다. 게다가 여성들은 앞에서 봤던 접두사 오O와 접미사 모지MOJI를 사용하여 말을 해야 했는데, 이런 단어들이 언어를 부드럽게 하는 효과가 있어서 언어를 더 여성스럽게 만든다고 느꼈기 때문이다. 그냥 구시GUSHI(머리카락)는 너무 거칠게 들렸으므로 오구시OGUSHI라고 말해야 했고, 상대방을 칭할 때 여성들은 소나타SONATA(너) 대신 소모지SOMOJI라고 불러야 했다.

일본이 바깥 세계에 문을 연 이후 급속한 현대화를 겪던 19세기 후반부터 일본의 (성적으로 구분된) 언어는 새로운 단계에 도달했다. 우선 이때까지 다양한 방언들이 사용되던 일본어가 표준화되었으며, 다음으로는 여성과 남성 사이의 동등한 권리에 대한 개념이 도입되었다. 하지만 여성과 남성의 언어가 구분되는 것은 '동등하지만 본질적으로 다른' 것으로 해석되었고, 새로운 일본어도 역시 남성어와 여성어에 차이가 존재했다. 심지어 1879년의 한 칙령에서는 성적으로 구분된 일본어의 특징을 장려하기도 했다.

1886년에 보편적 초등교육이 도입되었을 때, 여자아이들과 남자아이들 모두 초등교육을 받을 수 있었지만, 공식적으로 사용되는 교과서는 달랐다. 여자아이들을 상대로 한 (1893년도의) 한 교과서에는 다음과 같은 내용이 포함되어 있었다. "말하는 것을 자제하라. 고의로 중성적으로 말하는 것은 올바르지 못하다. 직설적인 말은 속물적이다. 여성의 좋은 말이란 귀에 거슬리지 않아야 하고 부드럽고 사랑스러워야 하며, 여성은 이성적으로 말하지 않아야 한다. (……) 여성이 아는 척하며 영리하게 말하는 것은 보기에 좋지 않다."

어휘와 문법적인 면에 있어서, 여성어는 중고등학교 엘리트 여학생들 사이에서 생겨난 '여학생의 말'에 영향을 받게 되었다. 비록 1800년대 말에는 저속하다고 여겨지기도 했지만, 이후 몇십 년 만에 폭넓게 받아들여졌고, 여성적이고 견실한 교육의 증거로 여겨지게 되었다. '여학생의 말'은 이전 시대의 언어적 성적 분열과 맞아떨어졌으며, 동시에 새로운 문법과 어휘를 만들어냈다. 일본 사회는 곧 이것을 일본어의 유서 깊고 오래된 전통으로 여기기 시작했다. 하지만 사실은 전혀 그렇지 않았다. 일본어에서 여성어는 한 번도 문법적으로 공식화되거나 교과서로 만들어진 적이 없었고, 여성어의 현대적 특징들은 비교적 최근에 만들어진 (여학생들의) 언어로, 상대적으로 오래된 역사를 가졌다고 볼 수 있는 (궁중 귀부인들의) 요소들은 버림받았다.

여전히 활기차게 살아 있는 우아한 여성어

•

최근 수십 년 동안 일본어는 성적인 구분이 줄어들고 있는 추세를 보이고 있다. 언어학자인 요코 하세가와Yoko Hasegawa는 지난 25년 동안 일본 영화나 TV 드라마, 연극 등에 나타나는 여성 등장인물들이 사용하는 언어가 크게 바뀐 것을 발견했다. 여성 등장인물들의 대사에서 이전보다 훨씬 더 많은 남성적 특징들이 나타나고 있다는 것이다. 이것은 여성들이 사회적·경제적·정치적으로 항상 우위에 있었던 남성들의 언어적 영역을 정복하려는 시도라고 볼 수 있다.

언어적 차이가 이전보다는 많이 줄어들었지만, 일본어 사용자들은 성방언의 존재를 여전히 예민하게 느낀다. 소설가들은 등장인물들의 성별을 전달하는 데 이 언어적 관습을 이용하며, 독자들은 자연스럽게 그 신호를 알아차린다(사실 이런 신호들 중 많은 부분이 이미 구식이 되었음에도 말이다). 번역도 예외가 아니다. 한 일본 신문과 인터뷰를 한 안젤리나 졸리의 말은 여성어로 번역이 되었고, 해리 포터 시리즈에 등장하는 헤르미온느 그레인저의 대사 역시 여성어로 번역되었다

하지만 적어도 믿을 수 없을 만큼 성차별적이었던 '품행서'는 사라졌다. 아니 정확하게 표현하자면 사라졌다기보다는 그저 변화했다고 보는 것이 맞을 것이다. 사회언어학자인 모모코 나카무라Momoko Nakamura가 조사한 바에 따르면, 한 온라인 서점에서 조세이JOSEI(여성)와 하나시카타HANASHIKATA(말하는 방식)를 키워드로 검색해보니 73개의 결과가 나왔다고 한다. 나카무라는 이중 일곱 권의 책을 분석했는데, 모두 "여성은 말하는 방법을 바꿔서 자신의 매력도를 향상시킬 수 있는데, 여성적인 느낌을 주는 여성어를 사용하면 우아하고, 현명하고, 아름답고, 행복하고, 사랑받을 수 있다"라고 강조하고 있었다. 나카무라는 이런 책들이 팔린다는 것은 여성어가 여전히 활기차게 살아 있다는 것을 의미한다고 결론지었다.

12

스와힐리어

KISWAHILI

1억 3,500만 명

스와힐리어를 모국어로 사용하는 원어민의 수는 300만 명에서 1,500만 명 사이로 추정된다. 1억 3,500만 명의 스와힐리어 사용자의 대부분은 스와힐리어를 제2언어로 사용한다. 스와힐리어는 케냐와 탄자니아의 주요 공통어이며, 부룬디, 르완다, 우간다, 콩고민주공화국의 동쪽 절반과 주변 국가들 여러 지역에서 널리 사용된다. 이전에 오만의 술탄이 '스와힐리어의 수도'인 잔지바르를 다스렸었는데, 그래서인지 오만에서는 여전히 상당한 수의 사람들이 스와힐리어를 사용하고 있다고 알려져 있다. 또한 영국, 미국 및 걸프만 국가들에도 스와힐리어를 사용하는 이민자들이 살고 있다.

자칭 이름 키스와힐리Kiswahili.

어족 스와힐리어는 니제르콩고어족의 큰 분파인 반투어군에 속한다. 반투어군에 속하는 언어들은 중부, 동부 및 남부 아프리카에 퍼져 있다. 니제르콩고어족에 속하는 나머지 언어들은 보다 적은 지역에서 사용되는데, 주로 서아프리카에서 사용된다.

문자 오늘날 스와힐리어는 라틴 알파벳을 사용해서 적는다. 1900년경 유럽이 앞다투어 아프리카를 분할하기 전에는 아랍 문자가 쓰였다.

문법 스와힐리어 명사들은 다양한 명사부류로 나뉘어 있다. 대부분의 유럽 언어에서 명사들이 성에 따라 나뉘는 것과 어느 정도 비슷하다고 볼 수 있다. 각각의 명사부류는 단수형과 복수형을 나타내는 고유한 접두사를 가진다. 동사, 형용사, 심지어 전치사 같은 단어들은 명사가 어느 부류에 속하는지에 따라 다른 형태를 취한다.

소리 스와힐리어는 반투어군에 속하는 언어로는 아주 예외적으로 성조가 없다.

차용어 스와힐리어 어휘 중 약 30퍼센트는 아랍어에 기원을 두고 있다. 그 다음으로는, 영어에서 10퍼센트 정도의 어휘가 들어왔다. 스와힐리어는 동아프리카 해변 지역 거주자들과 아랍 출신, 특히 오만 출신의 정향 농부들, 상인들 그리고 (나중에는) 지배자들 사이의 접촉을 통해 발달했다.

수출어 스와힐리어에서 영어로 들어온 가장 흔한 단어는 사파리safari로, 아랍어에 뿌리를 둔 단어다. 주로 아프리카계 미국인들이 여는 일주일 간의 축제의 이름인 콴자Kwanzaa는 '첫 열매'라는 뜻의 스와힐리어 마툰다 야 콴자matunda ya kwanza에서 비롯되었다. '주인님'을 뜻하는 식민지 시대 단어 브와나bwana 역시 또 다른 스와힐리어 단어다. 정확히 말하면 차용어는 아니지만 영화 <라이온 킹>에 나오는 여러 이름들도 스와힐리어에 기원을 두고 있다. 주인공 이름인 심바Simba는 스와힐리어로 '사자'를 뜻한다. 그리고 하쿠나 마타타hakuna matata는 실제로 '걱정하지 마'라는 뜻으로 쓰이며, 문자 그대로 하면 '아무 문제가 없다'라는 뜻이다.

짧은 역사 스와힐리어 기록 문학의 역사는 매우 짧다. 스와힐리어로 쓰인 문헌 중 알려진 가장 오래 된 것은 18세기 초반의 것들로, 1711년과 그 이후에 쓰인 편지들과 1728년의 것으로 보이는 한 편의 긴 시가 있다.

12: 스와힐리어
아프리카의 무심한 다중언어

●

이 책을 읽고 있는 사람들 중 미국이나 영국에서 자란 사람이 있다면, 아마도 추측하건대 앞으로 소개할 아프리카 질브 출신의 조나스Jonas보다는 언어를 배우는 능력이 뛰어나지 못할 것이다. 그리고 그것은 당신 탓이 아니다. 아마도 부모님이 사용하던 언어도 영어였을 것이고, 어린 시절부터 보아온 주변 사람들도 모두 영어를 사용했을 가능성이 높다. 자라면서는 주변 역시 영어로 넘쳐난다는 것을 발견했을 것이다. 선생님과 학교 친구들, 목사님과 정치인들도 영어로 말했으며, 영어는 당신이 들을 수 있는 곳 어디에나 있었을 것이다. 당신의 배우자 역시 같은 언어를 공유했을 것이다. 결국 당신의 생애 첫 단어부터 마지막 숨에 이르기까지, 당신에게는 윌리엄 셰익스피어, 오프라 윈프리, 호머 심슨의 언어 이외의 다른 언어가 필요할 일이 거의 없다. 당신은 외국어를 하나 또는 그 이상 배웠을 수도 있지만, 이민을 제외한다면 (외국어를 취미로 사용하는 것은 별개로) 외국어가 정말 필요한 경우는 거의 없다.

꽤 극단적으로 표현하기는 했지만, 만일 당신이 프랑스, 스페인, 멕시코, 브라질 또는 한국에서 자랐다고 해도, 마찬가지일 것이다. 왜냐하면 유럽이나 아메리카 대륙, 동아시아 전역에서 인구의 상당 부분을 차지하는 사람들은 대체로 단일언어를 사용하기 때문이다.

하지만 조나스가 살고 있는 아프리카는 그렇지 않다. 조나스의 성은 말해줄 수가 없는데, 연구를 위해 조나스를 만났던 미국인 언어학자 레슬리 C. 무어Leslie C. Moore가 조나스의 성을 밝혀 두지 않았기 때문이다. 하지만 우리는 무어의 연구를 통해 조나스가 카메룬 북부의 만다라 산맥에 위치한 마을인 질브에서 1980년경에 태어났으며, 그가 자란 동네에서는 흔치 않게 초등교육을 마쳤고, 심지어 중학교에도 다녔으며, 그의 삶이 단일언어와는 아주 거리가 멀다는 것을 알게 되었다.

조나스는 집에서 모국어인 바메어뿐만 아니라 '부국어'인 우즐람어도 배웠다. 그래서 조나스는 4살이라는 어린 나이에 이중언어를 구사할 수 있었다. 두 언어 모두 소수가 사용하는 언어이긴 했지만 말이다. 그 다음에 배운 언어는 완달라어로 그 지역의 공통어(민족간 의사소통을 위한 언어)였다. 완달라어는 수만 명이 사용했으며, 학교 운동장에서 아이들이 놀면서 사용하는 언어이기도 했다. 바메어와 우즐람어, 완달라어는 모두 차드어파 내의 중앙차드어군에 속하므로 서로 꽤 가깝게 연관되어 있기는 하지만, 그렇다고 서로 알아들을 수 있는 언어들은 아니다. 또한 조나스는 초등학교에서 프랑스어(네 번째 언어)와도 씨름해야 했다. 프랑스어는 카메룬의 공식언어 중 하나며 국가의 대부분의 지역에서 교육용으로 쓰인다. 몇 년 후, 조나스는 영어도 정식으로 배웠다(다섯 번째 언어). 영어도 카메룬의 또 다른 공식언어 중 하나다.

중학교에서 조나스는 고고Gogo라는 이름의 여학생을 좋아하게 되었는데, 둘 다 완달라어와 우즐람어를 할 줄 알았음에도 불구하고 조나스는 고고의 모국어인 마다어(여섯 번째 언어)를 배우기로 결심했다. 조나스가 마다어를 배웠던 것은 넬슨 만델라의 영향이 컸을 것이다. 사람들이 넬슨 만델라에게 인종격리정책을 펴는 정권의 언어인 아프리칸스어를 배운 까닭을 묻자 만델라는 다음과 같이 말했다. “당신이 상대방에게 말할 때 상대방의 언어를 사용하면, 당신이 하는 말은 곧장 상대의 심장으로 갈 것이다.” 감상적이라고 할지 모르지만, 그래도 맞는 말이다.

조나스의 중등학교는 완달라어를 사용하는 지역 바깥에 위치해 있었는데, 따라서 그 지역에서 사용하는 두 개의 공통어도 배워야만 했다. 줄과어(일곱 번째 언어)는 중앙차드어군에 속하는 또 다른 언어로 학교 근처에서 사용되었고, 풀라어(여덟 번째 언어)는 학생들과 도시에 사는 사람들 대부분이 사용하는 언어였다. 조나스의 언어목록에 마지막으로 추가된 언어인 풀라어는 아주 유용했는데, 이 언어 덕분에 조나스는 카메룬의 서쪽에 위치한 20여 개 나라에 흩어져 있는 2,500만 명의 사람들과 의사소통이 가능하게 되었다. 하지만 풀라어를 배우는 것은 쉽지 않은 일이었다. 니제르콩고어족에 속하는 풀라어는 (영어와 헝가리어가 관련이 없는 것만큼) 조나스가 이미 알고 있는 다른 아프리카 언어들과 전혀 관련이 없기 때문이다.

10억 명의 조나스?

•

사실 조나스의 이야기는 아프리카 기준으로 봐도 예외적인 경우에 속한다. 이것은 카메룬이 언어적 다양성이 아주 높은 곳이기 때문이다. 카메룬은 거주민 100만 명당 약 10개의 언어를 가지고 있는 것으로 조사되었는데, 인구가 약 2,600만 명 정도이므로 총 250개 이상의 언어를 사용하고 있는 것이다. 또 다른 이유는 조나스의 공동체인 우즐람어 사용자들은 몽타냐르족Montagnards(프랑스어로 '산악주민') 또는 키르디족Kirdi이라고 불리는 다중언어 민족에 속하는데, 이 민족의 문화에서는 언어를 배우는 것을 매우 가치 있게 여기기 때문이다. 그리고 조나스의 개인적인 성향이나 경험도 영향을 미쳤을 것이다. 남들보다 교육을 더 많이 받은 덕분에 조나스는 또래들에 비해 학교와 길거리에서 더 다양한 종류의 언어에 노출되었다. 조나스는 몽타냐르족으로서 쓸모 있게 보이는 모든 언어를 기쁜 마음으로 배웠다. 대부분의 다른 아프리카 사람들이라면 조나스와 같은 상황에 있었다 해도 학교 주변에서 사용되는 줄과어나 좋아하는 여학생의 모국어인 마다어를 배우려고 애쓰지 않았을지도 모른다. 하지만 다른 아프리카인들도 나머지 여섯 가지의 언어들은 재고의 여지없이 다 배웠을 것이다.

이 장의 주제는 다양한 아프리카의 언어 중 동아프리카에서 사용되는 스와힐리어다. 스와힐리어는 대부분 (이 언어가 생겨난) 탄자니아와 케냐에서 사용되지만, 우간다, 부룬디, 르완다 그리고 콩고민주공화국의 동쪽 지역에서도 사용되고, 모잠비크의 일부 지역과 다른 주변 국가들에서도 사용된다. 아프리카 남부지역에서도 사람들은 다른 언어보다, 예를 들어 암하라어보다 스와힐리어를 배우는 것을 선호한다. 유럽인들이 루마니아어보다 이탈리아어를 먼저 배우는 것과 같은 이유다(스와힐리어와 이탈리아어가 훨씬 유용하다). 스와힐리어 지역은 카메룬처럼 다양한 언어들이 존재하지 않는다. 스와힐리어 지역의 역사적 중심지인 케냐와 탄자니아의 경우 거주민 100만 명당 두 개의 언어를 가지고 있으며, 나머지 스와힐리어 지역의 경우에는 100만 명당 언어 한 개에 더 가깝고, 어쩌면 한 개보다 적을 수도 있다.

이 장의 주인공이 스와힐리어이긴 하지만 사실 이 장에서는 사하라 이남 지역 아프리카(지금부터는 짧게 아프리카라고 칭한다) 전체의 언어에 대해 다루고 싶다. 이곳의 언어적 지형은 다른 대륙들의 언어적 지형과 현저히 다른데, 스와힐리어가 이 책에서 다루는 유일한 아프리카 언어이기 때문에 이 지역을 다루게 될 기회가 다시 없다는 현실적인 고려도 있다.

아프리카 동부의 스와힐리어 지역과 아프리카 서부의 카메룬 그리고 아프리카 전체 사이의 가장 중요한 유사점은 아마 이것일 것이다. 이 지역의 사람들은 일상생활에 필요한 새로운 언어가 생기면 당황하지 않고 그 언어를 흔쾌히 배운다('수업을 듣는다'는 의미가 아니라 '그 언어로 말하기 시작한다'는 뜻이다). 그리고 스와힐리어 지역과 대륙의 나머지 지역 사이의 주된 차이점은 바로 이 스와힐리어라는 언어가 존재하느냐 아니냐에 있다. 스와힐리어가 얼마나 예외적인 존재인지 설명하자면 이렇다. 스와힐리어는 아프리카에서 두 번째로 큰 언어인 하우사어보다 2~3배 정도 많은 사용자를 가지고 있다. 나이지리아의 노벨문학상 수상자인 월레 소잉카Wole Soyinka를 포함한 여러 지식인들이 스와힐리어를 아프리카 대륙의 공통어로 만들자고 주장해온 것도 전혀 놀랄 일이 아니다. 그리고 가나의 역사학자인 K. A. 쿠미 아토브라K. A. Kumi Attobrah가 1970년에 아프리카를 위한 보조어(에스페란토어 같은)를 만들었을 때도 스와힐리어에 기초해 만들었으며, 보조어의 이름도 아프리힐리Afrihili라고 지었다.

아프리카 사람들이 유용해 보이기만 한다면 새로운 언어와 씨름하는 것을 두려워하지 않는다고 할 때, 그들은 결국 몇 개의 언어를 배우게 될까? 조나스의 경우에서 보듯이 그것은 개인적인 상황과 살고 있는 지역의 문화적 가치에 따라 달라진다. 하지만 대략 일반화하자면, 답은 세 개라고 할 수 있겠다. 모국어, 공통어 그리고 내가 'VILVery Important Language'(아주 중요한 언어)이라고 부르는 언어다. 물론 어떤 언어들은 이 세 가지 역할 중 동시에 두 가지에 해당할 수도 있고, 스와힐리어를 포함한 몇 가지 언어들의 경우에는 세 가지 역할 모두를 담당할 수도 있다. 그래도 기본적인 틀을 이해하는 데 모국어, 공통어, VIL라는 기준을 세워 놓으면 좋을 것이다.

'VIL'은 'VIP'에서 차용한 용어로, 아프리카 언어를 다루는 다른 글에서는 찾아볼 수 없겠지만, 이 용어는 여러 다양한 상황을 잘 대표하고 있다. 일반적으로 VIL은 국가의 공식언어이면서 동시에 초등교육 이후의 모든 교육이 이루어지는 언어다. 또한 VIL은 도시에 사는 상위 계층의 사람들이 주로 사용하는 언어이고 기자들과 작가들이 사용하는 언어다. 물론 언제나 이 모든 것에 해당하는 것은 아니다. 어떤 나라에는 공식언어가 여러 개 있을 수 있으며 아니면 아예 없을 수도 있다. 교육이 여러 개의 언어로 이루어질 수도 있다. 일부 유명한 작가들은 자신의 모국어로 작품활동을 하는 것을 선호할 수도 있다. 그렇지만 거의 모든 아프리카 국가에서, 어떤 언어가 VIL인지는 확연히 드러난다.

거의 모든 아프리카 국가에서 (아메리카 대륙에서와 마찬가지로) VIL은 유럽에 기원을 두고 있다. 약 20개 국가의 VIL은 영어와 프랑스어다. 3등은 포르투갈어로 다섯 개 나라의 VIL이다. 그리고 세 개의 나라에서 (그리고 여기에 포함되지는 않지만 북아프리카에서) VIL은 유럽언어들보다 수 세기 더 일찍 유입된 아랍어다. 짐바브웨 같은 몇몇 국가에서는 아프리카에 기원을 둔 언어 하나 또는 여러 개가 '공식적인' 언

제1차 세계대전 이전 독일 식민지 시대에도 탄자니아 학교에서는 스와힐리어를 가르쳤다.

어지만, 실제로는 들러리 역할을 할 뿐이다. 아프리카 언어가 실질적인 VIL의 지위에 오른 나라는 탄자니아, 에티오피아, 소말리아 정도를 제외하고는 찾아보기 힘들다.

심지어 스와힐리어조차도 아프리카 내에서 VIL의 위치를 차지하는 데 애를 먹고 있다. 오직 탄자니아에서만 스와힐리어가 이론의 여지없는 주요한 공식 언어로 사용된다. 케냐에서도 스와힐리어가 탄자니아에서만큼 널리 사용되기는 하지만 공식적 지위와 사회적 위신으로 볼 때는 영어에 한참 뒤떨어져 있다. 케냐에서 스와힐리어의 법적 위치는 '국가언어'인데, 아프리카 전역에서 이것은 '공식적으로 무의미한' 언어를 고상하게 부르는 용어일 뿐이다. 스와힐리어는 2010년에 와서야 케냐의 두 번째 공식언어가 되었다. 우간다의 경우, 정부가 독립 당시(1962년) 영어를 공식언어로 채택했고 10년 후에 스와힐리어를 공식언어에 추가했지만, 1995년에 다시 그 지위를 박탈했다. 그리고 10년 후에 한 번 더 결정을 번복했다. 내가 마지막으로 확인했을 때 스와힐리어는 공식적인 지위를 유지하고는 있었지만 여전히 영어가 더 높은 위상을 가지고 있었고, 루간다어를 사용하는 사람이 스와힐리어를 사용하는 사람보다 더 많았다. 탄자니아와 케냐, 우간다 지역 외에서 스와힐리어는 그저 공통어의 하나일 뿐이다.

사람들이 사용하는 언어

•

나는 아프리카 사람들이 세 가지 언어(모국어, 공통어 그리고 아주 중요한 언어(VIL))를 사용한다고 주장했다. 그런데 VIL을 여기에 포함시키는 것은 다소 무리라고 여길 수도 있다. 유럽에 기원을 둔 언어가 VIL의 지위를 차지하는 나라에서는 인구 중 소수만이 VIL을 사용하기 때문이다. 하지만 다른 한편으로 영어, 프랑스어 그리고 포르투갈어의 사용자가 빠르게 증가하고 있다. 특히 도시에서 그렇다. 그러니까 VIL을 포함시키는 것은 무리라기보다는 시기상조라고 하는 것이 더 맞겠다.

대부분의 아프리카 사람들이 자기 나라의 VIL을 사용하고 있지 않더라도, 많은 사람들이 한 개 이상의 공통어를 익히므로, 사람당 사용하는 언어의 수는 다시 세 개에 가까워진다. 이것은 서로 가까운 거리에서 여러 개의 공통어들이 사용되는 경우가 많기 때문이다. 기억하겠지만, 조나스의 경우에도 어릴 때 공통어를 하나 배웠고 청소년기에 두 개의 공통어를 더 배웠다. 이 둘 중 하나는 지역 공통어였고 다른 하나는 서아프리카 전체에서 쓰이는 공통어였다. 우간다에는 두 개의 공통어(스와힐리어와 루간다어)가 통용되고 있고, 사용할 이유가 있는 사람이라면 두 개 다 배우기를 주저하지 않을 것이다. 콩고민주공화국에는 스와힐리어를 포함하여 네 개의 중요한 공통어가 있는데, 필요에 따라 한 개 또는 한 개 이상의 공통어를 익힐 수 있다.

마지막으로 당연하게도 아프리카 사람들도 자신들의 모국어를 사용한다. 모국어의 개수는 누구에게 물어보느냐에 따라 1,000개, 2,000개 또는 3,000개가 넘을 수도 있다.* 따라서 아프리카에서 서로 다른 모국어를 사용하는 배우자를 만나는 것은 매우 흔한 일이다. 그리

* 다른 과학 분야와 마찬가지로, 언어학에도 분류의 문제가 있다. 이들은 세분파와 통합파로 나누어지는데, 차이점을 강조하는 전자의 학자들은 언어의 개수를 높이고, 유사점을 중요하다고 생각하는 후자의 학자들은 언어를 개수를 낮춘다.

고 이들 사이에서 태어난 자녀들은 조나스처럼 이중언어를 사용하며 자랄 가능성이 높다. 정확히 말하자면, 조나스는 '모국어'를 어머니에게 배운 것이 아니라 어머니의 친척들에게 배웠다. 조나스의 어머니는 지역의 문화에 따라 아이들에게 말할 때 남편의 언어를 사용해야 했기 때문이다.

대부분의 모국어들은 아주 제한된 범위에서만 사용되고, 한 집단 또는 몇몇 마을에서만 통용된다. 어떤 모국어들은 여러 나라에 퍼져 있는 큰 민족들이 사용하기도 하며, 이렇게 규모가 큰 모국어들은 작은 언어들을 모국어로 사용하는 사람들에게는 공통어가 되기도 한다. 조나스는 풀라어를 공통어로서 배웠지만, 한편으로 풀라어는 2,000만 명이 넘는 사람들이 모국어로 사용하는 언어이기도 하다. 스와힐리어는 한 단계 더 나아가서 세 가지 역할을 모두 소화한다. 탄자니아에서는 VIL이고, 그보다 훨씬 큰 지역에서는 공통어이며, 잔지바르 제도와 인도양 해변을 따라 사는 수백만 명의 사람들에게는 모국어다. 유럽 언어들 역시 일부 아프리카 도시에서 그 기능을 확장하고 있다. VIL뿐만 아니라 공통어, 심지어 일부 엘리트 집안에서는 이제 모국어의 지위도 차지한다.

글로 적지는 않는 언어

•

VIL에는 다른 두 가지 종류의 언어와 구분되는 중요한 특징이 있다. 바로 글로 훨씬 더 많이 적힌다는 것이다. 물론 일부 아프리카 언어들도 수세기 동안 글로 적혀왔고, 그 중 많은 언어들이 오늘날 표준화된 철자법을 가지고 있다. 라틴 문자를 사용하든, 아랍 문자를 사용하든, 에티오피아 문자(그으즈Ge'ez, – ግዕዝ 문자라고도 불림)를 사용하든 말이다. 하지만 실제로는 대다수의 경우 몇 개의 아프리카 언어들만 글로 적힐 뿐이다. 아프리카 작가들 중 많은 수가 (내가 이 책을 모국어인 네덜란드어 대신 영어로 쓰기로 선택한 이유와 동일한 이유로) 영어나 프랑스어 또는 포르투갈어를 선호한다. 그래야 국제 시장에 접근하기가 용이하기 때문인 것도 있지만, 이것만이 아프리카 작가들이 유럽 언어로 책을 쓰는 이유는 아니다. 순전히 아프리카의 지역적 관심사를 다룬 책들 중에도 많은 수가 유럽 언어로 출간되는 것은 아프리카에서는 독자들도(심지어 아프리카 언어들을 사용해 말을 하는 독자들조차도) 유럽 언어로 된 책을 읽는 것을 더 편하게 느끼기 때문이다.

신문이나 잡지 역시 대부분 유럽 언어들을 사용한다(가끔 아랍어를 사용하는 경우도 있다). 아프리카 언어가 VIL인 탄자니아, 소말리아, 에티오피아에서조차도 인쇄물과 온라인 매체에서 영어를 더 많이 볼 수 있다. 몇몇 다른 나라의 경우에는 아프리카 언어로 된 시사 잡지가 아예 없는 곳도 있다. 영어나 프랑스어보다 공통어인 아프리카어를 이해하는 사람들이 훨씬 더 많은 상황에서 이것은 무슨 의미일까? 독립한 지 대략 반 세기가 지난 지금도 여전히 독자들과 작가들은 식민지 시대의 언어들이 몇 세대 동안 해왔던 '현대적' 역할을 아프리카 언어들은 해낼 수 없다는 선입견을 가지고 있는 듯 보인다. 그런데 스와힐리어가 이들이 틀렸다는 것을 증명해보였다.

천재가 아닌 보통 사람들

•

아프리카 사람들의 언어 습득 능력은 다른 대륙 사람들은 도저히 따라갈 수 없는 유전적인 무엇인가가 작용하는 듯하다. 그들이 타고난 신체 능력을 자랑하는 것처럼 말이다. 동아프리카 사람들 가운데, 특히 케냐의 칼렌진Kalenjin족은 장거리 달리기에 이상적인 신체적 특징들을 가지고 있다고 한다. 하지만 언제나 그렇듯이 유전자가 모든 것을 설명해주지는 않는다. 육상선수가 되면 성공할 수 있다는 사회적 요소와 유전적 장점이 맞물려 많은 젊은이들이 육상에 뛰어들었고, 그에 따라 성공의 가능성도 높아진 것이다.

그렇다면 아프리카의 다중언어 능력 역시 유전자와 사회적 요소의 복합체로 설명이 가능할까? 조나스의 경우에는 그가 평균 이상의 지능을 가진 것으로 보인다는 점에서 타고난 재능이 한 요소가 되었을 수도 있다. 하지만 반드시 필요하지는 않은 그저 유용할 뿐인 몇 가지 언어들을 조나스가 배우기로 선택한 것은 다중언어 자체를 좋은 것으로 여기는 (조나스가 속한) 민족의 문화와 더 관련이 있다. 평균적인 아프리카 사람에 대해 말해보면 설명은 더 간단해진다. 이들의 다중언어 능력은 타고났다기보다 그들이 속한 사회에 기인한 것이다. 다른 언어들을 사용하는 사람들 사이에서 살아가면 그 언어들을 배울 이유가 생기며, 그것을 연습할 수 있는 기회도 자연스럽게 생긴다.

탄자니아 아루샤의 한 메뉴판. 메뉴MENU, 칩시CHIPI(감자튀김), 수푸SUPU(스프), 로스트ROST(구이)는 영어에서 들어온 차용어이며, 카리부니KARIBUNI(어서오세요)는 아랍어에 기원을 둔 단어다. 니야마NYAMA는 널리 사용되는 반투어군 단어로 '고기'를 뜻한다. 스와힐리어 단어들 중 추상적 개념에 대한 것들은 대부분 아랍어에 뿌리를 두고 있다.

언어장벽을 습격하다

•

결국 아프리카인들이 언어 천재로 태어나는 것이 아니라, 바로 아프리카 대륙이 그들을 그렇게 만든다는 이야기다. 게다가 새로운 언어에 도전하는 것을 덜 두렵게 만든다는 점에 있어서도 아프리카의 언어 문화가 유럽이나 아메리카 대륙보다 유리한 것이 사실이다.

유럽에서 대부분의 주요 언어들은 그것을 규격화하고 체계화하기 위한 공식 학술원이나 자문위원회, 철자법 규정, 문법책, 사전, 발음 규범, 문체 교본과 전문용어 위원회가 있다. 또한 헨리 파울러Henry Fowler나 린 트러스Lynne Truss•처럼 언어를 정해진 대로 정확히 사용해야 한다고 주장하는 사람들도 있다. 자칭 '언어애호가'들은 모든 사람들이 어떠한 순간에도, 그들의 모국어가 무엇이든 상관없이 철자법을 잘 지켜야 하고, 구두점을 꼼꼼히 찍어야 하며, 문법을 잘 따르고, 금지어는 사용하지 말아야 한다고 주장한다. 내 생각에 유럽에는 이처럼 세세한 규칙에 얽매이는 사람들이 가득하며, 북아메리카도 크게 다르지 않다.

사하라 남쪽에 사는 대부분의 아프리카 사람들은 이런 면에 있어서 훨씬 더 실용적이고 여유 있다. 그들이 언어에 대해 무신경하다는 말이 아니다. 그들에게 모국어는 자부심과 정체성의 근원이며, 그들도 우리들만큼 유창한 화술과 말재주를 칭송하고, 생생하게 이야기를 전달하는 능력을 높이 평가한다. 하지만 모국어로는 사회적으로도 지리

• 헨리 파울러는 영국의 교육자이자 사전편찬자였고, 린 트루스는 영국의 작가로 영어의 올바르고 아름다운 사용을 주장한 것으로 유명하다. - 옮긴이 주

적으로도 어느 정도까지밖에 다다를 수 없다는 것을 알기에, 그들은 다른 언어들도 사용한다. 그들은 자신들의 다중언어를 과시하지 않으며, 다중언어를 가볍고 무심하게 대한다. 두 명의 아프리카인이 언어장벽에 부딪혔을 때, 그들은 사용할 수 있는 모든 언어 자원을 활용하여 언어장벽을 무너뜨리기 위해 애쓸 것이다. 그것은 유창한 루간다어일 수도, 간단한 스와힐리어일 수도, 아니면 서투른 영어일 수도 있다(그리고 여러 가지의 혼합체인 경우도 자주 있다). 그들에게 중요한 것은 의사소통에 성공하기 위해 둘 사이의 공통의 언어를 찾는 것이다.

이러한 합리적이고 실용적인 태도는 아프리카 사람들만 가지고 있던 것은 아니었다. 국가 차원의 표준어들이 처음 등장하기 이전의 유럽인들도 한때는 이런 유연한 언어적 태도를 가졌었다. 앵글로색슨족과 바이킹들은 서로를 합리적이고 실용적인 방식으로 대했으며, 그 과정에서 영어가 만들어졌다. 유럽의 바벨인 발칸 지역도 민족주의가 19세기에 이 지역을 지배하기 전까지는 언어적으로 매우 합리적이었다고 한다. 유연한 언어가 규범들로 굳어지면서 합리적인 실용주의는 점점 더 유지하기 어려워졌다. 일단 한 언어가 넓은 지역에서 우세해지고 널리 글로 쓰이게 되면, 관용은 차츰 줄어들기 시작한다. 아프리카 언어들이 언젠가 대륙 전체에서 VIL의 지위를 얻게 되면, 어쩌면 아프리카의 언어적 실용주의도 허물어질지 모른다.

아프리카 언어들이 유럽 언어들보다 배우기 쉬운 또 다른 이유는 아프리카 언어들의 어휘의 양이 비교적 적기 때문이다. 이러한 결론이 위험할 수도 있지만, 이것은 아프리카 언어들이 단순하고 세련되지 못하다는 뜻이 결코 아니다. 교육받은 아프리카 사람들은 폭넓은 어휘를 사용한다. 문제는 대부분의 아프리카 언어들만으로는 그렇게 하지 못한다는 것이다. 왜냐하면 오직 (스와힐리어를 포함하여) VIL만이 광범위한 어휘를 발전시킬 수 있기 때문이다. VIL은 정부·교육·과학·기술·금융·예술·철학·스포츠 같은 현대적인 분야에서 주로 사용되므로 관련된 용어들을 발달시킬 수 있고, 어휘의 양도 크게 증가시킨다. 더욱이 수세기 동안 글로 적혀온 언어들은 풍부한 '화석'층도 발달시켜왔다. 여기서 화석이란 일상생활에서는 더 이상 발견할 수 없지만 문학작품이나 두꺼운 사전 등에서 찾을 수 있는 단어들을 말한다.

물론 VIL을 모국어로 사용하는 사람들도 이전에 쓰인 전문적이거나 흔하지 않은 단어들을 전부 다 알지는 못하며, 어휘의 크기 그 자체만으로도 VIL을 배우는 것은 아주 두려운 일이 되고 만다. 그러나 아프리카의 공통어는 VIL과는 다르다. 공통어는 삶의 수많은 부분을 담고 있으며, 이웃들 간에 정확하고 미묘한 의사소통을 가능하게 하는 유용한 수단이다. 소규모의 마을에서만 그런 것이 아니라, 많은 공통어들이 정치집회, 라디오 뉴스, 지역의 행정과 법원 등에서 사용된다. 따라서 공통어들은 그 영역에서 필요한 단어들을 만들어내거나 차용해왔다. 하지만 전체적으로 봤을 때, 공통어들의 어휘량이 VIL보다 부족한 것은 사실이다.

문법과 발음이라는 두 가지 면에 있어서는 아프리카 언어들이 오히려 더 어려운 면이 있다. 일단 대부분의 아프리카 언어들은 성조를 가지고 있다. 펀자브어에서 이미 만났던 그 까다로운 노래하는 것 같은 특징 말이다. 그리고 아프리카 언어들 중 상당수가 다른 곳에서는 거의 발견되지 않는 자음 소리들을 가지고 있다. 예를 들면 두 개가 아닌 하나의 소리로 표현해야 하는 /mb/ 소리나 코사어나 줄루어가 가진 유명한 흡착음 같은 것들이 있다. 문법에 있어서는 라틴어, 러시아어 또는 터키어처럼 복잡한 어형변화를 가진 경우가 많다. 단어들이 수·격·성·시제·법 등의 개념에 따라 다양한 형태를 취하는 것이다. 아프리카 언어들이 어려운 이유 중 또 다른 하나는 (적어도 거대한 니제르콩고어족 내에서 보이는 특징은) 소위 명사부류라고 하는 것 때문이다. 이것은 성인이 되어서 독일어나 라틴어를 배울 때 큰 장애물로 다가오는 명사의 성과 비슷하지만, 훨씬 더 복잡하다. 성의 경우 보통 두세 개 정도가 있는 반면 명사부류는 열 개 또는 그 이상 존재한다.

다민족 수다의 윈드터널

그렇다면 어떻게 이 모든 복잡한 내용들을 익힐 수 있는 것일까? 만일 당신이 아프리카 언어를 쓰는 환경에서 자랐다면 좀 더 쉽게 느껴질 수 있을 것이다. 만일 모국어가 반투어군에 속하는 응코레어, 수쿠마어 또는 키쿠유어(각각 우간다, 탄자니아, 케냐에서 사용된다)라면, 명사부류라는 개념이 익숙할 것이다. 그렇다면 조금 다르기는 해도 스와힐리어의 명사부류도 쉽게 익힐 수 있게 되는 것이다. 예를 들어 영어가 모국어인 사람이 유럽의 언어를 배운다고 생각해보라. 복수형이 영어와 다르고 좀 더 불규칙적일지라도, 복수형을 올바른 위치에 사용하는 데는 아무런 문제가 없을 것이다. 하지만 북경어나 베트남어를 모국어로 하는 사람들에게는 유럽 언어의 복수라는 것이 매우 생경하게 느껴질 것이다.

언어학자들은 이렇게 한 언어적 지역에서 공유되는 유사점들을 지역적 특징areal features이라고 부르며, 이 지역들을 언어동조대sprachbund 라고 한다. 예를 들어 아프리카 언어들은 계통적으로 서로 다른 어족에 속하더라도 열에 아홉은 숫자가 명사 뒤에 온다. 이런 종류의 동조는 다중언어가 널리 퍼진 지역에서 흔히 나타나는 현상이다. 유럽의 언어동조대 중 하나는 발칸 지역인데, 이 지역에서는 불가리아어(슬라브어파)와 루마니아어(로망스어군)가 계통적으로 가까운 다른 언어들보다 오히려 알바니아어와 유사한 특징을 보인다.

특히나 공통어들은 이웃한 언어의 색채를 흡수하기 쉽다. 그리고 한 언어가 점점 더 많은 사람들에 의해 공통어로 쓰일수록 더더욱 그렇다. 다른 말로 하자면, 제2언어 사용자의 수가 원어민의 수를 넘어설수록 그 언어는 점점 더 특색이 없어지고, 새로운 사용자가 다루기 어려운 불규칙적인 요소들을 잃게 될 것이다. 우리는 앞서 페르시아어에서 (그리고 영어에서) 이러한 일들을 목격하였다. 하지만 스와힐리어는 조금 달랐다. 탄자니아에서는 스와힐리어가 VIL이므로 학교에서 가르치고, 언론에서도 널리 사용되며, 글로도 널리 쓰인다. 탄자니아 사람들이 사용하는 스와힐리어는 표준어에 가까운 형태를 유지하는데, 이 표준어는 탄자니아에 속한 잔지바르의 방언에 기초해 있다. 하지만 스와힐리어를 비공식적으로 배웠고 공적인 자리에서 스와힐리어를 들을 일이 거의 없는 사람들, 예를 들어 콩고민주공화국의 동부 사람들이 사용하는 스와힐리어는 탄자니아의 텔레비전에 나오는 뉴스 앵커가 사용하는 표준어와는 아주 큰 차이가 날 가능성이 높다.

이 지역에서 사용되는 언어들이 다 가지고 있지만 스와힐리어에만 없는 특징이 하나 있는데 바로 성조다. 이것은 아랍어의 영향일

이러한 표어는 어디에서나 찾아볼 수 있다. 이 버전에는 '평정심을 유지하라 그리고 스와힐리어를 사용하라Keep calm and speak Swahili'라고 쓰여 있다. 하지만 구글 번역을 따르면 좀더 선동적인 내용으로 번역할 수 있다. '주인을 살해하라 그리고 자유롭기 위해 스와힐리어를 배워라!'

수도 있는데, 아랍어는 성조가 없고 잔지바르와 그 인접 해안을 지배했던 오만 사람들의 모국어이기 때문이다. 하지만 또 다른 원인으로는 아프리카의 언어적 상황을 들 수 있다. 스와힐리어를 배우는 아프리카인들은 성조에 익숙했지만, 혼란스럽게도 모국어의 성조들이 다 달랐던 것이다. 그러므로 다양한 성조들이 서로 뒤엉켜 스와힐리어에서는 성조를 아예 포기해버렸을 수 있다. 이것은 앵글로색슨족과 바이킹들이 영국에서 만났을 때 일어난 일과 아주 유사하다. 고대 영어와 고대 노르드어 둘 다 격 체계를 가지고 있었지만, 서로 체계가 많이 달랐다. 결과적으로 두 가지가 뒤죽박죽 섞여 만들어진 중세 영어에는 사실상 격 체계가 남아 있지 않았다.

과거와 미래 사이

•

대부분의 유럽 국가들은 한 개의 대표적인 언어를 가지고 있다. 아시아도 마찬가지다. 물론 이 규칙에 예외인 나라들이 존재하긴 하지만 말이다(인도가 그 중 하나다). 아메리카 대륙과 호주 대륙에서는 몇 개의 거대한 언어들이 그 지역을 장악하고 있다. 스페인어, 영어, 포르투갈어 그리고 프랑스어가 바로 그것이다. 이 언어들은 거의 모든 나라에서 VIL이자 다수의 모국어이기도 하다. 오직 사하라 남부의 아프리카에서만 VIL과 모국어가 다른 언어다. 이것은 아프리카만의 독특한 상황이라고 할 수 있다.

그렇다면 그 이유는 무엇일까? 무슨 일이 있었던 것일까? 대략적으로 살펴보자면 이렇다. 식민지 시기 이전의 아프리카는 아시아처럼 넓고 강력하고 관료주의적으로 복잡한 제국을 가진 적이 한 번도 없었다. 그래서 아프리카에서 지배적인 언어들은 중국어, 힌디-우르두어, 아랍어만큼 널리 퍼지지 않았다. 이것이 이 책에 아시아 언어들은 많이 실렸는데 아프리카 언어는 단지 하나만 실린 이유이기도 하다. 다른 한편으로 아프리카는 유럽의 식민지 지배 시기 동안 아메리카 대륙과 호주 대륙만큼의 집단학살을 겪지 않았고, 식민지배국의 언어들이 모국어로서의 토착언어들을 대체하지 않았다. 따라서 아프리카 사람들은 오늘날에도 여전히 대부분 아프리카에 기원을 둔 언어들을 사용한다.

탈식민지화 이후, 거의 모든 아프리카 국가들은 계속해서 영어, 프랑스어, 포르투갈어를 행정과 교육 분야에서 사용했다. 국내에서 사용되는 수많은 아프리카 언어 중 하나를 선택하면 국가가 분열될 수도 있고, 게다가 아프리카 언어들이 그런 고귀한 역할에는 맞지 않는다고 여겨졌기 때문이다. 하지만 외부에서 유입된 VIL들은 그저 공식적인 곳에서만 쓰일 뿐 모국어나 오래된 공통어들을 대체하지 못했다. 만일 미래의 아프리카에서 누구나 영어, 프랑스어, 포르투갈어를 사용하게 된다 하더라도, 이 언어들은 여전히 공식적 목적으로만 사용되고 일상생활의 민족간 의사소통에서는 아프리카 언어들이 계속해서 선호될 것이라고 상상해볼 수 있다. 이것이 유럽 사람들이나 북미 사람들에게는 이해할 수 없는 일이겠지만, 광범위한 언어적 다양성을 가지고 있는 지역에는 흔히 있는 일이다. 가장 대표적인 예로는 수리남을 들 수 있겠다. 수리남에는 수십 개의 소수 언어들과 함께 흔히 쓰이는 두 개의 공통어가 있다. 둘 중 하나는 공식언어로 쓰이는 네덜란드어고, 다른 하나는 스라난어(크리올• 소수민족 언어)로 비공식적으로 쓰인다.

세계적 추세에 따라 아프리카에서도 언어적 다양성이 줄어든다면, 그것은 VIL이 공통어를 대체하기 때문이라기보다, 오히려 공통어

• 보통 유럽인과 식민지 현지인 사이의 혼혈을 일컫는다. - 옮긴이 주

들이 더 작은 모국어들을 소멸시키기 때문일 것이다. 아프리카 사람들이 언어를 배우는 데 능숙할지는 몰라도, 의사소통의 요구를 채우는 데 충분하기만 하다면, 보다 적은 수의 언어를 배우는 것을 마다할 리는 없다. 사실 이들은 열성적인 폴리글랏이라기보다는 실용적인 사람들이기 때문이다.

11

독일어

DEUTSCH

2억 명

독일어는 약 1억 명의 원어민이 사용하며, 그 외에 약 1억 명이 제2언어로 사용한다. 독일어는 독일과 오스트리아, 룩셈부르크와 스위스의 3분의 2 정도 되는 지역에서 모국어로 사용된다. 독일어를 사용하는 공동체들은 대부분 주변국가들이나 루마니아, 나미비아, 미국, 아르헨티나 및 브라질 등지에 위치하고 있다.

자칭 이름 도이치Deutsch, 호흐도이치Hochdeutch

어족 독일어의 영어 이름인 저먼German이 시사하듯이 독일어는 인도유럽어족의 한 분파인 게르만어파Germanic에 속한다.

문자 독일어는 라틴 알파벳을 사용한다. Ä, ö, ü, ß는 흔히 쓰이기는 하지만 독립된 글자로 여겨지지는 않으며 ae, oe, ue, ss로 바꿔 쓸 수 있다. 1941년까지 프락투어Fraktur라고 알려져 있는 흑자체 또는 고딕Gothic 글자체가 일반적으로 사용되었다.

문법 고대 독일어와 고대 영어는 아주 비슷했지만, 현대 독일어의 명사, 형용사, 동사만이 두 언어가 예전에 가지고 있던 어미들 중 많은 부분을 지금도 유지하고 있다. 영어와 마찬가지로 독일어는 복합명사를 만드는 것을 좋아하는데, 영어와 다른 점은 독일어에서는 복합명사를 띄어쓰기 없이 적는다는 것이다. 결과적으로 악명높은 소고기와 가축백신 및 라벨의 감시의무의 양도에 대한 법률Rindfleischetikettierungsüberwachungsaufgabenübertragungsgesetz이라는 단어를 만들기도 한다. 이 단어는 2013년에 폐지된 실제 법의 이름의 일부다.

소리 다른 게르만어파 언어들과 마찬가지로 독일어는 상당히 많은 수의 모음 소리를 가지고 있다(열 다섯에서 스무 개 정도 된다). 자음 소리의 수는 스물다섯 개로 좀 더 평균에 가깝다.

차용어 전통적으로는 라틴어, 프랑스어, 그리스어에서 들어왔으며, 요즘에는 영어에서 들어오고 있다.

수출어 영어로 수출된 단어들이 꽤 있다. 앙스트angst(불안), 브라트부르스트bratwurst(돼지고기 소시지), 도플갱어doppelganger, 어사츠ersatz(대용품), 힌터랜드hinterland(내륙지방), 킨더가튼kindergarten(유치원), 프레츨pretzel, 리얼폴리틱realpolitik(현실정치), 샤덴프로이데schadenfreude(남의 불행에 대해 갖는 쾌감), 스태티스틱스statistics(통계), 사우어크라우트sauerkraut(소금에 절인 발효 양배추), 벨탄샤웅weltanschauung(인생관), 자이트가이스트zeitgeist(시대정신). 언어학에서 쓰이는 단어들도 있다. 우르하이마트urheimat(초기 언어가 기원한 지역), 스프라흐분드sprachbund(언어동조대).

11: 독일어
중앙 유럽의 괴짜

영국과 미국 학교에서 가장 흔하게 가르치는 외국어는 프랑스어, 독일어, 스페인어다. 이 세 가지 중에서 흔히들 독일어가 가장 어렵고, 힘들다고 한다. 독일어를 배우는 과정은 너무 지루하고 괴로운 과정이라고 하는 사람들도 있다. 영어권뿐만 아니라 스칸디나비아 사람들과 네덜란드 사람들도 역시 이렇게 생각한다. 이들의 언어는 영어에 비해서 독일어와 훨씬 더 비슷한데도 말이다. 독일에서도 "독일의 언어, 어려운 언어deutsche Sprache, schwere Sprache"라고 자주 이야기하는 것을 보면, 독일인 스스로도 외부의 평가에 동의하는 것처럼 보인다. 어쩌면 자화자찬을 하는 것일지도 모른다. 우리 모두 남들이 못하는 것을 우리는 잘한다고 생각하고 싶지 않은가. 하지만 이런 폭넓은 의견일치를 보이는 것으로 봐서는 독일어가 어렵다는 것이 어느 정도 사실인 것 같다.

독일어가 다른 언어들과는 많이 다르다는 것이 이에 대한 설명이 될 수 있을까? 어쨌든 무엇이든 익숙해지는 데는 많은 노력이 필요

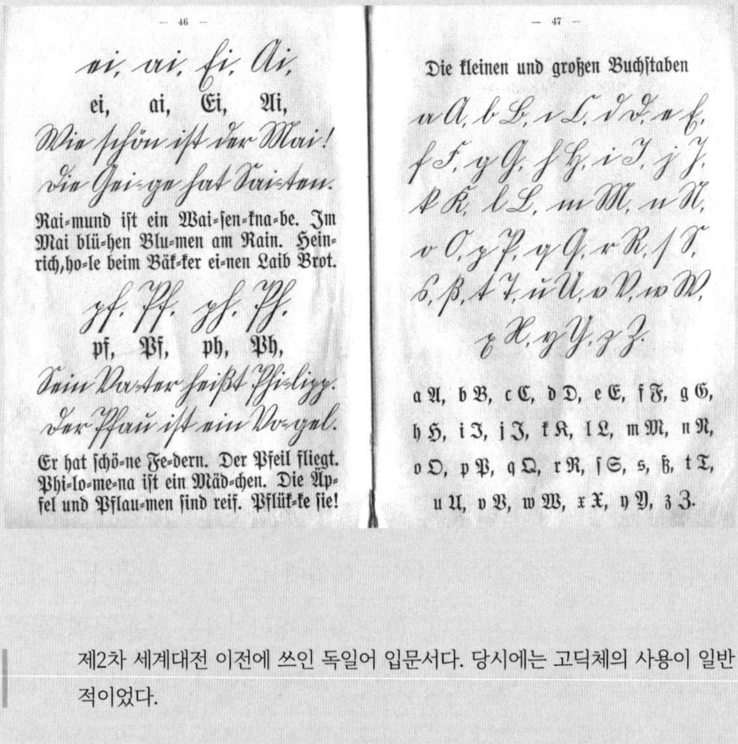

— 46 —

ei, ai, Ei, Ai,

Rai-mund ist ein Wai-sen-kna-be. Im Mai blü-hen Blu-men am Rain. Hein-rich, ho-le beim Bäk-ker ei-nen Laib Brot.

pf, Pf, ph, Ph,

Er hat schö-ne Fe-dern. Der Pfeil fliegt. Phi-lo-me-na ist ein Mäd-chen. Die Äp-fel und Pflau-men sind reif. Pflük-ke sie!

— 47 —

Die kleinen und großen Buchstaben

a A, b B, c C, d D, e E, f F, g G, h H, i I, j J, k K, l L, m M, n N, o O, p P, q Q, r R, ſ S, s, ß, t T, u U, v V, w W, x X, y Y, z Z.

제2차 세계대전 이전에 쓰인 독일어 입문서다. 당시에는 고딕체의 사용이 일반적이었다.

하다. 다른 소리, 다른 단어, 다른 문법, 이 모든 것이 장애물이다. 그렇다면 독일어는 이례적인가? 좀더 솔직히 말해, 괴짜인 것인가?

WALS의 벽돌

•

미국인 언어학자 타일러 스노블렌Tyler Schnoebelen은 세계의 괴짜언어들을 평범한 언어들과 통계적으로 분리하였다. 이 작업을 위해서 그는 언어구조세계지도WALS, World Atlas of Linguistic Structure(wals.info)라는 데이터베이스를 사용한다. 이 데이터베이스는 누구나 사용할 수 있도록 열려 있다. 이 데이터베이스는 아주 커다란 스프레드시트라고 생각하면 되는데 각 열은 언어적 특징을 하나씩 나타낸다. 예를 들어, 비모음nasal vowel의 유무 또는 주어, 목적어, 동사의 순서 등이다. 그리고 각 행은 알파벳 순으로 언어를 나열한다. 남부 에티오피아에서 사용되는 아리어부터 미국의 뉴멕시코 주에서 사용되는 주니어까지 들어 있다. WALS에는 192가지 언어적 특징과 2,679개의 언어가 포함되어 있으므로, 이를 모두 인쇄한다면 어마어마한 크기일 것이다. 스프레드시트의 각 칸을 세로 0.5센티미터에 가로 1센티미터로 계산한다고 해도, 2m 너비의 5층 높이가 나온다. 하지만 안타깝게도 이 스프레드시트의 80퍼센트 정도는 비어 있을 것이다. 모든 칸을 채울 수 있는 언어는 거의 존재하지 않기 때문이다. 대부분의 언어들의 경우 겨우 몇 십 개 정도의 칸만 채워져 있다. 나는 이렇게 채워져 있는 칸을 'WALS의 벽돌'이라고 부른다.

스노블렌은 192개의 특징을 모두 고려하지는 않았다. 많은 특징들이 서로 논리적으로 연관되어 있기 때문이다. 예를 들어 어떤 언어가 모음을 많이 가지고 있다면(WALS의 1번 특징), 그 언어는 모음 대 자음 비율이 높을(3번 특징) 가능성이 높다. 반면 어떤 언어가 모음을 적게 가지고 있으면, 이 비율은 낮아질 것이다. 이 두 가지 특징을 둘 다 계산에 넣는 것은 통계적으로 봤을 때 하나의 특성에 지나친 무게를 싣는 것이 된다. 이와 같은 경우가 많으므로 이 문제를 제대로 해결하지 않으면 전체 그림이 왜곡될 수 있다(앞으로 보게 되겠지만, 스노블렌도 이 함정을 완전히 피하지는 못했다).

이런 이유로 스노블렌은 192개의 특징 대신, 문법, 음운체계, 어휘에 걸쳐서 21개의 특징만 포함하였다. WALS 스프레드시트에는 대부분의 칸이 비어 있으므로, 아주 적은 수의 언어만이 (정확히는 18개의 언어만이) 빈 공간 없이 21개의 '벽돌'을 채운다. 하지만 이렇게 적은 규모의 표본으로는 세계의 언어적 다양성을 대표할 수 없으므로 스노블렌은 기준을 낮추었다. 최소한도로 가지고 있어야 할 벽돌 개수를 14개로 정하자, 239개의 언어가 이 기준을 통과했다. 이 239개의 언어 중에는 바벨 20 언어 중 15개가 포함된다(통과하지 못한 5개의 언어는 벵골어, 자와어, 포르투갈어, 펀자브어, 타밀어다). 이제 다음 단계는 239개 언어들의 괴짜 지수를 구하는 일이다. 이 지수의 범위는 터무니없이 특이한 경우 0점에서부터 지극히 평범한 경우 1점까지로 설정하였다. 마지막으로, 계산된 지수를 0점에서 1점까지 순서대로, 괴짜 지수가 높은 언어가 위에 평범한 언어가 아래쪽에 오도록 정렬한다. 확실히 하기 위해 한 번 더 말해두는데, 낮은 점수는 희귀함을 나타내고 이 괴짜 '랭킹'의 위쪽에 위치한다.

바벨 20 언어 중 15개의 괴짜 랭킹•

언어	특징 개수	괴짜 지수
독일어	20	0.144
스페인어	21	0.211
영어	21	0.244
프랑스어	20	0.246
아랍어 (이집트)	19	0.259
일본어	20	0.264
베트남어	18	0.325
북경어••	21	0.342
페르시아어	19	0.351
스와힐리어	19	0.441
한국어	19	0.546
러시아어	21	0.599
인도네시아어	21	0.755
터키어	21	0.786
힌디-우르두어	17	0.913

출처: corplinguistics.wordpress.com, 블로그포스트 'The weirdest languages'(2016/06/21) 및 파일 weirdness_index_values_full_list.xlsx.

• 나머지 다섯 언어에 대한 정보는 불완전하다.

•• 북경어에 대한 자료에 명백한 오류가 하나 있어서 수정했다. 원래 글에서는 지표가 0.212였다.

독일어에 대해 논의하기 전에, 양극단에 있는 언어들을 먼저 살펴보자. 표의 아래쪽에서는 바벨 언어 중에서 가장 덩치가 큰 편에 속하는 힌디-우르두어를 찾아볼 수 있다. 힌디-우르두어의 지수는 0.913이나 되는데, 대단히 평범한 언어라는 의미다. 아래쪽에 위치한 가장 평범한 열 개의 언어 중에는 아주 놀랄 만한 언어들도 포함되어 있다. 바로 헝가리어와 바스크어인데, 대부분의 유럽인들에게는 평범하다기보다는 오히려 제멋대로에 고집불통이고, 변덕스럽다고 여겨지는 언어들이다.

가장 이상한 괴짜 언어는 지수가 고작 0.028밖에 되지 않는 작은 방언으로 아주 소수의 사람들이 사용하는 언어다. 바로 멕시코의 찰카통고Chalcatongo에서 사용되는 믹스텍어Mixtec다. 지수가 매우 낮긴 하지만, 이 언어가 모든 영역에서 다 이상한 것은 아니다. 이 언어의 17개 특징 중에서 11개는 전혀 특별할 것이 없어서 최고 점수인 1점을 받았다. 이 방언이 가장 낮은 지수를 얻게 된 것은 세 가지 특징에서 아주 이례적인 양상을 띄었기 때문인데, 이 특징들의 점수는 각각 0.1점이 되지 않는다. 그 중에서도 특히 평서문을 의문문으로 바꾸는 방법이 아주 특이하다. WALS에서 평서문을 의문문으로 바꾸는 방법에 대한 정보를 가지고 있는 955개의 언어를 전부 살펴봤을 때, 찰카통고의 믹스텍어만이 유일하게 평서문과 의문문 사이에 아무런 구별을 하지 않는다. 예를 들어, 믹스텍어의 "ñábaʔaró librúro"라는 문장을 동일한 억양으로 말했을 때(같은 음높이, 같은 음량, 모든 것을 똑같이 했을 때), 이 문장은 "너는 책을 가지고 있다"와 "너는 책을 가지고 있니?"라는 두 가지 뜻을 모두 가질 수 있다.

지수가 0.1이 되지 않는 언어는 믹스텍어를 포함하여 6개의 언어가 있으며, 이 언어들은 다 규모가 작다. 6개 중에서 수천 명 이상이 사용하는 언어는 단 하나로 중앙 에티오피아에서 수백만 명이 사용하는 동오로모어Eastern Oromo다. 이 목록에서 유럽의 언어라고 할 수 있는 첫 번째 언어는 아르메니아어로 아홉 번째에 위치에 있다. 그리고 그 바로 뒤에, 단지 0.0003점 높은 점수를 받은 열 번째 언어는 바로 독일어다. 그러므로 독일어는 괴짜가 맞다.

일곱 가지 결정적 특징들

•

그렇다면 독일어의 어떤 부분이 그렇게 예외적일까? 주목할 만한 점은 독일어가 10가지 특징에서는 1점을 얻었다는 것이다. 완벽하게 평범한 언어의 특징도 가지고 있는 것이다. 하지만 0.33점 이하의 점수를 얻은 특징이 7개나 되는 덕분에 독일어는 괴짜 언어가 되었다. 이 특징들을 하나씩 살펴보자.

1. 예/아니오 의문문

독일어에서는 평서문을 의문문으로 만들 때 일반적으로 주어와 동사의 순서를 뒤집는다. 'Wir trinken Bier(우리는 맥주를 마신다)'와 같은 평서문이 의문문이 되면 주어 wir와 동사 trinken의 순서를 바꿔서 'Trinken wir Bier?'가 된다. 이 문장을 영어로 'We are drinking beer(우리가 맥주를 마시고 있다)'라고 번역한다면, 이런 방식으로 의문문을 만드는 것은 영어 사용자에게 매우 익숙한 일이다. 영어도 똑같이 주어와 동사를 바꾸어 'Are we drinking beer?'라고 의문문을 만들기 때문이다. 그러나 앞의 독일어 문장은 영어로 'We drink beer(우리가 맥주를 마신다)'라고 번역할 수도 있다. 그런데 이 영어 문장의 의문문은 'Drink we beer?'가 아니라 'Do we drink beer?'다. 만일 영어 사용자가 주어 we와 동사 drink의 순서를 바꿔서 'Drink we beer?'라고 말한다면 다른 사람들이 억양이나 상황을 파악해 그 의미를 이해는 하겠지만, 매우 이상하게 쳐다볼 것이다. 이러한 차이점이 있는데도 불구하고, WALS에서 영어와 독일어는 의문문을 만드는 방법에 있어서 '의문형 어순'이라는 같은 범주에 속한다. 이 때문에 두 언어 모두 이 특징에서 0.023점이라는 아주 낮은 점수를 얻게 되는데, 이것은 유럽을 제외하면 의문문을 만들기 위해 어순을 바꾸는 것이 점점 더 흔치 않은 일이 되고 있기 때문이다.

2. /ng/ 소리

독일어 단어에는 /ng/ 소리가 단어의 중간이나 끝에는 올 수 있지만 처음에는 올 수 없다. 예를 들어 링Ring(반지), 앙스트Angst(불안), 핑어Finger(손가락)는 가능하지만, 브라트부르스트Bratwurst(돼지고기 소시지)와 각운이 맞는 Ngatwurst라는 단어는 존재할 수 없다. 아프리카와 동아시아 언어들에서는 /ng/로 시작하는 단어에 대해서 전혀 문제삼지 않지만('응오코ngoko'를 기억하는가?), 독일어 음운규칙에서는 이를 허용하지 않는다. 이것은 영어도 마찬가지로, 두 언어 모두 동일하게 0.319점을 얻는다.

3. 희귀한 자음들

혀 뒤쪽을 구개수, 즉 입천장 뒤쪽에서 흔들리는 작은 살덩어리, 즉 목젖에 가까이해서 소리를 내는 자음을 가지고 있는 언어는 거의 없다. 그리고 그런 소리를 가지고 있다 하더라도 보통은 파열음이며(/t/나 /p/가 파열음이다), /s/나 /n/ 같은 지속음이 아니다. 바흐Bach의 이름에 들어 있는 /kh/ 소리 덕분에, 독일어는 아주 낮은 점수인 0.026점을 받는다. 567개의 언어 중에서 오직 11개의 언어만이 구개수 근처에서 소리가 나는 지속음을 가지고 있다. 영어 역시 씬thin(얇은)이나 디스this(이것)에 들어 있는 /th/ 소리 덕분에 희귀한 자음에서 꽤 낮은 점수인 0.089점을 얻는다.

4. 주어

독일어에서 동사의 주어는 명사나 대명사를 사용해서 언제나 반드시 명시적으로 밝혀야 한다. 명사는 대명사로 대체할 수 있지만 생략할 수는 없다. 명령문이나 대화체에서만 예외적으로 생략 가능하다. 예를 들어, "ja, komm schon"(응, 가고 있어)는 "ja, ich komme schon"(응, '내가' 가고 있어)를 짧게 그리고 매우 비격식적으로 말하는 표현이다. 전 세계적으로 볼 때 이렇게 명사나 대명사를 의무적으로 사용하도록 하는 것은 보기 드문 현상이다. 대부분의 언어들은 대명사를 직접 표현하지 않고 암시하거나 아니면 동사에 통합시키는 것을 아무렇지도 않게 생각하기 때문이다. 독일어는 여기에서 또 다시 0.190이라는 낮은 점수를 얻는다. 그리고 영어도 그렇다.

5. 대명사의 성

독일어에는 '그ER', '그녀SIE', '그것ES'을 의미하는 단어들이 따로 있다. 세계적으로 봤을 때 이것은 생각보다 찾아보기 힘든 규칙이다. 모든 게르만어파 언어들이, 사실은 대부분의 유럽 언어들이 여기에서 낮은 점수인 0.246점을 얻는다.

6. 복잡한 어순

독일어가 괴짜 지수 목록에서 열 번째 자리에 오르게 하는 데 큰 역할을 한 것은 바로 어순에 대한 복잡한 규칙들이다. 만일 어떤 주절main clause이 주어로 시작하지 않으면, 주어를 첫 번째 동사 다음으로 미룬다. 그러므로 'Ich sehe sie'(나는 그녀를 본다)는 주어-동사-목적어 순이지만, 예를 들어 이 문장을 'dort'(거기에서)라는 단어로 시작하는 순간 "Dort sehe ich sie"(나는 거기에서 그녀를 본다)처럼 주어와 동사의 순서가 뒤바뀐다. 그리고 여기에서 끝이 아니다. 종속절은 또 다르기 때문이다. 종속절에서 동사는 문장의 제일 마지막에 위치한다. 예를 들어 "Ich denke, dass ich sie dort sehe"(나는 거기에서 그녀를 볼 수 있을 것이라고 생각한다)라는 문장에서 종속절인 'dass ich sie dort sehe'는 동사인 sehe(본다)로 마무리된다. 이것이 혼란스럽게 보일 수도 있겠지만 사실은 엄격한 규칙을 따른 것이다. 독일어는 여기에서 낮은 점수인 0.148점을 얻는 반면, 영어는 아주 흔한 어순인 주어-동사-목적어 어순을 사용하므로 온전한 1점을 얻는다.

7. 부정어의 위치

약간 불공평하지만 스노블렌은 '부정어의 위치'라는 특징도 포함시켰다. 즉, 영어로 치자면 문장의 어느 위치에 'not(~아니다)'이라는 단어를 놓느냐에 대한 것이다. 독일어는 영어의 not에 해당하는 단어인 nicht를 거의 목적어처럼 취급한다(사실 예전에는 목적어였다). 게다가 이 부정어의 위치는 문장에 따라 이리저리 바뀌기 때문에 이 부문에서 아주 낮은 점수인 0.043점을 획득한다. 내가 이 특징이 포함된 것이 불공평하다고 느끼는 이유는 이것이 앞서 언급한 6번째의 복잡한 어순이라는 특징과 명백한 연관관계가 있기 때문이다. 변호사들이 '이중처벌'이라고 할 만한 경우라 하겠다.

바트 헤르스펠트Bad Hersfeld에 있는 독일의 새로운 언어박물관. 박물관의 이름인 보르트라이치Wortreich는 '단어들로 풍성한'이라는 뜻과 '단어들의 제국'이라는 뜻, 두 가지를 모두 갖고 있다.

세 가지 교훈

•

WALS 자료를 이용한 이 작업이 가장 과학적인 언어학 연구법은 아니다. 스노블렌도 그렇게 주장하지는 않았다. 그의 글은 학술지에 실린 논문이 아니라, 그저 '어느 언어가 가장 이상한가?'라는 대중적 질문에 대한 답을 구하고자 애쓴 결과물이며, 논증이 잘 된 블로그포스트일 뿐이다. 그리고 학자들이 WALS 자료를 자주 인용하기는 하지만, 그렇다고 언제나 신뢰할 만한 것은 아니며, 겨우 21가지의 특징을 가지고 이 넓은 세상에 존재하는 온갖 언어적 다양성을 설명할 수 있다고 말하기는 어렵다. 거의 대부분의 언어들이(독일어까지도) 대부분의 특징에서 0.9점 이상(다시 말해, '전혀 특별할 것이 없음')을 기록한다. 결과적으로 몇 개 되지 않는 다른 특징에서 아주 낮은 점수를 받는 것이 지수와 최종 랭킹에 큰 영향을 미친다는 것이다. 아마도 이것이 스페인어와 이탈리아어(23위, 198위) 그리고 체코어와 폴란드어(21위, 112위) 같은 가까운 친족 언어들이 멀리 떨어져 있는 이유를 설명해줄 수 있을 것이다.

하지만 이런 단점에도 불구하고, 스노블렌의 결론을 무시할 수만은 없다. 또 다른 언어학자인 마이클 시소우Michael Cysouw 역시 비슷한 질문을 품고 WALS 자료를 연구했다. 그런데 시소우는 스노블렌과 상당히 다른 방법을 사용했음에도 불구하고, 그의 결론 중 하나는 스노블렌의 결론과 아주 비슷했다. 유럽 서북지방의 언어들(네덜란드어, 영어, 프랑스어, 프리지아어, 독일어)이 매우 독특한 특징을 가지고 있으며, 그 중에서도 독일어가 가장 그렇다는 것이다. 스노블렌과는 달리 시소우는 연구결과를《예상 밖의 것을 예상하기Expecting the Unexpected》라는 제목의 책으로 출간했다.

게르만어파 집단이 (그리고 게르만어파의 영향을 받은 프랑스어가) 이런 괴짜 취급을 받는 것이 타당한지 아닌지를 떠나서 이 과정을 통해 우리는 몇 가지 유용한 것들을 깨닫게 된다. 우선, 영어, 독일어 그리고 게르만어파에 속하는 언어들은 세계적으로 봤을 때 아주 두드러지는 몇 가지 특징을 가지고 있다. 영어나 유럽 언어 사용자들에게는 대명사를 생략하지 않는 것이 자연스럽게 느껴질지 모르지만 사실 이것은 매우 드문 특징이며, 의문문을 만들기 위해서 주어와 동사의 순서를 바꾸는 것 역시 마찬가지다.

둘째로, 독일어가 실제로 이상한 것은 맞지만 영어에 비해서 훨씬 더 많이 이상한 것은 아니라는 점이다. 표본에 포함된 게르만어파 언어들 중에서는 영어가 가장 '평범한' 언어일지 모르지만(스노블렌에 따르면 영어는 33등이다), 사실 이것은 별 의미가 없다. 스페인어는 영어보다 아주 약간(-0.033) 더 이상할 뿐이고, 프랑스어는 영어와 점수 차이가 거의 없다(+0.002). 아랍어(정확하게는 이집트 아랍어, +0.015) 또는 일본어(+0.020)처럼 바벨 20 언어들 중 특이하기로 악명높은 언어들도 영어와 비슷한 수준일 뿐이다. 반면 한국어, 러시아어, 터키어의 경우 영어 사용자들은 이상하거나 어려운 언어라고 생각하는 편이지만, 이 목록에서는 훨씬 더 아래쪽에 있고 이 언어들의 지수는 영어와 각각 0.302, 0355, 0.542점 차이다. 바벨 20 언어들 중 가장 평범하다고 꼽히는 언어인 힌디-우르두어의 괴짜 지수는 영어의 지수보다 자그마치 0.669점이나 높다.

셋째로, 언어의 이상한 정도는 (적어도 이 연구에서 측정한 바에 따르면) 그 언어를 배우기 얼마나 어려운지와는 관련이 없거나 아주 미미한 관련이 있을 뿐이다. 언어를 배우기 어렵게 만드는 것들이 (불규칙 동사, 불규칙 복수형, 격 체계, 성조 등) 언어를 이상하게 만드는 것은 아니라는 이야기다. 독일어의 이상함 때문이 아니라면, 그렇다면 왜 독일어는 그렇게 지독히도 배우기 어려운 것일까?

독일어는 어순에 관해서만큼은 상상할 수 없을 만큼의 이상한 규칙을 가지고 있다. 이것은 독일어를 배우는 데 있어 커다란 장애물

'현대 문법'. 언어학자들이 뭐라고 하든지 독일어의 진정한 구문법은 다음과 같다. "주어Subjckt, 술부Pradikat, 모욕적인 말Beleidigung, 형 씨Alter !"

이다. 한 영국 작가는 다음과 같이 말했다. "영어에서는 목적에 대한 분명한 생각 없이도 문장을 시작할 수 있다. 하지만 독일어에서는 그렇게 즉흥적으로 문장을 만들 수 없다. 말하려고 하기 전에 무슨 말을 할지에 대해서 분명한 생각을 가지고 있어야 하고 문장의 절들을 올바른 순서로 놓아야만 한다." 이 작가를 포함한 대부분의 다른 사람들이 독일어에 대해서 이렇게 생각하는 것은 확실하다. 하지만 독일인들은 동의하지 못할 것이다. 독일인들은 모국어를 사용해 즉흥적인 문장을 아주 잘 만들어낼 수 있고 만들어내기 때문이다. 이들도 문장을 끝까지 충분히 생각해놓지 않고 문장을 시작한다. 대부분의 사람들이 그러하듯이 말이다. 사실 독일인들은 영어야말로 문장을 만들기 힘들다고 느낀다. 독일어로 말할 때 문장의 뒤쪽에 놓는 것들을 (예를 들어 주어나 동사를) 영어에서는 앞쪽으로 가져와야만 하기 때문이다.

하지만 독일어가 어려운 가장 큰 이유는 스노블렌이 찾아낸 결과와는 상관이 없다. 그의 괴짜 지수는 추상적인 언어 개념을 반영하지만, 실질적으로 언어를 배우는 사람에게는 익숙하지 않은 어휘와 그 모든 지긋지긋한 불규칙을 익혀야 하는 기초적인 작업들이 모두 장애물로 다가온다. 그리고 이것은 독일어를 배울 때도 예외가 아니다. 격을 예로 들어보자. 격을 가지고 있는 언어와 가지고 있지 않은 언어의 수는 대략 동일하므로 어느 쪽이라고 해서 특별할 것은 없다. 하지만 당신이 격 체계가 있는 언어에 익숙하다고 해도, 사용하는 어미와 정확한 적용 방법이 동일하지 않은 다른 언어의 격 체계를 익히는 것은 여전히 힘든 일이다. 훨씬 더 복잡한 격 체계를 사용하는 터키인들도 러시아어와 독일어를 배울 때 힘들어한다. 더군다나 독일어의 모든 명사는 (러시아어, 라틴어 및 다른 많은 언어들과 마찬가지로) 세 개의 성 중에 하나를 가지는데, 이것은 성이 두 개인 프랑스어와 그 친족 언어들에 비해서 독일어를 익히는 것을 약간 더 어렵게 만든다.

그래서 독일어는 이상한 언어인가? 물론 그렇다. 독일어를 배우는 것은 어려운가? 그렇다. 하지만 독일어가 사람들이 어렵다고 생각하는 것만큼 그렇게 어렵지는 않다고 말하고 싶다. 바벨 20 언어의 대부분이 독일어를 배우는 것보다 더 많은 노력을 필요로 할 것이다. 문제는 독일어는 배우기 어렵다는 선입견이다. 아까 인용한 영국 작가의 말을 다시 인용해보자. "아마도 고질적인 반反독일주의가 역할을 하는지도 모른다."

10

프랑스어

FRANÇAIS

2억 5,000만 명

8,000만 명의 프랑스어 원어민들은 주로 프랑스, 캐나다, 벨기에, 스위스 그리고 카리브 제도에 산다. 제2언어 사용자들의 수는 원어민 수보다 두 배 정도 많다. 이전 아프리카 식민지 지역의 대부분에서는 제2언어 사용자의 수가 늘어나고 있지만 유럽에서는 그 수가 급격히 줄고 있다.

자칭 이름	프랑세즈Français
어족	프랑스어는 인도유럽어족의 한 분파인 로망스어군에 속한다. 프랑스어에는 로망스어군에 속하는 다른 언어들에 비해서 게르만어파의 영향이 더 많이 나타난다.
문자	라틴 알파벳을 사용한다. 양음부호acute accent와 억음부호grave accent가 흔하게 쓰인다(é, è). 곡절부호circumflex, 분음기호diaeresis, 세디유cedilla는 그보다는 덜 흔하게 쓰인다(ê, ë, ç). 프랑스어 철자법은 복잡하기로 악명이 높다.
문법	라틴어에서 파생된 언어이므로 프랑스어에는 굴절이 꽤 많이 나타나는데, 특히 (시제·법·인칭 같은) 동사 굴절과 (성·수 등의) 형용사 굴절이 풍부하다. 하지만 굴절을 나타내는 많은 경우에 발음을 하지 않는 글자인 묵음을 사용하기 때문에 글로 적었을 때에만 굴절이 구분이 가능한 경우가 많다.
소리	프랑스어에는 약 스무 개의 자음 소리가 있고, 대부분의 로망스어군 언어들에 비해서 꽤 많은 수인 열다섯 개 정도의 모음이 있다. 이 중 세 개 내지 네 개의 모음은 비음이다. 단어 강세는 약하다. 단어의 끝에 오는 자음이 묵음인 경우, 모음으로 시작하는 단어가 따라오면 그 자음은 발음될 수도 있다.
차용어	프랑크어(게르만어파), 이탈리아어, 그리스어, 라틴어(문학적 차용), 영어 등에서 들여왔다.
수출어	영어는 프랑스어에서 1,000년 동안 단어를 빌려왔다. 세는 방법에 따라 다르지만, 영어 단어 전체에서 4분의 1 또는 반 정도가 프랑스어에 기원을 둔 단어들이다.
케이준과 아카디안	아카디안Acadian에서 나온 케이준Cajun은 루이14세의 이름을 딴 미국 루이지애나 주의 요리 및 음악 스타일로서 세계적으로 유명하다. 하지만 이 명칭은 루이지애나에서 15만 명 이상이 사용하는 프랑스어를 비공식적으로 일컬을 때 사용되기도 한다. 원래 아카디안은 동부 캐나다의 아카디아 지역을 가리키는 말로, 이 지역에서 18세기에 많은 프랑스어 사용자들이 루이지애나로 도망쳐왔다. 아카디아 프랑스어는 오늘날에도 여전히 30만 명이 넘는 사람들이 한정된 지역에서 사용하고 있다. 대부분은 캐나다의 뉴브런즈윅 주에서 사용되지만, 미국 메인 주의 일부 도시들에서도 사용된다.

10: 프랑스어
다름에 죽음을!

●

프랑스는 다양성의 나라다. 프랑스는 약 400가지 종류의 치즈와 원산지통제명칭AOC 적용을 받는 300 종류가 넘는 와인 그리고 열두 가지가 넘는 요리 스타일을 자랑한다. 프랑스의 수려한 경관은 '트루 드 프랑스Tour de France'라는 3주간의 자전거 경주 대회로 전세계에 중계된다. 프랑스의 언어적 즐거움도 얕볼 것이 아니다. 프랑스에 살고 있는 6,500만 명은 열두 개 이상의 프랑스어 방언을 사용하고, 약 여덟 개의 다른 지방언어와 수십 개의 이민언어를 사용한다. 그리고 이것은 유럽 바깥에 있는 프랑스령을 제외했을 때의 이야기다.

당연하게도 프랑스 사람들은 이런 다양성을 자랑스러워한다. 파리만 보더라도 모든 지역의 치즈를 취급하는 전문점이 100여 개가 넘는다. AOC는 국가기관이 직접 관리하며, 세계 최고의 미식을 다루는 미슐랭 가이드는 전 세계적으로 그 권위를 인정받고 있다.

하지만 언어에 있어서는 좀 다르다. 프랑스 사람들은 언어적 다양성을 반기지 않는다. 치즈는 악취를 풍겨도 별미로 여길 수 있고, 타르 냄새와 건초 느낌이 나는 와인은 바로 그렇기 때문에 추앙받는다. 희귀한 재료로 만든 요리도 마찬가지다. 황소의 뇌나 성게를 식탁에 내놓으면 사람들은 그 특별함에 열광한다. 그러나 아랍어나 브르타뉴어 이름을 가진 아기는 프랑스에서 환영받지 못한다.

다음은 1990년대에 일어난 일이다. 프로방스 지역의 한 호적 담당자는 어느 프랑스인 부모가 딸의 이름을 나이마Naïma(아랍어와 히브리어에 기원을 둔 이름)라고 지은 후 호적 신청을 하자 그것을 거부했다. 결국 그 아이는 셀린Céline이라는 프랑스어 이름으로 살아가고 있다. 2017년에는 캥페르에서 아들의 이름을 브르타뉴에서 흔한 이름인 팡슈Fañch라고 등록했다는 이유로 부모가 고소를 당했다. 그 누구에게도 부모에게 어린 아들을 프랑수아François라고 부르도록 강요할 권리는 없었지만, 판사는 이름에서 물결표시는 없어져야 한다고 판결했고, 그래서 아들의 이름은 물결표시를 뺀 팡슈Fanch가 되었다. 판사는 판결을 내리면서 물결표시를 받아들이는 것은 "국가의 통일성을 유지하고 출신지와 상관없이 평등을 보장하려는 우리의 법치에 대한 의지를 어기는 것과 다름없기" 때문이라고 설명했다. 그러나 이 판결은 국가의 통일성에 도움이 되기는커녕 사람들의 분노를 불러일으켰을 뿐이었다. 이 사건은 판사의 전근대적인 시각이 프랑스에서 더 이상 환영받지 못한다는 것을 알려주었으며, 판결은 나중에 수정되었다. 지금도 쥘Jules이나 잔Jeanne 같은 프랑스적인 이름을 아기에게 지어주는 지방의 도시들에도 이런 언어근본주의를 좋아하는 사람은 거의 없다.

그렇다면 도대체 이 판사의 판결에 동의하는 사람들은 누구인가? 바로 파리 및 다른 권력중심지역에 근거지를 둔 중앙집권적 기득권층의 보수적 다수와 그 집단에 속하기를 열망하는 사람들일 것이다. 이들이 바로 교육, 대중매체, 정부 정책 등에 반영된 프랑스의 언어 문화 그리고 심지어 프랑스어권 전체의 언어 문화 뒤에서 중요 결정을 내리는 주요 세력이다.

자유방임, 자유화법

•

기원전 마지막 몇 세기 동안 오늘날 프랑스 지역에서 주로 사용된 언어는 켈트어파에 속하는 갈리아어였다. 하지만 남서쪽 지역에서는 바스크어와 유사한 언어가 사용되고 있었고, 남쪽 해안 지역에서는 그리스어 방언이 사용되고 있었는데 바로 이들이 프랑스에 처음으로 포도나무를 심은 사람들이었다. 한편 코르시카 섬은 3세기에 로마화가 시작되기 전까지는 페니키아어나 에트루리아어, 그리스어 그리고 이제는 역사에서 잊힌 몇몇 다른 언어들이 뒤섞인 언어의 혼란 상태였다.

기원전 2세기, 1세기에 갈리아 지역은 점차 로마 제국의 일부로 편입되었다. 라틴어가 갈리아 사회를 지배했고, 갈리아 치즈가 라틴 요리를 지배했다. 일반적으로 476년이라고 알려진 로마 제국의 멸망 이후, 프랑크족 왕들은 갈리아의 북동쪽 지역에 자신들의 세력 기반을 세우고 게르만계 언어를 들여왔다. 북서쪽 지역에서는 잉글랜드에서 온 켈트족 난민들이 브르타뉴어를 들여왔다.

중세시대에는 지역적 다양성이 빠른 속도로 증가했다. 특히나 음식과 술에 있어서는 두드러지게 증가했다. 브리 치즈는 샤를마뉴 대제 시절부터 생산되었고, 로크포르 치즈가 곧 뒤따라 나왔으며, 지역에 따라 와인 스타일이 달라진 것도 그 기원을 이 시기로 추적할 수 있다. 그리고 이런 다양성은 라틴어에도 적용되어 다양한 방언들로 갈라졌다. 한참이 지난 후 이 방언들은 프랑스어, 옥시타니아어, 코르시카어 및 프랑코프로방스어로 무리를 짓게 되었다. 또한 바스크인들과 브르타뉴인들도 왕국 안에 살고 있었고, 왕국의 경계 지역에 사는 사람들은 게르만어파에 속하는 방언들을 사용했는데 오늘날의 독일어와 네덜란드어라고 할 수 있다.

이렇게 여러 방언들 중에서 한 가지의 방언이 앞서 나가기 시작했다. 파리를 둘러싼 지역인 일드프랑스Île de France에서 사용되는 방언이었다. 이 지역은 프랑크족 왕이 6세기에 수도로 삼은 곳이었고, 다른 여러 유럽 국가들과 마찬가지로 왕실에서 사용되는 방언이 표준어의 기초가 되었다. 그러나 이 과정은 수백 년에 걸쳐서 일어났고, 1539년까지는 라틴어가 프랑스의 공식 문자언어로 남아 있었다. 그리고 바로 1539년에 프랑수아 1세는 빌레 코트레 칙령the Ordinance of Villers-Cotterêts에 서명하여 이를 법으로 선포하였다. 그 이후로 모든 공식문서는 '프랑스의 모국어로en langage maternel françois' 적혀야 했다. 좀 더 정확하게 말하자면, 프랑스의 모국어 중 하나로 적혀야 했다. 즉, 바스크인들이 바스크어를 사용해 글쓰기를 (그리고 물론 말하기를) 선호한다면 그리고 프로방스 사람들이 프로방스어를 선호한다면, 그렇게 해도 되는 것이다. 파리로 오는 편지들이 관저에서 그 내용을 이해할 수 있을 정도로만 프랑스어와 비슷하게 쓰여 있기만 하다면 괜찮다는 뜻이기도 했다.

무지한 사람들 찾아내기

•

라틴어에서 자국어로의 이동은 프랑스에서만 일어난 독특한 현상이 아니라 스페인과 이탈리아에서 시작해 남쪽에서 북쪽으로 번져 나간 하나의 흐름이었다. 하지만 17세기와 18세기에 프랑스의 상황이 이례적이기는 했다. 1610년부터 1792년까지 프랑스를 다스린 루이13세와 14세, 15세 그리고 16세는 "짐이 곧 국가다"라는 발언 그대로 나라를 다스렸다. 이 왕들은 최강자이자 왕국의 빛나는 중심이었으며, 예절·건축·요리·패션·연회·문학 등 모든 면에서 기준이었다. 그리고 당연히 왕이 사용하는 언어도 프랑스 언어의 기준이 되었다.

하지만 모든 프랑스 시민들이 궁중 예절을 지킨 것은 아니었듯이 왕이 사용하는 프랑스어도 모든 사람들에게 적용되지는 않았다. 2,000만 명의 프랑스 국민 중 궁정에서 일하는 사람들이나 귀족들, 부유한 부르주아들과 학자들 그리고 문학적 유형의 사람들을 모두 합치면 100만 명 정도였는데, 오직 그들만이 왕의 기준에 따라 말할 줄 알았다. 시골의 소작농들과 기술자들은 왕이 사용하는 프랑스어를 이해하지도 못하였으며, 이들이 사용하는 말은 일반적으로 파투아patois라고 불렸다. 이 단어는 '방언(들)'이라고 번역될 수 있지만 '후진적'이라는 함의를 지니고 있다.

궁정에서 사용되는 프랑스어가 나라의 공식언어가 되면서, 이 언어는 더욱 더 규칙에 얽매이게 되었다. 사실 이것은 서유럽 전역에서 나타난 현상이었지만, 프랑스는 그 어느 나라보다도 열정적으로 앞서나갔다. 좀 더 정확히 말하자면 중앙집권주의자들인 기득권층의 주도하에 이루어졌으며, 이들은 그때 움켜쥔 언어 통제권을 다시는 놓지 않았다. 1635년에 아카데미 프랑세즈Académie Française가 설립되었고, 아카데미는 프랑스어를 '순수하고 감명적인' 언어로 만들고 '현대의 라틴어'가 되게 하라는 과업을 부여받았다.

아카데미의 창립 멤버였던 클로드 파브르 드 보줄라Claude Favre de Vaugelas는 프랑스어의 표준화를 위해 최초의 공식 사전을 집필하는 엄청난 작업에 착수했다. 사전은 그가 세상을 떠난 뒤 44년이 지난 1694년이 되어서야 완성되었지만, 보줄라는《프랑스 언어에 대한 고찰Remarques sur la langue française》이라는 제목의 문체 교본을 만들었고, 이 책은 프랑스어에 엄청난 영향력을 행사했다. 이 책에서 잘 나타나듯이 보줄라의 언어규범에 대한 열정은 대단했다.

한 가지 예를 들자면 이렇다. 보줄라는 궁정과 문학살롱에서 이루어지는 대화들에 적합한 단어들만 사전에 포함되어야 한다고 결정했다. 이 조건에 따라 2만 4,000개의 단어들만이 검열을 통과했고, 1만 5,000개 이상은 통과하지 못했다. 어떤 단어들은 너무 전문적이라는 이유로 불합격당했고 그런 단어들은 다른 출판물에 따로 열거되었다. 또 다른 단어들은 너무 구어체라는 이유로 불합격되었다. 예를 들면 에뺑글ÉPINGLE(장식핀)과 프와트린POITRINE이 '여성의 유방'을 뜻하는 경우가 그랬다(이 단어가 '흉부'나 '동물의 유방'을 뜻할 경우에는 괜찮았다). 그리고 또 다른 단어들은 구식이라고 느껴져서 불합격되었다. 이만스IMMENSE(거대한)나 아그와스ANGOISSE(불안) 같은 단어들이었는데 사실 오늘날에도 특별히 구식이라고 할 수 없는 단어들이다.

사전의 완성이 임박할 때쯤 아카데미는 철자법에 질서를 잡아

프랑스 아카데미의 클로드 파브르 드 보줄라는 최초의 프랑스어 사전을 만들었다.

야 된다는 생각을 했다. 그때까지만 해도 프랑스어의 철자법은 그야말로 행복한 무정부 상태였다. 당시 이 작업을 맡은 사람들은 어원을 충실히 반영하는 것을 중요하게 생각했을 뿐, 발음을 제대로 표현하는 일에는 소홀했다. 게다가 한 아카데미 회원은 라틴어와 그리스어에 기초를 둔 철자법은 "학식 있는 국민들les gens de Lettres을 무지한 사람들les ignoranas과 어리석은 여성들로부터 구별하는 데 도움이 될 것이다"라고 선언하기도 했다. 죽은 언어들에 대한 이 병적인 집착은 프랑스어에 수많은 소리 나지 않는 자음들을 남겼다. 예를 들면, 코르CORPS(몸), 탕TEMPS(시간, 날씨), 푸몽POULMON(폐), 티잔PTISANE(허브차), 테트TESTE(머리) 등이 있으며, 그 외에도 수천 개의 단어들이 더 있다. 일부 단어들의 철자는 나중에 간소화되었지만 대부분은 그렇지 않았다. 심지어 일부 단어들의 철자는 더 어려워지기도 했다(장GENS과 이뇨랑IGNORANS의 현재 철자는 묵음 t가 더해져 GENTS(국민)과 IGNORANTS(무식한 사람들)가 되었다). 이로 인해 알 수 있는 사실 한 가지는 프랑스어 철자법이 오늘날의 영어만큼이나 변덕스럽다는 것이다.

아카데미는 올바른 발음을 정하고 강제하는 일에도 앞장섰다. 하지만 아카데미가 규정한 철자법이 시간이 가면서 점차 변화한 것과 마찬가지로 아카데미가 권장하는 발음도 점차 변했다. 예를 들어, 단어 마지막에 오는 l이나 r은 묵음이어야 하는가? 실제 관행에 대해서는 전혀 고려하지 않은 채 당국의 권고는 한동안 이랬다 저랬다 했고 결과적으로 이해할 수 없는 결과를 낳았다. 피니르FINIR(끝내다), 미너르MINEUR(미성년자), 벨BEL(아름다운)에서는 마지막 자음이 소리가 나지만, 망제MANGER(먹다), 무슈MONSIEUR(~씨, 귀하), 우띠OUTIL(도구)에서는 소리가 나면

안 된다. 그런데 희한하게도 오늘날 대부분의 프랑스어 사용자들은 프랑스어가 태양왕 시대 이래로 안정되어 있었다고 생각하고 있다.

아카데미가 사전을 편찬하면서 한 가지 간과한 부분은 프랑스어 문법을 체계적으로 정리하는 일이었다.* 이후 문법에 대한 부분은 1660년에 나온《포트로얄 문법서Grammaire de Port-Royal》가 메웠다. 이 책은 두 저자가 살았던 파리 근처의 포트로얄 수도원의 이름을 따서 이렇게 불렸지만, 책의 정식 이름은《분명하고 자연스러운 방식으로 설명한, 화술에 대한 기초를 담은, 일반적이고 합리적인 문법서Grammaire générale et raisonnée contenant les fondemens de l'art de parler, expliqués d'une manière claire et naturelle》다. 철자법과 마찬가지로 프랑스어 문법도 지뢰밭이었다. 다음은 저명한 문법학자이자 주교인 도미니크 부우르Dominique Bouhours에게 어느 작가가 새 연극의 대본과 함께 동봉한 편지에서 인용한 것이다. "주교님, 간청하오니 이것을 읽어봐 주시기 바랍니다. 언어에 대하여는 당신이 가장 훌륭한 거장 중 한 분이시니 제가 저질렀을지 모르는 오류를 발견하시면 표시해주십시오." 이 편지를 쓴 작가는 당대 최고의 작가라고 일컫는 장 라신Jean Racine이었다(장 라신이 이제 막 작가로서 알려지기 시작한 때이긴 했다).

* 아카데미는 거의 3세기가 지난 후인 1932년까지 문법책을 출판하지 않았다. 그리고 출판한 책은 쓸모없는 실패작이었다. 비평가들은 아카데미를 맹비난했고, 아카데미는 그 후로 문법책의 출판을 시도하지 않았다.

오직 프랑스인들만이 말을 한다고 할 수 있다

•

17세기의 파리 그리고 베르사유는 유럽에서 가장 강력하고 인구가 많은 나라의 수도였으며, 유럽 대부분의 궁정이나 귀족, 부르주아와 학자들, 문학계에의 입장에서 볼 때 타의 추종을 불허하는 문화의 중심지였다. 표준 프랑스어는 브뤼셀·암스테르담·코펜하겐·스톡홀름·베를린·비엔나·모스크바 등지로 퍼져나갔다. 그리고 프랑스어는 유럽 외교 그리고 나중에는 세계적인 외교에 사용되는 언어가 되었다.

높은 위상을 가진 언어는 특별히 풍요롭고 조화로우며 심지어 신격화까지 가능한 우월한 언어라고 오인되기 쉽다. 그리스어·중국어·산스크리트어·라틴어·아랍어·영어를 사용한 많은 사람들이 이 덫에 빠졌고, 프랑스어를 사용하는 사람들도 이 덫을 피하지 못했다(피하려고 열심히 노력한 것처럼 보이지도 않는다). 프랑스의 엘리트 계층은 프랑스어가 가장 아름다운 언어라고 생각했고, 그 아름다움을 사랑했다. 문법학자 도미니크 부우르 주교는 1671년에 이렇게 적었다. "모든 언어들 중에 프랑스어야말로 가장 자연스럽고 가장 매끈한 발음을 가지고 있다. 중국인들을 포함한 대부분의 아시아 사람들은 노래를 부르며, 독일인들은 툴툴거리고, 스페인 사람들은 소리를 지르며, 이탈리아인들은 한숨을 쉰다. 그리고 영국인들은 휘파람을 분다. 오직 프랑스인들만이 제대로 말을 한다고 할 수 있다." 심지어 오늘날에도 프랑스에서는 '아름다운 언어'라는 표현이 '프랑스어'와 같은 의미로 일상적으로 사용된다.

프랑스 엘리트 계층은 프랑스어에 다른 언어와는 다른 특별한 특징이 있다고 생각했다. 계몽주의 시기에 신앙심보다 더 높은 가치를 가진 '논리'다. 이 주장을 옹호한 사람들 중 대표적인 인물로는 유명한 프랑스 작가인 앙트완 드 리바롤Antoine de Rivarol을 들 수 있다. 그러나 그의 주장은 비논리적이고 근거 또한 불확실했다. 리바롤은 프랑스어의 어순(주어-동사-목적어)은 유일무이하고 동시에 다른 어떤 어순보다 더 논리적이라고 주장했다. 하지만 이 어순은 영어를 포함한 세계 여러 언어들에서 흔히 사용되고 있을 뿐 아니라, 프랑스어에서도 이 어순을 지키지 않는 경우가 꽤 있다. 그러나 '논리의 정점으로서의 프랑스어'라는 개념은 당시 큰 인기를 끌었고, 내 부모님이 가지고 있던 1950년대에 (프랑스 바깥에서) 발간된 프랑스어 사전의 표지에는 프랑스어가 '정신의 매개체로서 비길 데 없는 창조물'이라고 적혀 있었다.

파투아의 근절

•

프랑스 혁명이 일어나자, 루이 14세와 그의 빛나는 언어에는 아주 다른 운명이 기다리고 있었다. 하나는 단두대로 보내졌고 다른 하나는 왕좌에 올라갔다. 당시 논의에 따르자면, 왕은 과거의 유물이며 제거되어야 하지만 표준어는 공화국의 미래에 꼭 필요한 것이었다. 이 시기는 민족주의가 태동하기 시작한 초기로, 이전에는 느슨하게 연관되어 있는 것으로 여겨졌던 세 가지 사이에 강한 고리가 만들어졌다. 바로 국가·국민·언어다. 혁명가 베르트랑 바레르Bertrand Barère는 "자유민들에게 언어는 하나이어야 하고 모두에게 동일해야 한다. 시골지역의 '미개한 시끄러운 소리'와 '무례한 말들'은 그저 열광자들과 반혁명가들에게 도움이 될 뿐이다"라고 선언했다.

새로운 통치자들은 언어에서도 '봉건적 후진성의 잔존물'을 제거하기 위해 공격하기 시작했다. 혁명적 국민공회의 일원이었던 앙리 그레구아르Henri Grégoire의 조사 결과, 프랑스어는 83개의 지역 중 15곳에서만 민중들의 일상어로 쓰였고, 시민 여덟 명 중 한 명만이 프랑스어를 말할 줄 알았으며, 네 명 중에 한 명만 프랑스어를 이해할 수 있었다. 그레구아르는 이 상황이 바뀌어야만 한다고 주장했다. 왜냐하면 그래야만 "모든 시민들이 (……) 자신의 생각을 방해받지 않고 전달할 수 있을 것"이기 때문이다. 그의 주장에 따르면, 소작농들이 아직까지도 앙시앙 레짐(구체제)의 노예 상태를 지속하고 있는 것은 시골 지역에서 사용되는 지방 언어들 때문이었다. "프랑스어에 대한 무지가 사회적 행복을 위태롭게 하고 평등을 파괴할 수 있기" 때문에 파투아(방언)를 '제거하는' 것은 반드시 필요한 일이었다. 시민들이 프랑스어와 함께 지방 언어를 사용할 수도 있다는 생각은 고려 대상도 아니었던 것 같다. 프랑스의 모든 지역을 대표했던 국민공회 구성원들이 프랑스어와 지방 언어를 동시에 사용했던 것을 생각해보면 이것이 얼마나 이상한 일이었는지 알 수 있다.

그레구아르의 조사 결과가 발표되고, 약 6주 후인 1794년 7월 20일, 언어 단일화를 시행하기 위한 새로운 법조문과 제재가 도입되었다. 이때부터 모든 공식문서들은(계약서, 기록문, 규정문, 그 무엇이든 상관없이) 프랑스어로 적어야 했다. 이에 따르지 않는 관리들은 해고와 6개월의 투옥을 각오해야 했다. 하지만 이 언어 공포정치는 결국 실행되지 않았다. 일주일 후 공포시대의 지도자였던 막시밀리앙 로베르피에르

Maximilien Robespierre가 타도되어 처형당했기 때문이다.

이어진 혼란의 시기 동안 언어정책은 잠시 뒤로 미루어졌다. 나폴레옹 치하의 프랑스는 유럽 전역에서 전투를 치르느라 정신이 없었고, 상관이 내리는 프랑스어 명령을 군인들이 알아듣고 따르는 한, 민중들은 무슨 파투아든 원하는 대로 사용해도 괜찮았다. 하지만 한 국가, 한 국민, 한 언어라는 민족주의 이념은 사라지지 않았다. 이 이념은 19세기에 유럽을 정복하고 20세기에는 전 세계를 정복했다.

프랑스어로 말해라, 깨끗해라

•

1872년에 도입된 징병제는 나라 곳곳에서 소년들을 불러모았고, 이들이 파투아밖에 할 줄 모르는 것은 문제가 되기 시작했다. 따라서 1882년에 의무교육이 도입되었고 모든 시민에게 프랑스어를 가르치는 것이 의무교육의 명백한 목표 중 하나가 되었다. 대중매체는 학교와 군대에서 배운 것을 강화시키는 역할을 했다.

이것은 유럽의 다른 곳에서도 일어난 일이었지만, 프랑스의 사례는 확실히 이례적이었다. 영국이나 이탈리아, 독일의 기득권층과는 달리 프랑스 기득권층은 방언과 소수언어에 반대하는 캠페인을 열정적으로 펼쳤다. 프랑스어가 아닌 언어로 나온 출판물들은 공식적으로 '외국어'라는 꼬리표가 붙었으며 정기적으로 금지되거나 압수당했다. 브르타뉴나 코르시카와 마찬가지로 100년 이상 공화국의 일부였던 알제리에서는 아랍어마저 '외국어'였고 환영받지 못했다. 학생들은 교실이나 운동장에서 파투아로 말하는 것이 금지되었다. 브르타뉴에서는

식민지에 프랑스어를 퍼뜨리는 문명화 작업이 이루어졌다. 1860년경의 알제리.

학생들이 '브르타뉴어로 말하는 것이나 바닥에 침을 뱉는 것이 금지'되었으며, 현수막을 통해 "프랑스어로 말해라, 깨끗해라"라고 훈계했다.

오늘날 프랑스인들이 자신들의 언어에 대하여 가지는 태도는 다소 독특하다. 이들은 자신들이 개탄스러울 정도로 프랑스어를 잘하지 못한다고 생각한다. 원어민들이 스스로의 모국어 실력이 부족하다고 믿는 이 이상한 상황은 사실 쉽게 설명이 가능하다. 그들이 일상생활에서 사용하는 프랑스어가 전통적인 문법의 엄격한 규칙에 맞지 않기 때문이다. 일반적으로 유럽의 다른 곳에서는 관행과 규정 사이에 충돌이 발생하면, 전통주의자들은 규정을 수호하기 위해 싸우지만, 새로운 세대들은 그 싸움에 별로 관심이 없다. 결국 전통주의자들의 투쟁은 의미를 잃고 만다. 하지만 프랑스의 전통주의자들은 매우 엄격한 사람들이었다. 프랑스어의 기본 문법은 혁명 이후로 바뀌지 않았고(적어도 나는 그런 증거를 찾지 못했다), 전통은 고수되었다. 물론 문법이 변화하지 않았다고 해서 일상어로서의 프랑스어가 (일상어라면 언제 어디에서나 그러하듯) 진화하는 것을 막지는 못한다. 따라서 프랑스어는 글과 말이 상당히 갈라지게 되었다.

몇 가지 예로 이 상황을 설명해볼 수 있겠다. 표준 프랑스어는 관계대명사가 여러 개 있는데, 크QUE, 키QUI, 우OÙ, 동DONT 및 르켈LEQUEL(르켈에는 네 가지 형태가 있다)이 있다. 하지만 구어체에서는 앞의 세 가지만 주로 사용하고 특히나 크QUE를 많이 사용한다. 표준 프랑스어에서는 평서문 "Elle est contente"(그녀는 행복하다)을 의문문으로 바꿀 때, (영어에서 대부분 그렇게 하듯이) "Est-elle contente?"(그녀는 행복한가?) 처럼 주어와 동사의 순서를 바꾸는 도치법을 사용한다. 하지만 일상적인 대화에서는 다음과 같이 에쓰크EST-CE QUE 구문을 사용해 의문문을 만드는 방법이 더 흔히 사용된다. "Est-ce qu'elle est contente?"(그녀는 행복한가?) 물론 평서문에 물음표만 붙여서 "Elle est contente?"라고 말해도 된다. 실제 대화에서 이 문장이 의문문일 경우에는 상승 억양을 사용하고, 글로 적을 때는 물음표를 붙여 표시하면 된다. 하지만 둘 다 표준어 문법에 따른 것은 아니다. 마지막으로 한 가지 예를 더 들어보자. 프랑스어에서 부정 표현을 위해서는 보통 두 가지 요소가 필요하다. 일반적인 부정어인 느NE와 좀 더 구체적인 부정어인 빠PAS(않다/아니다), 뻬흐손PERSONNE(아무도 않다/아니다), 뉠 빠흐NULLE PART(아무데도 않다/

아니다)가 다른 한 가지 요소다. 하지만 일상어에서는 느NE를 생략하는 경우가 많고, 부정문을 만드는 임무를 두 번째 요소에만 맡긴다. 이것 역시 프랑스어 공식 문법과는 어긋난다.

위쪽의 급진화

•

1960년대 이후로 서양 국가들에서는 언어적인 면에 있어서 많은 변화들이 있었다. 사람들의 말과 글은 점점 더 많이 비격식적으로 바뀌었으며, 지역 억양을 터부시하는 경향도 줄어들었다. 또한 소수언어들이 다시 되살아나고 있다. 웨일스어나 스코틀랜드어, 카탈로니아어, 저지 독일어 또는 프리지아어를 사용하는 것은 더 이상 수치스러운 것이 아니라 자부심과 정체성의 증표가 되었다.

프랑스 사회도 이런 변화의 영향을 받았다. 바스크어 · 브르타뉴어 · 카탈로니아어 · 코르시카어 · 알자스어 · 옥시타니아어 등이 다시 주목받기 시작했으며, 지역 당국의 노력으로 이제 일부 학교에서는 이 언어들을 사용하거나 가르치기도 한다. 전국 라디오와 텔레비전에서도 특히 스포츠 뉴스나 일기예보, 인기 프로그램에서는 지방 억양을 들을 수 있다. 물론 프랑스에는 여전히 프랑스어의 수호자들이 있으며, 그들은 계속하여 설파하고, 바로잡고, 충고한다. 중앙집권적 기득권층의 정체성에 있어서 언어는 여전히 중요한 부분으로 남아 있고 그들의 정치적 문화적 지배는 여전히 강력하다. 게다가 그들의 문화적 영향력은 프랑스의 과거 식민지 국가들뿐만 아니라 프랑스어권인 주변의 '반쪽 국가들'(벨기에 일부, 스위스 일부, 룩셈부르크의 일부)에까지 미친다.

영어와 독일어, 스페인어나 포르투갈어 그리고 네덜란드어가 다른 나라들에서 다소 다른 표준을 인정하는 다중심적 언어들인 반면, 프랑스어권의 나라들은 프랑스의 언어 규범을 준수한다. 규범에 맞지 않는 억양으로 말하는 사람들은 라디오나 텔레비전에서 스포츠 해설자나 게임쇼 진행자는 될 수 있겠지만, 뉴스 프로그램 진행자나 리포터가 될 수는 없다.

프랑스어가 처음 '공화국의 언어'로 공표된 것은 1992년 헌법에서였다. 2조에 기록된 이 말은 그저 뻔한 사실을 기술해놓은 것으로 들릴 수도 있지만, 판사들은 이 조항을 아주 제한적인 방식으로 해석했다. 시라크 대통령이 유럽 지방언어 및 소수언어 헌장ECRML, European Charter for Regional and Minority Languages에 서명했을 때, 헌법 재판소는 정부가 ECRML을 비준하지 못하도록 막은 것이다. 다른 언어들을 인정하고 지원하는 것은 프랑스어의 지위를 약화시킬 수 있다는 것이다. 그러나 사실 프랑스어도 프랑스어의 방언도 아닌 언어를(이민언어를 제외) 사용하는 사람들은 프랑스 인구의 3퍼센트 정도밖에 되지 않는다.

2008년에 헌법이 개정되었을 때 상원의회는 지방언어들이 '프랑스 유산의 일부'라고 인정했지만 역시 이것을 2조에 포함시키는 것은 거부했다. 2015년에 좀 더 진보적인 정부가 ECRML의 비준을 가능하게 하기 위해 또 다른 개정을 요구했을 때 상원의회의 우파 다수는 자신들이 '지방언어들을 인정하고 지지한다'라고 선언하면서도 이 개정안을 부결시켰다.

프랑스의 언어 문화에서 비교적 새롭게 등장한 갈등 요소 중 하나는 프랑스어가 가지고 있던 세계적 우위라는 지위를 빼앗아간 영어에 대한 반감이다. 프랑스 정부와 아카데미는 (그리고 퀘벡 정부 역시) 프랑스어에서 영어 단어를 제거하고 공공장소에서 영어로 된 표시들을 없애기 위해 최선을 다한다. 심지어 라디오 방송국에서는 프랑스어로 된 노래를 40퍼센트 이상 틀도록 1994년부터 법으로 정해놓기도 했다. 만일 당신이 프랑스 고속도로를 몇 시간 달리면서 라디오를 들어본 적이 있다면 아마 이 규정을 알아차렸을 가능성이 높으며, 별로 달갑지 않았을 가능성이 높다. 그렇게 생각하는 것이 당신만은 아니다. (이제 스트리밍 서비스로 옮겨가고 있는) 청취자들이나 라디오 방송국 모두 이러한 강제 할당제를 좋아하지 않는다. 하지만 어쩌겠는가? 프랑스의 언어 문화를 어떻게 해야 할지 결정하는 것은 라디오를 듣는 일반인이 아니다.

9

말레이어

BAHASA MELAYU

2억 7,500만 명

8,000만 명의 원어민과 약 2억 명의 제2언어 사용자들 거의 대부분이 말레이 세계라고 알려진 지역인 인도네시아·말레이시아·싱가포르·브루나이 및 태국의 남쪽 끝에 살고 있다. 말레이시아 사람들은 모든 형태의 말레이어를 하나의 언어로 생각하지만 인도네시아 사람들은 차이점을 강조하는 경향이 있다.

자칭 이름	(바하사) 멜라유(Bahasa) Melayu(말레이 언어), 바하사 인도네시아Bahasa Indonesia(인도네시아 언어), 바하사 말레이시아Bahasa Malaysia(말레이시아 언어), 바하사 멜라유 바쿠Bahasa Melayu Baku(말레이 표준어)라고 불린다. 이에 더해 말레이시안Malaysian(말레이시아의 표준어), 인도네시안Indonesian(인도네시아의 표준어), 바하사Bahasa(말레이어로 단순히 '언어'라는 뜻)라고 불리기도 한다.
어족	말레이어는 오스트로네시아어족에서 가장 큰 언어다. 말레이어는 이 어족의 커다란 분파인 말레이폴리네시아어파에 속한다.
문자	오늘날 말레이어는 대부분 라틴 문자 또는 로마Rome에서 파생된 이름인 루미Rumi 문자로 적는다. 아랍 문자에 기초를 둔 자위Jawi 문자도 특정 종교적, 문화적 상황이나 일부 보수적 지역에서 여전히 쓰인다. 브루나이에서는 자위 문자가 다소 더 광범위하게 사용된다.
문법	대명사에는 격식, 비격식 종류가 따로 있지만 한정된 범위에서만 그렇다. 대명사는 보통 친족 명칭으로 대체된다. 명사, 형용사, 동사는 격, 수, 인칭, 시제에 대해서 굴절하지 않는다. 하지만 형용사와 동사에는 수동태나 타동성 등의 여러 문법적 기능을 나타내는 수많은 접사(접두사, 접미사 등)가 붙을 수 있다.
소리	말레이어에는 성조가 없으며, 단어 강세는 규칙적이다. 여섯 개의 모음 소리가 있으며, 자음 소리는 열아홉 개다. 자음 소리 중 특이한 소리는 없으며 자음군으로 나타나기보다 주로 단독으로 나타난다. 한마디로 말레이어 음운 체계는 단순하다.
차용어	산스크리트어와 타밀어(초기 힌두교-불교 시대), 아랍어와 페르시아어(이슬람화 이후), 네덜란드어와 영어(식민지화 때문에) 그리고 자와어(독립 이후 점점 더)에서 들여왔다.
수출어	아목Amok(살상욕을 수반한 정신착란), 케이폭kapok(케이폭 나무 또는 그 섬유질), 오랑우탄orangutan, 팡골린pangolin(천산갑), 사고sago(사고야자나무에서 나오는 흰 전분), 사롱sarong(말레이시아와 인도네시아에서 허리에 두르는 천), 사테이satay(말레이시아와 인도네시아의 꼬치 요리) 등.
차이점	말레이시아의 말레이어와 인도네시아의 말레이어 사이에서 한 가지 중요한 차이점은 차용어의 주요 출처가 어디냐 하는 것이다. 말레이시아 말레이어에서 차용어의 주요 출처는 영어이고, 인도네시아 말레이어에서 차용어의 주요 출처는 자와어, 네덜란드어, 라틴어다. 이 때문에 같은 단어를 다르게 말하는 현상이 생겨났다. 예를 들어, BONET-KAP(자동차 후드), MAJORITY-MAJORITAS(다수), EMPAYER-IMPERIUM(제국), JULAI-JULI(7월), PLATFORM-PERON(기차역 플랫폼) 등이 있다. 이러한 어휘의 차이 때문에 말레이시아 사람들과 인도네시아 사람들은 말레이어보다는 영어나 광둥어를 사용해 대화하는 것을 선호하기도 한다.

9: 말레이어
승리의 언어

●

언어적 다양성은 훌륭한 것이다. 나라를 운영해야 할 때만 빼면 말이다. 정권을 잡은 사람은 시민들이 서로를 이해할 수 있기를 바란다. 아니 적어도 국가의 명령은 이해할 수 있기를 바란다. 나라를 다스린다는 것이 세금을 걷는다는 것과 실질적으로 동의어였던 옛날에는 언어적 다양성이 문제가 되지 않았다. 세무 관리들은 세금을 걷는 자신들만의 방법이 있었고 말은 별로 중요하지 않았다. 하지만 현대 사회에서는 상호이해가 필수적이다.

게다가 언어를 공유하면 충성심이 생긴다. 공공의 적, 구석구석 스며든 종교나 이념, 국가 선전, 민족 신화, 고유한 전통 등 사회적 응집성은 많은 방식을 통해 강화될 수 있다. 하지만 정체성을 나타내는 표식으로 공동의 언어만큼 강력한 것은 없다. 의사소통의 수단으로서 말과 글을 언제나 정확하게 사용할 수 있는 것은 아니지만, 같은 집단에 속하지 않는 사람들의 말투, 단어 및 다른 언어적 특징을 잡아내는 데는 모두가 다 전문가들이다. 국가 언어 또는 그저 국가 방언(호주 영어, 오스트리아 독일어)만으로도 충분히 소속을 규정할 수 있다.

의사소통과 국가적 정체성의 문제가 여러 개의 언어를 가진 국가들에게 잠재적 골칫거리라고 할 때, 인도네시아가 마주하고 있는 문제를 상상해보라. 인도네시아의 인구 2억 6,500만 명은 거의 1,000개나 되는 섬에 흩어져 살고 있으며 사용하는 언어의 종류는 700개가 넘는다. 근처의 파푸아뉴기니를 제외하면 세계의 어느 국가보다 많은 수의 언어가 인도네시아에서 사용되는 것이다. 하지만 놀랄 점은 따로 있다. 이렇게 수많은 언어가 사용되고 있었음에도 불구하고 독립 이후 인도네시아에는 언어 문제가 거의 발생하지 않았다는 것이다. 이 시기의 인도네시아에는 수많은 문제들이 있었지만 언어만큼은 문제가 되지 않았다. 20세기 초에 일어난 민족주의 운동에 힘입어 인도네시아는 말레이어를 국가언어로 선포했고, 1940년대 후반 독립 이후에도 그대로 반영되었다. 지난 70여년 동안 인도네시아 인구의 대부분은 말레이어를 배웠다.•

모든 나라들에 이런 행운이 일어나지는 않는다. 많은 나라에서 언어 때문에 골머리를 앓고 있다. 예를 들어 스리랑카·중국·벨기에·파키스탄 등에서는 언어 경계선에서 지속적이고 폭력적인 갈등이 목

• 한 가지 중요한 예외가 있다. 파푸아(이전의 이리안자야)라고도 알려진 뉴기니 섬의 서쪽의 일부 지역이 바로 그 예외다. 뉴기니 섬 서쪽의 파푸아인들은 언어적, 문화적, 심지어 유전적으로도 인도네시아의 다른 지역 사람들과 많이 다르다. 이 지역은 인도네시아의 독립 시점에는 인도네시아에 속해 있지 않았으나, 1960년대에 인도네시아가 이 지역을 합병하였다. 그 이후로 갈등이 계속되어 왔는데, 대부분의 경우 수위가 낮은 갈등이지만 때로는 폭력적으로 타오르기도 한다.

격되고 있다. 물론 그 배경에 언어 외에 다른 요소가 없는 것은 아니다. 정치적으로 긴장된 상황에서는 언제나 경제적, 종교적 문제 같은 것들이 일어나기 때문이다. 다만 언어는 그 경계선을 분명히 할 수 있을 뿐이다.

여섯 종류의 언어

•

다양한 언어적 풍경과 정책을 지닌 나라들이 정치적 안정성을 유지하기 위해 어떻게 해왔는지 살펴보자. 이 책에서는 적어도 한 개 이상의 바벨 20 언어가 사용되는 나라에 중점을 두고 살펴볼 것이다. 언어 집단에 따라 나라의 인구를 분석할 때는 다음과 같은 여섯 종류의 원그래프로 구분해 살펴보는 것이 유용하다.

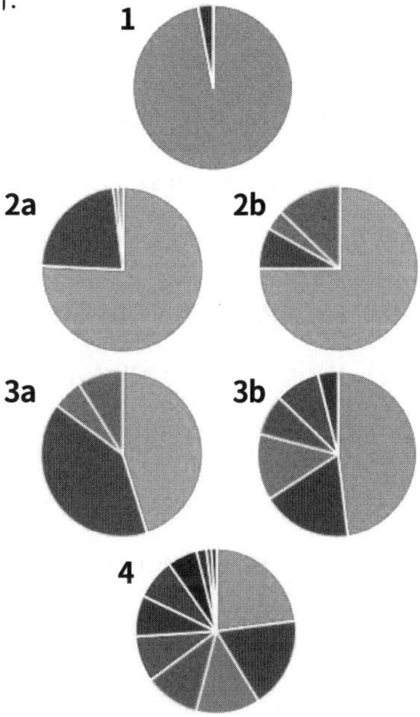

1번과 4번

첫 번째와 마지막 유형에서는 언어적 갈등의 위험도가 낮다. 1번 집단에는 방글라데시, 사우디아라비아, 북한, 남한 그리고 대부분의 카리브해 섬들이 속한다. 이곳에는 인구의 90퍼센트 이상의 다수가 사용하는 모국어가 있다. (최근에 새로 유입된 사람들을 제외하면) 언어적 소수집단은 규모가 작거나 거의 존재하지 않는다(다른 나라에 정복을 당하거나 엄청난 수의 이주민이 들어오지 않는 이상, 외부에서 유입된 사람들이 한 국가나 지역의 공식언어를 다른 언어로 바꾸기는 힘들다).

4번 집단에 속하는 국가에서는 가장 규모가 큰 언어를 인구의 40퍼센트 이하의 사람들이 모국어로 사용한다. 많은 아프리카 국가들과 필리핀·바누아투·파푸아뉴기니가 여기에 포함된다. 이런 상황에서는 소수민족 하나가 권력을 오랫동안 독점할 가능성이 적은데 그렇게 되면 다른 소수민족들이 연합하여 저항하는 상황이 일어날 수 있기 때문이다. 국가적으로 의사소통을 가능하게 하기 위해 대부분의 경우 이전 식민 지배자들의 언어(영어·프랑스어 등) 중 하나를 선택해 공식언어로 사용한다. 탄자니아는 드물게 특이한 경우로 스와힐리어를 공식언어로 채택했다.

2a: 확실한 다수, 커다란 소수

이 유형의 국가의 경우 긴장이 고조되어 감당할 수 없을 만큼 갈등이 과도해질 위험성이 있다. 스리랑카가 대표적인 예다(18장 참조). 스리랑카에서는 타밀족 소수민족이 싱할라족 다수민족에게 지배당했고, 그 결과 약 25년에 걸친 내전이 일어났다. 또한 터키의 쿠르드족은 수십 년 동안 극심한 문화적 탄압을 받았고 폭력적으로 대응했다. 이라크의 쿠르드족도 사담 후세인 하에서 비슷한 처지였지만, 현재 쿠르드어는 아랍어와 함께 헌법에 명시된 공식적 국가언어다.

분할 전 키프로스의 터키어 사용자들, 마그레브 국가들의 베르베르어 사용자들 그리고 발트3국과 우크라이나의 러시아어 사용자들도 부당한 대우를 받았고, 갈등이 야기되었다. 발트 3국과 우크라이나에서는 70년 동안 러시아화가 강제적으로 진행되었고, 이로 인해 이 지역의 다수민족들이 가졌을 감정이 어떠할지는 이해하기 쉽다.

엄격히 말하자면 인도는 이 유형에 속하지 않는다. 인도에는 커다란 소수언어인 힌디어와 수많은 더 작은 소수언어들이 있으므로 3b 유형에 가깝다. 하지만 인구의 4분의 3이 인도아리아어군에 속하는 언어들 중 하나를 사용하고, 이 언어들은 서로 친족관계에 있다. 반면 인구의 5분의 1은 드라비다어족에 속하는 언어를 사용한다. 그러므로 인도의 상황은 '확실한 다수, 커다란 소수' 유형에 맞는다고도 할 수 있다. 인도 정부는 소수민족들의 요구에 따라 주 경계를 언어적 경계에 맞추어 재조직하고 영어를 공식언어로 유지함으로써 이 상황을 진정시켜왔다.

2b: 확실한 다수, 여러 소수

이 집단에 속하는 나라들은 평화를 유지할 가능성이 그나마 높은 편이다. 대부분의 라틴아메리카 지역에서는 스페인어와 포르투갈어가 확실하게 최고의 위치를 차지한다. 그리고 멕시코와 볼리비아 같은 나라에서 토착민 해방 운동 세력들이 토착 언어들의 공식적 인정을 요구하기는 하지만(볼리비아의 경우에는 성공적이었다), 사회적 갈등에 있어서 언어는 부차적인 문제일 뿐이다. 베트남에서는 다수민족이 상대적으로 규모가 적은 수많은 언어적 소수민족들에게 어떠한 양보도 하지 않았지만 이 상황에 대한 불만은 많지 않은 것으로 보인다.

일부 다른 나라에서는 지역적으로 언어적 권리를 인정해 소수집단의 일부를 만족시켰지만 전부를 만족시키지는 못했다. 중국에서는 티베트인들과 위구르인들이 한족과 북경어의 지배력이 점점 커져가는 상황에 대해 분개하고 있으며, 그 결과 폭력적 시위가 폭발적으로 일어나고 있다. 러시아에서는 35개 소수언어들이 다양한 지역에서 러시아어와 공동으로 공식언어로 인정받는다. 이 중 타타르어와 체첸어 사용자들은 심각한 갈등을 겪어왔다. 스페인에서는 비민주적 정부의 오랜 언어적 탄압이 있은 후, 카탈로니아어, 갈리시아어 그리고 바스크어가 1970년 후반에 광범위한 지역적 권리를 인정받았다. 그럼에도 불구하고 스페인의 바스크 지역에서는 수십 년간 유혈사태가 지속되고 있으며, 카탈로니아 지역에서는 정치적 마비로 이어질 정도의 강렬한 독립운동이 일어나고 있다.

(티베트족이나 체첸족같이) 강력하게 대비되는 문화적 정체성을 가졌거나, (카탈로니아인들이나 슬로베니아인들처럼) 강력한 경제적 위치를 가졌거나, 아니면 (바스크인들처럼) 둘 다를 가진 소수민족들이 반란을 일으킬 가능성이 가장 높아 보인다. 크기 역시 영향을 미친다. 타타르어와 티베트어는 러시아어라는 바다와 북경어라는 대양에 비하면 아주 작은 물웅덩이 정도로 보이겠지만 사용자의 절대적인 수로 보자면 카탈로니아어 사용자의 수와 동일한 수준이며, 위구르어의 사용자는 카탈로니아어 사용자 수의 두 배다.

3a: 두 개의 큰 집단

인구가 거의 동일한 규모의 두 개의 큰 집단으로 이루어져 있다면 재앙을 부를 것 같지만 반드시 그런 것은 아니다. 예를 들어 아프가니스탄은 페르시아어(다리어)와 파슈토어라는 두 개의 공식언어를 가지고 있지만 언어 때문에 갈등이 일어나지는 않는다. 파라과이의 공식언어는 스페인어와 과라니어인데, 둘 중 하나를 모국어로 사용하는 사람들의 대부분이 다른 언어 역시 말할 줄 알거나 적어도 이해할 줄 안다. 싱가포르의 상황은 좀 더 복잡하다. 사람들이 집에서 가장 흔히 사용하는 언어는 북경어와 영어이며, 그 밖에 중국의 다른 언어들, 말레이어 또는 타밀어를 선호하는 사람들이 약간 있다. 영어·북경어·말레이어·타밀어 모두 공식적인 지위를 가지고 있고, 그 중 영어가 주요 언어이며 말레이어는 국가언어다. 이 유형에 속하는 나라 중에서 언어적으로 문제가 있는 유일한 나라는 벨기에로, 벨기에는 언어 때문에 유혈사태가 일어날 가능성이 매우 높은 상태다.

3b: 한 개의 큰 집단, 여러 소수

이 유형이 바로 말레이어를 사용하는 두 개의 주요 국가인 말레이시아와 인도네시아가 속해 있는 집단이다.

이란에서는 페르시아어를 모국어로 사용하는 사람들이 전체 인구의 반을 약간 넘는 정도다. 소수민족들 중 일부는 페르시아어와 계통적으로 전혀 상관없는 언어를 사용하며, 따라서 이들은 페르시아어를 익히는 일이 매우 힘들다. 그럼에도 불구하고 이란의 언어적 소수민족들은 페르시아어의 지배를 받아들였다. 그 이유는 아마도 공통어로서 페르시아어의 역사가 워낙 오래되었기 때문이었을 수도 있고, 수 세기 동안 왕이나 시인들, 이슬람 지도자들이 사용해왔기 때문에 페르시아어가 높은 위신을 갖게 되었기 때문일 수도 있다.

파키스탄은 1947년에 독립국가가 되었는데 파키스탄의 공식 언어는 우르두어였다(영어를 잠시 공동 공식언어로 두기는 했다). 페르시아어와 마찬가지로 우르두어는 역사적·문화적·종교적으로 높은 위신을 누렸다. 하지만 이란의 페르시아어와는 달리 파키스탄의 우르두어는 언제나 소수의 언어였다. 1971년까지 우르두어를 모국어로 사용하는 사람들은 인구의 5퍼센트에 불과했지만, 지금의 방글라데시에서 사용되는 벵골어를 모국어로 사용하는 사람들은 인구의 약 50퍼센트 정도였다. 정치적, 경제적, 언어적으로 불리한 위치였던 벵골어 사용 지역은 피비린내 나는 내전을 통해 파키스탄으로부터 분리 독립했다. 크기가 작아진 새로운 파키스탄에서 이제 우르두어는 인구의 약 10퍼센트가 사용하게 되었지만 이제 새로운 거인은 인구의 45퍼센트가 사용하는 펀자브어였다. 하지만 펀자브인들은 정치적으로 벵골인들보다는 유리한 위치에 있었고, 자신들의 모국어에 대한 맹목적인 충성심을 갖고 있지는 않았다. 그래서 그런지 펀자브인들은 벵골인들에 비해서는 우르두어의 우위를 더 잘 받아들이는 것으로 보인다.

언뜻 보기에 말레이시아의 상황은 이란의 상황과 비슷해 보인다. 말레이시아에서 말레이시아어(또는 바사 말레이시아)라고 불리는 말레이어는 독점적인 공식적 지위를 가지고 있지만 근소한 차이로 다수를 유지하고 있다. 게다가 주요 소수언어들 중 일부는 말레이어와 계통적으로 관계가 없는 언어들이다. 하지만 이란과의 유사점은 여기에서 끝난다. 영국의 식민 통치 하에서 특히 19세기 말과 20세기 초에 일어난 대규모 이민으로 인해 토착 말레이인들과 새로 들어온 중국과 인도인들 사이에 불편한 민족적 혼합체가 만들어졌다. 1957년 독립 이

인도네시아의 공항 표지판에는 인도네시아어뿐만 아니라 영어와 중국어, 아랍어 그리고 일본어도 표시되어 있다. 공항 표지판 하나에 바벨 20 언어의 4분의 1이 쓰여 있는 셈이다.

후 정치 권력은 말레이 사람들에게 돌아갔고, 그들의 언어가 공식 지위를 부여받았다. 한편, 중국인들은 경제의 대부분을 장악했다. 이로 인한 민족적 긴장감은 1969년에 폭동으로 악화되었고, 그 후 말레이 사람들은 부미푸트라bumiputra(땅의 아들들), 즉 자신들과 토착 소수민족들을 위해서 (임시적이라고 주장하기 했지만) 공식적 특혜들을 만들었다. 말레이시아 정부가 점점 더 인종차별적이 되어가고 극단적 (말레이족) 이슬람교도들의 편을 들면서 말레이어를 제2언어로 구사하는 중국계와 인도계 소수민족들은 점점 더 가난해져 갔다. 하지만 수십 년 만에 드디어 2018년 5월 다민족 연합정당이 승리하면서 좀 더 현명한 정책들이 입안되리라는 희망이 생겼다.

반면 인도네시아의 언어적 상황은 파키스탄과 비슷하다. 공식 언어인 말레이어는(인도네시아에서는 바하사 인도네시아라고 불린다) 작은 소수민족의 모국어인 반면, 가장 널리 사용되는 언어는 인구의 40퍼센트 이상이 사용한다. 하지만 중요한 차이점이 하나 있다. 파키스탄에서는 작지만 우세한 소수민족이 그들의 언어를 국가의 공식 언어로 만들었지만, 인도네시아에서는 소수언어인 말레이어의 공식적 지위가 말레이어 사용자들이 아니라 소수민족 중 가장 크고 아주 우세한 자와어 사용자들에 의해 주어졌다는 것이다. 자와어 사용자들은 국가적 통합을 위해 언어적 특혜를 포기한 것이다.

통계를 넘어

•

이제껏 살펴본 바와 같이 비슷한 언어적 분포를 가진 나라들이 다 비슷한 수준의 평화와 갈등을 보이는 것은 아니다. 통계나 숫자가 모든 것을 설명할 수는 없다. 그렇다면 무엇이 중요한 것일까?

우선 익숙함이 중요하다. 예를 들어, 종교 행사, 엘리트 계층과의 접촉, 상인들과의 협상 등을 통해 특정 언어에 오랫동안 노출된 사회에서는 이 언어를 일상생활에서 사용하지 않았다고 해도 거부감을 나타내지는 않을 것이다. 또한 이란에서 페르시아어가 그랬고 마그레브 국가들에서 아랍어가 그랬던 것처럼 종교적으로나 정치적으로 우위에 있는 언어들은 그 지위를 인정받기가 더 쉽다. 무역에 사용되는 언어들은 그러한 위상을 누리지는 못하지만, 시장은(오늘날의 자본주의적 관념으로서의 시장이 아니라 진짜 시장을 말하는 것이다) 사원이나 궁정보다 좀 더 공평한 상호작용을 가능하게 한다. 가격과 조건을 협상하면서 판매자와 구매자는 그 어떤 언어적 장벽도 뛰어넘어 협상할 수 있게 되는 것이다. 때로는 그 과정에서 단순화된 무역언어를 만들면서 말이다. 이것이 바로 탄자니아에서 스와힐리어가 번창하고 인도네시아에서 말레이어가 성장하게 된 중요한 이유 중 하나다.

유사성도 중요하다. 공통의 기원을 가진 언어들은 계통적으로 관련이 없는 언어들에 비해 쉽게 배울 수 있다. 탄자니아 사람들 대부분이 스와힐리어와 동일한 반투어군에 속하는 언어를 모국어로 사용한다. 그리고 인도네시아도 인구의 거의 대부분이 말레이어와 가까운 친족관계에 있는 언어를 사용한다. 쿠르드인·타타르인·티베트인·위구르인·바스크인·베르베르인 및 라틴 아메리카의 토착민 같은 소수민족들은 그들을 지배하는 다수에게는 '언어적 이방인'이며 갈등을 겪고 있다. 하지만 유사성이 언어적 갈등을 확실히 방지하는 것은 아니다. 우크라이나어는 러시아어의 가까운 친족 언어이고 카탈로니아어와 스페인어의 관계도 매우 가깝지만 갈등이 존재한다.

정치·경제적 역사도 중요한데, 이 요소는 악감정을 초래하기 쉽다. 예를 들어 우크라이나와 카탈로니아에서 일어나고 있는 갈등은 정복과 탄압 그리고 착취를 둘러싼 불합리한 관계에 그 원인이 있다. 이러한 것들이 없다면 스위스의 경우처럼 평화로운 공존을 만들어낼 수도 있었을 것이다. 자발적 가입을 통해 성장했고, 분권화된 정부에 대한 전통이 강한 스위스는 다중언어 국가지만 언어로 인한 심각한 적대 상황이나 갈등이 일어난 적이 없다. 인도네시아에 대해 말하자면 이 나라는 3세기 이상 네덜란드의 지배를 받았고, 약 3년간은 일본에 정복당해 탄압과 착취를 당했다. 그 결과 인도네시아에서 이 나라들의 언어는 인기가 없다.

이 모든 요소들이 중요한 것은 사실이며, 배경이 되는 여러 상황들을 만들어내기는 하지만 결국 결과를 결정하는 것은 정부의 정책들이다. 스리랑카가 내전으로 혼란스러워진 것은 불가피한 일이 아니었다. 다수파가 과격하지 않았다면, 소수파가 무기를 드는 것을 막을 수 있었을 것이다. 또한 터키의 위정자들이 타당한 이유 없이 쿠르드어를 터키어의 타락한 방언이라고 주장한 것은 어리석은 행동이었다. 우르두어 사용자가 인구의 고작 5퍼센트밖에 되지 않음에도 불구하고, 우르두어를 파키스탄의 공식언어로 만든 것은 정책을 입안하는 우르두어 사용자들의 자만심 때문이었다.

지배적 위치에 있는 엘리트층은 언어적 소수집단들을 신중히 다루어야 할 것이다. 소수집단에 대한 존중은 윤리적인 의무다. 세상의 모든 언어를 말하고 쓰는 사람들은 자신의 언어를 안심하고 말하고 쓸 수 있어야 한다.

말레이어의 상승, 상승, 상승

•

인도네시아는 세계에서 두 번째로 언어가 많은 다중언어 국가임에도 불구하고 독립 이래로 언어적 평화를 누려왔다. 바하사 인도네시아, 즉 인도네시아의 표준 말레이어는 나라를 분열시키는 대신 나라의 통일성이 구축되는 것을 도왔다. 그렇다면 이 나라와 이 나라의 언어는 어떻게 많은 다른 나라와 언어들보다 훨씬 더 잘 해낼 수 있었을까?

기록상 말레이어의 역사는 7세기에 시작한다. 당시 수마트라 섬에 기반을 둔 왕국은 말레이반도, 자와 섬의 대부분 그리고 그 사이의 작은 섬들을 장악하고 있었다. 본토와 군도 사이의 중심점이라는 상업 전략상 중요한 위치 덕분에 이 왕국은 거대한 교역망을 지배하게 되었다. 왕국 밖에 있는 많은 섬들의 해안을 따라 이동하면서 교역을 하던 상인들은 기초적인 말레이어를 익혔고, 말레이어의 씨앗이 뿌려졌다.

13세기와 14세기에는 두 가지 중요한 변화가 시작되었다. 첫 번째 변화는 종교적인 것이었다. 아랍 상인들과 인도 상인들의 접촉으로 이슬람교로의 전환이라는 긴 과정이 시작된 것이다. 이 과정은 오늘날의 인도네시아 지역의 서쪽으로부터 동쪽으로, 해안에서 내륙으로 천천히 지나가며 일어났다. 두 번째 변화는 정치적인 것으로, 자와 섬에 기반을 둔 새로운 왕국이 말레이어 권력의 중심지를 수마트라 섬에서 본토(오늘날의 말레이시아)로 옮겨갔다. 이제 말라카Malacca는 동남아시아에서 가장 큰 항구 도시가 되었고, 동시에 같은 이름을 가진 왕국의 수도가 되었다. 15세기의 말라카 왕국 전성기는 말레이 세계의 정치적·문화적 황금기로 여겨진다. 왕국의 영향력은 동쪽으로 '향료 제도'라고도 알려진 몰루카 제도Moluccas까지 멀리 뻗어나갔고, 이 해안 지역에는 이슬람교와 말레이어가 자리를 잡았다. 중요한 점은 말레이어가 종교와의 연관성 덕분에 단순한 무역언어가 일반적으로 달성할 수 있는 것보다 더 큰 권위와 영향력을 얻었다는 것이다. 이 두 번째 단계에서는 말레이어가 널리 확산되었을 뿐 아니라 그 지위도 상승했다.

그 다음으로는 유럽의 식민주의가 역사적으로 중요한 역할을 했다. 17세기와 18세기에 네덜란드는 자와 섬과 몰루카 제도에 대한 영향력을 강화시켰고 나중에는 다른 섬들에까지 영향력을 확대해갔다. 네덜란드인들은 자와 섬의 전통 엘리트층과 의사소통을 하기 위해 자와어를 사용해봤지만, 격식을 심하게 따지는 자와어의 어휘는 네덜란드 상인들과 선원들이 도저히 따라할 수 없을 정도로 어려웠다. 그들은 대안으로 말레이어를 사용하기 시작했는데, 이 지역에는 자와어뿐만 아니라 말레이어도 널리 퍼져 있다는 것을 알게 되었기 때문이다. 그 결과 식민자와 피식민자 사이의 상호작용으로 '업무 말레이어service Malay'라고 불리는 단순화된 형태의 말레이어가 생겨나게 되었다. 1865년부터는 이 언어가 네덜란드어와 함께 식민지의 두 번째 공식언어가 되었다. 말레이어는 예전부터 공통어로서 비공식적으로 사용되어왔기 때문에 자와인 엘리트층은 격식을 갖추지 못한 자와어를 사용하는 것보다는 단순화된 말레이어가 낫다고 생각했던 것 같다.

19세기 말에 식민 지배자들이 말레이어 대중문학의 확산을 지원하면서 중앙 수마트라 및 말레이반도 지역의 모국어, 즉 말레이어의 상승은 더욱 가속화했다. 말레이어의 어휘와 사용자의 수는 증가했으며 위신은 높아졌다. 1928년에 독립운동 세력은 말레이어를 공식언어로 정했고, 1945년 독립이 선포되면서 확정되었다. 사실 이것은 간단한 결정이 아니었다. 전체 인구 대비 비율도 그러했지만 특히나 정치계에서 자와어 사용자들의 지배력이 강력했기 때문이다. 그러나 다행히도 엘리트 계층들은 자와어가 가진 격식에 대한 복잡한 체계와 인도네시아의 다른 섬에서는 자와어가 인기가 없다는 것을(자와어는 인도네시아에서 가장 큰 민족의 언어였기 때문에 다른 소수민족들의 반발이 있었다) 일찍부터 깨닫고 있었기에 말레이어를 공식 언어로 채택할 수 있었다.

네덜란드어도 인도네시아의 또 다른 선택이 될 수 있었다. 지금은 다소 무리인 듯 보이지만 당시에는 가능성이 높은 이야기였다. 사실 네덜란드의 또 다른 식민지였던 수리남은 1975년에 독립하면서 네덜란드어를 공식 언어로 선택하기도 했다. 인도네시아의 독립운동 지도자들은 네덜란드어에 능숙했으며, 그들에게 자유·평등·박애에 대한 생각을 불어넣어준 것도 바로 유럽식 교육이었다. 1940년대에는 인도네시아 인구의 겨우 1.5퍼센트 정도만 네덜란드어를 사용하긴 했지만, 인도에서는 독립 당시 인구의 겨우 2퍼센트만이 영어를 할 줄 알았음에도 불구하고 영어를 공식 언어 중 하나로 유지하기로 결정했다.

식민지를 거느리던 다른 유럽국가의 언어와 마찬가지로 네덜란드어가 가진 큰 장점은 광범위한 어휘였다. 행정과 과학에 이르기까지 삶의 모든 영역에서 네덜란드어는 현대화된 국가에서 필요로 하는 모든 단어를 가지고 있었다. 네덜란드 사람들이 식민지였던 인도네시아를 다스리기 위해 말레이어를 사용한 덕분에 말레이어의 어휘가 좀 더 풍성해지고 현대화하기는 했지만 그래도 그것만으로는 부족했다. 인도네시아 독립 이후 말레이어가 공식언어로 채택되었을 때 지도층들은 말레이어가 과학·경제·정치 그리고 공식적인 자리에서 필요한 모든 분야를 아우를 수 있을 정도로 어휘를 확장해야 한다는 사실을 잘 알고 있었다. 이 작업은 한 언어연구원이 진행하였고, 성공적인 결과물을 만들어냈다. 연구원에서는 수십만 개의 말레이어 전문 용어들을 만들고 정의했다.

바하사 인도네시아(인도네시아의 말레이어)는 처음부터 성공작이었다. 현대성과 '인도네시아의 정체성', 사회적 보편성을 가진 인도네

인도네시아에서는 때로 번역을 다시 번역해야 할 필요가 있다. 'Don't ride motor bike in the gang'(갱에서 오토바이를 타지 마시오)에서 'gang'은 인도네시아어로 골목이라는 뜻이다(이 단어는 네덜란드어에서 차용된 단어다).

시아어는 도시화가 이루어지고 현대적 매체의 확산이 늘어나면서 그 가치가 올라갔다. 2010년에는 인구의 90퍼센트가 넘는 사람들이 인도네시아어를 구사할 수 있는 것으로 조사되었는데, 이것은 1970년에 비해서 40퍼센트가 오른 수치다. 독립 당시의 수치는 이보다도 훨씬 더 낮았다.

하지만 인도네시아의 언어 정책은 말레이어에게만 특혜를 주지는 않았다. 처음부터 광범위한 이중언어 사용을 공표하였으며, 모든 시민들은 국가적 통일성을 위해 인도네시아어를 배울 것이 권장되었지만 그들의 토착언어도 자유롭게 사용할 수 있었다. 언어연구원에서는 인도네시아어뿐 아니라 다른 토착언어들에 대한 여러 작업도 진행했다. 물론 세계의 다른 곳과 마찬가지로 인도네시아에서도 오늘날 규모가 작은 언어들이 규모가 큰 언어들에게 위협을 받고 있으며, 여러 민족들이 섞여 사는 주요 도시 지역에서는 인도네시아어가 주로 사용된다. 그러나 이러한 현상은 언어를 통일하려는 국가의 강제에 의해서 이루어진 결과가 아니며, 오히려 국가는 이중언어 사용을 권장하고 있다는 점에서 매우 인상적이다.

인도네시아 언어 정책의 또 다른 장점은 바로 다른 국가들처럼 어린이들에게 처음부터 공식언어를 강제로 사용하게 하는 대신 초등교육의 처음 삼 년 동안 토착언어의 사용을 허용한다는 것이다. 결과적으로 인도네시아의 어린이들은 자신들에게 익숙한 언어로 읽고 쓰는 것을 배우게 되는데, 이것이 읽고 쓰는 것을 익히는 가장 좋은 방법이라는 것은 의심의 여지가 없다.

국가적인 차원에서는 성공적이었지만 인도네시아의 언어 정책은 국제적 의사소통에 대해서는 부족한 면모를 드러냈다. 인도네시아어가 사회의 모든 공적 영역에서 너무나 지배적으로 사용되고 있어서 영어와 다른 외국어에 대한 지식은 제한적이고 대부분 빈약했기 때문이다. 이 문제에 있어서 탄자니아는 더 효과적인 방법을 찾았는데, 국제적 접촉이 중요한 분야에서는(고등교육기관과 대기업) 영어를 사용하여 국제적 의사소통 능력을 키웠다. 하지만 이 방법을 사용하느냐 마느냐는 궁극적으로 이념의 문제다. 정체성 대 경제 그리고 민족주의 대 국제화라는 이념의 문제인 것이다.

인도네시아와는 달리 말레이시아에게는 말레이어가 독이 든 성

배였다. 말레이어 사용자들은 근소한 차이로 다수를 유지하고 있지만, 외부에서 유입되어 성공적으로 정착한 소수민족들에게 위협을 받는다는 불안감에 휩싸여 있으며, 이에 따라 말레이어를 공식 언어로 쓰도록 강제했다. 이것은 스스로의 정체성을 지키기 위한 선택이었으나 결국 본질적으로는 나라를 더욱 불안정하게 만들었다.

반면, 인도네시아에게 말레이어는 신이 준 선물이었다. 말레이어의 이슬람교와의 역사적 연관성을 생각해보면 그야말로 말 그대로다. 말레이어는 오래 전부터 무역을 통해 퍼져나갔으므로 많은 사람들이 말레이어에 자연스럽게 익숙해 있었다. 그리고 말레이어의 종교적 관련성이 이 언어에 정당성을 부여했다. 또한 말레이어는 인구의 대부분이 사용하는 언어들과 친족관계에 있었으므로 배우기 쉬웠다. 한마디로 말레이어는 좋은 국가언어의 모든 특징을 가지고 있었다. 인도네시아의 지도자들은 이 기회를 포착했고 잡았다. 언어에 관한 한 그들의 정책은 세계에서 가장 합리적이고 성공적인 축에 속한다.

8

러시아어

русский язык

russkiy yazyk

2억 7,500만 명

1억 5,000만 명의 원어민들은 대부분 러시아, 벨라루스, 우크라이나 및 중앙아시아 지역에 살고 있다. 1억 2,500만 명은 러시아어를 제2언어로 사용하며, 이들의 대부분은 구소련 지역과 동부 및 중부 유럽의 구소련 위성국가들과 몽골에 사는 비러시아인들이다. 제2언어로서의 러시아어는 계속해서 그 입지를 잃어가고 있다.

자칭 이름 루스키 야지크русский язык, russkiy yazyk(러시아어) 또는 이제는 구식 표현이 되었지만 대러시아어Great Russian라고도 한다. '대러시아어'는 주로 '소러시아어Little Russian'(우크라이나어) 그리고 '백러시아어White Russian'(벨라루스어)와 구별하기 위해 사용하던 표현이다.

이민자 이스라엘에서 100만 명이 넘는 이민자들이 러시아어를 사용하며, 미국에서 그보다 약간 적은 수의 이민자들이 러시아어를 사용한다. 독일에는 200만 명의 러시아어 사용자가 있는데 대부분 독일민족 출신이다.

어족 러시아어는 인도유럽어족의 한 분파인 슬라브어파에서 가장 큰 언어다. 슬라브어파 언어들은 폴란드와 체코공화국에서부터 동쪽으로는 태평양에 이르기까지 넓고 연속된 지역에서 사용되며, 발칸반도 지역에서도 사용된다. 독일에서는 슬라브어파에 속하는 작은 언어인 고지소르브어와 저지소르브어가 사용된다.

문자 키릴 문자.

문법 명사에는 세 개의 성, 여섯 개의 격, 단수와 복수가 있다. 형용사는 성·격·수에서 명사와 일치한다. 동사에는 미완료형과 완료형 두 종류가 있는데, 이 둘은 항상 비슷하지만 예측불가능한 방식으로 비슷하다.

소리 다른 슬라브어파 언어들과 마찬가지로 러시아어에는 치찰음이 풍부하다. /s/, /z/, /sh/, /zh/(영어단어 measure에서 s가 내는 발음), /ch/, /shch/, /ts/ 등이 있다. 대부분의 자음들은 두 종류로 존재한다. 약한 종류는 강한 종류에 비해서 혀의 중간 부분을 높게 하여 발음한다. 러시아어 단어는 브즈글랴트взгляд, VZGLYAD(시선)처럼 매우 긴 자음군으로 시작할 수 있다.

차용어 역사적으로는 고대교회슬라브어(고전 슬라브어파 언어 중 하나), 튀르크어족 언어, 프랑스어, 독일어, 네덜란드어에서 단어들을 빌려왔다. 오늘날 차용어의 주된 출처는 영어다.

수출어 영어로 수출된 단어들 중 대부분이 러시아 문화와 직접적으로 관련된 것들이다. 차르tsar, 인텔리겐치아intelligentsia, 보드카vodka, 트로이카troika, 포그롬pogrom(집단학살), 다차dacha(러시아의 시골 저택), 아파라크치크apparatchik(기관원)가 대표적이다. 그 밖에 스텝steppe, 매머드mammoth, 타이가taiga 등이 있다.

우주 러시아어는 우주에서 사용된 첫 언어다(1961년에 유리 가가린Yuri Gagarin이 우주에 최초로 갔을 때).

8: 러시아어
인도유럽어족이라는 것에 대해

언어에도 사람처럼 가족이 있다. 그렇다면 언어가 어떤 가족에 속한다는 것은 무엇을 의미하는 걸까? 가족 구성원들에게 어떠한 공통점이 있다는 뜻일까? 가까운 형제자매를 살펴볼 때는 이 질문이 쉬워 보인다. 스페인어와 포르투갈어는 서로 비슷하며, 그들의 어머니인 라틴어를 아주 많이 닮았다. 영어는 그만큼 가까운 형제자매는 없지만, 언어학자들은 만장일치로 영어가 게르만어파라는 핵가족과 인도유럽어족이라는 대가족에 속한다고 말한다. 그런데 인도유럽어족에는 러시아어도 포함되어 있다. 영어와는 사뭇 달라 보이는데도 말이다.

영어를 게르만어파 친족들과 비교한다면 문제는 상대적으로 단순하다. 이 언어들을 추적해 과거로 올라가다 보면 서기 900년 근처에서 이 언어들이 서로 연관되어 있다는 것을 발견하게 될 것이다. 현대의 영어와 독일어 사용자들은 그 시기의 영국과 독일 사람들을 이해하기 어렵겠지만 과거의 그들은 서로 상당히 편하게 교류했을 것이다. 독일어와 영어가 같은 가족에 속하기 때문이다. 역사의 어느 한 시점에 한 무리의 사람들이 하나의 언어를 사용했고 그 언어가 여러 방언들을 만들어냈고, 그 방언들이 차례로 다른 언어들이 되었으며 그리고 마침내 그 언어들이 영어와 독일어가 된 것이다. 이 언어들이 다채로운 역사적 모험을 겪는 동안 유전적으로 서로 관련이 없는 수많은 사람들이 이 언어들을 배웠다. 영어를 배운 사람들 중에는 바이킹·노르만족·위그노족과 노예가 된 아프리카인들 그리고 미국과 캐나다, 호주 등지로 이민 간 지치고 가난한 대중들이 포함된다. 독일어의 경우에는 영어보다 훨씬 더 적은 양의 '새로운 피'를 받아들였는데, 그 결과 영어는 독일어에 비해 그 모양이 더 많이 변화했다. 현대의 독일어 사용자들은 영어 사용자들에 비해서 자신의 조상들과 대화하기가 더 쉬울 것이라고 상상해볼 수 있다.

그러나 많은 변화에도 불구하고 영어와 독일어 사이에는 문법과 어휘에 있어서 많은 유사점이 남아 있다. 영어와 독일어는 기본적인 어순이 동일하고, 두 언어 모두 관사를 가지고 있다. 무엇보다 두 언어는 그 기원을 공유하는 동계어cognate(어원이 같거나 비슷한 언어)를 가지고 있다. 이것은 두 언어가 게르만조어Proto-Germanic를 공통의 조상언어로 가지고 있기 때문이며, 기초적인 어휘에 있어서 영어와 독일어 사이의 동계어의 비율은 매우 높다.

독일어와 마찬가지로 영어와 러시아어와의 사이에도 동계어가 많다. 하지만 러시아어는 영어의 게르만어파 형제자매가 아니라 약간 먼 인도유럽어족 사촌이기 때문에 러시아어와 영어 사이의 유사점은 독일어에 비하면 적은 편이며, 차이점은 더 많다.

영어와 러시아어 그리고 트럼프의 조상들의 언어인 독일어는 모두 다 인도유럽 어족에 속하는 친족들이다.

언어적 조상을 찾아 거슬러 올라가다 보면 영어의 의사소통이 러시아어보다 훨씬 먼저 붕괴되는 것을 발견하게 될 것이다. 500년 전 과거로 가면 현재의 영어 사용자들은 조상들의 언어를 이해하지 못할 가능성이 높다. 하지만 러시아어 사용자들은 아마 그보다 몇 세기 이전으로 돌아가도 조상들과 의사소통이 가능할 것이다. 여기에서 흥미로운 점은 이것이다. 대부분의 언어학자들이 주장하듯이 영어와 러시아어가 정말로 친족관계에 있는 언어들이라면, 세대를 계속 거슬러 올라가다 보면 결국 영어와 러시아어 사용자들의 언어적 조상들이 서로의 말을 이해할 수 있는 시점에 다다를 수 있을 것이라는 점이다. 영어와 독일어 경우에 이 시점은 서기 1000년 근처였다. 하지만 러시아어와 영어의 경우에는 훨씬 더 긴 시간이 필요하다. 서기에서 기원전으로 넘어가 한참 더 거슬러 올라간 기원전 3000년 즈음에야 두 언어가 서로를 이해할 수 있는 시점을 발견할 수 있다. 영어 계보와 러시아어 계보가 서로 이야기할 수 있게 되고, 결국에는 인도유럽조어Proto-Indo-European로 합쳐지는 것이다. 이 시점을 찾기 위해 우리는 약 5,000년(약 200세대)을 거슬러 올라갔다. 이토록 긴 시간이 사람들의 말하는 방식에 미칠 영향력을 상상해보라. 아니 사실 상상할 필요도 없다. 그저 영어와 러시아어를 비교해보면 된다. 이 두 언어 사이의 차이점이 바로 5,000년 동안 벌어진 일이다.

좀 더 이해를 돕기 위해 러시아어 문장 하나를 살펴보도록 하자. 키릴 문자로 먼저 적고 발음을 짐작할 수 있도록 그 아래에 같은 문장을 라틴 문자로 음역하여 적었다.

Бобр и выдра живут в проточной воде; бобр строит плотины.

Bobr i vydra zhivut v protochnoy vode; bobr stroit plotiny.

이 문장은 "비버와 수달은 흐르는 물에 살고, 비버는 댐을 짓는다"는 뜻이다. 바브르Бобр는 '비버'를 뜻하는 러시아 단어로 영어의 비버beaver 그리고 독일어의 BIBER와 유사한 형태를 보이므로 이 단어가 인도유럽어족 동계어라는 것을 알 수 있다. 문장의 구조를 살펴보면 영어처럼 주어가 맨앞에 오는 것을 볼 수 있다. 러시아어에서 주어와 술부의 순서는 영어와 독일어에 비하면 비교적 덜 엄격하지만, 기본적으로는 주어가 문장의 처음에 오는 것이 원칙이다. '흐르는 물'을 뜻하는

'프라또치니 보드проточной воде'를 통해 형용사와 명사의 순서도 영어나 독일어와 동일하다는 것을 알 수 있다.

관사에 있어서는 영어와 러시아어 사이에 매우 커다란 차이를 발견할 수 있는데 바로 러시아어에는 관사가 없다는 점이다. 인도유럽어족 분파의 대부분, 즉 게르만어파, 로망스어군, 이란어군에서부터 그리스어파 언어들과 알바니아어, 아르메니아어에 이르기까지 이 모든 분파들은 관사(부정관사 'a' 또는 정관사 'the' 또는 두 가지 다)의 사용을 좋아한다. 딱 세 개의 분파들만 관사의 사용을 피하는 경향이 있는데 슬라브어파 언어들이 그 중 하나다. 하지만 그렇다고 슬라브어파 언어들이 인도유럽어족의 가보를 잇지 않은 것은 아니다. 오히려 인도유럽조어에는 관사가 존재하지 않았다.

수달과 히드라

•

영어와 러시아어 사이에는 동계어들이 꽤 많이 있는데 앞의 문장에서 영어와 러시아어의 동계어들을 찾아보자. 일단 바브르Бобр(비버)가 있다. 이 단어와 영어 단어 비버beaver는 둘 다 인도유럽조어 단어인 BHÉBHRUS에서 유래했다(인도유럽조어를 현대에 그대로 구현하기는 어려움이 많으므로 현대의 언어학자들은 인도유럽조어에 별표와 숫자, 첨자들을 사용하지만 나는 이 방법을 선호하지 않는다). 더욱 분명한 사례로는 보드воде(물)를 들 수 있다. 영어의 물water과 러시아어의 물воде 모두 인도유럽조어인 WÓDR 또는 UÓDR에서 유래했다(w와 u는 그저 철자의 변형일 뿐 같은 소리를 나타낸다). 이 두 단어는 '물'을 뜻하는 그리스어 단어 HUDŌR와도 동계어다. 이 그리스어 단어는 현대 영어 단어 중 하이드레이트hydrate(수분을 더하다)를 떠올리게 한다(수분 보충을 하고 싶을 때 보드카водка를 마시는 것은 별로 좋은 생각이 아니다. 이 러시아 술 이름에 '물'을 뜻하는 보드воде가 붙기는 했지만 말이다).

세 번째로 흥미로운 단어는 비드라выдра(수달)다. 이 단어는 영어의 오터otter(수달)과 동계어다. 뿐만 아니라 이 단어들은 보드воде 그리고 워터water와도 연관되어 있다. 약 5,000년 전에 '물'에 해당하는 단어인 WÓDR 또는 UÓDR는 '물의' 또는 '물에 사는'이라는 뜻의 형용사 UDRÓS와 UDRÉH를 갖고 있었다(각각 남성형, 여성형 형용사). 게르만어파는 남성형을 택해서 오터otter로 변형시켰고, 슬라브어파는 여성형을 선택하여, 비드라выдра를 만들어냈다. 산스크리트어와 라틴어를 포함하여 인도유럽어족의 다른 언어들을 사용하는 사람들도 비슷한 변화를 만들어냈다. 하지만 그리스인들은 히드라hydra를 변형시켜 장난기 많은 수달을 만들지 않고 머리가 많이 달린 괴물의 이름으로 삼았다.

다음 동계어는 사실 눈에 잘 띄지 않는다. 언어학자들에 따르면 러시아어 전치사 브в는 영어의 in과 동일한 기원을 가지며, 그 기원은 인도유럽조어 단어 HÉN이라고 한다. HÉN에서 in으로의 변화는 납득이 가지만 HÉN에서 브в로의 탈바꿈은 거의 마술에 가까워 보인다. 물론 시간이 매우 오래 걸린 마술이긴 하지만 말이다.

쉽게 눈에 띄지 않는 다른 예는 지부트живут로 이 단어는 '살아 있다'라는 의미의 동사 지띠жить의 한 형태다. 믿기 어렵겠지만 이 단어는 영어 단어 퀵quick(빠른)과 동계어다. 지금은 퀵quick이 빠르다는 의미로 쓰이지만 예전에는 '살아 있는'이라는 뜻이었다. 또한 지부트живут

와 퀵quick은 바이올로지biology(생물학)와 리바이벌revival(회복, 부흥)과도 연관되어 있다. 이 단어들은 모두 '살다'와 '살아 있는'을 뜻하는 인도유럽조어 단어인 GWEIH와 GWIHWÓS의 현대적 반영이다.

동계어를 찾다가 로망스어군 분파로 들어가보면 러시아어가 인도유럽어족의 후예라는 또 다른 증거를 발견할 수 있다. 가장 명확한 예는 '(그가) 짓는다'는 뜻의 러시아어 단어 스트로이티строит다. 라틴어에서는 스트루이트STRUIT(이 동사의 원형은 STRUĔRE)를 찾을 수 있다. 이 라틴어 동사는 스트럭처structure(구조물)와 디스트로이destroy(파괴하다)를 포함하여 꽤 많은 영어 단어의 기원이 되었다. 러시아어의 스트로이티строит와 라틴어 스트루이트STRUIT는 독일어 바우트BAUT(건축)와 동일한 '-t' 어미를 가지고 있다는 점에 주목하자.•

프라또치니проточной(흐르는)의 경우, 첫 음절이 provoke(유발하다), pronoun(대명사), pro-choice(임신중절 합법화에 찬성하는)에서 볼 수 있는 라틴어 접두사와 비슷하다. 그리고 실제로 이 단어들은 다 동일한 인도유럽조어 접두사에서 유래했다. 흥미로운 점은 영어에서 (라틴어에서 들어온 단어들을 빼고서도) 이 접두사의 흔적을 찾아볼 수 있다는

• 사실 이것은 정확한 설명은 아니다. 러시아어와 동슬라브어군에 속하는 다른 언어들은 이전에 '-t'' 어미를 가지고 있었다(이 t'는 영어 단어 tiara에서의 t 소리와 비슷하다). 러시아어에서는 이 어미가 없어졌다. 나중에 러시아어는 본문에서 언급한 '-t' 어미를 획득했는데, 아마도 이 동사 형태 뒤에 '이것' 또는 '저것'을 뜻하는 옛날 단어 tŭ가 자주 따라온 결과로 보인다. 그러므로 현재 러시아어의 -t 어미는 엄격하게 말하자면 라틴어와 독일어의 -t 어미와 동일한 기원을 가진 것은 아니다. 하지만 러시아어에 라틴어 및 독일어의 어미와 동일한 기원을 가진 어미가 이전에 있었고, 러시아어 방언들 중 일부에는 여전히 그 어미가 있으며, 가까운 친족 언어인 우크라이나어에도 있는 것은 사실이다.

것인데, forgive(용서하다)와 forgather(모이다) 가 그 예다. 프라또치니 проточной의 가운데 음절은 '흐르다, 달리다'라는 뜻을 가지는데, 이 음절 역시 인도유럽어족 동계어들을 가지고 있지만 영어에서 알아볼 수 있는 단어는 없다.

'댐(들)'을 뜻하는 플라띠니плотины는 슬라브어파 단어로 '울타리'를 뜻하는 플라뜨плот에서 유래했다. 고대 슬라브인들은 울타리를 무언가를 땋은 것으로 만들었음이 분명한데, 이 단어가 '땋다, 짜넣다'라는 의미를 가진 동사 플레스띠PLESTI와 친족이기 때문이다. 이 동사는 인도유럽어족 용어로 가장 옛날의 형태는 'PLEḰ-'이었다. 게르만어파에서도 이 단어를 유지하고 있는데, 예를 들어 독일어에는 플레흐텐FLECHTEN(엮다, 꼬다)이 있다. 하지만 고대 영어에 있었던 FLEOHTAN은 현대로 오는 과정에서 없어졌다. 이 없어진 단어를 대신해서 프랑스어 플리트PLEIT에서 차용해온 플레이트plait(땋다, 꼬다)가 러시아어 단어와 독일어 단어와 동계어인 또 하나의 단어가 되었다.

이것으로 전체 문장에서 가장 작은 단어 하나, 즉 이и만 남았다. 이것은 '그리고'라는 뜻의 단어다. 의미와 소리로만 보면 당연히 스페인어 단어 Y(그리고)와 동계어라고 생각하겠지만 그렇지 않다. 스페인어의 Y는 라틴어 ET(그리고)에서 비롯되었고, 러시아어의 I는 인도유럽어족 단어 EI에서 비롯되었는데, EI가 라틴어 및 영어와 더 어떻게 관련되는지는 어원을 더 파헤쳐봐야 알 수 있을 것이다.

그을음처럼 까만

•

지금까지 살펴본 러시아어 단어들을 통해 러시아어가 인도유럽어족 사촌들과 실제로 얼마나 가깝게 연관되어 있는지 느낄 수 있었을 것이다. 재미있는 점은 일단 이러한 유사점들을 자각하기 시작하면, 점점 더 많은 곳에서 유사점을 발견할 수 있다는 사실이다. 러시아 단어에서뿐만이 아니라 러시아어 문법에서도 그렇다. 앞에서 라틴어 스트루이트STRUIT, 러시아어 스트로이티СТРОИТ와 독일어 바우트BAUT가 3인칭 단수를 나타내는 어미를 공통의 기원으로 두고 있다고 언급했었다. 이제 모든 어미를 살펴보자.

	라틴어	러시아어	독일어	기타
1인칭 단수, 나	o, m	u, m	e	고대 독일어: o
2인칭 단수, 너	s	sh	st	영어 고어와 일부 방언: st
3인칭 단수, 그/그녀	t	t	t	영어 고어: th
1인칭 복수, 우리	mus	m	n	게르만조어: maz
2인칭 복수, 너희들	tis	te	t	
3인칭 복수, 그들	nt	t	n	독일어 일부 방언: nt

상당히 인상적인 유사성이라고 말할 수 있다. 러시아어와 라틴어 사이의 유사성이 특히 인상적이지만 동시에 러시아어와 게르만어파 언어들, 특히 옛날 게르만어파 언어들 사이의 유사성도 인상적이다.

표에 영어가 별로 보이지 않는데, 그것은 영어에 남아 있는 동사 어미의 수가 적기 때문이다.

영어의 어미를 조금 더 살펴보기 위해 thrown(던지다throw의 과거분사), bent(굽히다bend의 과거분사) 같은 수동분사형을 살펴보자. 영어에서 수동분사형은 -n 또는 -t를 사용해서 만든다(물론 stayed에서처럼 -d도 사용하지만 -d는 -t와 동일한 어원을 공유한다). 독일어 수동분사형도 GEWORFEN(던지다WERFEN의 과거 분사)과 GEBEUGT(굽히다BEUGEN의 과거분사)

인도유럽어족에 기원을 둔 러시아어-영어 동계어			
быть byt'	be(~이다)	мой moy	my(나의)
день den'	day(낮)	ночь noch'	night(밤)
два dva	two(둘)	нога́ noga (발/다리)	nail(못)
дверь dver'	door(문)	нови novy	new(새로운)
пропитой golos (목소리)	cal (부르다)	се́рдце serdtse	heart(심장)
го́род gorod(도시)	yard(마당)	све́т svet(빛)	white(흰)
гость gost'	guest(손님)	тысяча tysyacha	thousand(천, 1000)
и́мя imya	name(이름)	ты ty	thou(너, 당신)
матери materi	mothers(어머니들)	е́сть yest'	is(be 동사의 3인칭 단수형)
ме́сяц mesyats	moon(달),month(월)	знать znat'	know(알다)
мни́ть mnit' (생각하다)	mind(마음)		

가 보여주듯이 -n과 -t 두 종류 모두 가지고 있다. 이 두 가지 어미 모두 인도유럽어족에 뿌리를 두고 있으며, 러시아어에도 반영되어 있다(BROSHENNY(던지다의 과거분사)와 GNUTY(굽히다의 과거분사)).

인도어유럽어족 언어들의 또 다른 특징은 대부분의 다른 언어들과는 다른 방식으로 모음을 교체한다는 것이다. 영어 단어 man(남자)이나 woman(여자)의 불규칙 복수형 같은 모음 교체 중 일부는 근대에 일어난 일이다. Man의 복수형이 men이고 woman의 복수형이 women인 것을 두고 인도유럽조어와의 연관성을 찾기는 힘들다. Men과 women은 수천 년이 지난 후에야 등장했기 때문이다. 하지만 수천 년 전의 인도유럽조어도 몇 가지 당혹스러운 모음 교체 법칙을 가지고 있었다. 한 예로, 매우 흔한 소리였던 단모음 /e/는 특정 상황에서 장모음 /ē/, 단모음 /o/, 또는 장모음 /ō/로 교체될 수 있었다. 아니면 모음이 아예 없어지기도 했다. 이 다섯 가지 종류의 변화는(전문가들은 '단계grade'라고 부른다) 명사와 동사 모두에서 일어날 수 있었다. '앉다sit' 라는 의미를 가진 어근 SED-가 좋은 예다.

- 기본적 e- 종류는 영어 단어 sit(앉다)(e가 i로 바뀌었다)와 러시아어 СЕСТЬ CEST'(앉다), 라틴어 SEDĒRE(앉다)를 만들어냈다.
- o- 종류는 게르만어파의 과거 시제인 SOT을 만들어냈고, 이것은 현대 영어에서 sit의 과거형인 sat이 되었다.
- ē- 종류인 SĒD-는 영어 명사 seat(자리)와 이 단어의 라틴어 동계어인 SĒDĒS를 낳았다.
- ō- 종류는 영어 단어 soot(그을음)의 기원이며 같은 뜻의 러시아어 사

자CÁЖА, SAŽA의 기원이기도 할 것이다(사자CÁЖА는 O- 종류에서 유래했을 가능성이 더 높다). 연관성은 까만 것이 표면에 '앉아 있다'는 데 있다.

- 모음이 없는 종류인 SD-는 영어 단어 nest(둥지)와 관련이 있다. 인도유럽조어 단어 NISDOS는 새가 아래로(NI) 앉는(SD) 장소를 뜻했다. 러시아어에서는 이 단어가 그네즈도ГНЕЗДÓ, GNEZDO로 바뀌었고 라틴어에서는 NIDUS로 바뀌었다.

다섯 가지 변형의 종류 모두 영어 및 다른 현대 언어들에 흔적을 남긴 SED와 같은 예를 찾기는 쉽지 않다. 하지만 이런 아블라우트 ablaut(모음교체, 모음변화) 현상은 매우 흔히 일어나는 일이다. 예를 들어 영어에서는 '노래하다'라는 뜻의 sing(현재형)-sang(과거형)-sung(과거분사형)이 있다. 라틴어에서는 아블라우트가 FACERE-FECI-FACTUM 같은 불규칙 동사들을 만들어냈고, 이것이 다시 스페인어에 HACER-HICE-HECHO를 만들어냈다(모두 '하다, 만들다'라는 뜻). 러시아어에서도 아블라우트가 몇 가지 동사 활용을 복잡하게 변형시켰다. 예를 들어 브라띠БРАТЬ, BRAT'(잡다, 얻다)는 베루БЕРУ, BERU('내가 잡는다')를 포함하여 많은 경우 e를 사용하여 동사를 변형시킨다. 하지만 러시아어에서 아블라우트는 주로 새로운 단어를 만들어내는 데 쓰인다. 많은 예가 있지만 그중 한 가지로 두흐ДÝХ, DUKH, 도흐누띠ДÓХНУТЬ, DOKHNUT', 디샤띠ДЫШÁТЬ, DYSHAT' 삼총사를 들 수 있다. 첫 번째 단어는 '영혼'을 뜻하고, 두 번째 단어는 '죽다'(마지막 숨을 쉬다)라는 단어의 속어이며, 마지막 단어는 '숨을 쉬다'라는 뜻이다.

다른 사람들이 말하는 법

•

지금까지 영어와 러시아어 사이의 눈에 띄는 유사점들을 찾아보았다. 아니 더 정확히 말하자면 눈에 띄게 '만들' 수 있는 것들을 찾아보았다. 지부트живут와 퀵quick은 각각의 어원을 철저히 들여다보기 전까지는 두 단어가 공통된 출처를 가지고 있다는 것을 알기 힘들다.

영어와 러시아어를 다른 어족에 속하는 언어들과 비교해보기 전까지는 특별히 인도유럽어족의 특징으로 생각되지 않는 것들도 꽤 존재한다. 예를 들어 음운 체계가 있다. '화살'을 뜻하는 러시아어 단어 스뜨렐라СТРЕЛА́, STRELA를 생각해보자. 별로 특이할 것이 없다. 영어 사용자라면 같은 뜻을 가진 영어 고어인 스트릴streal을 알 수도 있을 것이다. 그저 동계어일뿐이라고 생각할 수도 있겠지만 여기에서 새로운 특징을 발견할 수 있다. 바로 세 개의 자음으로 시작하는 음절이다. 영어사용자들에게는 익숙한 일이므로 특별하게 여겨지지 않겠지만, 인도유럽어족 바깥에서 이러한 음절은 희귀한 것이다. 비-인도유럽어족 언어들 중에서는 열 개 중 한 개 정도에서 이러한 음절을 발견할 수 있다(인도유럽어족 내에서도 일부 언어들은 이런 음절을 좋아하지 않는다). 러시아어의 경우 브즈글랴트ВЗГЛЯ́Д, VZGLYAD(시선) 같은 단어에서 볼 수 있듯이 더 복잡한 자음군을 가진 단어들도 있지만, 국제적 기준으로 보자면 영어 단어 스트롱strong(강한)도 마찬가지로 독특하다고 할 수 있다.

인도유럽어족의 두 번째 특징으로 다시 한 번 동사 활용을 생각해보자. 사람들은 영어와 러시아어 모두 동사변형을 한다는 것을 너무나 당연하게 여기지만, 동아시아의 언어들은 동사변형을 하지 않는 경우가 많다. 또한 영어와 러시아어는 대부분 접미사를 사용해 동사변형을 하지만, 아프리카의 언어들은 접두사를 훨씬 더 선호한다. 그리고 마지막으로 영어와 러시아어의 동사변형은 주어에 따라 달라지며, 목적어나 문장의 다른 부분에 따라 달라지지 않는다. 하지만 직접목적어나 간접목적어 등에 따라 동사변형이 이루어지는 언어들도 적지 않다. 유럽에서는 바스크어가 그런 유형에 속한다.

또한 영어와 러시아어는 둘 다 전치사를 많이 사용한다는 유사점을 가지고 있다. 거의 모든 문장마다 전치사를 찾아볼 수 있다. 비-인도유럽어족 언어들은 대부분의 경우 전치사가 아예 존재하지 않거나 있다 하더라도 드물게 사용된다. 더욱이 영어와 러시아어는 둘 다 전치사를 접두사로도 이용하여 명사, 형용사, 동사의 형성에 효과적으로 사용한다. 영어에는 off-spring(자손), over-joyed(매우 기쁜), up-date(갱신하다) 등 수천 개의 비슷한 사례가 존재한다. 러시아어 사전에서도 в(~안에), от(~로부터), об 또는 о(~에 대하여), без(~없이) 등 전치사를 접두사로 사용해서 시작하는 단어들을 많이 찾아볼 수 있다. 라틴어와 그리스어도 마찬가지다. 예를 들어 in-vent(발명하다), pre-dict(예측하다), sus-pend(매달다), peri-scope(잠망경), meta-phor(은유) 등이 있다. 전치사를 접두사로 바꾸는 이 절차를 전혀 관계가 없는 다른 곳의 언어들에서 한번도 본 적이 없는 것은 아니지만, 흔한 경우는 결코 아니다.

아마 다른 어느 것보다 인도유럽어족의 안과 밖에 있는 언어들 사이의 차이점을 살펴보는 것만큼 '안'에 있는 언어들이 얼마나 비슷한지를 보여주는 것은 없을 것이다. 영어와 독일어, 영어와 러시아어, 심

모스크바의 버스터미널. 압따바크잘автовокза́л(버스정거장)이라는 단어는 보기보다는 영어와 더 밀접하게 연결되어 있다. 압따авто는 자동차를 뜻하는 오토auto의 철자를 바꾸어 적은 것이고, 바크잘вокза́л은 복스홀Vauxhall을 음성적으로 표현한 것이다. 러시아 최초의 기차역 중 하나가 이 이름을 가진 유원지 근처에 있었다.

지어 영어와 벵골어에서도 아주 자세히 살펴보면 비슷한 점을 많이 발견할 수 있다. 모두 한가족이기 때문이다.

7

포르투갈어

PORTUGUÊS

2억 7,500만 명

2억 5,000만 명의 원어민과 2,500만 명의 제2언어 사용자들이 포르투갈어를 사용한다. 포르투갈어 사용자들은 대부분 포르투갈, 브라질 또는 앙골라와 모잠비크에 살지만, 기니비사우, 카보베르데, 상투메프린시페에도 적은 수의 사용자들이 살고 있다. 포르투갈인들은 자신들의 이전 식민지 지역뿐 아니라 아메리카 대륙의 스페인어 사용 국가들과 영어 사용 국가들 그리고 서부 유럽 지역으로 이주했다. 룩셈부르크에서는 포르투갈어 사용자들이 인구의 16퍼센트를 차지한다.

자칭 이름	포르투게스Português
어족	인도유럽어족 내의 로망스어군에 속한다.
문자	라틴 문자에 양음 기호, 틸데(물결표), 곡절 기호, 세디유 기호를 더해 사용한다(á, õ, ê, ç).
문법	포르투갈어의 문법은 스페인어 및 다른 로망스어군의 언어들과 아주 비슷하다. 하지만 이 안에서도 포르투갈어의 동사변형은 다른 언어들에서는 쓰이지 않게 되었거나 아니면 처음부터 아예 없었던 형태들을 포함하여 아주 풍부한 편이다(브라질 포르투갈어에서는 다소 덜하다).
소리	포르투갈어는 로망스어군 언어로 프랑스어와 마찬가지로 모음의 수가 많다(약 15개, 이 중 5개는 비음이다). 게다가 이 모음들은 이중모음과 삼중모음으로 결합할 수 있다. 자음 소리는 약 스무 개가 있다.
차용어	중세시대 무어인들의 통치는 포르투갈어에 수많은 아랍어 단어들을 남겼지만, 스페인어에 남긴 것보다는 그 수가 훨씬 적었다. 식민지 건설로 아메리카 원주민 언어, 아프리카 언어, 아시아 언어들로부터 단어를 받아들였다. 현대 유럽 언어들 중에서 따지자면 차용어의 주된 출처는 프랑스어와 영어다.
수출어	포르투갈어는 많은 아시아 단어들과 신대륙 단어들을 영어로 전달했다. 그 예로는 망고mango, 파고다pagoda, 탱크tank, 정크junk(중국 범선), 코브라cobra, 만다린mandarin(중국 고위관료), 만다린Mandarin(북경어), 피라냐piranha, 재규어jaguar, 타피오카tapioca 등이 있다. 포르투갈어를 통해 영어로 들어온 다른 단어들로는 덴푸라tempura(일본을 통해), 카스트caste(인도를 통해), 아우토다페auto-da-fe(종교재판에서 사형 선고 또는 집행), 마멀레이드marmalade 및 바로크baroque가 있다. 바로크baroque는 '불규칙한 모양으로 생긴 진주'라는 뜻의 단어 BARROCO에서 유래했다. 브라질에서 영어로 수입된 단어에는 삼바samba, 보사노바bossa nova, 카이피리냐caipirinha(브라질 칵테일의 한 종류), 카포에이라capoeira(브라질 무술 춤) 등이 있다.
언어 분리	브라질에서 사용되는 포르투갈어와 유럽이나 아프리카에서 사용되는 포르투갈어 사이의 차이는 눈에 띄게 크다. 발음의 차이도 매우 뚜렷해서 포르투갈어를 제2언어로 배우는 사람들은 한 종류를 정해서 배워야 할 정도다. 브라질 포르투갈어의 구어체 문법은 문어체 문법에 비해 그 차이가 더 뚜렷하다. 하지만 어휘의 99퍼센트는 동일하다.

7: 포르투갈어

기대 이상의 성과

●

이 책에서는 아메리카 대륙에서 나고 자란 언어는 다루고 있지 않다. 마야어 · 나바호어 · 케추아어 · 과라니어 등에 대해서는 아주 약간 언급하고 있기는 하지만 주요 관심사가 되지는 못한다. 문제는 가장 널리 사용되는 아메리카 원주민 언어조차도 세계 상위 20위권과는 매우 거리가 멀다는 데 있다. 한때 잉카제국의 공통어였던 케추아어는 오늘날 겨우 1,000만 명이 사용할 뿐이다. 바벨 20 언어에서 가장 사용자가 적은 언어에 속하는 베트남어나 한국어보다도 한참 뒤떨어지는 숫자다. 과라니어는 파라과이, 볼리비아 그리고 아르헨티나의 일부 지역에서 공식적으로 인정받고 있고, 일부 (아마도 상당히 부풀려진) 자료에 따르면 1,500만 명이 사용하고 있음에도 불구하고 순위권에는 들지 못한다.

하지만 다시 생각해보면 이 책에서 언급하고 있는 언어들 중 일부는 아메리카 대륙에서 아주 널리 사용되는 것들이다. 북쪽의 알래스카에서부터 남쪽의 티에라 델 푸에고에 이르기까지 아메리카 대륙의 인구 90퍼센트가 스페인어나 영어, 프랑스어 또는 포르투갈어에 익숙하다. 이들 대부분에게는 이 언어들 중 하나가 모국어일 것이다. 결국 이 책은 오늘날 아메리카 대륙에서 쓰이는 언어에 대해서는 상당부분을 할애하고 있지만, 과거 아메리카 대륙에서 쓰였던 언어는 다루고 있지 않은 것이다.

이 두 시대 사이의 분수령이 되는 사건은 1492년에 크리스토발 콜론Cristóbal Colón, 즉 크리스토퍼 콜럼버스Christopher Columbus의 신대륙 발견이다. 콜럼버스의 이름은 그야말로 그의 업적과 적절하게 들어맞는다. 어원적으로 크리스토발은 '그리스도의 운반인'이라는 뜻이고, 실제로 그의 발견으로 아메리카 대륙에 카톨릭이 전파되었다. 그의 성 콜론Colón은 '식민지'를 뜻하는 콜로니colony와 비슷하다는 점에서 더욱 더 적절하다. 그의 대항해와 함께 유럽의 식민지 시대가 본격적으로 시작되었고, 유럽 언어들의 세계적 팽창도 시작되었다. 이렇게 팽창을 이룬 대표적인 언어들은 스페인어, 영어, 프랑스어, 포르투갈어다. 스페인과 잉글랜드(나중에 영국), 포르투갈 그리고 프랑스는 식민지로 자신들의 언어를 가지고 갔다. 네덜란드도 빠질 수 없다. 네덜란드는 아메리카 대륙에서 수리남이라는 작은 나라와 카리브해의 몇 개 섬에 네덜란드어를 퍼뜨렸다.

아메리카 대륙에서 주로 사용되는 언어가 아님에도 불구하고 네덜란드에 대해 언급한 것은 앞서 언급된 네 개의 언어와 극단적인 대비를 이루기 때문이다. 우선 영어와 스페인어, 프랑스어는 식민지로 광범위하게 퍼져나갔다. 흥미로운 것은 포르투갈어와 네덜란드어인데,

포르투갈어는 성공적으로 퍼져나간 반면 네덜란드어는 그렇지 못했다. 그렇다면 왜 네덜란드어는 앞에 언급한 네 가지의 언어와는 달리 널리 퍼지지 못했을까?

몇 가지 숫자로 이 두 언어의 운명이 어떻게 갈렸는지 알아보자. 1500년경 포르투갈과 오늘날의 네덜란드(당시에는 북네덜란드라고 알려진 지역)는 모두 인구가 약 100만 명이었다. 현재 네덜란드(1,700만 명)에는 포르투갈(1,000만 명)보다 더 많은 사람들이 살고 있지만, 세계적으로 보면 포르투갈어가 네덜란드어보다 거의 열 배나 더 널리 퍼져 있다. 원어민 수로는 포르투갈어가 2억 2,500만 명이고 네덜란드어가 2,500만 명이다. 또한 제2언어 사용자 수로도 포르투갈어(2억 7,500만 명)가 네덜란드어(2,800만 명)를 크게 앞선다. 그리고 네덜란드어 전체 사용자 중 98퍼센트가 유럽에 사는 반면 포르투갈어 사용자들의 95퍼센트는 유럽 외 지역에 산다.

이 통계치를 다른 주요 식민 언어 세 가지와 비교해보면 포르투갈과 네덜란드의 수치가 얼마나 극단적인 것인지를 알 수 있다. 영어와 스페인어의 경우, 사용자 전체를 놓고 봤을 때 유럽인은 그 중 약 10퍼센트를 차지한다. 포르투갈어의 두 배가 넘는 수치다. 프랑스어의 경우 이 수치는 50퍼센트 정도다. 이 수치들은 제2언어 사용자들까지 포함한 것인데, 원어민들만 포함한 수치로 봐도 유럽 내에서 영어, 스페인어, 프랑스어의 수치는 여전히 포르투갈어보다 높다.

어째서 포르투갈어는 유행병처럼 퍼져나간 반면 네덜란드어는 전혀 그렇지 못한 것일까? 네덜란드나 포르투갈 모두 자신의 언어를 퍼뜨리기 위해 특별한 노력을 기울인 것은 아니다. 피식민지인들을 문

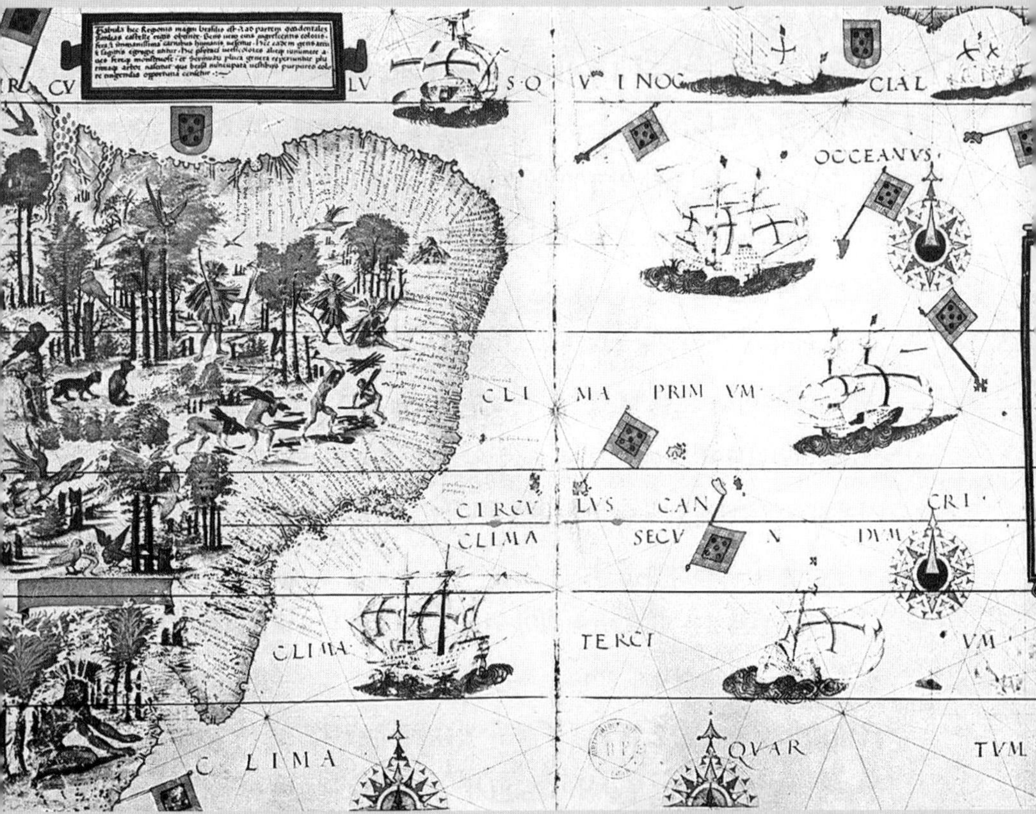

1519년에 로포 호멤Lopo Homem이 그린 이 지도에서 포르투갈 배들이 브라질 해안으로 다가가고 있고, 원주민들은 브라질소방목(나무)을 베고 있다.

화적으로 통합시키려는 노력을 했던 식민국이 있다면 그것은 바로 프랑스다. 그리고 그러한 노력은 오히려 반작용을 일으켰다. 앞서 살펴본 바와 같이 유럽 외 지역에서 프랑스어를 사용하는 사람들의 수는 별로 많지 않다.

포르투갈어의 확산이 프랑스어나 네덜란드어에는 없고 이 언어에만 특별히 내재된 어떤 특징 때문이라고 설명할 수도 없다. 그런 내재적 특징이란 존재하지 않는다. 어렵든 쉽든, 듣기 좋든 귀에 거슬리든, 글로 적히든 적히지 않든 상관없이 어떤 언어든지 모두 제국의 공통어로 성장할 수 있는 잠재력을 가지고 있다. 라틴어·아랍어·러시아어·케추아어 모두 한창 때 이를 증명해보였다. 그리고 어려운 발음과 무질서한 철자법을 가진 영어는 이 위업을 가장 효과적으로 달성했다.

포르투갈어와 네덜란드어의 극적으로 다른 운명이 노력으로도, 내재적 특성으로도 설명되지 않는다면 과연 무엇으로 이를 설명할 수 있을까? 500년 간의 유럽 제국주의 시기 동안, 포르투갈어를 사용한 식민지와 네덜란드어를 사용한 식민지는 언어와 관련된 측면에서 어떻게 달랐는지 유럽 제국주의의 역사를 통해 알아보자.

이베리아 반도의 식민주의

•

크리스토퍼 콜럼버스의 대항해는 그 이전에 이루어졌던 수많은 작은 규모의 항해들이 없었다면 불가능했을 것이다. '항해 왕자'라고 불리는 포르투갈의 엔히크Henrique 왕자에게 영감을 받은 탐험가들이 1420년부터 잇따라 바다로 나가 포르투갈의 서쪽과 남쪽으로 향했다. 그곳에서 그들은 꽤 많은 수의 섬을 (다시) 발견했고, 그렇게 발견한 대부분의 섬에 정착했다. 마데이라 섬(1420년)·아조레스 제도(1433년)·카보베르데 제도(1462년)·상투메 섬(1470) 등이 당시 발견된 섬들이다. 방금 나열한 섬들 중, 마데리아 섬과 아조레스 제도는 아직도 포르투갈의 일부로 남아 있으며, 카보베르데 제도와 상투메 섬에서는 지금도 포르투갈어가 공식언어로 쓰인다. 카나리아 제도도 포르투갈인들의 발길이 닿았지만, 토착민들을 물리치고 그곳에 정착한 사람들은 스페인 사람들이었다. 스페인 사람들은 그 이후 계속 그곳에 머물러 있다.

이렇게 해서 이베리아 반도의 두 나라인 포르투갈과 스페인은 해양 탐험과 정착 그리고 (스페인의 경우) 정복에 맛을 들이게 되었다. 이 두 나라는 아프리카인들을 사로잡아 본국이나 마데이라 섬과 상투메 섬의 플랜테이션 농장에 노예로 파는 노예 교역도 시작했다. 항해로 큰 이득을 본 포르투갈과 스페인은 엄청난 이익을 안겨줄 것으로 기대되는 인도로 가는 항로를 찾기 시작했다. 1488년에 포르투갈의 바르톨로메우 디아스Bartolomeu Dias는 아프리카의 남쪽 끝을 돌아서 항해한 첫 유럽인이 되었다. 이로써 대서양과 인도양이 연결되어 있느냐 아니냐에 대한 오래된 논쟁은 끝이 났다. 유럽인들이 바다를 통해 인도로 갈 수 있다는 것이 밝혀진 것이다. 콜럼버스는 이 사실을 알고 있었지만 다른 항로를 통해 인도에 가고자 했고 1492년에 아메리카 신대륙을 발견했다. 1498년에는 또 다른 포르투갈의 탐험가 바스쿠 다 가마Vasco da Gama가 남아프리카의 희망봉을 돌아 실제로 인도에 도착한 첫 번째 유럽인이 되었다. 그리고 2년 후에 포르투갈이 낳은 또 한 명의 '바다의 영웅'인 페드루 알바르스 카브Pedro Álvares Cabral는 인도로 가기 위해 서쪽 항로로 가다가 브라질에 도착한 첫 번째 유럽인이 되었다.

그 이후 100년 동안 바다는 스페인과 포르투갈이 지배했다. 프랑스는 국내의 종교 전쟁으로 여기에 뛰어들 여력이 없었고, 잉글랜드는 종교개혁과 아일랜드의 식민지화로 정신이 없었다. 네덜란드는 스페인으로부터 독립하기 위해 애쓰고 있었다. 이베리아 반도의 두 경쟁자들은 이미 세계를 나누어 가졌기 때문에 서로에게 비교적 관대했다. 스페인은 브라질을 제외한 아메리카 대륙을, 포르투갈은 아시아 전체를 갖기로 합의가 이루어진 것이다.

전염병과 우세한 무기 그리고 때로는 행운에 힘입어 소수의 스페인 사람들이 어떻게 기적적으로 아메리카 원주민의 거대한 제국들을 굴복시켰는지에 대한 이야기는 이미 너무 유명하다. 이 같은 기적이 포르투갈에도 일어났다. 유럽의 조그만 나라 포르투갈이 인도양 무역을 독점한 것이다. 포르투갈의 군함들은 1506년에서 1589년 사이에 오스만 제국의 아시아 동맹국들에 대항하여 여러 번의 전투를 치렀다. 포르투갈이 모든 전투에서 승리하지는 못했지만, 결국에는 포르투갈이 인도양 해안을 따라 이어지는 무역 독점권을 얻게 되었다. 포르투갈은 인도(1961년까지 포르투갈의 소유였던 고아 다만 디우 지역 포함)와 아프리카(1975년까지 식민지였던 모잠비크)에 요새화된 교역소들을 지었다.

처음에는 인도가 포르투갈에게 가장 중요한 식민지였지만, 포르투갈은 꽤 일찍부터 사람들이 별로 살지 않았던 브라질에도 플랜테이션 농장을 짓기 시작했다. 그곳에서 필요한 노동력은 아프리카에서 충당했다. 점점 더 많은 수의 아프리카인들이 사로잡혀, 화물처럼 배에 실려 아메리카 대륙으로 수송되었고 플랜테이션 농장에서 노예로 일해야만 했다. 노예 무역의 편의성을 위해 포르투갈은 기니비사우와 앙골라 지역을 포함한 서아프리카 지역에도 요새화된 교역소들을 지었다(기니비사우와 앙골라는 1970년대 중반까지 포르투갈의 식민지로 남아 있었다). 사로잡혀 노예로 팔린 아프리카 사람들은 상상할 수 없는 힘든 노동을 해야 했고, 의사소통의 문제도 극복해야 했다. 서로 다른 언어를 사용했던 아프리카 출신의 노예들 사이의 의사소통뿐만 아니라 유럽인 착취자들과의 의사소통도 문제였다. 그 결과 노예 교역소, 배, 플랜테이션 농장 등에서 필요에 따라 언어가 만들어지기 시작했다. 이때 만들어진 언어가 바로 크리올Creole 언어다.

그런데 1580년에 포르투갈에 왕위계승 문제가 발생하면서 포르투갈은 결국 스페인의 관할 하에 들어가게 되었다. 이 상황은 60년간 지속되었는데, 그 결과 포르투갈은 경제적으로도 정치적으로도 큰 대가를 치르게 되었다. 이 시기에 프랑스, 잉글랜드, 네덜란드가 인도양 지역 교역의 많은 부분을 차지하게 되었고, 특히 네덜란드 상인들이 큰 이득을 보았다. 네덜란드는 동인도회사VOC, Vereenigde Oost-Indische Compagnie 교역소와 요새를 지었고, 인도(1606~1825), 몰루카 제도(1599~1949), 자와 섬(1606~1949), 말레이시아(1641~1795) 및 일본(1641~1854)을 오가며 교역을 했다. VOC는 아프리카의 남쪽 끝에 인도 제도를 오가는 배들을 위한 재공급기지와 정류기지 역할을 할 항구를 건설했다. 곧 상당한 수의 네덜란드인과 유럽인들이 그 지역에 정착했고 오늘날 남아프리카 공화국의 약 절반 정도 크기의 식민지가 만들어졌다. 1795년에 영국이 네덜란드의 아프리카 식민지와 아시아 식민지 중 몇 곳을 빼앗았으나, 자와 섬과 몰루카 제도는 그대로 네덜란드의 지배하에 남았다.

이 두 곳을 중심으로 네덜란드의 지배력이 점차 확대되어 오늘날의 인도네시아인 네덜란드령 동인도 지역을 형성했는데, 그 이후로 네덜란드에게 가장 중요한 지역은 네덜란드령 동인도가 되었다.

17세기에 프랑스, 잉글랜드, 네덜란드는 아메리카 대륙에서도 바쁘게 움직였다. 북아메리카에서 뉴암스테르담(현재의 뉴욕)에 중심을 둔 뉴네덜란드는 뉴잉글랜드·버지니아·뉴프랑스·뉴스페인·뉴스웨덴 못지않게 중요한 식민지였다(뉴포르투갈은 존재하지 않았다). 한편, 카리브해 근처에서는 스페인과 잉글랜드, 네덜란드와 프랑스가 (거기에 더해 덴마크, 스웨덴 그리고 믿기 힘들겠지만 발트독일인들의 공작령인 쿠를란트까지) 한 세기에 걸친 식민지 쟁탈전을 벌이고 있었다. 대부분의 섬들은 몇 번씩 주인이 바뀌었고, 토바고 섬은 여섯 제국(쿠를란트를 제국으로 치자면) 사이에서 서른세 번이나 주인이 바뀌었다. 남아메리카와 카리브해 섬들에서 번창한 플랜테이션 경제는 노예 무역에 불을 붙였고, 여기에 잉글랜드와 프랑스, 네덜란드도 뛰어들었다.

아시아에서도 유럽의 식민주의국가들은 아메리카 대륙에서 그랬던 것처럼 영토 싸움을 벌였다. 인도에서의 패권을 놓고 벌인 전투에서는 영국이 프랑스를 이겼다. 네덜란드는 자와 섬의 더 많은 지역과 다른 섬들을 장악했다. 식민지에 대한 직접적인 지배력이 강화되면서, 점점 더 많은 수의 유럽인들이 식민지로 건너왔다. 하지만 남아시아와 동남아시아의 인구가 워낙 거대했기 때문에 유럽에서 건너온 상인·선원·군인·성직자·관리들은 인구의 아주 적은 부분만을 차지했다. 브라질에는 골드러시로 수십만 명의 포르투갈인들이 몰려들었지만, 그 중에 여성들은 거의 없었다. 이후 포르투갈 남성들과 아프리카계 브라질 여성들이 결혼을 하게 되면서 포르투갈어를 사용하는 인구가 급속히 늘어났다.

19세기 초에는 대부분의 남아메리카와 중앙아메리카 국가들 그리고 멕시코가 독립을 얻었다. 이로써 스페인과 포르투갈은 그들이 가진 해외 영토 중 가장 큰 지역을 잃게 되었다(이것이 포르투갈인들의 브라질 이주를 막지는 못했다. 1880년 이후 1,400만 명이 더 이주해갔다). 19세기 말, 스페인은 필리핀, 쿠바 및 일부 다른 섬들도 잃었다. 하지만 네덜란드가 지배하고 있던 아시아 지역은 현재의 인도네시아 크기에 가깝게 팽창했고, 영국은 남아시아 식민지들을 오늘날의 파키스탄에서 싱가포르와 보르네오 북부에까지 걸친 넓고 연속된 하나의 지역으로 통합시켰다. 프랑스는 오늘날의 베트남·라오스·캄보디아를 아우르는 지역에 새로운 식민지 제국을 건설했고, 북아프리카에도 또 다른 식민지를 건설하여 수백만 명의 프랑스인들이 그곳에 정착했다.

아프리카 분할 시기인 1880년에서 1913년 사이에 네덜란드를 제외한 전통적 식민 강대국들과 세 개의 신입 국가들인 벨기에·독일·이탈리아가 아프리카 대륙을 나눠 가졌다. 포르투갈은 모잠비크와 앙골라 해안 지역에서 내륙 깊숙이 영역을 확장했고, 1970년에는 100만 명에 가까운 포르투갈 사람들이 앙골라와 모잠비크에 살게 된다.

그리고 제2차 세계대전 이후 수십 년에 걸쳐 거의 모든 해외 영토들이 독립을 얻었다. 1949년에는 인도네시아가 네덜란드로부터 공식적으로 독립했다. 오늘날에는 단지 여섯 개의 카리브해 섬들만이 네덜란드와 정치적 고리를 유지하고 있다. 1926년에서 1974년까지 독재자가 지배했던 포르투갈은 해외 영토를 더 오래 붙들고 있었다. 포르투갈의 남아시아 식민지들은 1961년에 인도에 의해 군사적으로 함락되고 합병당했다. 하지만 포르투갈의 아프리카 식민지들은 1974년과 1975년이 되어서야 독립했다. 이때 포르투갈인 정착민들의 4분의 3이 신생국을 떠났으며, 많은 수가 포르투갈로 돌아갔다.

식민지 언어의 변화

•

다섯 세기 동안의 지배, 대량 살상, 유행병, 이주 및 인신매매가 세계적으로 언어의 분포와 확산을 크게 뒤흔들어 놓았을 것이라고 예상할 수 있다. 그 변화는 네 가지 방식으로 일어났다.

첫 번째 변화는 오늘날까지도 많은 지역에서는 유럽 언어가 일반적으로 사용된다는 것이다. 마데이라 섬과 아조레스 제도, 포클랜드 제도 및 다른 작은 몇 군데 지역들은 유럽인들이 그곳에 정착하기 전에는 사람이 살지 않던 곳이었다. 하지만 이것은 예외적인 경우다. 대부분의 경우 유럽에서의 대규모 이주로 아메리카 토착민들은 자신이 살던 땅에서 소수민족이 되거나 아니면 사회적으로 소외되거나 무시당하는 다수민족이 되었다. 또한 수많은 토착민들이 전염병이나 무자비한 착취, 노골적인 집단학살에 희생당했다. 그 결과 오늘날 아메리카 지역 전체적으로 유럽의 언어가 지배적인 언어가 되었다(나중에 호주 대륙에서도 이와 유사한 순서로 일이 진행되었다). 좀 더 정확히 말하자면, 어느 한 나라의 지배적인 언어는 그곳을 지배했던 첫 강대국의 언어인 경향이 있다. 예를 들면 미국에서는 영어가 그렇고 브라질에서는 포르투갈어가 그렇다. 나중에 이탈리아인이나 독일인, 동유럽인들이 대거 이주해왔지만 이들은 그곳에서 이미 사용되고 있는 언어를 받아들였다.

두 번째 변화는 특히 카리브해 지역에서 일어난 완전히 새로운 언어들의 출현이다. 이 언어들은 노예 무역으로 아메리카 대륙으로 건너온 아프리카 출신 노예들이 쓰던 아프리카 언어가 유럽 언어를 만나면서 태어났다. 이 '대서양 크리올' 언어들의 어휘는 대부분 포르투갈어, 프랑스어, 영어 등의 유럽 언어에서 비롯되었지만 이 언어들의 문법에는 아프리카적 특징들이 있다. 아이티, 쿠라사우, 아루바, 수리남에서는 인구의 대부분이 크리올 언어를 사용한다(각각 아이티어, 파피아멘토어, 스라난어). 그리고 이 세 가지 크리올 언어 중 아이티어와 파피아멘토어는 각각 프랑스어와 네덜란드어와 함께 공식적인 언어로 인정받고 있다. 아이티에서 1,000만 명이 넘게 사용하며 다른 곳의 이민자들 사이에서는 더 많은 수가 사용하는 아이티어는 모든 아메리카 언어들 중 가장 널리 퍼져 있는 언어일 것이다. 엄밀히 말하자면 아이티어는 아메리카 대륙의 토착언어지만 그렇게 분류하는 경우는 흔하지 않다.

크리올 언어들은 세계의 다른 지역에서도 발생했다. 일부는 아프리카인 노예들 사이에서 발생했고 다른 일부는 민족적으로 섞인 집단에서 발생했다. 이 언어들은 현재 대부분 사라졌지만, 인도양의 모리셔스 섬과 레위니옹 섬에서는 아직까지 활발히 사용되고 있다. 파푸아뉴기니와 세이셸에서 쓰이는 크리올 언어인 톡피신과 세셀와는 유럽 언어들과 함께 공식적인 언어로 지위를 확고히 하고 있다. 또한 나이지리아를 포함한 일부 서아프리카 국가들에도 크리올 언어는 널리 퍼져 있다.

세 번째로, 많은 나라에서 유럽의 언어가 가장 중요한 언어, 즉

카보베르데의 크리올 언어. 포르투갈어로 된 간판에는 미성년자의 출입과 참석을 금한다고 되어 있고, 그 아래에 맥주 광고는 지역의 크리올 언어로 되어 있다.

VIL Very Important Language로서 사회에서 공식적인 역할을 하는 반면 일상생활에서는 토착 언어들이 주로 사용되었다. 이것은 아프리카에서 아랍어권인 북쪽을 제외하고는 대부분이 그렇다. 아프리카 대륙의 대부분은 유럽 정착민들이 많이 이주하지 않았고, 그 결과 유럽의 언어가 행정과 교육 이외 영역으로는 별로 퍼지지 않았다. 1950, 1960, 1970년대의 독립 이후 대부분의 신생국들은 갈등을 방지하려는 노력의 일환으로 식민지 시대의 국경과 언어를 유지했다. 결과적으로 유럽 언어들이 언어적 소수집단 사이의 절충점이 된 것이다. 아프리카 밖에서도 이런 상황은 마찬가지였다. 인도와 필리핀에서는 영어가 중재자 역할을 하며, 수리남에서는 네덜란드어가 그리고 동티모르에서는 포르투갈어가 이 역할을 한다. 이 지역들에서는 오늘날 교육의 확대로 유럽 언어 사용자 수가 특히 도시 지역에서 증가하고 있다. 일반적으로 도시 지역은 시골 지역에 비해 민족적 다양성이 높게 나타난다. 이러한 경향이 가장 강한 곳 중에는 포르투갈어를 사용하는 앙골라와 모잠비크 그리고 네덜란드어를 사용하는 수리남이 포함된다.

그리고 마지막으로 네 번째, 어제까지 공식적으로 사용되던 유럽 언어가 오늘날에는 보조적인 역할만 하거나 아예 사라져버린 나라들이 있다. 이것은 아시아에서 흔히 볼 수 있는 상황이다. 아시아에는 러시아와 일부 구소련 지역을 제외하면 상대적으로 적은 수의 유럽인들이 정착했다. 하지만 아시아는 정부를 중앙집권화하고 토착 언어 중 하나를 공식화하여 널리 퍼지게 함으로써 언어의 풍경을 변화시켰다. 베트남에서는 이제 프랑스어 대신 베트남어가 보편적인 언어가 되었으며, 필리핀은 스페인어를 버렸고 대신 타갈로그어가 모든 섬으로 퍼졌다. 그리고 오늘날 인도네시아에서는 역사학자들과 법률가들 정도만 옛 문서를 보기 위해 네덜란드어를 배울 뿐, 말레이어가 번창하고 있다. 영국의 식민지였던 곳들은 여전히 영어를 사용하는 빈도수가 높지만 이것은 세계 경제의 언어라는 영어의 지위 때문일 가능성이 높다. 한 세기 이상 영국의 지배하에 있었지만 이후 수십 년 동안 세계 경제에서 별로 주목받지 못한 미얀마의 경우, 영어는 오늘날 그저 학교에서 배우는 과목의 하나일 뿐이며 영어를 실제로 구사하는 능력은 그다지 높지 않다.

알제리·모로코·튀니지로 구성된 마그레브 지역은 특별한 경우다. 이 지역에서는 프랑스어와 아랍어가 지배권을 놓고 힘겨루기 중이다. 이 지역에는 거의 100년이 넘는 긴 세월을 정착해서 살아온 수많은 프랑스인들이 있었기 때문에 프랑스어가 꽤 널리 사용되던 곳이었다. 독립 이후 프랑스인들이 이곳을 떠나 프랑스로 다시 돌아가야 했을 때는 이미 이 지역의 엘리트층이 완전히 프랑스화된 뒤였다.

1500년의 작은 언어 두 개

약 500여 년 전에 포르투갈어와 네덜란드어는 작은 나라에서 한정된 수의 사람들이 사용하는 언어였다. 그리고 포르투갈과 네덜란드 공화국은 식민 제국을 세우기 시작했고 그 과정에서 두 언어의 운명이 엇갈렸다. 앞에서 언급했던 것처럼 포르투갈어 사용자는 엄청나게 증가했고, 또한 오늘날에도 계속해서 증가하고 있지만, 네덜란드어는 그렇지 못했다. 그 이유는 무엇일까?

아주 간단히 대답하자면 이렇다. 포르투갈어 사용자들이 적시적소에 있었던 것이다. 그리고 네덜란드어 사용자들은 그렇지 못했다. 장기적 언어 확산에 있어서 최고의 기회는 (카리브해 지역을 제외한) 아메리카 대륙의 초기 식민지화 시기와 한참 후의 아프리카 분할 시기였다. 그리고 바로 그 시기에 네덜란드가 아닌 포르투갈이 식민지 지배를 공고히 하기 위해 노력을 집중했다. 탐사를 위해 항해를 나서고, 점령을 위해 군인들을 투입시키고, 착취를 위해 상인들을 보냈으며, 식민지에 수많은 변화를 일으킬 만한 많은 수의 정착민들을 보내면서 말이다.

16세기 초에 포르투갈 사람들은 브라질에 식민지를 건설하여 대규모 이주를 진행했다. 18세기 말에는 포르투갈 인구의 거의 3분의 1이 브라질로 이주해갔으며 1880년에서 1960년 사이에 또다시 한 차례 거대한 이민의 물결이 일었다. 또한 포르투갈은 아프리카 해안을 따라 건설해놓았던 노예 무역용 요새들을 폐쇄하지 않고 고집스럽게 유지하고 있었고, 이로 인해 그들은 19세기에 아프리카 분할에 참여해 새로운 영토에 정착할 수 있었다.

그러나 네덜란드는 달랐다. 아메리카 대륙으로 진출해 식민지를 만들고 정착하는 것까지는 똑같았지만, 북아메리카에 가지고 있던 식민지를 곧 영국에게 잃었고, 남아메리카에 가지고 있던 식민지는 포르투갈에게 빼앗겼다. 또한 17세기와 18세기에 번영했던 네덜란드는 식민지로 대규모의 이민자들을 보내지 않았으며, 포르투갈과 마찬가지로 네덜란드도 아프리카에 노예 요새들을 가지고 있었지만 수익성이 없어지자 영국에 팔아 넘겼다. 따라서 나중에 유럽의 아프리카 분할이 시작되었을 때 네덜란드는 권리를 주장하지 못했다. 19세기와 20세기에 네덜란드어 사용자들이 대규모로 이민을 가기는 했으나 그들의 주요 목적지는 (이전) 영국의 식민지 지역들이었으며, 그곳에 도착한 네덜란드 사용자들은 가장 먼저 영어를 배우면서 모국어를 포기했다.

네덜란드가 아시아와 수리남을 포함한 카리브해 지역에서 강력한 식민지를 형성했던 것은 사실이다. 하지만 이 지역은 유럽 언어들이 확산될 가능성이 없는 지역들이었다. 아시아의 인구는 너무 거대해서 유럽에서 새로 들어온 사람들은 바다에 물 한 방울 떨어뜨리는 정도밖에 되지 않았고, 카리브해의 많은 지역에서는 크리올 언어들이 아주 중요한 위치를 가지고 있었다.

남아프리카공화국은 특별한 경우다. 케이프 식민지에는 다른 해외 식민지와는 달리 많은 네덜란드인들이 이주했다. 따라서 네덜란드어도 케이프 식민지에서 오랫동안 사용되었다. 하지만 네덜란드어를 제2언어로 사용하는 수많은 유럽인들과 아프리카인들의 영향으로 그곳의 언어는 상당한 변화를 겪었다. 케이프 식민지가 영국에게 점령된 이후 '케이프 네덜란드어'는 유럽식 네덜란드어와는 문법, 발음, 어휘에 있어서 멀어져 갔다. 이 언어는 1925년에 공식적으로 아프리칸스어라는 새로운 이름을 부여받았다. 700만 명의 원어민과 1,000만 명의 제2언어 사용자를 가진 아프리칸스어는 이제 자신의 조상인 네덜란드어와 비슷한 규모가 되었다.

거인 나라와 작은 나라

•

이렇게 해서 포르투갈어는 세계에서 가장 널리 사용되는 언어 7위를 차지하게 된 반면, 네덜란드어는 유럽 내에서도 겨우 중간 정도의 위치를 차지하게 되었다. 그런데 이 거대한 언어의 근원인 포르투갈은 포르투갈어와는 점점 더 상관이 없는 것처럼 되어버리고 있다. 포르투갈어를 배우는 외국인 학생들은 대부분 브라질에서 사용되는 포르투갈어를 배우기 원한다. 브라질 포르투갈어는 포르투갈어권의 80퍼센트가 넘는 지역에서 사용되며, 경제적으로 훨씬 더 중요하고 문화적으로 훨씬 더 생동감 넘치는 나라에서 사용된다. 포르투갈에는 현재 포르투갈어 사용자들의 겨우 5퍼센트만이 살고 있을 뿐이다.

그러나 포르투갈 사람들은 무엇이 더 적합하고 바른 포르투갈어 사용법인가에 대해 판단할 권한이 자신들에게 있다고 생각하는 것 같다. 많은 포르투갈 사람들이 브라질 포르투갈어의 문법은 질이 떨어진다고 생각한다. 그들은 브라질 사람들이 TU-VOCÊ 구분(프랑스어의 TU와 VOUS처럼 비격식, 격식 '너')을 잘 하지 않는 것을 싫어한다. 또한 브라질 사람들이 대명사가 가서는 안 되는 자리로 대명사를 보내거나 아니면 대명사의 일부를 아예 생략해버리는 것을 싫어한다. 또한 일부 포르투갈 사람들은 브라질 사람들이 대명사가 명사의 한가운데에 오는 소중한 고문체 가정법을 버린 것도 싫어한다. 이 가정법에 따르면 COMÊ-LO-IA(그것을 먹었을 것이다)는 '먹었을 것이다'라는 뜻의 COMERIA에 목적격 대명사 LO가 중간에 끼어들어 (r은 지우고) 만들어진 것이다.

포르투갈인들은 자신들의 언어적 권위를 잃고 있다는 점이 그리 달갑지 않을지 모르지만, 브라질 사람들은 사실 그런 부분에 대해 거의 신경 쓰지 않는다. 그들에게 포르투갈은 그저 '작은 나라'일 뿐이다.

6

벵골어

বাংলা

bangla

2억 7,500만 명

2억 5,000만 명의 원어민이 모두 방글라데시(1억 5,500만 명)와 인도(9,500만 명)에 살고 있다. 2,000만 명 이상의 제2언어 사용자들 대부분은 방글라데시에 산다. 100만 명은 파키스탄, 사우디아라비아, 아랍에미리트연합국에 이주해 살고 있으며, 페르시아만 인근 다른 국가들과 영국, 미국에도 상당한 규모의 벵골어 사용자들이 존재한다.

자칭 이름	방글라বাংল, Bangla, 방글라 바사বাংলা ভাষা, 벵골Bengal, 벵갈리즈Bengalese(구식)라고 불리기도 한다.
어족	인도유럽어족 내의 인도아리아어군에 속한다. 인도아리아어군 언어들은 남아시아의 지역에서 널리 사용된다.
문자	벵골어는 고유한 문자를 가지고 있으며 주변의 규모가 작은 다른 언어들도 이 문자를 사용한다.
문법	명사와 대명사에 성이 없다. 대명사는 생물과 무생물을 구분하며 여러 단계의 지위도 구분한다. 형용사는 변형하지 않는다. 동사는 상aspect과 시제에 따라 광범위한 활용형이 존재하지만, 단수와 복수는 구분하지 않는다(그러나 대명사는 단수, 복수 구분을 한다).
소리	29개의 자음이 존재하며, 7개의 모음에는 각각 대응하는 비음 역시 존재한다. 단어는 모음으로 끝나는 경향이 있다.
차용어	산스크리트어, 페르시아어, 영어.
수출어	주트jute(황마), 간자ganja(마리화나)
수상자	라빈드라나트 타고르Rabindranath Tagore는 벵골어와 영어로 글을 쓴 작가로 1913년에 비유럽인 최초로 노벨문학상 수상자가 되었다.

6: 벵골어
아부기다 세계 대표들

●

세계의 거의 모든 곳에서는 하나의 문자가 그 지역을 지배한다. 아프리카, 아메리카, 오세아니아 그리고 대부분의 유럽에서 언어들은 대개 로마자를 사용하고 동유럽과 중앙아시아에서는 키릴 문자를 사용한다. 북아프리카와 파키스탄에 이르는 지역에서는 어디를 가든지 아랍 문자를 보게 될 것이다. 그리고 중국 한자에 기원을 둔 글자들은 겨우 몇 개의 나라에서만 널리 사용될 뿐이지만, 세계 인구의 약 6분의 1이 이 글자들을 사용하고 있다.

하지만 남아시아와 동남아시아 지역은 예외다. 인도 서부의 펀자브에서 인도네시아의 발리까지 여행을 하는 배낭 여행객이라면 수십 개의 문자와 마주칠 수 있을 것이다. 이 지역에서는 인도가 가장 다양한 문자를 사용하고 있으며, 인도 중에서도 서벵골 주에서 가장 많은 문자를 사용한다(벵골 지역은 1947년에 서벵골과 동벵골로 나뉘었다. 서벵골은 인도의 한 주가 되었고, 동벵골은 처음에는 파키스탄의 일부였다가 1971년에 방글

인도의 다문자 표지판(벵골어(위), 힌디어(가운데), 영어(아래))이 서벵골의 무르시다바드에 도착하는 기차를 맞이하고 있다.

라데시로 독립했다. 두 지역 모두 벵골어가 다수언어이며, 비즈니스와 행정 부문에서는 영어가 널리 쓰인다).

서벵골의 문자적 다양성은 방문객들이 쉽게 알아차리기 힘들다. 사실 대부분의 여행객들은 서벵골인들이 두 종류의 문자를 사용하고 있다고 느낄 것이다. 물론 두 가지 문자를 사용하는 것도 다른 지역에서는 흔한 경우가 아니다(이민자 공동체들이 사는 도시를 제외하면). 눈에 띄는 두 가지 문자 중 하나는 로마자일 것이다. 영어가 서벵골의 공식 언어 중 하나이기 때문이다. 어느 정도 교육을 받은 사람들은 영어를 널리 사용하기 때문에, 공적으로나 상업적으로나 할 것 없이 온갖 종류의 간판·포스터·표지판·출판물 등에 영어로 된 글이 약간은 들어가 있기 마련이다.

하지만 더 중요한 것은 '인도 문자'라고 불리는 문자다. 이 문자와 로마자 사이에는 왼쪽에서 오른쪽으로 적으며, 단어 사이에 빈칸이 존재한다는 것 외에는 유사점이 없다. 로마자를 안다면 어느 정도는 해독이 가능한 그리스 문자나 키릴 문자와 달리, 이 문자는 초보자에게 완전히 낯선 글자일 뿐 아니라 모든 글자가 다 맨 위 획에서부터 드리워져 있는 것처럼 보인다. 하지만 이 문자를 '인도 문자'라고 부르는 것은 옳지 않다. 그런 문자는 존재하지 않기 때문이다. 서벵골과 동벵골에서 가장 많이 보게 되는 것은 벵골 문자다. 이 문자는 벵골어를 적는 데 사용된다. 그리고 서벵골에서 공공 장소에 적힌 글이 영어도 아니고 벵골 문자로 적힌 것도 아니라면 그 글은 대부분 데바나가리Devanagari로 쓰여 있을 것이다. 데바나가리는 인도에서 가장 널리 쓰이는 문자로, 인도의 두 가지 공식언어 중 하나인 힌디어를 적는 데 사용된다. 서벵골에서 힌디어는 시청, 기차역, 공항 등의 공식적이고 '국가적'인 장소에서 찾아볼 수 있으며 보통 같은 뜻의 벵골어 아래쪽에 적힌다. 서벵골의 몇몇 구역에서는 네팔어도 공식적인 지위를 지니고 있는데, 네팔어도 데바나가리를 사용해서 적는다.

둘 중 하나라도 읽을 줄 모른다면 벵골 문자와 데바나가리를 혼동하기 쉽다. 라틴 문자와 키릴 문자를 쉽게 혼동할 수 있는 것과 마찬가지다. 벵골 문자와 데바나가리는 전체적인 외양이 비슷하다. 하지만 가까이 살펴보면 세세한 부분이 꽤 다르다는 것을 알 수 있다. 이 두 가지 인도 문자에서 동일한 글자는 단지 몇 개뿐이다. 예를 들면(벵골 문자를 먼저 적도록 하겠다) ন와 न, 또는 থ와 थ가 그렇다. 나머지 글자들은 비슷하게 보일 뿐 사실 다르다. 각각의 문자로 적은 다음 단어를 살펴보자. ভারত와 भारत. 둘 다 음역하면 바라트bhaarat, '인도'를 뜻한다. 하지만 두 단어는 위의 선과 단어의 길이를 제외하면 공통점이 거의 없다. 데바나가리와 벵골 문자가 인도의 모든 문자들 중 가장 널리 사용되는 문자이다 보니, 외부인들은 맨 위의 획이 인도의 모든 문자들 혹은 '인도 문자'의 일반적 특징이라고 생각하는 것도 당연하다. 하지만 사실 인도의 다른 문자들 중에 이 특징을 공유하는 문자는 거의 없다.•

로마자, 벵골 문자, 데바나가리 문자가 서벵골 전역에서 발견되지만, 겨우 이 정도로 서벵골 지역의 문자적 다양성에 대해 다 이야기했다고 할 수 없다. 일단 인구의 2퍼센트 정도는 아랍 문자를 사용하여 우르두어를 적는다. 그리고 수많은 '문자적 소군락'이 있다. 특유의 문자를 지닌 언어적 소수집단들 말이다. 인도국민언어조사PLSI, People's Linguistic Survey of India의 책임자인 가네쉬 N. 데비Ganesh N. Devy는 2013년에 《타임스 오브 인디아》와의 인터뷰에서 이들 덕분에 "서벵골은 문자에 관한 한 인도에서 단연코 가장 풍요롭다. 이곳에는 아홉 개나 되는

• 역사적으로 볼 때, 이 획은 자연스러운 결과라고 할 수 있다. 갈대로 만든 펜으로 바나나 잎이나 야자나무 잎에 글을 적던 인도 북부 지방의 옛날 필경사(서기관)들은 획마다 작은 갈고리 모양을 더하는 것을 좋아했다. 일부 로마자 글꼴에 세리프serif가 달려 있는 것과 다르지 않다. 이런 갈고리가 점점 더 글자의 필수적 구성요소로 여겨지면서 갈고리는 확대되었고 오늘날의 이어진 선으로 합쳐졌다. 남부 인도에서는 첨필의 사용 덕분에 다른 스타일이 발전했다. 첨필로 각진 갈고리 모양을 쓰면 잎이 찢어지므로, 결과적으로 둥근 글자 모양이 생겨났다. 물론 북쪽과 남쪽의 문자는 계속 변했지만, 이 대비는 오늘날까지 분명한 흔적을 남겼다.

서로 다른 문자가 존재하고, 몇 가지 또 다른 문자들을 개발하려는 노력이 이루어지고 있다"라고 말했다. 로마자와 아홉 개의 문자, 최근에 설계되고 발표된 치사야 문자를 더하면 다음의 목록과 같다.

문자	언어	어족	전 세계 언어 사용자 수
벵골 문자Bengali	벵골어	인도아리아어군(IE**)	1억 명 이상
데바나가리 문자Devanagari	힌디어	인도아리아어군(IE)	1억 명 이상
	네팔어	인도아리아어군(IE)	1천만 명 이상
로마자Roman	영어	게르만어파(IE)	1억 명 이상
페르시아아랍 문자Perso-Arabic	우르두어	인도아리아어군(IE)	1억 명 이상
사드리테파 문자Sadri Thepa	사드리어	인도아리아어군(IE)	1백만 명 이상
올치키 문자Ol Chiki	산탈리어	문다어파(AA***)	1백만 명 이상
바랑크시티 문자Barang Kshiti	호어	문다어파(AA)	1백만 명 이상
톨롱시키 문자Tolong Siki	쿠루크어	드라비다어족	1백만 명 이상
림부 문자Limbu	림부어	중국티베트어족	1십만 명 이상
치사야 문자Chisaya	쿠르말리어	인도아리아어군(IE)	1십만 명 이상
렙차 문자Lepcha	렙차어	중국티베트어족	1만 명 이상

* 이 언어들 중 일부는 좀 더 널리 사용되는 문자로 적히기도 한다.

** IE: 인도유럽어족.

*** AA: 오스트로아시아어족. 베트남어가 속한 어족임.

kakhagagha와 aaaiii를 피하다

앞의 모든 문자 체계들을 일종의 알파벳이라고 할 수도 있겠지만, 정확한 표현이라고 볼 수는 없다. 알파벳이라는 단어는 몇십 년 전까지만 해도 중국 문자와 일본 문자를 제외한 사실상 모든 현대 문자 체계를 일컫는 데 사용되었지만, 지금은 좀 더 정밀한 현대적 의미를 획득하였고, 앞의 표에 나오는 문자들 대부분은 이 새로운 의미의 알파벳에는 해당하지 않는다.

새로운 의미의 정식 알파벳, 즉 음소문자에서는 모든 모음 소리와 모든 자음 소리가 각각 자신만의 글자 또는 글자의 조합을 가진다(적어도 원칙적으로는 그렇다). 실제로는 그렇게 정확히 되지 않는 경우가 많기는 하다. 역사는 문자 체계를 망치는 경우가 많기 때문이다. 그렇기는 하지만 '소리 하나에 글자 하나'가 기본적 개념이다. 이것을 처음으로 생각해낸 것은 그리스 사람들로, 그들의 글자가 알파alpha(α)와 베타beta(β)로 시작했으므로, 이런 음소문자를 알파벳alphabet이라고 불리게 되었다. 이 조건에 따르면 로마자와 키릴 문자는 알파벳이며 생김새는 많이 다르지만 한글도 알파벳이다.

세계의 문자들 중 일부는 모음을 차별한다는 것만 빼면 알파벳과 매우 비슷하다. 이때 모음은 생략되거나 자음과 함께 부호화된다. 이 문자들을 아브자드abjad, 즉 자음문자라고 한다. 오늘날 세계에서 가장 잘 알려진 아브자드는 아랍 문자와 히브리 문자가 있다. 알파벳이라는 단어가 그리스 알파벳의 첫 두 글자에서 유래한 것과 마찬가지로 아브자드 역시 아랍 아브자드의 첫 글자들인 'ALIF(알리프), BĀ'(바), JĪM(짐),

DĀL(달)에서 유래했다.

아브자드와 마찬가지로 벵골 문자 역시 자음을 강조한다. 하지만 아브자드와는 달리 벵골 문자에서는 모음 소리를 모두 글자에 반영한다. 물론 알파벳과는 다른 방법으로 말이다. 벵골 문자에서는 자음을 나타내는 글자에 작은 모음 기호를 더하는 방법으로 모음을 나타낸다. 사실 히브리 문자와 아랍 문자에도 모음을 나타내는 다양한 방법들(점, 선, 물결 표시)이 존재하지만 거의 사용되지 않는다. 하지만 벵골 문자에서는 모음 기호의 사용이 의무적이다. 이런 종류의 문자를 아부기다abugida라고 한다. 이 명칭은 에티오피아의 언어 중 하나인 기에즈어에서 빌려왔는데, 아부기다라는 말은 기에즈어 문자를 지칭하는 단어다. 이 단어를 에티오피아에서 빌려온 것은 참 다행스러운 일이다. 만일 아부기다의 명칭이 알파벳이나 아브자드의 이름을 지을 때처럼 인도에서 사용되는 문자들의 첫 글자에 기초해서 지어졌다면, 그 이름은 kakhagagha 아니면 aaaiii가 되었을 것이기 때문이다. 왜 그런지는 나중에 보게 될 것이다.

이 주제에 대해 논의하는 김에 알파벳과 거의 비슷하지만 정확하게 알파벳은 아닌 세 번째이자 마지막 종류의 문자 체계에 대해서도 언급하고 가도록 하자. 먼저 음절문자syllabary에서는 각각의 부호가 하나의 음절을 나타낸다. 이 점은 아부기다와 비슷하지만, 아부기다와는 달리 음절문자는 자음 부분과 모음 부분으로 나눌 수 없는 글자들로 이루어져 있다. 이것은 ± 부호와 $ 부호의 차이점을 생각해보면 된다. ±에서는 어느 부분이 '플러스'를 나타내고 어느 부분이 '마이너스'를 나타내는지가 더할 나위 없이 명백하지만, $는 '달'과 '러'로 이루어져 있지 않다. ±는 아부기다 방식을, $는 음절문자 방식을 연상시킨다고 보면 된다.

미인 벵골어

•

벵골 아부기다에 대해 말하자면 기본적인 방식은 매우 평범해 보인다. 적어도 첫인상은 그렇다. 일단 35개의 자음 글자와 11개의 모음 기호를 익히고 나면, 모음을 자음에 찰칵 끼워 넣으면 된다. 먼저 나na라고 불리는 글자를 한쪽에 놓는다. 이 글자의 기본적인 모양은 ন이다. 단어에 사용될 때는 '보통' /n/ 소리가 난다. 다음으로 /a/, /u/, /e/ 소리(bar, book, bay에 쓰이는 것 같은 모음 소리)를 나타내는 া, ু, ে 기호를 다른 한쪽에 놓는다. 그리고 모음 기호를 자음 글자에 보태면 /na/를 나타내는 না, /nu/를 나타내는 নু, /ne/를 나타내는 নে가 만들어진다. 주목할 점은 왼쪽에서 오른쪽으로 읽는 문자들이 그렇듯이 না에서 모음 기호는 자음의 오른쪽에 있지만, নু에서는 모음이 자음의 아래에 있고, নে에서는 모음이 자음의 왼쪽에 있다는 것이다. 사실, 어떤 모음 기호는 자음을 빙 둘러 있기도 하다. 이런 점이 모음 기호가 독립된 글자가 아니라는 것을 입증한다. 각각의 자음과 모음이 더해진 조합을 하나의 완전체, 하나의 복합글자로 읽어야 한다. 그렇지 않으면, নে를 /ne/가 아니라 순서대로 /en/이라고 읽게 될지도 모른다.

그런데 이렇게 일관성 있어 보이는 규칙들도 좀 더 파고들어가면 수많은 예외들을 찾을 수 있다. 그 중 단연 으뜸은 바로 자음 글자들이 '내재된 모음 소리'를 가지고 있다는 것이다. 앞에서 ন가 /n/ 소리가

난다고 했을 때, '보통' 그렇다라고 단서를 붙여서 언급했다. 왜냐하면 ন이 모음과 결합하지 않고 않고 그대로 표기될 경우, 이 글자는 /no/라고 발음이 되기 때문이다. 예를 들어 인사말인 노모스카NOMOSKĀR는 নমস্কার이라고 적는데, 맨 처음 오는 글자는 모음 장식이 없는 기본 모양 ন이다. 벵골어에서는 /o/가 들어간 음절이 아주 흔하므로, 그럴 경우 굳이 /o/를 표시하지 않아도 되는 것이다.

하지만 적고 싶은 소리가 /n/에 모음이 더해진 것이 아니라 그저 /n/일 경우에는 어떻게 표시할까? 그럴 때는 억음 부호같이 생긴 것을 자음의 오른쪽 아래에 더하면(ন্) 된다. 이 부호는 여러 가지로 불리는데, '모음 살인자'라는 도발적인 이름도 갖고 있다. 여기에서 우리는 벵골 문자 체계의 결함을 발견하게 된다. 실제로는 이 부호가 자주 생략되고 있기 때문에, 모호성의 문제가 발생하는 것이다.

그 다음으로 발견할 수 있는 결함은 자음에 내재된 모음의 발음이 일관적이지 못하다는 것이다. 자음에 내재된 모음은 일반적으로 /o/ 소리를 내지만 꽤 많은 경우에 /ō/(노우know에 쓰이는 '오우'에 가까운 모음 소리) 소리를 내기도 하다(/ō/ 소리를 나타내는 모음 기호가 따로 있음에도 말이다). 그리고 방금 보았듯이 내재된 모음 소리는 묵음일 수도 있는데, 바로 '모음 살인자'가 생략되었을 때 그렇다. 그러므로 ন와 같은 자음을 보았을 때 이 글자가 /no/, /nō/, /n/ 중 무엇을 나타내는지 구별할 방법이 없다. 그리고 벵골 자음에 내재된 모음을 나타내는 로마자 음역은 o가 아니라 a인데, 이것은 수세기 이전에는 내재된 모음 소리가 a였기 때문이다.

다음으로 벵골 문자의 또 다른 예외는 모음을 나타낼 때 자음 글자에 모음기호를 더하지 않고, 때로 온전한 글자를 사용하기도 한다는 것이다. 이런 현상은 모음이 단어의 처음에 올 때 일어난다. 일부 아부기다 문자(림부 문자)들이 그러하듯이 모음 기호를 더할 수 있는 묵음 자음 글자를 만들 수도 있었지만 벵골 문자에서는 그렇게 하지 않았다. 대신 열한 개의 모음 기호에 더하여, 열한 개의 온전한 모음 글자를 추가로 만들었다. 벵골어를 배우는 사람들에게는 안타깝게도 이 온전한 모음 글자는 같은 소리를 내는 모음 기호들과 모양이 비슷하지 않다. 예를 들어, /u/ 소리를 내는 온전한 모음 글자는 উ이지만 모음 기호로는 ু이다.

괴물 벵골어

•

벵골 아부기다의 규칙이 여기까지였다면 아주 알맞았을 것이다. 지금까지 이야기한 것만으로도 문자로서 필요한 것은 다 갖추었다고 볼 수 있기 때문이다. 벵골 아부기다는 자음과 모음을 더하여, 또는 각각 적을 수 있는 완전한, 아니 어쩌면 다소 과하다고 할 수 있을 만한 문자인 것이다. 하지만 앞에서도 말했지만 역사는 문자 체계를 망치는 경우가 많다. 어떤 언어이든지 세월이 흘러감에 따라 그리고 사회가 변화함에 따라 변화하기 마련이지만, 학자나 문학가들은 이 사실을 받아들이기보다는 예전 그대로를 유지하려는 경향이 강하다. 그들은 옛 발음, 숨겨진 문법 양식, 외래어의 기원 등을 반영하는 장식이 많은 철자법에 괘념치 않는다. 오히려 일반인들이 감당할 수 없는 예외적인 규칙, 복잡함, 미묘함 등에서 짜릿한 흥분을 느낀다. 앞서 언급했듯이 프랑스 아카데미의 한 회원은 다음과 같이 말하기도 했다. "복잡한 철자법이 '학식 있는 국민들을 무지한 사람들과 어리석은 여성들로부터 구별'해 준다면 그것은 좋은 것이다."

벵골 문자도 불필요하고 쓸데없이 복잡한 철자법의 유혹에서 벗어나지 못했다. 벵골 문자는 /i/ 소리(비트beat에 쓰이는 것 같은 모음 소리)를 나타내는 기호가 두 개 있고, /u/ 소리(북book에 쓰이는 것 같은 모음 소리)를 나타내는 기호도 두 개가 있다. 하지만 /e/(레스트rest에 쓰이는 것 같은 모음 소리)를 나타내는 기호는 없다. 이것은 역사적인 이유 때문인데 자음에서도 마찬가지다. /sh/ 소리는 세 가지 다른 글자로 나타낼 수 있는데, 그 중 두 가지는 /s/ 소리를 나타내기도 한다(물론 벵골어가 영어보다 심한 것은 아니다. 영어에서는 /i/ 소리가, 정확히 말하자면 /ī/ 소리가 ee, ea, ei, ie, y, ey, e, 또는 i로 적힌다.)

이런 일관적이지 않은 철자법보다 더 문제가 되는 것은 소위 결합 기호 또는 합자라고 하는 여러 개의 자음 글자들을 하나로 결합시킨 것이다. 순 벵골어 단어들의 경우 음절의 처음에 두 개의 자음이 오는 경우가 거의 없지만, 산스크리트어나 페르시아어, 영어에서 차용해온 단어에는 그런 경우가 많다. '나사screw'를 뜻하는 SKRU를 살펴보자. 이 단어를 모음살인자를 동반한 s, 모음살인자를 동반한 k 그리고 u 기호가 붙은 r 이렇게 세 개의 글자를 사용해 적을 수 있다. 하지만 이렇게 하는 대신 벵골 글자를 만든 이들은 즉 s, k, r이 결합된 괴물 합자를 사용하는 것이 올바른 철자법이라고 결정했다.

벵골어의 합자들이 프랑스어의 œ, 네덜란드어의 대문자 IJ, 아니면 덴마크어와 노르웨이어의 Æ같이 철자법의 주변적인 현상이라면 별 문제될 것이 없다. 하지만 벵골어에는 285개나 되는 합자가 존재하며, 간단한 법칙을 따르는 것도 있지만, 그렇지 않은 경우도 꽤 많다. 합자들 때문에 벵골어 문자의 총 수는 331개가 되며, 이것은 모음 기호와 일부 역사적 글자 그리고 소수의 필수적 발음구별 기호를 제외한 숫자다. 수많은 합자들 때문에 벵골어 문자 체계는 거의 혼돈에 가깝다. 벵골어를 배워야 하는 어린 학생들을 생각해보라. 프린터와 타자기는 또 어떻게 만들어야 하는지도 생각해보라. 벵골어는 자음군을 처리하기 위해 모음살인자를 사용했어야 했다. 타밀어가 그렇게 처리했듯이 말이다.

페니키아어 그리고 모음과 자음

•

타밀어가 자음군 문제를 상당히 영리하게 해결하고, 림부어는 단어 시작에 오는 모음을 적는 데 있어서 더 효율적인 방법을 사용하기는 하지만, 인도의 문자들은 대부분 구조적으로 비슷하다. 외부에서 들어온 로마자와 아랍 문자를 제외하면, 인도의 중요 문자들은 모두 아부기다 문자들이다. 이 아부기다 문자들은 각각 다른 모양의 글자들을 가졌고, 각각 특이한 점들을 갖고 있지만, 이들은 모두 많은 특징들을 공유하고 있다. 여기에는 두 가지 역사적 이유가 있다. 일단 이 문자들은 모두 공통의 근원을 갖고 있으며, 이 문자들을 사용한 사람들은 모두 오랫동안 남아시아의 고전어인 산스크리트어를 사용했기 때문이다.

나중에 생긴 모든 인도 아부기다들의 공통의 조상은 브라흐미Brahmi라고 불린다. 그래서 수많은 자손 문자들을 집합적으로 '브라흐미계' 문자라고 부른다. 이 가계도는 엄청나게 큰 데다가 불가사의한 이름으로 가득하므로 가장 중요한 네 개의 분파만을 살펴보도록 하겠다. 브라흐미계 문자들의 전체 가계도에 등장하는 분파들을 살펴보면 현대 문자들이 옛날 글자들을 여전히 가지고 있으며 시간이 흐르면서 변한 것은 주로 글자의 모양이라는 것을 알 수 있다. 옛날 글자들이 폐기되고 새로운 글자들이 처음부터 새로 만들어지는 일은 아주 가끔 일어났다. 따라서 브라흐미계 문자들 사이에서 서로 대응하는 글자들을 찾아볼 수 있으며, 이것은 브라흐미계 문자들 사이에 역사적 연결고리가 있다는 것을 의미한다. 다만 수 세기에 걸친 변화로 인하여 옛날의 관련성을 알아보기 힘들게 되었을 뿐이다. 이것이 바로 ভারত이 더 이

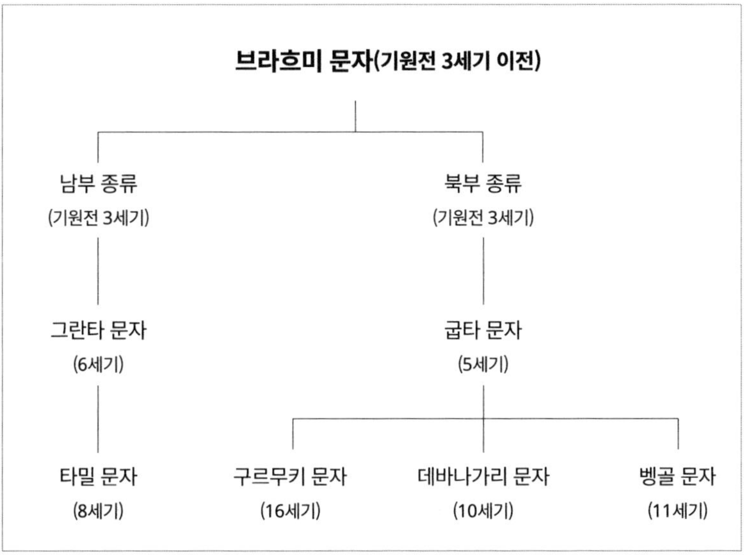

시기는 알려진 최초의 사례를 적용하였다. 옛날의 문자들이 새로운 문자들과 오랫동안 함께 존재했을 수 있다.

상 भारत과 전혀 비슷해 보이지 않는 이유다(둘 다 '인도'를 뜻하는 바라트 bhaarat라는 단어들이다).

앞의 가계도에서는 브라흐미 문자가 맨 위에 자리잡고 있다. 하지만 이것을 브라흐미 문자의 조상이 없다는 것으로 받아들이면 안 된다. 대부분의 전문가들, 특히 남아시아 지역 외의 전문가들은 브라흐미 문자의 기원이 중동에 있다고 생각한다. 세부적인 부분에서는 의견이 엇갈리지만 말이다. 브라흐미 문자는 오늘날의 파키스탄과 그 근처 지역에서 사용되었던 카로슈티 문자라고 불리는 아부기다 문자의 발전된 단계라는 것이 가장 가능성이 높은 시나리오다. 카로슈티 문자는 다시 아람 문자의 영향을 받았는데 그렇다고 카로슈티 문자가 아람 문

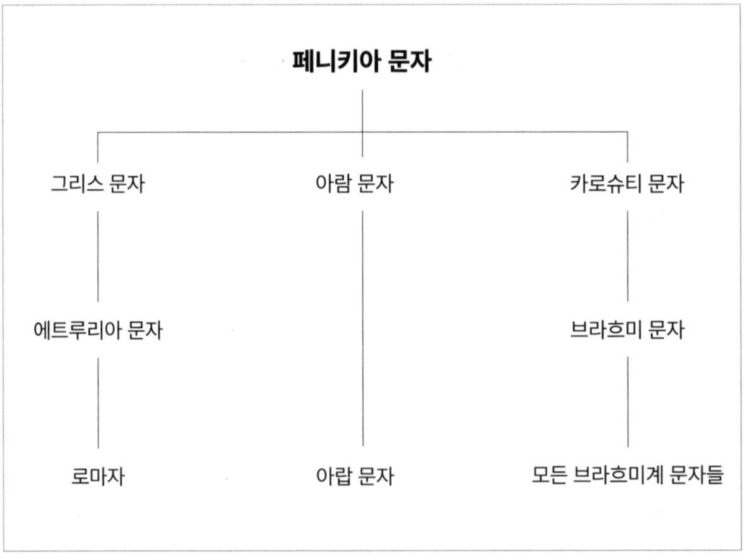

이 가계도에서 가운데 열은 아브자드 문자, 오른쪽 열은 아부기다 문자, 왼쪽 열은 알파벳 문자로 되어 있다.

자의 판박이인 것은 아니다. 아람 문자는 당시 남아시아의 강력한 서쪽 이웃인 페르시아 사람들이 사용하는 문자였다. 만일 인도의 문자들이 실제로 아람 문자와 연관이 있다면, 이것은 인도의 문자들과 라틴 문자들이 공통의 기원을 가진다는 것을 의미한다.

이 공통의 기원은 페니키아 문자로 드러났는데, 그렇다면 어떻게 해서 페니키아 문자가 서로 다른 체계인 알파벳·아브자드·아부기다를 사용하는 유럽·아랍·인도의 문자들로 발전할 수 있었을까? 페니키아어와 아람어는 아랍어와 히브리어와 마찬가지로 셈어파에 속하는 언어들이며, 이 언어들은 모두 아브자드 문자를 사용한다. 왜냐하면 아브자드 문자는 모음이 별로 중요하지 않은 이 언어들의 구조와 잘 맞기 때문이다.

하지만 이 아브자드 문자들이 서쪽으로는 그리스, 동쪽으로는 남아시아로 퍼져나갔을 때, 그 지역 사람들은 인도유럽어족에 속하는 자신들의 언어에는 아브자드가 잘 들어맞지 않는다는 것을 것을 금방 깨달았다. 자신들의 언어를 문자로 제대로 표현하기 위해서는 모음 소리를 나타낼 수 있어야 했기 때문이다. 그리스인들은 자신들에게는 필요 없는 옛날 페니키아 자음 글자들 중 몇 개를 취해 모음으로 바꾸는 간단한 해결책을 찾아냈고, 최초의 알파벳을 만들어냈다. 별로 세련되지 않은 방법이었을지는 몰라도 이 방법은 3,000년 동안 놀랄 만큼 잘 작동해왔다.

남아시아 사람들은 이 문제를 다르게 다루었다. 좀 더 기발하게 다루었다고 할 수도 있다. 언어적 분석에 대한 풍부한 학문적 전통을 가지고 있던 남아시아 사람들은 음운체계에 대한 예리한 통찰력이 있

라오스의 국가언어인 라오어의 문자는 동남아시아의 많은 문자들이 그렇듯이 인도의 옛날 문자 중 하나에서 유래한 것이다. 식민언어였던 프랑스어가 여전히 많이 사용되고는 있지만, 얼마나 더 오래 갈지는 알 수 없다.

었다. 이들도 그리스인들과 마찬가지로 자신들의 언어를 모음 없이 적으면 그 글은 이해할 수 없게 된다는 것을 알고 있었다. 이들은 자신들의 음절이 주로 '자음 하나, 모음 하나'로 이루어져 있음을 감안하여 자음 글자에 모음 기호를 더한다는 새로운 생각을 해냈다. 그리고 그들의 언어에서 /a/ 소리(이라크Iraq에 쓰이는 것 같은 모음 소리)가 다른 모음 소리보다 더 자주 사용되므로 이 소리를 자동으로 적용되는 디폴트 모음으로 정했다(나중에 벵골어에서는 /o/로 발음이 된다). 거기에 더해 남아시아 사람들은 글자들의 순서를 좀 더 논리적인 순서로 바꾸었다. 그들은 자음들을 '조음 위치', 즉 입 안에서 발음되는 위치가 같은 것끼리 모았고, 모음들도 독립된 집단으로 만들었다. 이것이 바로 벵골어의 자음 목록이 ka, kha, ga, gha로 시작하고 모음 목록이 단모음 a, 장모음

a(ā 또는 aa), 단모음 i, 장모음 i로 시작하는 이유다.

이러한 아부기다 체계는 그리스어에서는 순조롭게 작동하지 않았을 것이다. 왜냐하면 인도유럽어족에 속하는 대부분의 언어들과 마찬가지로(러시아어 단어 브즈글랴트взгляд, VZGLYAD(시선)를 기억하는가), 그리스어 역시 음절의 처음에 여러 개의 자음을 두는 것이 자연스럽기 때문이다. 플라톤Plato, 스트라본Strabo, 프톨레마이오스Ptolemy 등의 그리스 이름 처음에 여러 개의 자음이 오는 것을 생각해보라. 기원전 제2천년기에 인도유럽어족 언어를 사용하는 사람들이 처음으로 남아시아에 도착했을 때, 그들의 언어(산스크리트어의 초기 형태)도 사실 이와 많이 비슷했다. 하지만 자음군이 존재하지 않는 드라비다어족 토착 언어들과 섞이면서, 산스크리트어 사용자들 역시 점점 자음군의 사용을 피하기 시작했다. 기원전 500년경 이 지역에 페니키아 문자에 기원을 둔 새로운 문자가 생겼을 때, 그 당시 사용되던 언어들에는 자음군이 거의 남아 있지 않았다. 그리고 이 언어들에 아부기다 문자는 맞춘 듯이 꼭 맞아떨어졌다.

평범한 내용을 적는 글

•

일반적으로 문자가 사용되는 곳에서는 서기관들이 높은 지위를 갖고 있었다. 그저 흘러가는 말을 실체화하고, 말을 부활시켜 소리를 내고 계속 반복할 수 있게 하는 이 기술에는 어딘가 초자연적인 면이 있다. 문맹률이 높은 사회에서(대부분의 사회가 최근까지도 그랬다) 글을 잘 적는 사람들은 종교 단체나 정부 기관에서 아주 높은 지위까지 올라갈 수 있었다. 중국에서는 문자가 문명의 본질적인 특징 중 하나였으며, 유럽에서는 로마 알파벳이 서양 기독교를 상징하는 특징이었다(그래서 이교도들의 룬 문자는 폐기되고 말았다). 또한 무슬림 세계에서는 아랍 문자가 거의 신적인 지위를 획득했다.

그러나 남아시아에서는 그렇지 않았다. 지배계층은 고집스럽게 말로 전해지는 구전에 매달렸다. 이 전통은 고대의 힌두교 베다서뿐만이 아니라 불교·철학·시·이야기와 심지어 과학과 기술에 관련된 기록에도 수 세기 동안 적용되었다. 글로 적는 것을 거부한 근원적인 이유는 아마도 그들의 지위를 지키기 위해서였을 것이다. 전해 내려오는 존귀한 글을 자신들만 외울 수 있다는 것이 그들의 특권을 정당화하는 이유 중 일부였기 때문이다. 아니면 그들은 글자로 전해지는 것을 신뢰하지 않았을 수도 있다. 사실 남아시아의 덥고 습한 계절풍 기후에서는 돌에 새겨진 글이 아니고서는 온전히 보존되기 힘들었을 것이다.

따라서 글은 중요한 내용을 남기는 것보다는 상업과 일상적인 활동에서 더 많이 사용되었다. 불교를 숭상한 아쇼카 왕이(기원전 3세기 중반) 그의 넓은 제국 곳곳에(기둥이나 바위, 동굴 벽에) 사회적·도덕적 계율을 적어 놓도록 했던 잠깐 동안 글은 좀 더 고귀한 역할을 하기도 했지만 전반적으로 볼 때, 남아시아의 지배계층들은 2세기 중반이 될 때까지 약 500년 이상 글로 무언가를 남기고 적는 것을 저어했다.

이것은 문자에 두 가지 중요한 영향을 미쳤다. 첫째, 구비 문학을 마침내 종이에(정확히 말하자면 말린 잎사귀에) 적고자 했을 때, 극심한 철자법 문제가 발생했다. 아부기다 문자들은 토착어에 맞게 맞춤제작되어 있었는데 모든 문화적 전통은 산스크리트어 위주였고 산스크리트어에는 여전히 인도유럽어족의 자음군이 존재했기 때문이다. 산스크리트어에서 파생되기는 했지만 현실에 맞게 변화한 토착언어에서 '농부'는 키산KISĀN, '별'은 타라TĀRĀ, '셋'은 틴TIN이지만, (옛날) 산스크리트어에서는 KRSHĀNA, STR, TRI였다. 만일 남아시아 사람들이 수 세기 전부터 산스크리트어로 글을 쓰기 시작했더라면, 그리스 사람들이 그랬던 것처럼 아부기다 대신 알파벳 비슷한 것을 발전시켰을지도 모른다. 하지만 이 시점에는 이미 아부기다가 인도에 널리 퍼져 있었고, 이들은 산스크리트어를 아부기다 문자로 표기할 방법을 찾아야 했다. 결국 아부기다 체계는 오늘날 학생들과 프린터, 타자기 제작자들을 괴롭히는 합자들을 만들어내면서 산스크리트어에 맞게 조정되었다. 남아시아 사람들이 오늘날 이 합자들을 배워야 하는 것은 실제로 산스크리트어 자체를 읽고 쓰기 때문이 아니다. 보통의 유럽 사람이 라틴어를 읽고 쓰지 않는 것과 마찬가지다. 하지만 영어와 다른 유럽 언어들이 고전 그리스어와 라틴어에서 단어들을 빌려온 것과 비슷한 방식으로, 남아시아의 현대 언어들은 산스크리트어에서 많은 수의 단어를 차용해왔다. KRSHĀNĀ는 수 세기 동안 벵골어의 어휘 목록에 없었지만, 현대 벵골어에서는 다시 '농부'라는 뜻으로 사용되고 있다. 그리고 영어의 철자법이 필요는 없지만 고전적인 글자들인 c, q, x를 유지하고 있는 것처럼, 브라흐미계 문자들도 마찬가지로 불필요한 합자들을 유지하고 있다.

둘째, 지배계층이 글을 늦게 받아들인 결과, 현재 인도에서는 다양한 문자가 사용되고 있다. 만일 지배계층이 문자가 유입되었을 때 그것을 바로 받아들이고 고대의 존귀하고 신성한 말씀을 전하는 데 사용했더라면, 브라흐미 문자는 인도에서 존경받고 인정받는 표준 문자가 되었을 것이다. 하지만 그들은 그렇게 하지 않았고, 글이 마침내 종교·학문·문학에 사용되게 되었을 때는 새로운 문자들을 자유롭게 만들어내고 사용하는 전통이 이미 자리잡은 뒤였다. 인도에서 글은 오랫동안 상인들과 보잘것없는 노동자들을 위한 것이었고, 언어가 끊임없이 여러 방언들로 갈라져가는 것처럼, 문자도 다양화를 막는 구심력 없이는 다양화할 수밖에 없었던 것이다. 다양화를 지양하고 표준화된 문자로 통일하는 역할은 신성한 책이 할 수 있다. 코란이나 성경, 타나크가 그렇듯이 말이다. 하지만 힌두교의 경전은 구전으로 전해지며 그 존귀함을 지켜왔기 때문에, 그러한 역할을 할 수 없었다. 문자를 통일하는 신성한 경전이 없다면, 오래 지속되는 제국도 문자를 통일하고 보전하는 효과를 낼 수 있는데, 남아시아에서는 이러한 굳건한 제국도 없었다. 이 지역은 대부분 분할되어 있거나 외국의 문자를 사용하는 지배계층에 의해 통치당한 역사를 가지고 있었다.

신성한 책과 굳건한 제국이 없는 상황에서 문자는 혼란스러워질 수밖에 없다. 구심점이 없는 문자는 결과적으로 수많은 형태로 흩어지게 된다. 이와 비슷한 일이 아주 오래전 유럽에서도 일어난 적이 있다. 그리스 알파벳·로마 알파벳·에트루리아 알파벳·오스크 알파벳·이베리아 알파벳·타르테르소스 알파벳·오검 알파벳·룬 알파벳 등 수많은 알파벳이 존재했다. 문자의 다양성을 막을 만한 구심점이 없었던 남아시아에서도 아부기다 문자에서 파생된 여러 형태의 문자들이 생겨났다. 그리고 힌두교와 불교의 경전이 동남 아시아로 퍼져나갔을 때, 정말 중요한 것은 글이 아니라 내용이었으므로 동남아시아 사람들은 경전에 쓰인 글자들을 자신들의 언어에 맞게 변화시켰다. 미얀마마·태

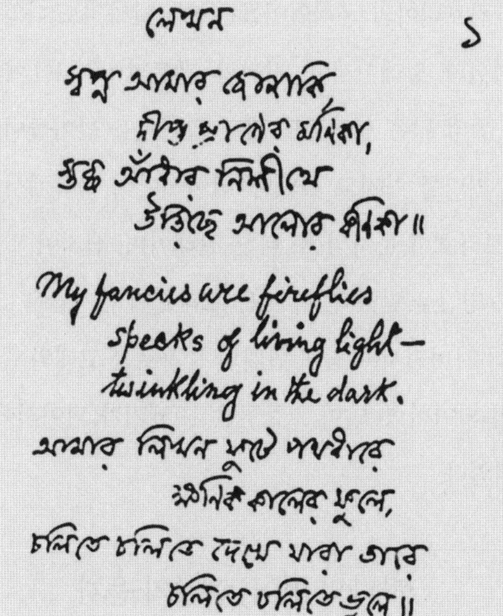

লেখন 1

স্বপ্ন আমার জোনাকি,
দীপ্ত প্রাণের মণিকা,
স্তব্ধ আঁধার নিশীথে
উড়িছে আলোর কণিকা॥

My fancies are fireflies
speaks of living light—
twinkling in the dark.

আমার লিখন ফুটে পথধারে
ক্ষণিক কালের ফুলে,
চলিতে চলিতে দেখে যারা তারে
চলিতে চলিতে ভুলে॥

The same voice murmurs
in these desultory lines
which is born in wayside pansies
letting hasty glances pass by.

প্রজাপতি সেতো বরষ না গণে,
নিমেষ গণিয়া বাঁচে,
সময় তাহার যথেষ্ট তাই আছে॥

The butterfly does not count years
but moments
and therefore has enough time.

벵골어와 영어로 시를 썼던 위대한 시인 라빈드라나트 타고르Rabindranath Tagore가 손으로 쓴 시의 일부다.

국·라오스·캄보디아의 공식언어들은 오늘날까지도 다양한 종류의 아부기다로 적힌다. 말레이시아·필리핀·베트남(베트남어 제외)·인도네시아(자와어 포함)의 많은 언어들도 라틴 알파벳을 받아들이기 전에는 그들만의 아부기다를 가지고 있었다. 남아시아의 북쪽에서 생겨난 티베트 문자도 브라흐미 문자의 또 다른 갈래이며, 심지어 일본 문자도 인도에서 일부 영감을 받았다. 이 모든 브라흐미 문자들은 그 시작에서부터 너무 멀리 가버려서 마침내 현대의 문자로는 고대의 글을 이해할 수 없는 지경이 되어버렸다. 이 고문들은 19세기가 되어서야 외부인들에 의해 해독되었다.

하나의 언어, 하나의 문자

•

오랫동안 새로운 문자가 계속해서 생겨났고, 이러한 현상은 진짜 언어라면 자신의 문자를 가져야 한다는 생각을 부추겼다. 자신의 문자를 가지지 않으면, 공식 언어가 아닌 방언으로밖에 인정받지 못한다는 우려가 생겨났기 때문이다. 이에 따라 어떤 지역은 이미 존재하는 문자 체계를 받아들여 자신의 언어적 (아니면 때로는 종교적) 소속을 확고히 하고, 어떤 지역은 자신만의 문자를 개발하여 자신들이 완전히 성숙한 언어와 독립된 지역적 정체성을 가졌다고 주장했다. '하나의 언어, 하나의 문자'라는 개념은 1700년대 후반 민족주의의 발흥과 함께 유럽을 지배한 '하나의 언어, 하나의 국가'라는 개념과 유사하다고 볼 수 있다.

남아시아 문자의 수는 19세기와 20세기 초에 인쇄기의 보급이 확산되면서 마침내 줄어드는 조짐을 보였으나(예를 들어, 네팔 문자는

1900년과 1950년 사이에 점차 데바나가리 문자로 대체되었다), 20세기에 들어 다시 문자가 늘어나고 있다. 사회적·문화적 해방을 추구하는 소수민족들이 그들의 언어에 대한 공식 인정을 요구하며 자신들에게도 독립된 문자체계가 있음을 강하게 주장하기 때문이다. 가네쉬 N. 데비가《타임스 오브 인디아》와의 인터뷰에서 말한 대로 "몇 가지 또 다른 문자들을 개발하려는 노력이 이루어지고 있는" 이유가 바로 이것이다.

수백만 명의 사람들이 그들의 소수언어를 자신의 문자로 적을 수 있고, 적고 있다. 일부 문자들이 다른 문자들에 비해 더 큰 인기를 얻기도 하지만, 중요한 점은 모든 문자들이 실질적으로 사용되고 있다는 것이다. 이 언어들은 사회경제적으로 하위에 위치한 소수의 사람들이 사용하므로 벵골 문자·로마자·데바나가리 문자·아랍 문자만큼 공공장소에서 눈에 띄지는 않는다. 하지만 이 문자들은 여전히 살아 있으며 심지어 번성하고 있다. 공동체의 언어적 정체성을 상징하고 공동체의 해방에 큰 역할을 맡고 있어 소중히 여겨지기 때문이다.

바로 이런 이유로, 다양한 문자가 존재하는 문자의 사파리를 방문하고 싶다면 서벵골보다 더 나은 곳은 없다.

5

아랍어

العربية

al-'arabiyyah

3억 7,500만 명

약 3억 명의 사람들이 아랍어를 제1언어로 사용하며 이들의 대부분은 북아프리카와 중동에(이스라엘, 이란, 터키의 소수민족들을 포함) 살고 있다. 아랍어를 제2언어로 사용하는 사람들의 수는 약 7,000만 명 정도지만, 전 세계의 이슬람교도들은 보통 코란을 통해 고전 아랍어를 조금은 알고 있다.

자칭 이름	알-아라비야العربية, al-‘arabiyyah, 아라비عربي, arabī
어족	아랍어는 아프리카아시아어족의 한 분파인 셈어파 중 가장 널리 사용되는 언어다. 아랍 세계 바깥 지역에서는 이스라엘, 에티오피아, 에리트레아에서 셈어파 언어들이 사용된다. 아프리카아시아어족 언어들은 북아프리카 지역 전체와 사하라 지역, 아프리카의 뿔(소말리아 반도) 지역과 차드호 주변 지역에서 사용된다.
이주자	아랍어를 사용하는 상당한 규모의 소수민족들이 서유럽, 아메리카 대륙, 호주 및 인도네시아에 살고 있다.
문자	아랍어는 자신만의 문자를 가지고 있으며, 다른 많은 언어들도 이 문자를 사용한다.
문법	본문 참조
소리	표준 아랍어에는 세 개의 모음이 있고(/a/, /i/, /u/), 각각의 모음은 단모음과 장모음을 가진다. 대부분의 방언들은 /ē/와 /ō/라는 두 개의 장모음을 더 가지고 있다. 이 모음들은 표준어에서도 일부 단어들이 사용된다. 아랍어에는 28개의 자음이 있으며, 이 중 놀랄 만큼 많은 수가 구강의 상당히 뒤쪽 또는 목구멍에서 소리가 난다.
차용어	아람어(같은 셈어파에 속하는 가까운 친족 언어), 페르시아어, 프랑스어, 영어.
수출어	‘콘사이스 사전’ 참조.
코란의 언어	현대 표준 아랍어는 6세기 코란 아랍어와 비슷하다. 현대 표준 아랍어는 아주 공식적인 상황에서만 쓰이며, 많은 아랍인들은 표준 아랍어를 알아듣기는 하지만 직접 말하지는 못한다.

5: 아랍어
아랍어 콘사이스 사전

●

7세기와 8세기에 유럽의 기독교 국가들은 예상치 못한 이웃을 맞이하게 되었는데, 바로 이슬람 세계다. 아랍인들과 함께 나타난 이슬람교의 빠른 팽창은 그 후 스페인과 포르투갈에서의 이슬람교의 점진적인 성장, 십자군 전쟁, 오스만 제국의 발칸 지역 정복과 상실, 영국과 프랑스의 북아프리카와 중동 지역의 식민지 건설, 아랍 민족주의 그리고 오늘날의 불안한 관계로까지 이어졌다.

유럽이 이 새로운 이웃에 대해 좋게 생각하지 않았던 이유 중 하나는 그들의 언어다. 유럽의 지배자들은 로망스어군이나 게르만어파에 속하는 언어를 사용했다(러시아어가 유일한 예외지만, 러시아어도 인도유럽어족이다). 반면 아랍어는 완전히 종류가 다른 언어다. 아랍어는 소리부터 다르다. 유럽인들은 아랍어의 소리가 목 뒤쪽에서 나고 어둡다고 묘사한다. 아랍어는 생김새도 매우 낯설고, 구조도 상당히 다르다.

지리적 근접성을 갖추고 있으나 종교적 적대감과 정치적 원한,

언어적 차이의 조합은 유럽인들로 하여금 아랍인들을 전형적인 외부인으로 여기게 만들었다. 그러나 이러한 유럽인들의 인식과는 별개로 아랍인들은 그들의 언어를 몹시 훌륭하다고 생각한다. 이슬람교도인(대다수) 아랍인들에게 아랍어는 신께서 무함마드에게 코란Koran을 통해 내려주신 축복받은 언어다. 아랍학자이자 언어학자인 클리브 홀스Clive Holes의 말에 따르면, 아랍어는 "부자, 가난한 사람, 배운 사람, 글을 읽지 못하는 사람 할 것 없이 모두에게 이슬람교의 문화적 유산으로 존경받는다. (……) 아랍어의 아름다움을 능가할 것이 없으며, 아랍어는 감동을 전하는 천상의 언어이며 완벽한 균형과 간결함을 가졌다"고 한다. 아랍인들은 프랑스어에 대한 프랑스인들의 유별난 사랑이 무색할 정도로 자신들의 언어를 흠모한다.

유럽과 아랍의 언어 및 종교가 판이하더라도 그저 바다나 국경선을 경계로 나뉘어 있을 뿐인 상황에서 사람이나 물건, 생각의 교류가 없을 수는 없다. 여기서 사람이라 함은 군인·상인·외교관·순례자들을 뜻하고, 물건이라 함은 발명품·음식·책들을 뜻하며, 생각이라 함은 그리스의 철학·인도의 수학·아랍의 의학과 그 밖의 많은 것들을 뜻한다. 받아들이는 입장에서는 많은 것들이 너무나도 새로웠기에, 새로운 문물과 함께 그것을 묘사하는 단어들도 함께 수입하게 되었다. 결과적으로 유럽의 언어들은 아랍어에서 상당 분량의 어휘를 받아들이게 되었다. 그 단어들 중 일부는 원래 페르시아어, 산스크리트어, 아람어 및 다른 아시아 언어들에서 온 것이었다. 그 반대로 아랍어도 유럽에서 꽤 많은 수의 차용어를 받아들였다(아랍어는 순수성을 유지하기 위해 차용어를 혐오한다는 이야기가 있지만, 앞으로 보게 되듯이 반드시 그런 것만은 아니다).

이 장에서는 아랍어가 몹시 이질적이고 접근불가능하다는 생각을 바꾸기 위해 아랍어 콘사이스 사전을 사용할 것이다. 이 사전에는 영어를 아는 사람이라면 직관적으로 이해할 수 있거나 아니면 약간의 (때로는 조금 더 많은) 어원 설명만 있으면 이해할 수 있는 단어들이 포함되어 있다. 개인적으로 여러 언어를 공부한 경험을 통해 볼 때, 이런 연관성은 아무리 하찮다 하더라도 단어를 공부할 때 큰 도움이 된다. 그리고 어떤 언어를 깊숙이 공부할 마음이 없다 하더라도, 역사적 연결고리를 확인하고 나면 그 언어가 심리적으로 가깝게 느껴지게 된다.

아랍어 콘사이스 사전에 들어 있는 항목들 중에는 영어가 아랍어에서 빌려온 차용어의 뿌리를 밝히고 있다. 일부는 오래 전에 차용한 가블garble(혼동하다) 같은 단어들이고, 다른 일부는 좀 더 최근에 차용한 아야톨라ayatollah(시아파 종교 지도자) 같은 단어들이다.

현대 표준어

•

콘사이스 사전을 살펴보기 전에 대부분의 다른 언어들과는 다른 아랍어만의 몇 가지 특징에 대해 살펴볼 필요가 있다.

첫째로, 영어와 마찬가지로 아랍어에도 여러 종류가 있으며 각각의 종류를 일반적으로 '방언'이라고 부른다. 아랍어를 사용하는 나라마다 보통 하나 또는 여러 개의 방언을 사용한다. 하지만 이 방언들이 서로 이해가능한가 하는 문제는 아랍어의 경우가 영어의 경우보다 훨씬 더 어려운 문제다. 특히 아랍 세계의 지리적 극단에 위치한 모리타니아·예멘·이라크 사람들 사이의 상호의사소통은 더욱 어렵다. 사실

아랍 문자의 높은 위상은 코란 덕분이다. 이슬람 세계 전역에서 코란은 보통 아랍어로 읽힌다.

아랍어의 여러 '방언들'은 로망스어군에 속하는 여러 언어들만큼이나 다양하다. 하지만 이런 차이점은 종이 위에서는 완전히 사라지는데, 아랍어 방언들이 글로 적히는 경우는 거의 없기 때문이다. 글로 적을 때는 대부분 현대 표준 아랍어가 사용된다. 현대 표준 아랍어는 코란의 고전 아랍어가 현대화된 버전으로, 그 누구의 모국어도 아니며 매우 공식적인 상황에서만 구어로 사용된다. 표준 영어와는 달리, 현대 표준 아랍어는 새로운 어휘가 만들어질 때를 제외하고는 그 형태가 거의 변하지 않는데 이는 사람들이 실제 사용하는 구어보다 코란이 이 언어에 영향을 더 많이 미치기 때문이다. 이 책의 콘사이스 사전에 나오는 모든 단어들은 지역적 기원이 따로 언급되어 있지 않는 이상 고전 아랍어 또는 현대 표준 아랍어에 속하는 단어들이며, 보통은 둘 다에 속한다.

이 사전에는 단어 이외에도 많은 수의 '어근'도 포함되어 있다. 이것은 자음이 차례로 배열되어 있는 것인데, 보통 세 개의 자음이 사용된다(여기에서는 자음들 사이에 하이픈(-)을 사용했다). 어근은 그 자체로는 문장에 사용될 수 없지만 대략적인 의미는 지니고 있다. 아랍어에서는 이 세 개의 자음에 기초하여 자음 사이에 모음을 삽입하거나, 또는 접미사, 접두사 등을 더하여 여러 실제 단어(명사, 형용사, 특히 동사)를 만든다. 이 정교한 체계를 통해서 각각의 어근에 기초한 수많은 의미 있는 형태를 만들어낼 수 있는 것이다. 이렇게 만들어진 단어들의 정확한 의미가 언제나 예측 가능한 것은 아니지만 의미적 연관성은 명백하게 드러난다. 동사의 활용 및 명사, 형용사의 곡용은 동일한 원칙을 따르는데, 자음이 각 단어의 뼈대를 이루고, 모음과 추가적인 자음이 거기에 살을 붙인다. 이러한 어근 체계는 셈어파 언어들에서 일반적으로(그리고 셈어파 언어들에만 거의 유일하게) 발견한 수 있는 특징이다.

아랍어의 또 다른 특징은 음운 체계에 /p/ 소리가 없다는 점이다. 다른 언어에서 차용해온 단어에 /p/가 들어 있으면 이 소리는 /b/나 /f/로 바뀐다. 사전에 몇 가지 예가 들어 있다.

마지막으로 철자에 대한 부분이다. 아랍어에 모음 소리는 세 개(/a/, /i/, /u/) 밖에 없으므로 모음의 철자법은 쉽다. 각 모음은 길이가 짧을 수도 있으며(a, i, u), 길 수도 있다(ā, ī, ū). 다만 간혹 방언에서 사용되는 ē나 ō가 표준어에도 사용될 때가 있다. 아랍어의 일부 자음 소리들은 영어 사용자들에게 익숙한 자음 소리들과는 아주 많이 다르며, 이것은 문자에도 반영되어 있다. 아랍어를 라틴 알파벳을 사용하여 음역할 때 발음구별 기호와 함께 쓰인 글자와 그렇지 않은 글자는 다른 소리를 나타낸다는 것에 주의하자(ḍ와 d, ḳ와 k, š와 s는 다른 소리를 나타낸다. 그런데 ġ에는 대응하는 g가 존재하지 않는다). 하지만 이 책의 콘사이스 사전에서 단어를 알파벳 순으로 정리할 때는 이 소리들을 동일한 것으로 취급했다.

음역할 때 자주 간과되는 아랍어 글자가 두 가지 있는데, 이 두 문자는 아주 작은 기호로 표시되기 때문이다. 함자hamza(성문 폐쇄음을 나타낸다. 영어 표현 uh-oh에 이 소리가 사용된다)는 ʾ로 적고, 아인ayin은 ʿ로 적는 관례를 따랐다. 이 두 가지 글자로 시작하는 단어들을 목록의 맨 처음, 즉 A 앞에 두었다. 이 순서는 다른 글자로 시작하는 단어들의 순서에도 영향을 미치는데, 예를 들면 BAʿL이 BĀBĀ 앞에 오는 식이다.

자, 이제 사전을 소개하도록 하자.

바벨의 아랍어 콘사이스 사전

ʾ(함자)

ʾAB – 아버지. 이 단어가 ʿABŪ로 쓰이는 경우 아랍인 남성 이름에 자주 포함된다. 영어 abbot(수도원장)은 '나의 아버지'라는 뜻의 아람어 ʾABBĀ에서 왔다.

ʾAMĪR – 지휘관, 왕자. 이 단어에서 영어 단어 emir(이슬람 국가의 왕, 통치자)가 생겼다. 아랍어 합성어인 ʾAMĪR AL-BAḤR '바다 지휘자'에서는 admiral(해군장성, 제독)이 생겼다.

ʾIKSĪR – 영약, 묘약. 영어 단어 elixir(묘약)은 아랍어 관사 AL의 한 형태를 포함하고 있다. 이 아랍어 단어는 그리스어에서 차용되었다. 그리스어로 XĒRÍON는 상처에 쓰이는 건조제 분말을 뜻했는데, 이 단어는 '건조한' 이라는 뜻의 XĒRÓS에 기초했다.

ʾ-M-M(어근) – 가다, 이끌다. 이 어근은 여러 가지 파생어를 만들어냈다. ʾIMĀM은 이슬람 세계의 지도자를 뜻하고, ʾUMM은 어머니를 뜻한다(유명 가수인 움 쿨숨ʾUmm Kulthum의 이름에 쓰였다). ʾUMMA는 정관사와 함께 쓰이면(the ʾUMMA) 전 세계적인 무슬림 공동체를 뜻하며, 부정관사와 함께 쓰이면(a ʾUMMA) 국민, 국가라는 뜻이다. 문자적으로 '~의 어머니'라는 뜻의 아랍어 표현 ʾUMM AL-은 유럽 언어들에 'mother of all ~(모든 ~의 어머니)'라는 표현으로 차용되어 가장 큰 것, 최고를 뜻한다.

ʿ(아인)

ʿARAQ – 아라크arrack. 이 술의 이름은 '땀'을 뜻하는 아랍어 어근과 관련되어 있다. 발칸 지역의 술 라키자rakija와 터키의 라키raki 모두 ʿARAQ에서 파생되었다.

ʿ-L-Y(어근) – 위로 올라가다, 높은. 이 어근은 '높은, 고귀한'이라는 뜻의 이름인 ʿALIYY(알리Ali), ʿĀLIYA(알리아Alia, 알리야Aleeyah)를 만들어냈고, ʿALĀʾ AD-DĪN(알라딘Alladin)이라는 이름도 만들어냈다. DĪN 참조.

ʿŪD – 목재wood, 우드oud(현악기의 일종), 류트lute(현악기의 일종). 서양의 류트lute는 단어와 악기 모두 아랍의 AL-ʿŪD에서 비롯한다.

ʿULAMĀʾ – 울라마ulema(이슬람교의 법학자), 깨우친 자, 성직자. '알다'라는 뜻의 어근 ʿ-L–M에 기초했다.

A

AL – 정관사(the). 아랍어에서 들어온 차용어는 이 음절로 시작하는 경우가 많다. 명사와 함께 관사도 차용되었기 때문이다. 관사의 전체 형태가 단어에 드러나기도 하고(alchemy(화학), alcohol(알코올), alfalfa(알팔파), algorithm(알고리즘), algebra(대수학), alkaline(알칼리성), Allah(알라신), Algeria(알제리) 등), 관사 뒤에 오는 자음과 합쳐지면서 단순히 a-만 남아 있기도 하다(adobe(벽돌), apricot(살구),

arsenal(무기), artichoke(아티초크), azimuth(방위각) 등).

ALLĀH – 신. 이 단어는 관사 AL과 '신'을 뜻하는 옛날 단어 'ILAH가 축약된 것이다. 이 단어는 많은 이름과 단어에 합성되어 나타난다. 압둘라Abdullah(신의 종), 'IN SHĀ'A LLĀH(인샬라inshallah; 신의 뜻이라면), BISMI LLĀH(비스밀라bismillah; 신의 이름으로), 'ĀYATU LLĀH(아야톨라ayatollah; 신의 계시), ḤIZBU LLĀH(헤즈볼라Hezbollah; 신의 당).

B

BA'L – 군주, 주인. 바알Baal, 베엘제붑Beelzebub에서 보듯이, 이 단어는 중동의 여러 신들의 이름에 나타난다.

BĀBĀ – 아빠, 교황. 40인의 도적의 주인공으로 유명한 알리바바Ali Baba의 이름은 '아빠 알리'라는 뜻이다.

BABAĠĀ' – 앵무새. 이 아랍어 단어는 대부분의 유럽 언어에 차용되었다. 영어에는 포핀제이popinjay(앵무새처럼 수다스러운 멋쟁이)에 차용되었다.

BADAWIYY – 베두인족Bedouin. 유럽 언어들은 이 단어의 일상적 복수형인 BADAWĪN을 취했다. 이 아랍어 단어는 '사막', '야영지'를 뜻하는 BADW에서 유래했다.

BARIYY – 야만인. 안달루시아 아랍어에서 BARRI라는 단어는 도시가 아닌 덜 문명화된 지역을 가리키는 표현으로 진화했다. 따라서 스페인어에서 BARRIO는 '지역, 동네'를 뜻하며, 이 단어를 미국에서는 스페인어 사용자 거주지로 쓴다.

BURQA' 또는 BURQU' – 부르카burka. '가리다, 숨다'라는 뜻의 동사 BARQA'A에서 유래했다.

BURTUQĀL – 오렌지. 이 과일의 이름은 포르투갈Portugal이라는 이름에서 왔다. NĀRANJ 참고.

D

DĀR – 집. 탄자니아의 수도 Dar-es-Salaam(다르에스살람)이라는 이름은 '평화의 집'을 의미한다.

ḎIMMIYY – 딤미dhimmi, 이슬람 국가에 사는 비무슬림인. 문자적 의미는 '보호받는 사람'이다.

DĪN – 믿음. 이 단어는 Aladdin(알라딘)에서 찾아볼 수 있다(ALĀ' AD-DĪN; '-L-Y 참고). 알라딘은 '믿음의 높음(또는 고결함)'을 뜻한다.

F

FALĀFIL – 팔라펠falafel(중동지방 음식의 일종). FALĀFIL은 '후추'를 뜻하는 FILFIL의 복수형이다. FILFIL은 남아시아의 언어에서 들어온 것으로 보이는데, 영어 단어 페퍼pepper(후추)의 기원과 같은 것으로 보인다. Falafel, pepper에 해당하는 이 단어들은 아마 궁극적으로는 '둥근 것'을 의미하는 것으로 추정된다.

FALLĀḤ – 노동자, 소작농fellah.

FAQĪR – 가난한 사람. 전문적 뜻으로는

'종교적 탁발 수도사' 또는 '금욕주의자'.

FATWĀ – 파트와fatwa, 이슬람 법에 따른 공식적 의견. 이런 의견을 전달하는 사람을 머프틴MUFTIN, 머프티mufti라고 한다. 두 단어 모두 '의견을 밝히다'라는 뜻의 동사 'AFTĀ에서 유래한다.

FIRDAWS – 파라다이스paradise. 아랍어 단어와 영어 단어 둘 다 이란어군 단어에 기원이 있다. 이 단어의 기원으로 복원된 단어는 PARIDAIĴAH로 그 뜻은 '원형의 경계벽' 또는 '그런 벽으로 둘러싸인 공간'이다.

G

ĠARBALA – 체로 치다. 중세 라틴어(GARBELLARE)와 앵글로 노르만어(GARBELER)를 거쳐, 이 아랍어 단어는 영어 단어 가블garble을 만들어냈다. 이 영어 단어의 현재 뜻은 '훼손하다, 왜곡하다'지만, 이전에는 '향신료 등을 체로 치다'는 뜻이었다.

ĠAZĀL – 가젤gazelle.

Ġ-R-B(어근) – 내려가다, 떠나다. 해가 지는 서쪽을 AL-ĠARB이라고 한다. 이 어근은 포르투갈의 알가르브Algarve 지역 이름의 근원이며, 이슬람 세계의 가장 서쪽 지역을 일컫는 MAĠRIB(마그레브Maghreb)의 근원이기도 하다. 영국의 트라팔가 광장Trafalgar Square은 스페인의 한 지명을 딴 이름으로, 이 스페인 지역의 아랍어 이름은 ṬARAF AL-ĠARB, 즉 '서쪽의 곶'이라는 뜻이었다.

ĠŪL – 악귀ghoul.

H

ḤAJJ – 핫즈hajj, 성지순례. ḤAJJIYY, 영어로 hajji는 메카순례라는 이슬람교의 의무를 다한 사람을 말한다(-IYY 참고).

ḤALĀL – 할랄halal, 이슬람 관습에서 허락된.

ḤALĀWA – 할바halva, 깨로 만든 반죽으로 만든 단 과자. '달다'는 뜻의 형용사 ḤULW 또는 ḤALW에서 유래했다.

ḤAMMĀM – 목욕, 대중목욕탕. 영어에서는 m이 하나인 터키어 형태인 하맘hamam이라는 단어가 터키식 목욕을 뜻하는 단어로 쓰인다. m이 두 개인 아랍어 형태가 원래 형태다. 이 단어는 '가열'을 뜻하는 어근 Ḥ-M-M에서 유래했다.

HARĪSA – 하리사harissa, 양념 믹스의 한 종류. 튀니지 아랍어에서 온 요리 용어로 '분쇄하다'는 뜻의 동사에서 왔다.

ḤAŠĪŠ – 풀, 말린 약초; 대마hashish. 전통적으로 어쌔신assassin(암살자)이라는 영어 단어는 ḤAŠŠĀŠĪN(대마 사용자)와 연관된 것으로 여겨진다. 아니면 '근본주의자'를 뜻하는 'ASĀSIYYŪN에서 왔을 수도 있다.

Ḥ-B-B(어근) – 사랑 및 씨앗과 관련. ḤABĪB(하빕Habib)이라는 이름은 '사랑받는'이라는 뜻이고, ABŪ ḤIBĀB(바오밥나무)은 '씨들의 아버지'라는 뜻이다.

ḤIJĀB – 히잡hijab, 머리에 쓰는 스카프. 가린다는 뜻의 어근에서 왔다.

Ḥ-K-M(어근) – 지혜, 심사, 판결.

남아시아에서 전통적인 의술을 행하는 사람을 일컫는 하킴hakim의 명칭은 이 아랍어 단어에서 비롯한다. 하킴Hakim(지혜로운, 통치자)과 압둘 하킴Abdul Hakim(모든 지혜로움(신)의 종)은 이름으로 쓰인다.

Ḥ-M-D(어근) – 찬미하다, 감사하다. MAḤMŪD(마흐무드)와 MUḤAMMAD(무함마드) 둘 다 '찬미받는'이라는 뜻의 이름이다. ḤAMĪD(칭찬할 만한)와 ḤĀMID(찬미자)는 둘 다 영어로 Hamid(하미드)로 적으며, 동일한 어근을 가지고 있다.

Ḥ-R-M(어근) – 금지된. 이 어근으로부터 세 개의 잘 알려진 단어가 파생되었다. (터키어를 거쳐 들어온) 하렘harem(가까운 친척을 제외한 모든 남자들에게 출입이 금지된 집의 구역), 하람haram(할랄halal의 반대), 보코하람Boko Haram(서아프리카의 테러리스트 조직) 등이다. 보코하람은 보코boko에 반대한다는 의미로, 보코는 하우사어로 '거짓된'이라는 뜻이다. 여기에서 '보코'는 '서구화' 또는 '서양식 교육'을 가리킨다.

Ḥ-S-N(어근) – 선함. 이 어근으로부터 ḤASAN(하산Hassan; 잘생긴, 남자다운, 강한)이라는 이름과 이 이름의 애칭인 ḤUSAYN(후세인, 영어로는 여러 철자법이 있다)이 생겨났다.

ḤUMMUṢ – 후무스(hummus), 병아리콩. 영어 후무스hummus와 히브리어 KHÚMUS는 아랍어에서 온 차용어다. 아랍어로 후무스 소스의 정식 이름은 ḤUMMUṢ BI-ṬAḤĪNA(병아리콩과 함께 한 타히니tahini)이다(ṬAḤĪNA 참고).

ḤŪRIYYA – 후리houri. 이 단어는 까다로운 용어다. 코란에서는 후리를 큰 눈을 가진 아름다운 여성으로 여러 번 언급한다. 영어 단어의 창녀whore는 이 단어와 관련이 없다.

I

IḴTĀRA – 선택하다. '최고로 선택된' 양모는 MUḴAYYAR이고, 이탈리아어와 프랑스어를 거치면서 이 표현은 mocayre가 되었으며, 이후에 이 단어가 영어의 모헤어mohair(앙고라염소털)로 바뀌었다. 한 마을에서 지도자로 선택된 자는 MUḴTĀR라고 한다.

INTIFĀḌA – 털어버리기, 봉기. '흔들다'는 뜻의 어근 N-F-Ḍ에서 왔다.

-IYY – 형용사와 명사를 만드는 접미사. 머리가 되는 단어와 일종의 관계를 나타낸다. 흔히 쓰이는 용법 중 하나는 국적을 나타내는 것이다. YSMSNIYY(예멘인Yemeni), ʿIRĀQIYY(이라크인Iraqi).

J

JAMAL – 낙타camel. 아랍어 또는 다른 셈어파 언어에서 시작하여 그리스어, 라틴어, 프랑스어를 거쳐 영어에까지 이른 단어다. 이 단어가 '아름다움'을 뜻하는 어근 J-M-L에서 비롯되었다는 설이 있다. 이 어근으로부터

JAMĪLA(자밀라Jamila)와 JAMĀL(자말Jamal) 같은 이름이 나왔다.

JARRA – 흙으로 구운 항아리. 평범한 영어 단어 자jar(병, 항아리)는 놀랍게도 아랍어 혈통을 가진 단어다. 프랑스어가 중간 다리 역할을 했다.

J-B-R(어근) – 힘, 힘을 복원하다. AL-JABR(뼈 맞춤)라는 제목을 가진 영향력 있는 책을 통해서 영어의 알지브라algebra(대수학)라는 단어가 만들어졌다(이 책은 페르시아의 학자 알콰리즈미AL-KHWĀRIZMI가 썼다. 이 학자의 라틴어식 이름인 ALGORITMI가 영어 단어 알고리즘algorithm의 기원이 되었다). JIBR(Ā')ĪL(가브리엘Gabriel)이라는 이름은 '신은 나의 힘이다'라는 뜻이다.

J-H-D(어근) – 투쟁하다, 애쓰다. 이 어근에서 나온 파생어 중 하나가 '노력, 투쟁'를 뜻하는 JIHĀD(지하드)다. 이 단어의 의미는 물론 '성스러운 전쟁'을 포함하지만 이 의미에만 제한되는 것은 아니다. 투쟁에 관여하는 사람들을 칭하는 단어는 MUJĀHIDĪN(무자히딘)이다.

JUBBA – 겉옷, 주바jubbah, jibba. 이 단어로부터 프랑스어에서 '치마'를 뜻하는 일반적인 단어 JUPE가 생겨났다. 영어에서 주프jupe는 특별한 종류의 치마나 자켓을 의미한다. 어쩌면 이 단어가 점퍼jumper(스웨터)의 기원이 되었을지도 모르겠다.

J-Z-R(어근) – 잘라내다. 방송국 알자지라Al Jazeera와 알제리Algeria 둘 다 '그 섬'을 뜻하는 AL-JAZĪRA에서 유래한 이름이다.

K

KA'BA – 카바Kaaba, 정육면체. 메카의 카바 또는 '정육면체'는 이슬람교에서 가장 신성하게 여겨지는 장소이며 성지순례의 목적지 중 한 곳이다.

KABĀB – 케밥kebab. '굽기'를 뜻하는 어근과 관련되어 있다. 영어 단어는 터키어 케밥KEBAP의 영향을 받았다.

KĀFIR – 비신자. 원래의 의미는 진실을 '숨기는 자'였다. 이슬람인 이외의 '성서의 사람들('AHL AL-KITĀB)' 즉, 유대교인과 기독교인이 여기에 속하는가는 논란의 대상이다.

K-B-R(어근) – 크다, 위대하다. 이 어근은 알라후 아크바르ALLAHU AKBAR(신은 위대하시다)라는 표현 때문에 악명을 얻었다. 하지만 전통적으로 이 표현은 '신께 감사한다thank God'라는 표현과 다를 바 없는 단순한 감사의 표현이었다.

KĪMIYĀ' – 화학. 이 단어는 영어 단어 케미스트리chemistry(화학)와 알케미alchemy(연금술)의 뿌리가 되는 단어다(alchemy에는 관사 AL이 함께 들어왔다). 아랍인들은 이 단어를 그리스어 KHUMEÍA에서 차용해왔다.

Ḵ-L-F(어근) – 변화, 이행. ḴALĪFA(칼리프caliph)는 '계승자' 즉, 무하마드의 대리자로서 신도들의 지도자다.

K-T-B(어근) – 쓰다. 아랍어 아니 셈어족 전체에서 가장 잘 알려진 어근 중

하나다. 하지만 이 어근에서 나온 파생어 중 영어에서 자주 사용되는 단어는 없다. KITĀB은 책을 뜻하며 ʾAHL AL-KITĀB는 '성서의 사람들'이라는 뜻이다(KĀFIR 참고). 영어에서 마크타브maktab는 주로 학생들이 코란을 읽는 법을 배우는 전통적 이슬람 학교를 뜻한다. 아랍어에서는 이 단어가 '사무실'이라는 뜻으로 그 의미가 바뀌었다. 형용사로는 '적힌, 운명이 정해진'이라는 뜻이고, 명사로는 '운명'이라는 뜻의 MAKTŪB은 영어에서 마크툽maktub으로 옮겨지는데, 운명을 받아들이다라는 표현으로 쓰인다.

KUḤL – 안티몬; 콜kohl. 눈화장에 쓰이는 어두운 색의 가루. 이 단어가 알코올alcohol의 기원이라는 이야기가 있다.

ḴURŠŪF – 아티초크artichoke. 스페인 사람들이 관사 al을 유지한 채 이 단어를 ALCA(R)CHOFA로 바꾸었고, 중세 이탈리아 사람들이 이것을 ARCICIOFFO로 바꾸었으며, 북이탈리아의 롬바르드 사람들은 ARTICIÒC이라고 말하는 것을 좋아했다. 이렇게 변형된 단어가 영어에 도착했다.

L

LAYMŪN – 레몬lemon. 페르시아어 LIMU에서 왔다. LIMU 자체는 말레이어와 관련된 언어에서 차용된 단어일 수도 있다.

LĪLAK – 라일락lilac. 원래는 '어두운 파란색'을 뜻하는 산스크리트어 NĪLĀ에서 왔다. 이 단어는 페르시아어, 아랍어, 프랑스어를 거쳐 영어에까지 도달했다.

M

M – '장소'를 나타내는 접두사. MASJID(마스지드)는 '엎드리는 장소'를 뜻한다; 유럽의 언어들이 이 단어를 모스크mosque로 변형시켰다.

MADĪNA – 도시. 영어에서 메디나medina는 북아프리카 도시들의 오래된 지역을 뜻한다. 전통적으로 아랍인들에게는 도시라는 것이 없었기 때문에 이 단어는 아람어에서 차용되었다.

MADRASA – 학교. 영어로 마드라사madrasah는 종교적 교육기관을 뜻하지만, 아랍어로 이 단어는 일반적인 모든 학교를 뜻한다. 이 단어는 '공부'라는 뜻의 어근 D-R-S에 기초하고 있다.

MAḴZAN – 창고. 이 단어의 복수형인 MAḴĀZIN은 이탈리아어와 프랑스어를 거쳐 영어 단어 매거진magazine을 만들어냈다. 원래는 군용 창고를 뜻하는 단어였지만, 나중에 정보의 '창고'라는 뜻으로 쓰이며 '잡지'라는 뜻이 되었다.

MASĪḤ – 기름부음 받은. 히브리어 단어 MĀŠĪAḤ와 동일한 어원을 가진 아랍어 단어다. 이 히브리어 단어에서 메시아messiah가 유래했다. 아랍어로 기독교는 MASĪḤIYYAH라고 하며 이는 '메시아 사상'을 뜻한다.

MASSA – 느끼다, 만지다. 동방으로 여행한 프랑스인들이 이 아랍어 단어에 프랑스어 어미를 붙였고, 결국 마사지massage라는 단어가 되었다.

MIQRAM; MIQRAMA – 침대보, 옷감. 이 단어는 터키어를 통해서 이제는 영어에서도 널리 쓰이는 프랑스어 단어 마크라메MACRAMÉ가 되었다. 장식용 직물을 만드는 이 매듭 기술은 아랍에 기원을 두고 있다고 한다.

M-L-K(어근) – 다스리다, 소유하다. 따라서 MALIK(A)는 왕, 여왕을 뜻한다. '(유럽인) 노예'를 뜻하는 단어 맘루크mameluke는 아랍어 단어 MAMLŪK에서 유래했다. 노예 출신의 무슬림 통치자들은 자신들의 제국이나 왕조를 맘루크Mamluk라고 불렀다.

MU- – 분사 접두사로 능동과 수동 둘 다 뜻할 수 있다. 무자히딘mujahideen(전사), 무슬림Muslim(이슬람교 신자), 무프티mufti(공식적인 의견이나 파트와fatwa를 전달하는 사람)에서는 능동의 뜻으로 쓰이며, 무스타파Mustafa와 무크타르Mukhtar(둘 다 '선택된 자'라는 뜻의 아랍어 이름), 무함마드MUḤAMMAD(칭송받는 자)에서는 수동의 뜻으로 쓰인다.

N

NĀʾIB – 대리인. 이 단어의 복수형인 NUWWĀB이 페르시아어에 차용되었고, 다시 힌두스탄어에 차용되어 NAVĀB이 되었다. 힌두스탄어에서 이 단어는 인도 무굴 제국의 통치자를 가리키는 말이 되었으며, 이 단어가 영어로 나와브nawab 또는 네이밥nabob이 되었다.

NĀRANJ – 맛이 쓴 오렌지. 이 단어는 아마도 드라비다어족의 한 언어에서 출발한 것으로 보인다. 산스크리트어, 페르시아어, 아랍어, 스페인어를 거쳐 프랑스어에 도착했으며, 프랑스어에 와서는 맨 앞의 n을 잃어버리고 ORANGE가 되었다.

NAẒĪR – 기하학 용어 NAẒĪR AS-SAMT(천정zenith의 대응점)의 첫 단어로 쓰인 이 단어는(SAMT 참조) 중세 라틴어 단어 NADIR를 만들어냈으며, 이것이 영어 천저nadir(최저점, 최악의 순간)로 이어졌다.

Q

QĀʿIDA – 기초, 근본, (군사) 기지. 테러 조직 알카에다의 이름을 그대로 영어로 번역하면 더 베이스The Base가 된다. 이 단어의 복수형인 QAWĀʿID는 '문법'이라는 뜻이다.

QĀḌIN – 판사. 영어에서는 카디qadi로 쓰이며 이슬람교 맥락에서 재판관을 뜻한다. 스페인어 단어 ALCALDE(시장)도 같은 기원을 가진 단어다.

QAHWA – 커피coffee. 이 아랍어 단어는 터키어, 이탈리아어, 네덜란드어를 거쳐 영어에 도착했다.

QALIY – 재, 회분. '굽다, 튀기다'는 뜻의 동사 QALĀ에 기초하고 있다. 관사 AL과 함께 이 단어에서 알칼리alkali라는 단어가 생겼다. 여기서 '재'는 알칼리성 물질이 가득한 식물의 타고 남은 재를 뜻한다.

QAṢR – 성castle. 알카자르alcazar는 스페인 무어인들의 성을 말하는데, 이 단어는 AL-QAṢR에서 직접 유래했다. QAṢR는 라틴어에서 차용된 단어로, 라틴어 단어 CASTRUM는 '성'을 의미한다. 이 라틴어 단어는 프랑스어 CHÂTEAU와 영어 단어 캐슬castle(성)을 만들어냈다.

QĪRĀṬ – 캐럿carat. 이 단어는 아랍어에서 프랑스어와 이탈리아어를 거쳐 영어로 차용되었다. 아랍어는 그리스어에서 이 단어를 들여왔으며, 그리스어로 이 단어는 '캐럽나무 씨'를 의미했다.

QĪṮĀRA – 기타guitar. 이 단어가 어떻게 한 언어에서 다른 언어로 차용되었는지는 분명하지 않다. 이 단어의 모든 형태들을 거슬러 올라가다 보면 그리스어 단어(KITHÁRĒ)가 그 기원인 것으로 보이는데, 이 단어 자체는 알려지지 않은 한 지역 언어에서 차용된 것으로 보인다. 현악기 치터zither와 시턴cittern도 동일한 기원을 가진다.

QIṭṭ – 고양이cat. 유럽, 중동, 북아프리카의 많은 언어들에서 '고양이'를 뜻하는 단어들은 다 비슷하다. 고양이를 처음 길들인 곳이 이집트이므로 그 지역에서 사용되던 언어가 기원일 가능성이 크다.

QUBBA – 돔dome. 이 단어는 관사 AL과 함께 '큰 방 한쪽에 오목하게 들어간 장소'라는 뜻의 단어 알코브alcove를 만들어냈다. 예루살렘의 성전산에 위치한 바위의 돔Dome of the Rock은 QUBBAT AL-SAKHRAH라고 불린다. 아랍어는 QUBBA를 페르시아어에서 차용해왔다.

QUR'ĀN – 암송; 코란Koran.

QUṬN – 면cotton. 이 아랍어 단어는 이탈리아어와 프랑스어를 통해 영어로 들어왔다.

R

R-'-S(어근) – 머리 쪽에 있다. '머리, 우두머리'를 뜻하는 단어 RA'ĪS는 중동과 관련한 맥락에서 '지도자', '선장'을 뜻하는 영어 단어 레이스reis, rais를 만들어냈다. 탐험가 피리 레이스Piri Reis가 아마 가장 유명할 것이다.

RĀḤA – 레저, 넓은 공간, 손바닥. (테니스, 배드민턴) 라켓racket, racquet은 손바닥을 확장시키는 도구다.

RAMAḌĀN – 라마단Ramadan. 금식의 달.

RIBĀṬ – 끈, 유대, 경계검문소, 나중에는 작은 수도원. 영어에서 리바트ribat는 아랍세계의 군경계검문소를 칭하는 단어로 쓰이기도 한다. MURĀBIṭ은 RIBĀṭ에 머무는 군인이나 은둔자를 뜻하며, 이 단어가 '이슬람교의 신성한 자 또는 신비주의자'를 뜻하는 단어 마라부marabout를 만들어냈다.

RIZMA – 묶음, 포장. 스페인어 RESMA, 고대 프랑스어 RAIME를 통해 이 단어는 종이의 묶음을 뜻하는 영어 단어 림ream이 되었다.

S

SĀFARA – 여행하다. 영어 단어 사파리safari는 스와힐리어에서 유래했으며, 스와힐리어 단어는 아랍어에 기원을 두고 있다.

ṢĀḤIB – 동반자. 이 단어는 페르시아어를 통해 힌두스탄어에 도달했으며, 힌두스탄어에서 이 단어는 유럽 남성을 존칭하는 용어가 되었다. 이 단어의 여성형인 memsahib의 첫 음절은 영어의 맴ma'am(부인, 마님)에서 유래했다.

SĀḤIL – 해안. 이 단어의 단수형은 사하라 사막의 '해안' 또는 주변부를 뜻하는 사헬Sahel이라는 이름을 만들어냈으며, 복수형인 SAWĀḤIL은 스와힐리 해안Swahili Coast, 즉 케냐, 탄자니아, 모잠비크 북부의 해안지역을 뜻하는 지역의 이름의 기원이 되었다. 이 지역은 스와힐리어가 발생한 곳이다.

ṢAḤRĀ' – 사막, 사하라Sahara 사막. 영어 단어는 아랍어 단어의 복수형인 ṢAḤĀRĀ에서 유래했다.

SALAF – 전임자(들), 조상(들). 살라피즘Salafism은 초기 이슬람교를 이상으로 삼는 운동이다.

SAMT – 길. 중세 라틴어가 이 단어를 변질시켜 CENIT로 만들었고, 이 단어가 영어 단어 천정zenith을 만들어냈다.

ŠARĪʿA – 길; 샤리아sharia(이슬람 율법). 첫 번째 의미(길)의 구체적이고 비유적인 경우가 두 번째 의미(샤리아)다.

ŠARĪF – 고결한. 샤리프sharif, shareef는 고결한 혈통의 사람을 뜻한다.

ŠĀŠ – 모슬린, 하얀 천. 영어로 몸에 두르는 띠를 뜻하는 단어 새시sash가 이 단어에서 유래했다.

ŠAYḴ– 샤이흐sheik(이슬람의 원로, 수장). 이 단어는 '노화, 늙어감'과 관련된다.

ṢIFR – 숫자 '0'zero. ṢIFR은 원래 '텅 빈'이라는 뜻이었다. 아랍인들은 이 단어를 산스크리트어 단어 ŚŪNYA를 번역하는 데 사용했다. 이 산스크리트어 단어 역시 처음에는 '텅 빈'이라는 뜻이었지만 '0'이라는 개념으로 확대되었으며, (라틴어 ZEPHIRUM를 거쳐) 영어에서 제로zero가 되었다. ṢIFR는 고대 프랑스어 단어 CYFRE도 낳았으며, 이 단어가 영어에서 암호를 뜻하는 사이퍼(cipher 또는 cypher)가 되었다.

SIKKA – 동전. 이탈리아어가 이 단어를 ZECCA로 차용하여 ZECCHINO(금화)를 만들었다. 프랑스어가 이 형태를 받아들였고, 나중에는 영어가 시퀸sequin(스팽글, 장식용 금속편)으로 받아들였다.

S-L-M(어근) – 안전하다, 평화롭다; 항복하다. 이 어근은 서양에서 잘 알려진 여러 단어와 이름을 만드는 데 사용되었다. 이 어근에 기초를 둔 단어 중에는 '평화'를 뜻하는 SALĀM(탄자니아의 수도 다레스살람Dar-es-Salaam은 '평화의 집'이라는 뜻이며, 인사말 AS-SALĀMU ʿALAYKUM은 '당신에게 평화가 있기를'이라는 뜻이다), '이슬람교, (신에게) 복종'을 뜻하는 'ISLĀM, '무슬림, (신에게)

복종하는 자'를 뜻하는 MUSLIM 등이 있다.

Š-R-B(어근) – 마시다. ŠARĀB(음료)이라는 단어는 시럽syrup, 소르베sorbet, 셔벗sherbet 등 영어에 여러 흔적을 남겼다.

Š-R-Q(어근) – (해가) 떠오르다, 동쪽. '동쪽의 바람'을 뜻하는 ŠARQIYY는 방언의 한 형태인 SHORUQ를 통해 이탈리아어로 들어가 북아프리카 사막에서 이탈리아로 부는 더운 바람을 뜻하는 시로코scirocco가 되었다. 또한 ŠARQIYY는 그리스어 단어 SARAKENOS의 기원일 가능성이 높은데, 이 단어가 나중에 사라센Saracen(사라센인, 시리아, 아라비아 사막에 사는 유목민)이 되었다.

ṢŪF – 양털. 형용사인 ṢŪFIYY는 '양털로 만든'과 '수피교(도)의'라는 두 가지 뜻을 가진다. 수피교도들은 비단 대신 양털로 된 옷을 입었다.

ṢUFFA – 돌로 된 벤치, 소파sofa. 이 단어는 아람어에서 아랍어로 그리고 프랑스어, 영어로 이어졌다.

SUKKAR – 설탕sugar. 여러 단계를 거쳐 영어로 들어온 단어다. 이 단어는 산스크리트어에서 시작하여('모래' 또는 '자갈'을 뜻하는 산스크리트어 ŚÁRKARĀ는 달콤한 것을 일컫는 데 쓰였다) 페르시아어를 거쳐 아랍어로, 이후 이탈리아어, 중세 라틴어, 프랑스어를 거쳐 영어에 도착했다. 스페인어(AZÚCAR)와 포르투갈어(AÇÚCAR)는 아랍어의 관사를 보존한 형태로 이 단어를 받아들였다.

SŪQ – 시장. 영어에서 이 단어는 아랍 국가의 시장을 뜻하며 수크souq, souk라고 한다.

T

ṬAḤĪNA – 타히니tahini, 참깨 반죽. '갈다'라는 뜻의 어근 Ṭ-Ḥ-N에서 유래했다.

TĀJ – 왕관. 이 단어는 '왕궁들의 왕관'이라는 뜻의 힌두스탄어 명칭 TĀJ MAHAL(타지마할)로 가장 잘 알려진 단어다. MAHAL 역시 아랍어에서 비롯한 단어다. 아랍어로 MAḤALL은 '장소' 또는 '거주지'를 뜻한다.

ṬĀLIB – 구도자, 학생. 탈레반Taliban은 이 단어의 복수형인데, 아랍어 단어의 복수형이 아니라, 파슈토어 단어의 복수형이다. 파슈토어는 아프가니스탄에서 쓰이는 두 가지 주요 언어 중 하나다.

TAMR HINDIYY – 타마린드tamarind. 아랍어 단어의 문자적 뜻은 '인도의 대추야자'다.

ṬARAḤA – 던지다. 아랍어로 '무언가가 던져지는 장소'는 MAṬRAḤ이며, 이 단어가 고대 프랑스어를 통해 영어 단어 매트리스mattress가 되었다. '던져진 것'은 아랍어로 ṬARḤA인데, 이 단어는 이탈리아어(TARA)와 프랑스어를 통해 '빈 용기의 무게'를 뜻하는 영어 단어 테어tare가 되었다.

ṬŪB – 벽돌. 명사의 첫 자음에 동화된 관사 AL과 함께 이 단어는 '햇볕에 말린

벽돌'을 뜻하는 스페인어 단어 ADOBE를 만들어냈고, 이 단어는 영어 어휘의 일부가 되었다. 미국 캘리포니아에는 어도비 개울Adobe Creek이 있는데, 유명한 소프트웨어 회사 어도비Adobe의 이름은 이 개울의 이름에서 따온 것이다. 아랍어는 이 단어를 이집트어의 전신인 콥트어에서 차용해왔다.

ṬŪFĀN – 폭풍. 페르시아어와 힌두스탄어에도 존재하는 이 단어는 영어가 타이푼typhoon(태풍)으로 차용해 들여왔다. 이 단어의 궁극적 기원은 중국어일지도 모른다.

W

WĀDIN – 계곡, 강바닥. WĀDĪ라는 형태는 과달키비르Guadalquivir 강 같은 스페인 강 이름에서 많이 찾아볼 수 있다. 영어에서 와디wadi는 갑자기 불어난 물로 간혹 잠기는 건조한 강바닥을 말한다.

WAZĪR – 도와주는 사람, 각료. 터키어의 VEZIR 그리고 아마도 로망스어군의 언어 중 하나를 통해서 영어로 들어왔을 것으로 추정된다. 이 단어는 영어에서 오스만 제국의 고위 관료를 뜻하는 단어 비지어vizier가 되었다.

Y

YĀSAMĪN – 재스민jasmine. 영어 단어는 프랑스어 JASMIN을 통해서 들어왔으며, 프랑스어는 아랍어로부터, 아랍어는 페르시아어로부터 이 단어를 차용해왔다.

Z

ZAʿFARĀN – 사프란saffron. 아마도 페르시아어에 기원을 두는 것으로 보이는 이 아랍어 단어는 중세 라틴어와 프랑스어를 통해 영어에 도착했다.

ZAHR – 꽃, 주사위. 영어 단어 해저드hazard(위험)의 원래 뜻은 '우연의 게임'이었다. 이 단어는 (현재는 '우연, 불행'이라는 뜻이지만 원래는 '우연의 게임'이라는 뜻이었던) 스페인어 단어 AZAR로부터 프랑스어를 통해 영어로 들어왔다. 이 스페인어 단어는 아랍어 단어와 관사가 함께 쓰인 형태인 AZ-ZAHR에서 비롯되었다. 꽃과 주사위의 의미적 연관성은 주사위에서 운이 좋은 면에 꽃이 그려져 있었던 것에 있다.

ZARĀFA – 기린giraffe. 영어는 이 단어를 프랑스어에서 차용해왔고, 프랑스어는 이 단어를 다시 아랍어에서 차용해왔다.

다른 듯 비슷한 듯

•

어휘에 대해서는 이 정도면 충분히 알아보았다. 그렇다면 언어의 다른 주요한 측면인 소리·문법·문자는 어떠할까?

앞에서 아랍어의 아브자드와 라틴 알파벳이 공통의 기원을 가지고 있음을 살펴보았다. 하지만 아랍어를 읽고 쓰는 것을 배우는 데 있어서 공통의 기원은 별 쓸모가 없다. 유리한 점이라면 아랍 문자 역시 라틴 문자나 키릴 문자와 마찬가지로 감당할 수 있을 정도의 글자 수를 가진다는 것 정도다. 이것 덕분에 브라흐미 문자들을 배우는 것보다는 아랍 문자를 배우는 것이 쉽고, 중국 문자나 일본 문자를 배우는 것보다는 훨씬 더 쉽다. 게다가 중국 문자나 베트남 문자와는 달리, 아랍 문자에서는 단어가 어디에서 시작하고 끝나는지가 명확하게 드러난다.

음운상으로 아랍어는 유럽의 언어들과 꽤 많이 다르다. 하지만 다시 생각해보면 아랍어에는 성조가 없고, 복잡한 자음군도 없으며, 모음의 수도 적다. 표준 아랍어든 다른 어떤 '방언' 아랍어든 간에 아랍어를 제대로 발음하는 것이 쉽지는 않지만 그렇다고 특출나게 어려운 것도 아니다.

문법적인 면에서도 아랍어는 영어 및 그 동류의 언어들과는 많은 점에서 다르다. 하지만 아랍어는 유럽의 언어들과 아무 관련이 없음에도 불구하고(몰타어 제외), 두 가지의 특징을 공유한다. 첫째, 유럽 언어들과 마찬가지로 아랍어에는 정관사가 있다. 둘째로, 아랍어는 문법성grammatical gender 체계를 가지고 있으며, 이 체계는 생물학적 성에 기초를 두고 있다. 다른 말로 하면, 아랍어에서 모든 명사는 사람, 동물, 식물, 광물이라는 범주가 아닌, 남성 또는 여성에 속한다. 이처럼 생물학적 성에 기초를 둔 문법성 체계는 인도유럽어족과 아프리카아시아어족 둘 다에서 흔히 발견할 수 있는 특징이다. 다른 어족의 경우 문법성 체계가 생물학적 성이 아닌 다른 것에 기초를 두고 있거나, 문법성 체계가 아예 존재하지 않는다.

또한 셈어파 언어들의 가장 두드러지는 특징 중 하나로 아랍어는 어근에 기초를 두고 여러 모음들을 끼워 넣어 (그리고 자음들을 보태서) 많은 단어를 만들어낸다. 그리고 영어도 그렇다. 영어에 k-n-w라는 어근이 있다고 생각해보자. 이 어근은 know-knew-known-knowledge('알다'의 현재형-과거형-과거분사형-명사형) 등의 단어를 만들어낸다. 그리고 어근 s-ng는 sing-sang-sung-unsung-song-singer('노래하다'의 현재형-과거형-과거분사형-부정형-명사형-인물명사형) 등의 단어를 만들어낸다. 이러한 종류의 단어 형성 방법은 전 세계적으로 흔하지 않기 때문에 이와 관련한 아랍어와 영어 사이의 유사성은 굉장히 눈에 띈다. 실제로 몇몇 언어학자들은 선사시대에 셈족이 게르만어파 언어에 강력한 영향력을 미쳤음이 분명하다는 대범한 주장을 하기도 한다.

7세기와 8세기에 이슬람교가 유럽 기독교 국가들의 옆집에 와서 살게 되었을 때, 이 새로운 이웃의 문화는 어떤 면에서 보면 그렇게 많이 다르지 않았다. 양쪽 종교 모두 중동에서 기원하였기에 그들은 고대의 많은 이야기들, 선지자들 그리고 유일신에 대한 믿음을 공유하고 있었다. 그렇다면 언어는 어떠한가? 사실 양쪽 언어 사이에서도 유사점을 찾을 수 있으며, 이 책의 콘사이스 사전이 보여주듯이 접촉을 통해 서로 영향을 주고받았다. 아랍어는 이방인이 아니다.

4

힌디-우르두어

हिन्दी hindi

اردو urdu

5억 5,000만 명

힌디-우르두어를 모국어로 사용하는 사람은 3억 2,500만 명 정도며, 이에 더하여 2억 2,500만 명 정도가 힌디-우르두어를 제2언어로 사용하는 것으로 추산된다. 하지만 힌디-우르두어와 친족 관계인 언어들을 힌디-우르두어의 방언으로 포함하여 계산할 경우 이 숫자는 훨씬 더 늘어난다. 힌디어는 인도 북부와 중부를 포함한 넓은 지역에서 사용된다. 우르두어는 파키스탄에서 주로 제2언어로서 사용되며, 인도 북부와 중부에 사는 이슬람교도들도 사용한다. 또한 수백만 명에 달하는 인도인들과 파키스탄인들이 영국, 미국 및 아라비아 반도에 살고 있다. 하지만 이들이 주로 사용하는 언어가 항상 힌디-우르두어인 것은 아니다.

자칭 이름	힌디हिन्दी, Hindi 또는 우르두اردو, Urdu.
다른 이름	힌두스탄어Hindustani. 역사적으로 힌다비어Hindavi 또는 델하비어Delhavi라도고 불렸다.
어족	힌디-우르두어는 인도유럽어족의 인도아리아어군(인도어군)에 속한다.
문자	어떤 문자 체계를 사용하는지가 힌디어와 우르두어를 나누는 본질적인 차이점 중 하나다. 힌디어에서는 주로 데바나가리 문자를 사용하며, 우르두어에서는 페르시아아랍 문자의 일종을 사용한다.
문법	명사는 두 종류의 성과 두 종류의 수(단수, 복수) 그리고 보통 두 종류(예외적으로 세 종류)의 격을 가진다. 형용사는 성과 수를 명사와 일치시키지만 아주 제한적인 방식을 사용한다. 대명사는 성을 구분하지 않지만 대신 두 단계로 거리를 구분하며(이것, 저것과 비슷하게), 두 단계 또는 세 단계로 공손함을 구분한다. 동사 체계에는 영어와 마찬가지로 상당히 많은 수의 시제와 상이 있지만, 동사의 형태가 여러 개로 많지는 않다.
소리	힌디-우르두어에는 세 개의 단모음과 일곱 개의 장모음 그리고 35개가 넘는 자음이 존재한다. 자음 중 여덟 개는 드라비다어족(타밀어가 포함됨)에서 차용되어 들어왔다. 아랍어나 페르시아어에서 들어온 차용어에서는 다른 자음 소리가 추가되어 사용될 수도 있다. 단어의 강세는 주로 끝에서 두 번째 음절에 온다.
차용어	페르시아어와 아랍어(특히 우르두어), 산스크리트어(힌디어), 영어(두 언어 모두).
수출어	아바타avatar, 반다나bandana, 뱅글bangle, 치타cheetah, 친츠chintz(직물의 일종), 처트니chutney(소스의 일종), 쿨리coolie(육체노동자), 코트cot(간이침대), 딩기dinghy(작은 보트), 덩거리dungaree(직물의 일종), 구루guru, 정글jungle, 파자마pajamas, 퍼다purdah(이슬람 국가에서 여자들이 별도의 공간에 살거나 얼굴을 가리는 것), 라지Raj(영국의 인도 통치), 샴푸shampoo, 숄shawl, 탱크tank, 톰톰tom-tom(타악기의 일종), 베란다veranda, 요가yoga, 요기yogi.
온라인 로마자	힌디어와 우르두어 모두 영화 제목·광고·번역본(성경)·온라인 등에서 놀라울 만큼 로마자를 자주 사용한다. 특히 인터넷의 사용으로 인도 사람들과 파키스탄 사람들은 자신들의 언어가 공식적 담론이 말하는 것보다 그 차이가 훨씬 적다는 것을 깨닫는다.

4: 힌디-우르두어
하나인가, 둘인가

●

세계에서 가장 큰 스무 개의 언어를 논하면서 힌디어와 우르두어를 두 개의 언어가 아니라 하나의 언어로 취급하는 것은 이 두 언어가 쌍둥이라고 해도 좋을 만큼 비슷하며 여기에는 반론이 없기 때문이다. 하지만 쌍둥이도 개별적인 존재이며 각각 세어야 한다는 주장에도 일리는 있다. 그리고 이 둘의 이름을 서로 바꿔서 사용할 수 없다는 것 또한 사실이다. 파키스탄 사람이 사용하는 언어를 힌디어라고 할 수 없으며 인도 사람이 사용하는 언어를 우르두어라고 할 수는 없다. 물론 그 인도인이 우르두어를 사용하는 이슬람교도라면 괜찮다(인도에는 우르두어를 사용하는 이슬람교도가 수천만 명 존재한다. 인도의 기준으로 봐도 상당한 규모의 소수집단에 해당한다). 그러나 인도인들과 파키스탄인들 대부분은 힌디어와 우르두어가 서로 다른 언어라는 생각을 바꾸지 않을 것이다.

그렇다면 힌디어와 우르두어를 구분하는 데 의문을 가지는 이유는 무엇일까? 우선 두 언어는 각자 다른 이름을 가지고 있는 동시에

둘이 공유하는 힌두스탄어라는 이름이 있다. 인도 아대륙에서 이 용어는 더 이상 사용되지 않지만 20세기 중반까지는 흔하게 쓰였고, 지금도 피지나 수리남 등 다른 지역에서는 이 언어를 계승어로 사용하는 사람들이 쓰고 있다. 힌두스탄어라는 용어가 구식일지는 모르지만 사실 '힌디-우르두어'라는 이중으로 된 용어보다 현실을 더 잘 반영하고 있다. 발리우드 영화들은 인도에서만큼이나 파키스탄에서도 인기가 많다. 여러 가지 이유가 있겠지만 영화의 대사가 두 나라 양쪽에서 많은 사람들이 쉽게 이해할 수 있는 언어로 되어 있기 때문이다. 또한 스스로 힌디어 사용자라고 말하는 사람들도 우르두어로 된 노래를 완벽히 그리고 쉽게 감상할 수 있다. 힌디어와 우르두어라고 구분하여 부르고는 있지만, 사실 인도에서 보통 사람들이 수다를 떨 때 사용하는 언어가 힌디어인지 우르두어인지 구별하는 것은 일반적으로 불가능하다.

이 모든 것을 감안할 때 이 두 언어를 하나로 보고 논의를 전개하는 것이 합리적이라고 생각한다. 힌두스탄어가 힌디어와 우르두어로 분할된 것은 최근에 생긴 일로 자연스러운 변화가 아니라 인위적인 과정을 통해 이루어졌다. 이것은 단절이라기보다는 균열이라고 할 수 있으며 그대로 건드리지 않고 두면 점차 그 틈이 메워질 것으로 보인다. 그런데 그대로 자연스럽게 두는 것은 정치적인 이유로 힘들 것 같다. 국경선 양쪽 모두에서 민족주의와 정체성을 지키자는 미사여구로 국민들을 설득해 선거에서 이기는 상황이 지속되는 동안은 말이다.

1947년에 일어난 인도-파키스탄 분할이나 힌두스탄어, 힌디어, 우르두어를 둘러싼 언어적인 복잡한 상황에 대해 쓴 책들은 많다. 이 중 대부분의 책들은 사실 제목을 "왜 상대편의 잘못인가?"라고 지어도

인도와 파키스탄 국경에서는 둘 사이의 언어적 국경에서와 마찬가지로 어리석은 일들이 일어난다.

무방할 것이다. 여기에서 상대편이란 이슬람교도이거나 무굴인이거나 파키스탄인이거나 힌두교도이거나 브라만 계급이거나 인도인이다. 양측에서 공통으로 지목하는 또 다른 상대편도 있는데 바로 영국이다.

이러한 정치적인 책들 말고, 언어 문제를 진지하게 다루고 있는 학자들 중 두 명의 책을 소개하고자 한다. 저명한 파키스탄 학자인 타리크 라흐만Tariq Rahman은 자신의 책《힌디어에서 우르두어로From Hindi to Urdu》에서 1980년경 우르두어라는 명칭이 처음 등장한 이후 약 100여 년이 지나고 이 명칭이 다시 돌아오기까지 우르두어에 대해 정밀히 조사했다. 우르두어라는 명칭은 그저 '힌디어'의 또 다른 이름이었던 것에서 '힌디어의 반대, 가장 확실하게 힌디어가 아닌 언어'라는 의미로 바뀌어 돌아왔다. 즉, 힌디어의 동의어에서 반의어가 된 것이다. 라흐만은 누구의 잘못인지에는 관심이 없었으며, 학문적 정확성을 추구했다. 또 다른 학자는 인도의 정치 평론가이자 대학 교수인 알록 라이Alok Rai로 그는 좀 더 거침없고 노골적이며, 논쟁적이다. 그의 《힌디어 민족주의Hindi Nationalism》라는 책은 라흐만의 책과는 성격이 다르다. 라이는 유창한 언변으로 '힌디왈라'들, 즉 스스로 그어 놓은 인위적인 언어의 국경을 순찰하고 감시하며 '순수한' 힌디어를 지지하는 사람들을 비판한다. 라이는 인도와 파키스탄의 공식 언어를 각각 '힌디어', '우르두어'라고 부르는데, 작은따옴표를 생략하고 쓰는 법이 없다. 그의 생각에 이것은 사람들이 사용하는 진짜 바사bhasha(언어, 말)의 졸렬한 모조품에 불과하기 때문이다. 라흐만도 라이의 의견에 동의하며, 자신의 책에서 라이의 견해를 인용하고 있다.

히르두어 이야기

그렇다면 남아시아에서 가장 큰 언어, 한 언어학자가 '히르두어Hirdu'라고 부르기도 한 이 언어의 진짜 이야기는 무엇일까? 사실 현대에 이르기 전까지는 별로 특별할 것이 없었다. 이 언어의 조상은 인도유럽어족에 속하는 인도아리아조어다. 이 언어를 사용하는 사람들이 기원전 제2천년기의 어느 시점에 파키스탄 북부와 인도 북부에 도착했고 그 이후로 오랜 시간에 걸쳐 점점 더 남쪽과 동쪽으로 퍼져나간 것으로 보인다. 남아시아의 몇몇 학자들이 주장하지만 다른 지역 학자들은 거의 동의하지 않는 한 이론에 따르면 인도유럽어족의 출생지는 사실 우크라이나의 스텝 지역이나 아시아 쪽 터키 지역이 아니라 인더스 계곡 지역이다. 하지만 이것은 민족주의에 심취한 학자들의 주장이니 그냥 무시하기로 하자.

유럽에서 인도유럽어족 언어들이 퍼져나가고 지역에서 이전부터 사용되던 말들의 영향을 받아 여러 갈래로 나뉘어 갔던 것과 같은 일이 남아시아에서도 일어났다. 남아시아에서 인도아리아어군 언어들이 점점 더 넓은 지역을 지배하게 되었고, 동시에 토착 언어들과의 접촉을 통해 다양화되었다. 일부 지역에서는 드라비다어족 같은 옛날 토착 언어들이 지금까지도 살아남았다.

복잡한 옛날 언어들의 상황을 이해해보려는 노력의 일환으로 언어학자들은 기원전 1500년에서 기원전 300년 사이에 이 지역에서 사용되던 언어들을 '고대 인도아리아어군'으로 분류한다. 난해하게 들리겠지만 사실 우리는 이 어군의 가장 중요한 구성원을 이미 만났다. 바로 산스크리트어다. 산스크리트라는 이름은 이 언어가 지닌 지위에 걸맞게 '완벽한' 또는 '정제된'이라는 의미를 가진다. 산스크리트어, 특히 고전 산스크리트어라고 불리는 종류는 고전 라틴어를 강하게 연상시킨다. 두 언어 모두 통속어를 의도적으로 표준화한 언어였고 주로 글로 쓰이는 언어였으며 광범위한 지역에 그 문화적 영향력을 행사했으며 또한 그 영향력은 현대까지도 계속되고 있다.

그 다음 단계의 언어들은 '중세 인도아리아어군'으로 기원전 300년에서 서기 1500년까지 사용된 언어들을 말한다. 이 언어들은 프라크리트어Prakrit라고 불리는데, '자연스러운'이라는 뜻이다. 그 당시 일반적인 사람들이 사용했던 언어였기 때문이다. 한편 산스크리트어는 이 시기에도 문어로서 여전히 사용되었다. 서양에서 라틴어가 그랬던 것과 마찬가지다. 다른 면에 있어서도 서기 1000년경 인도의 언어적 상황은 유럽과 많이 비슷했다. 이 상황은 언어학자들이 '방언 연속체 dialect continuum'라고 부르는 개념으로 설명할 수 있다. 연속체continuum는 점진적인 차이로 특징되는 어떠한 범위를 말한다. 그러므로 방언 연속체란 상당히 넓은 지리적 구역에서 사용되는 방언들이나 언어들이 서로 가까운 위치에 있는 것끼리는 아주 유사하고, 서로 멀리 떨어져 있는 것끼리는 덜 유사한 상태를 말한다. 좀 더 쉽게 이야기하자면, 한 여행자가 집에서 멀어질수록 주변 사람들과의 의사소통이 점점 더 어려워지는 상황, 그렇지만 의사소통이 어느 순간 갑자기 확 어려워지는 지점이 있는 것은 아닌 상황을 말한다. 영국은 과거 방언 연속체가 잘 나타나는 나라였고 지금도 어느 정도는 그렇다. 남쪽의 사우스햄튼Southampton에서 북쪽의 애버딘Aberdeen으로 가다 보면 사람들이 사용하는 방언이 천천히 바뀌는 것을 들을 수 있다. 스코틀랜드 국경에서도 잉글랜드 사람들과 스코틀랜드 사람들 사이에 급격한 언어 경계선은 존재하지 않는다. 단, 웨일스어와 스코틀랜드 게일어는 이 연속체에 속하지 않는다.

이것이 바로 1,000년 전 남아시아의 상황이었다. 그런데 당시 대부분의 사람들은 그다지 여행을 하지 않았기 때문에 이런 상황이 사람들 사이의 의사소통에 문제를 일으키지 않았다. 이것은 당시 유럽의 게르만어파 구역과 로망스어군 구역, 슬라브어파 구역과 남아시아의 인도아리아어군 구역을 포함하여 세계 대부분의 지역이 마찬가지였다.

오늘날의 인도 북부지역, 즉 인도아리아어군 언어들이 사용되던 넓은 지역의 중심부에서는 서로 가까운 친족 관계인 다섯 개의 프라크리트어가 사용되고 있었는데 이 언어들이 힌두스탄어의 전신으로 여겨진다. 이 다섯 개의 프라크리트어와 다른 프라크리트어는 일반 민중들과 그들의 지배자들이 모두 동일하게 사용했다. 하지만 가장 서쪽 지역, 즉 인더스강 서쪽 지역은 달랐다. 그곳에서 일반 민중들은 프라크리트어를 사용했지만 지배자들은 페르시아어를 사용했다.

1206년 그리고 이후

•

11세기의 인도에는 페르시아에서 들어온 침략자, 경제적 이득을 찾아온 상인, 종교적 깨달음을 찾기 위해 들어온 탁발승이나 성자들이 늘어나고 있었다. 그리고 1206년 이후로는 이슬람 왕조들이 인도의 정치무대를 장악했다. 델리 술탄조가 남아시아에서 가장 강력한 나라가 되었고 이후에 무굴 제국이 이 왕조를 계승하게 된다. 이 왕조들의 지배자들은 중앙아시아 혈통이었지만, 이전 몇 세기를 거치며 이미 문화적으로도 언어적으로도 페르시아화되어 있었다. 델리 술탄조는 주로 튀르크족 왕조들이 지배했다. 남아시아의 언어들을 '힌디'라고 부르는 것은 페르시아의 방식인데 이것을 바로 이 튀르크족 왕조들이 들여왔다. '힌디'는 '인더스강의 땅에서 사용되는 말'이라는 뜻으로, 다시 말해 인도어라는 뜻이다. 무굴 제국의 황제들은 좀 더 다양한 민족이 섞여 있다. 일부는 튀르크족이고 일부는 몽골족이다(무굴은 몽골에서 유래한다). 하지만 이들 역시 페르시아어를 사용했다. 두 제국 모두 가장 강력했던 시기에는 남쪽 멀리까지 그 세력이 미쳤는데, 아대륙 전체를 아우른 적은 없었다.

이 지역 언어들에는 어떤 일이 일어났을까? 좀 더 구체적으로 질문해보자. "방언 연속체가 존재하는 어떤 넓은 지역이 있다고 가정하자. 이 지역을 규모가 상대적으로 작은 외국 출신의 지배 계급이 수 세기 동안 지배했다. 지배 계급이 사용하는 언어는 이 지역에서 사용되는 언어들과 가까운 친족관계가 아니다. 이 지역의 방언들과 지배자들의 언어에는 어떤 일이 일어날 것으로 예상되는가?" 이 질문에 대한 답은 다음과 같다. "지역 방언들(기층언어)은 지배층 언어(상층언어)의 영향을 받겠지만, 결국에는 지배 계층이 먼저 이중언어 사용자가 될 것이고 궁극적으로는 그들의 옛 언어를 완전히 포기하게 될 것이다." 이러한 일은 인도에서만 일어난 일은 아니었다. 5세기 말에 게르만족 프랑크인들이 갈리아 북부 지역을 지배하게 되었을 때, 10세기 초에 바이킹이 노르망디 지역을 손에 넣었을 때, 1066년에 이 바이킹이 노르만족이 되어서 잉글랜드를 정복했을 때도 같은 일이 일어났다.

남아시아에서는 술탄조와 무굴제국 시대 내내 지역의 언어들이 페르시아어에서 수많은 단어들을 차용했다. 이 중 많은 단어들이 아랍어에 기원을 두고 있으며 튀르크어적 요소도 간간히 섞여 있었다. 이런 차용이 군사주둔지, 즉 우르두urdu(튀르크어에 기원들 둔 페르시아어 단어)에서 주로 일어났다는 주장도 있지만 이는 사실이 아니다. 엘리트 지배계급이 아무리 다른 계층과의 접촉을 줄이려고 애를 쓰더라도 그것을 완전히 막을 수는 없다. 언어의 접촉은 군사주둔지뿐만 아니라 상점과 시장, 궁전과 사원, 여관과 사창가에서도 이루어졌을 것이다. 이러한 접촉을 통해 사람들은 새로운 단어를 배우고 받아들였을 것이고, 힌디-우르두어 또는 힌두스탄어에는 페르시아어 어휘가 많아지게 되었다. 예를 들면 '젊은'을 뜻하는 JAVĀN, '커튼'을 뜻하는 PARDA, '강'을 뜻하는 DARIĀ 등이 페르시아어에서 온 단어들이다. 아랍어 단어들도 꽤 많이 들어왔는데, '책'을 뜻하는 KITĀB, '배'를 뜻하는 JAHĀZ, '세계'를 뜻하는 DUNIYĀ 등이 그 대표적인 예다. 오늘날 힌디-우르두어를 사용하는 사람들은 이 단어들을 '외래어'나 '차용어'로 여기지 않는다. 영어 사용자들이 리버river(강), 커튼curtain, 심플simple(단순한), 베리very(매우)를 프랑스어로 여기지 않는 것과 마찬가지다(이 단어들은 프랑스어 단어 리비에르RIVIÈRE, 쿠틴COURTINE, 상플SIMPLE, 브헤VERAI(현대 프랑스어로는 VRAI)에서 유래했다).

그렇다면 남아시아의 지배층들은 언제부터 이중언어 사용자가 되었을까? 델리 술탄조 시기는 아닌 것으로 보이며, 무굴 제국 시기에 궁중의 남자들이 인도의 귀족 여성들과 결혼하기 시작한 16세기로 추정된다. 이후로 두 세기에 걸쳐 페르시아어는 당시 힌디어라고 알려져 있던 힌두스탄어에게 밀려 천천히 그 세력을 잃었다.

초기 우르두어와 힌디어

17세기에도 남아시아의 언어적 상황은 여전히 별로 특별할 것이 없었다. 그 당시에는 그 누구도 힌두스탄어가 힌디어와 우르두어로 갈라질 것이라고 예견하지 못했다. 이 시기에 중세 인도아리아어군은 현대 인도아리아어군의 여러 언어들로 갈라져 있었다. 여기에는 벵골어, 펀자브어 및 다른 여러 언어들뿐만 아니라, 힌디어라고 뭉뚱그려지던 지역적 언어들로 이루어진 중앙 어군이 포함된다. 이 언어들은 예외없이 페르시아어와 아랍어 단어들로 가득했다. 고전 산스크리트어는 여전히 예식용으로 사용되고 있었지만 이제는 통속어도 여러 종류의 문자를 사용하여 일상적으로 글로 적히고 있었다. 무슬림 작가들은 코란과 공식 문서를 통해 익숙해져 있던 아랍 문자의 일종인 페르시아아랍문자를 사용했다. 힌디어는 여러 종류의 토착 문자를 사용하여 적었는데, 사용하는 문자는 카스트에 따라 달랐다. 브라만 계급 사제들과 선생들은 나가리Nagari 문자를 선호했고, 카야스타 계급인 필경사들과 행정가들은 카이티Kaithi 문자를 선호했는데, 둘 중에서는 카이티 문자가 더 널리 퍼져 있었다.

토착어와의 혼용으로 엘리트 무슬림 계층의 페르시아어 실력이 점점 약해지는 동안 시인들은 힌디어에 허세 가득한 페르시아어 차용어를 섞어 사용하기 시작했다. 그렇다고 일상적이거나 통속적인 단어를 사용하지 않은 것은 아니다. 이것은 1600년경 문어체 영어에서 라틴어에서 온 단어들(illecebrous(유혹적인), obtestate(탄원하다), adminiculation(증거))이 대유행한 것과 다르지 않다. 그런데 18세기에 무굴제국의 시인들은 한 발 더 나아갔다. 많은 힌디어 단어들이 금기어가 되었고, 결과적으로 매우 페르시아적인 문학 스타일이 나타났다. 그리고 1780년경에 이 언어는 처음으로 '우르두어Urdu'라고 불리게 되었다. '고귀한 도시의 언어'라는 뜻의 ZABAN-E-URDU-E-MUALLA을 줄인 형태로(앞서 언급한 '군사주둔지'가 아니다), 고귀한 도시는 수도인 델리를 뜻한다. 이 우르두어는 앞서 언급한 오스만 터키어와 비슷한 기능을 가졌다. 이 언어는 세련된 엘리트의 언어였으며, 종교적 정체성의 증표가 아니라 사회적 특별함의 증표였다. 한 인도 학자의 말을 빌리자면 이 언어는 '신경질적인 귀족 계급의 방언' 역할을 했다. 당시 귀족 계급은 영국 동인도회사의 세력이 커짐에 따라 자신들의 권력과 특권이 사라져가는 것을 목도하고 있었다. 사실 이 새로운 언어를 둘러싼 가치는 당혹스러울 정도로 엘리트적이었다. 이 언어를 체계화한 사람 중 한 명의 말에 따르면 이 언어의 올바른 사용법은 델리의 귀족가문 몇몇의 언어 사용 방식에 따라 정해졌다고 한다.

페르시아어화된 우르두어가 무슬림 엘리트 계층 사이에서 생겨나는 동안에도 일부 학식 있는 브라만 계층 사람들은 자신들의 힌디어를 '정화하기' 위해 애쓰고 있었다. 힌디어에서 페르시아어와 아랍어에서 들어온 차용어를 씻어내고 오랫동안 잊혀진 산스크리트어 단어를 대신 들여오려는 것이었다. 하지만 이것은 현실과는 동떨어져 속세를 초월해 사는 소수의 노력일 뿐이었다. 그들의 행동은 그 당시보다 지금에 와서 훨씬 더 그 의미를 인정받고 있다.

선교사와 학자들

•

영국의 무역상들은 1600년대 초부터 인도에서 활동했다. 이들은 처음에는 공손하게, 나중에는 권력을 휘두르며 인도를 장악해나갔다. 그런데 1800년대 초반부터 영국인들이 힌두스탄어에 언어적 영향을 미치기 시작했다.

우선 선교사들이 큰 역할을 담당했다. 이들은 글을 읽고 쓰지 못하는 힌두교, 이슬람교 아이들을 기독교도로 개종시키기 위해 글을 가르치고 교과서를 펴내기 시작했다. 이를 위해 선교사들은 인도 북부와 중부 전역에서 힌두스탄어가 사용되도록 장려했으며, 펀자브어나 벵골어 및 다른 언어들은 모두 금지시켰다. 선교사들은 교과서를 만들기 위해 힌두스탄어의 방언 연속체를 표준화된 문어로 만드는 작업에 나섰다. 좀 더 정확히 말하자면 두 종류의 표준화된 문어를 만들고자 했다. 힌두교 학생들과 이슬람교 학생들은 다른 종류를 사용하게 될 테니까 말이다. 물론 이것이 두 학생들을 나누고자 한 시도는 아니었다. 선교사들의 큰 목표는 이들을 새로운 신앙 아래 연합시키는 것이었다. 두 종류의 문어를 만든 것은 힌두교도들과 이슬람교도들이 종교적인 부분에 있어서 실제로 다른 용어를 사용하기 때문이었다. 힌두교인들은 산스크리트어를 사용하고 이슬람교인들은 아랍어와 페르시아어를 사용했다. 또 다른 이유는 문자였다. 이슬람교인들에게 있어서 종교적인 내용을 아랍 문자가 아닌 다른 문자로 읽는다는 것은 상상도 할 수 없는 일이었다. 반면 힌두교인들에게 종교는 나가리Nagari 문자의 영역이었다(나중에는 '데바나가리Devanagari' 문자라고 불린다. 데바는 '하늘의, 신성한'이라는 뜻이다). 초기에 진행된 이 '두 언어 정책'은 오늘날 산스크리트어화된 힌디어를 지지하는 열렬한 힌두교인들과 페르시아어화된 우르두어를 지키려 하는 열성적 이슬람교인들 모두에게서 높이 평가받고 있다. 기독교 선교사들의 목표는 학생들을 힌두교와 이슬람교에서 '구하는' 것이었지만 말이다.

힌두스탄어에 언어적 영향을 미친 또 하나의 영국적 요소는 캘커타에 위치한 포트윌리엄대학Fort William College의 학자들이었다. 포트윌

18세기의 시인 미르 타키 미르Mir Taqi Mir는 우르두어의 형태를 잡은 선구자 중 한 명이다.

리엄대학은 동인도회사가 회사 직원들에게 힌두스탄어를 가르치기 위해 세운 기관이었다. 이곳에서 가르치는 힌두스탄어는 우르두어(당시에는 Urdu가 아니라 Oordoo라고 썼다. 이 철자가 발음을 좀 더 제대로 반영한다)인 경우가 많았는데, 이것은 당시 인도의 엘리트들이 대부분 무슬림이었기 때문이다. 하지만 포트윌리엄대학의 일부 언어학자들은 그들이 관리하는 인도인 직원들과 함께 이 언어를 '정화'하는 일에 착수했다. 일부는 당대 '최고의 민족'이 사용하는 살아 있는 언어를 쓰고자 했고, 또 다른 이들은 주로 산스크리트어를 사용한 차용어를 조합하는 방법을 선호했다. 예를 들어 아랍어에 기원을 둔 단어 JAHĀZ(배)를 대신하기 위해서 산스크리트어 PŌTA를 변형한 PŌT가 만들어졌다. 많이 사용되었던 아랍어 차용어 DUNIYĀ(세계)는 산스크리트어 SAṂSĀRA를 변형한 SANSĀR 등에게 자리를 내주게 되었다. 그런데 이 순수주의자들은 19세기 인도인들에게 산스크리트어는 페르시아어나 아랍어보다 더 낯선 언어일 수도 있다는 생각을 하지 못했던 것 같다. 게다가 그들이 만들어낸 순수주의적 표현들은 기존의 단어들보다 훨씬 더 이질적이었다. 그리고 일부 페르시아어와 아랍어 차용어들은 이미 실생활 속에 단단히 자리 잡고 있어서 산스크리트어화가 잘 적용되지 않기도 했다. 이런 단어들 중에는 '어린'을 뜻하는 JAVĀN과 '커튼'을 뜻하는 PARDA 등이 포함된다. 이 두 단어는 모두 페르시아어에 기원을 두고 있다.

포트윌리엄대학의 학자들이 산스크리트어화된 힌디어가 만들어지는 데 큰 역할을 하기는 했지만 그들이 언어 분할을 꾀하고 있었다고 보기는 힘들다. 사실 포트윌리엄대학의 언어학자들 중 많은 수는 하나의 공통된 힌두스탄어를 지지했다. 이들과 선교사들은 언어 분할의 작은 씨앗을 뿌렸을 뿐, 분할을 주도한 자들은 나중에 등장한 다른 세력이었다. 하지만 라이가 지적한 대로 이슬람교인을 위한 페르시아어화된 우르두어와 힌두교인을 위한 산스크리트어화된 힌디어를 나누는 '언어적 이원성'에 포트윌리엄 학자들이 강력히 기여한 것은 부인할 수 없는 사실이다. 하지만 실제로는 이 두 극단의 언어를 사용하는 사람들은 거의 없었다. 인도에서 수백만 명이 사용하는 이 언어는 여전히 이

전과 같이 동일하게 힌두스탄어의 뒤범벅(또는 연속체) 속에 있을 뿐이었다. 인도아리아어군에 기원을 두고 역사를 통해 우연히 페르시아어화된 힌두스탄어 말이다.

'해악'과 '야만' 사이의 싸움

•

이 이중성은 영국이 행정 언어를 페르시아어에서 힌두스탄어로 바꾸기 시작한 1830년대에 더욱 문제가 되기 시작했다. 페르시아어에서 힌두스탄어로 변화한 이유는 간단했다. 일반 국민들 모두가 판사들과 관리들이 사용하는 언어를 이해할 수 있게 되는 것이 합리적으로 보였던 것이다. 하지만 페르시아아랍 문자는 그대로 유지되었다.

1850년대 말 이후 정규 교육이 확장되면서 새로운 교과서를 만들어야 할 필요가 생겨났다. 양쪽 종교 진영 모두에서 종교인들이 교과서를 만드는 일을 담당했다. 교과서에 어떤 문자를 사용할 것이냐는 문제에 있어서 이들은 당시 살아 있는 통속어를 기준으로 세우지 않고 각자의 문학적 유산을 기준으로 삼았다. 몇십 년 이전에 선교사들이 만들었던 교과서와 마찬가지로, 하지만 이번에는 훨씬 더 큰 규모로 새롭게 만들어진 자료들은 이슬람교와 힌두교 학생들 사이의 틈을 벌리는데 커다란 역할을 했다. 그렇다고 해도 사실 이것은 소수의 사람들에게만 영향을 미칠 뿐이었다. 몇십 년 뒤에도 글을 읽고 쓸 줄 모르는 사람들이 여전히 인구의 97퍼센트나 되었으니 말이다. 하지만 이때는 언어 문제가 논쟁이 되고 있던 상황이었다.

19세기 후반에는 이슬람교와 힌두교 사이의 본격적인 갈등이 시작되었다. 인도가 근대화의 과정을 거치면서 철도·우편·인구조사 등이 도입되었고 동시에 점점 더 전문화된 행정 조직이 만들어지기 시작했다. 그 결과 경제적인 성과가 나타났고 전통적인 무슬림 엘리트들은 이 성과가 자신들에게 돌아올 몫이라고 여겼지만 야심찬 힌두교 엘리트들이 경쟁자로 등장하였다. 이권을 차지하기 위해 양쪽 모두 대중들의 지지를 끌어 모으기 시작했으며, 그 결과 이전에는 존재하지 않았던 종류의 연대를 만들어냈다. 지역이나 계급에 기초한 연대가 아닌 종교에 기초한 연대였다. 그 결과 사람들은 하루아침에 자신의 이웃과는 반대 진영에 속하게 되었다.

이 갈등 속에서 언어도 대립하기 시작했다. 수세기 동안 이슬람교가 통치했었고 페르시아아랍 문자가 공식적 지위를 유지하고 있었기에 우르두어가 먼저 유리한 출발을 했다. 수십 년 동안 힌두교 엘리트들은 나가리 문자와 힌두교의 언어를 인정해달라고 주장했다. 한 저명한 힌두교 관리는 이렇게 적었다. "페르시아아랍 문자는 셈어적 요소를 힌두교도들의 가슴에 쑤셔 넣고 힌두교도들을 아리아 말로부터 멀어지게 만든다. (……) 이슬람교도들이 인더스강을 건넜던 그날에 저주가 있으리라. 모든 해악은 다 우리의 '사랑스러운 형제들'인 이슬람교도들 덕분이다." 이에 격노한 한 무슬림 신문 편집장은 한 지역에서 영국이 나가리 문자를 인정한 것에 대하여 이렇게 논평했다. "우르두 대 나가리의 문제는 세련됨과 문화를 한편에, 편견과 야만을 다른 한편에 둔 경쟁이었다. (……) 한 영국 행정관의 사인 한 번으로 세련됨과 문화에 어떻게 치명상을 입혔는지는 역사에 야만적인 한 장으로 기록될 것이다." 서로를 향한 이러한 험담은 계속되었다. 힌두교인들은 비천한

제1차 세계대전 중 영국의 신병 모집 포스터에는 "누가 이 제복과 돈과 총을 가질 것인가?"라고 적혀 있다. 이 포스터는 우르두어로 되어 있다. 당시 힌두스탄어를 글로 적을 때 우르두어가 더 흔히 쓰였다. 100만 명이 넘는 인도 군인들이 제1차 세계대전에 참전했으며 약 200만 명이 제2차 세계대전에 참전했다.

태생의 촌놈으로 묘사되었으며 이슬람교도들은 인도 문화를 암흑기로 빠뜨린 폭군으로 묘사되었다. 무굴 제국 시대에 꽃피었던 힌두교 문학은 어느 쪽의 목적에도 맞지 않았으므로 간단히 무시되었다.

이러한 분위기 속에서 인도의 독립운동이 이 두 종교 집단을 하나로 결속시키는 데 실패한 것도 놀랄 일이 아니다. 정치적으로나 언어적으로나 상황은 점점 더 악화되어 1947년에는 정치적 분리가 이루어졌고 곧이어 공식적인 언어 분리로 이어졌다. 파키스탄은 1948년 2월 2일 우르두어를 국가 언어로 선포했다. 그러나 인도는 처음부터 산스크리트어화된 힌디어를 국가 언어로 선택하지는 않았다. 1948년 1월 30일에 암살당한 마하트마 간디는 힌두스탄어를 (데바나가리 문자로 적

여기서 흥정은 금지. 우르두어로도, 힌디어로도, 아랍어로도, 영어로도!

든, 페르시아 알파벳으로 적든 상관없이) 강력히 지지했었다. 간디 사망 이후, 1949년 9월에 있었던 제헌 의회에서 산스크리트어화를 지지하는 사람들이 힌두스탄어 지지자들을 물리치고 승리했다. 산스크리트어화를 지지하는 측의 지도자는 다음과 같이 말했다. "순수한 산스크리트어 단어들은 어디에서나 동일한 형태로 쓰인다. 그러므로 오직 순수한 산스크리트어 단어들로 가득한 이 언어만이 인도 전역에서 받아들여질 수 있다." 이 지도자가 말하는 언어는 산스크리트어화된 힌디어다.

군대와 총이 국경선을 지킬 수는 있지만 사람들이 말하는 방식을 바꿀 수는 없다. 두 나라 양쪽 다 하층계급 사람들은 여전히 힌두스탄어를 사용하며, 표준화된 힌디어나 우르두어를 사용하지 않는다. 인도 중북부의 '힌디어 지대Hindi Belt' 바깥에서는 두 나라의 중산층 계급이 발리우드 영화를 통해 언어를 익히는데, 발리우드 영화는 힌두스탄어로 되어 있다. 그렇다면 엘리트들은 어떨까? 인도와 파키스탄의 엘리트들은 국제적으로 유용한 영어를 선호한다. 그리고 중산층은 원래 그래왔듯이 엘리트 계급을 따라 영어를 배우기 시작하는 추세다. 인도에서는 공식 언어인 산스크리트어화된 힌디어의 중요성이 줄어들고 있으며, 라이는 이 상황에 대해 '힌디어'(언제나처럼 그는 작은따옴표를 쓴다)는 "지방의 한 구석에서 구걸하고 있다"라고 표현했다. 파키스탄의 상황도 크게 다르지 않다. 파키스탄에서는(1971년에 방글라데시가 독립하면서 반쪽이 되었다) 대부분의 사람들이 우르두어를 제2언어로 할 줄 알지만, 우르두어의 '순수성'은 고사하고 우르두어 자체에 크게 신경을 쓰는 사람이 거의 없다.

소급 적용되는 역사

•

오늘날 인도와 파키스탄에서 공식언어를 둘러싼 이데올로기는 거울에 비친 것처럼 똑같다. 힌두교 언어학자들은 힌디어를 산스크리트어의 '맏딸'이라고 표현한다. 그러나 이는 인정받지 못하는 자신들만의 주장으로, 앞서 언급한 바와 같이 일부 학자들은 인도유럽어족의 조어가 그 뿌리를 남아시아에 두고 있다고까지 주장한다. 파키스탄에서는 어릴 때부터 우르두어는 무굴제국의 군사주둔지에서 혼합언어로 태어난 언어라고 배운다. 그러나 이것은 파키스탄의 군사적 문화를 반영하는 허구일 뿐이다. 또한 인도의 힌두교 언어학자들과 마찬가지로 일부 파키스탄 언어학자들도 힌디어와 우르두어의 조상이 북인도가 아니라 파키스탄에서 기원했다고 주장한다.

이 두 나라에서는 문학의 역사도 분할되었다. 페르시아아랍 문자로 적힌 것은 무엇이든, 심지어 17세기 이전의 문학마저도 우르두어 문학으로 여겨지며, 나가리 문자로 적힌 책은 자동적으로 힌디 문학으로 여겨진다. 그 당시 작가들이 동일한 언어를 사용했으며, 동일한 지역에 살았다는 것도, 서로의 작품을 읽고 교류했다는 사실도 상관없이 말이다. 이들의 논리에 따르면 우르두어와 힌디어는 반드시 구분되어야 하며, 심지어 과거의 유산마저도 소급되어 구분된다. 이것은 역사를 날조하는 것과 다를 바 없다.

자, 이제 다시 한 번 생각해보자. 세계에서 가장 큰 스무 개의 언어에서 힌디어와 우르두어를 두 개가 아니라 하나로 취급한 것은 과연 합리적인 것일까? 나는 그렇다고 생각한다.

3

스페인어

ESPAÑOL

5억 7,500만 명

스페인어는 4억 2,500만 명이 모국어로 사용하고 있으며, 약 1억 5,000만 명의 제2언어 사용자가 있다. 또한 전 세계 스무 개 나라에서 다수의 국민이 사용하는 (주요) 공식 언어다. 이 스무 개의 나라에는 유럽에 한 나라, 카리브해 섬들 중에 두 나라, 북아메리카와 중앙아메리카에 일곱 나라, 남아메리카에 아홉 나라 그리고 아프리카에 한 나라가 포함된다. 미국에서 스페인어는 영어 다음으로 사용자가 많은 언어이며 약 4,000만 명의 미국인들이 가정에서 스페인어를 사용한다. 미국령 푸에르토리코에서 스페인어는 영어와 함께 공식언어다. 유럽에서는 프랑스와 스위스에 상당한 규모의 스페인어 사용자가 소수집단으로 존재한다.

자칭 이름	에스파뇰Español 또는 카스텔라노castellano(카탈란Catalan과 발음이 비슷하지만 카탈란(카탈루냐어)은 스페인 북동부에서 사용되는 다른 언어다)라고 한다.
어족	스페인어는 인도유럽어족 내 로망스어군의 일원이다.
문자	라틴 알파벳에 다음 세 가지 발음구별기호를 더하여 사용한다. 양음부호(á), 물결표(ñ), 트레마(ü). ñ은 n과 별개의 글자로 여겨진다. 스페인어의 철자법은 상당히 규칙적이다. 단어의 강세는 철자를 통해 일관적으로 표시가 되는데, 비공식적 글에서는 강세 표시가 생략되기도 한다.
문법	스페인어의 문법은 다른 로망스어군 언어들과 꽤 유사하다(루마니아어는 제외). 즉, 동사 활용이 복잡하고, 명사와 형용사는 두 종류의 성을 가지고 있으며, 격 체계는 없다.
소리	스페인어에는 모음 소리가 다섯 개만 존재하며, 자음 소리는 방언에 따라 스무 개까지 존재한다.
차용어	중세시대를 거치면서 스페인어는 아랍어 단어들을 수천 개 이상 차용했다. 이는 이 시기 이베리아 반도의 상당 부분을 이슬람교도들이 다스렸기 때문이다. 그 밖에 프랑스어, 이탈리아어, 영어에서 단어들을 차용했다. 5세기에서 8세기의 게르만족 지배 시기에서 단어의 기원을 찾을 수 있는 단어들도 소수 존재한다.
수출어	코르크cork는 아주 오래 전에 스페인어에서 영어로 들어온 단어로 1300년까지 거슬러 올라간다. 뒤이어 수백여 개의 스페인어 단어들이 영어로 들어왔다. 예를 들어, 함대armada, 미로maize, 모기mosquito, 기타guitar, 마니아aficionado, 감자potato, 초콜릿chocolate, 바비큐barbecue 등이 있다. 미국에는 캘리포니아의 로스엔젤레스Los Angeles에서 플로리다의 페르난디나비치Fernandina Beach에 이르기까지 스페인어에서 기원한 수많은 지명이 존재한다.
미국	스페인어는 오늘날 미국 지역에 정착한 최초의 유럽인들이 사용한 언어였다. 유럽인들의 영구 정착은 플로리다 지역에서 1560년대에 처음 시작되었다. 북아메리카 대륙을 통틀어 이 지역에서 최초로 사용된 유럽 언어는 고대 노르드어이며, 기원후 1000년경에 뉴펀들랜드 섬에서 바이킹들이 이 언어를 사용했다.

3: 스페인어

Ser냐 estar냐, 그것이 문제로다

●

영어 사용자의 입장에서는 스페인어가 아마도 바벨 언어들 중 아마 가장 배우기 쉬운 언어일 것이다. 물론 이것도 마냥 쉽지는 않다. 여전히 외워야 할 단어의 목록은 길고, 익혀야 할 문법은 많으며, 강세는 아예 새로 배워야 한다. 게다가 가정법은 스페인어를 배우려는 사람들에게는 잘 알려진 오래된 골칫거리다. 이 장에서는 잘 알려진 위험 지역인 가정법 대신, 악명 높은 경고 지역 두 곳, be(~이다) 동사 지역과 have(가지다) 지역을 살펴볼 것이다.

is 여섯 번, was 한 번

•

스페인어를 이해하기 위해 간단한 이야기가 담긴 영어 문장을 살펴보자. 다음 문장들은 영어에서 be 동사의 다재다능함을 잘 보여주는 문장들로 이루어진 이야기라고 할 수 있다. 이 이야기에서는 be 동사의 여러 형태 중 현재형인 is가 여섯 번, 과거형인 was가 한 번 쓰였다. 간단한 이 일곱 문장은 be 동사의 일곱 가지 다른 의미를 나타낸다(그리고 이 일곱 가지의 뜻 이외에도 많다). 하나씩 살펴보도록 하자.

There is a supermarket. (슈퍼마켓이 있다.)

– 여기에서 is의 뜻은 '존재하다', '있다'는 의미다.

A supermarket is a shop. (슈퍼마켓은 상점이다.)

– 상점으로 '정의될 수 있다', 상점이라는 '범주에 들어온다'라는 의미다.

John is at the supermarket. (존이 그 슈퍼마켓에 있다.)

– 그는 그곳에서 '스스로를 발견한다' 또는 그곳에 '위치해 있다.'

He is buying eggs. (그는 달걀을 사는 중이다.)

– 여기에서 be 동사는 본동사 buy를 진행형으로 만드는 것을 돕는 역할을 한다. 그러므로 이때 이 동사는 조동사auxiliary verb라고 불린다. '돕다'는 뜻의 라틴어 단어 AUXILIUM에서 온 표현이다.

This supermarket is big. (이 슈퍼마켓은 크다)

– 그 수퍼마켓은 '크다'는 '영속적 특징'을 가진다.

The supermarket is open. (그 슈퍼마켓은 열려 있다.)

– 그 수퍼마켓은 '열려 있다'는 '일시적 특징'을 가진다.

The supermarket was built last year. (그 수퍼마켓은 작년에 지어졌다.)

– 지어'졌다', 이름 모를 사람들이 지었다. 여기서도 be 동사는 조동사로 쓰였으며 이번에는 수동태를 만드는 것을 돕는다.

영어 사용자에게는 이 문장들 중 어느 것 하나도 특별하게 보이지 않을 것이다. 사실 be 동사는 지극히 흔한 동사이기 때문이다. 이 동사의 다른 형태들(were에서 being, 'm에서 're)까지 전부 다 포함해서 보면, 이 동사는 사실 영어에서 the 다음으로 가장 자주 사용되는 단어다. Be 동사가 이렇게 많은 역할을 하는 상황이 세계의 언어들에서 보편적인 것은 전혀 아니다. 스페인어 역시 영어와는 다른 방법으로 be 동사를 사용하는 많은 언어들 중 하나다. 우리가 방금 살펴본 영어에서 be의 일곱 가지 역할을 스페인어에서는 네 가지 방법으로 표현한다. 그런데 그중 두 가지에서는 be 동사가 아예 사용되지도 않는다.

첫 번째 문장 "수퍼마켓이 있다There is a supermarket"는 스페인어로는 "HAY UN SUPERMERCADO"로 번역된다. 문자 그대로 해석하자면 '그것이 수퍼마켓을 가지고 있다It has a supermarket'가 될 것이다. 이 경우 수퍼마켓은 동사의 목적어다. 그런데 요즘 많은 스페인어 사용자들이 HAY 뒤에 오는 명사를 동사의 목적어로 인식하는 것이 아니라 오히려 주어로 취급하곤 한다. 그에 따라 단수가 아닌 복수에 대해 말할 때, 이 동사가 복수형으로 쓰이곤 하는데, 특히 과거 시제로 쓰인 문장에서 이 현상이 두드러지게 나타난다. "많은 수퍼마켓들이 있었다There were many supermarkets"라고 표현하고자 할 때, 문법적으로 올바른 형태인 단수형 동사 'HABÍA' 대신 복수형 동사 'HABÍAN'을 사용하여 "HABÍAN MUCHOS SUPERMERCADOS"로 쓰는 식이다. 이런 식의 문장은 문법에는 맞지 않지만 많은 사람들이 일상생활에서 아무렇지도 않게 사용하는 언어 사용법 중 하나다. 영어에서 문법적으로 올바른 'fewer people' 대신 'less people'이라고 사용하는 사람들이 많은 것과 비슷하다(영어에서는 '더 적은'이라는 표현을 할 때, 셀 수 있는 명사는 fewer를 사용하고 셀 수 없는 명사는 less를 사용해야 한다).

앞에서 예로 든 영어의 일곱 문장 중 마지막 문장, 즉 수동태 문장을 스페인어로 표현할 때는 두 가지 방법을 사용할 수 있다. 첫 번째 방법은 영어의 문장 구조를 그대로 반영하는 것이다("EL SUPERMERCADO FUE CONSTRUIDO". 여기에서 FUE는 영어의 'was'에 해당한다). 하지만 이 방법은 자주 쓰이지는 않는다. 그보다는 재귀대명사를 사용하는 방법이 훨씬 자주 쓰인다("EL SUPERMERCADO SE CONSTRUYÓ." 문자 그대로 해석하면 "그 수퍼마켓은 스스로를 지었다"라고 번역할 수 있다). 슈퍼마켓이 스스로 지어질 수 없는 것은 당연한 소리다. 하지만 스페인 사람들은 다 알면서도

스페인에는 스페인어 규정을 총괄하는 왕립학술원이 있다. 학술원의 위원 46명은 대문자, 소문자 글자로 지정되어 있는 의석을 하나씩 차지한다. 이 의석에는 스페인어의 모든 글자들 중 가장 스페인어적인 글자인 ñ이 적혀 있다.

수퍼마켓이 '스스로를 지었다'라고 표현한다.

또한 스페인어의 재귀대명사는 영어의 재귀대명사보다 단순하다. 영어의 재귀대명사는 myself(나 스스로), themselves(그들 스스로) 같이 긴 합성어로 되어 있지만, 수동태를 대신해 쓰이는 스페인어의 재귀대명사는 단지 한 음절에 불과하다.

일시적 결혼, 영원한 챔피언

•

이렇게 해서 다섯 문장이 남았다. 이 다섯 문장의 경우에는 스페인어도 SER, ESTAR라는 be 동사 두 가지를 사용해 표현한다. 스페인어를 모국어로 사용하는 사람들은 둘 중 언제 어느 것을 사용해야 하는지 망설이지 않고 고를 수 있지만, 그 법칙들이 너무 복잡해서 스페인어를 제2언어로 사용하는 사람들은 그 법칙을 완벽히 이해하는 것이 거의 불가능하다.

다섯 문장 중 가장 쉬운 것은 진행형 문장이다. 스페인어를 포함한 로망스어군 언어들 중 일부 언어들은 영어와 동일한 문장 구조를 사용하여 진행형을 만든다. 여기에서 필요한 스페인어 단어는 ESTAR이다. "John is buying eggs"(존은 달걀을 사는 중이다)는 "JUAN ESTÁ COMPRANDO HUEVO"가 된다. ESTAR의 쌍둥이인 SER는 진행형을 만들 때는 절대 쓰이지 않는다.

이제 다음과 같은 네 가지가 남았다. a) ~라는 일시적 특징을 가진다. b) 위치해 있다. c) ~으로 정의할 수 있다. d) ~라는 영속적 특징을 가진다. 그리고 이제부터 스페인어가 어려워지기 시작한다. 스페인어 선생님들은 ESTAR는 처음 두 개의 뜻을 담당하고 SER는 나머지 두 개 뜻을 담당한다고 알려줄 것이다. 이 법칙을 따르면 다음과 같이 올바른 문장들을 만들 수 있다.

a) The supermarket is open: EL SUPERMERCADO ESTÁ ABIERTO.
수퍼마켓은 저녁에 문을 닫을 것이므로 'open(열려 있다)'는 것은 일시적 특성이다. 그러므로 ESTAR가 사용된다. 여기에서는 ESTÁ의 형태로 사용되었다.

b) John is at the supermarket: JUAN ESTÁEN EL SUPERMERCADO.
수퍼마켓은 그가 위치해 있는 곳이다. 그러므로 ESTAR를 쓴다.

c) A supermarket is a shop: UN SUPERMERCADO ES UNA TIENDA.
ES는 SER의 한 형태다. 수퍼마켓은 본질적으로 상점으로 정의할 수 있기 때문에 SER가 쓰인다.

d) The supermarket is big: EL SUPERMERCADO ES GRANDE.
이 슈퍼마켓의 크기는 변하지 않는 영속적인 속성이다(건축업자의 힘을 빌려 작아지기 전까지는 말이다). 그러므로 SER를 쓴다.

대부분의 문장들이 위와 같은 법칙을 따르지만 이제부터 이상한 점이 생긴다. 부엌이 집 안에 있으므로(ESTAR), 부엌에서 열리는 파티도 집 안에 있다(ESTAR)라고 할 것 같은데, 그렇지가 않다. 어느 장소에서 행사가 '있다' 또는 '벌어진다'고 말할 때는 SER를 써야 한다는 하위 규정이 존재하기 때문이다.

결혼과 관련되어 둘 중 어느 동사를 사용해야 하는지도 마찬가

영어와 스페인어로 적힌 안내문. 미국에는 이미 5,000만 명이 넘는 스페인어 사용자들이 살고 있는데, 세르반테스 연구소Cervantes Institute의 추정치에 따르면 2050년이 되면 미국에 사는 스페인어 사용자가 더욱 증가하여 세계에서 스페인어 사용자가 가장 많은 국가가 될 것이라고 한다.

지로 헷갈린다. "존은 메리의 남편이다"라는 문장에서는 SER를 사용하여 이 관계의 영속성을 암시하지만, "존은 메리와 결혼했다"라는 문장에서는 ESTAR를 사용하여 마치 이혼이 멀지 않은 것처럼 들리게 한다. 이것은 명사와 함께 오는 경우에는 반드시 SER를 사용해야 한다는 법칙 때문이다. '동생이다'라거나 '남편이다' 같은 경우만이 아니라, 일시적으로 스쳐 지나가는 영광의 자리일 뿐인 '국무총리다' 혹은 '챔피언이다'와 같은 경우에도 SER를 쓴다. 또한 "존이 ABURRIDO(따분한, 지루한)이다"라고 말할 때, SER를 사용하면 "존은 지루한 사람이다"라는 뜻이 되고 ESTAR를 사용하면 "존이 지루해한다"는 뜻이 된다.

헷갈리는 문장은 더 있다. SER가 영속성을 의미하고 ESTAR가 일시성을 의미한다면, 오늘은 월요일이고(ESTAR), 지금은 10시 20분이다(ESTAR)라고 말할 것 같지만 그렇지 않다. 두 경우 모두 SER를 써야 한다. 또한 '당신은 죽었다'라는 문장에서도 ESTAR를 사용한다. 여기에서 영속성을 의미하는 SER가 아니라 ESTAR를 쓰는 이유는 문법적인 것이다. '죽은'을 뜻하는 스페인어 단어 MUERTO는 문법적으로 말하자면 '죽다'라는 동사 MORIR의 과거분사로 이 동사의 결과, 즉 죽고 난 상태를 나타낸다. 죽음은 돌이킬 수 없지만, 언어의 법칙은 이런 경우에 ESTAR를 쓰도록 한다.

문법화

SER와 ESTAR를 선택하는 문제는 라틴어까지 거슬러 올라간다. 라틴어는 일반적으로 매우 복잡한 언어 체계를 가지고 있는데 놀랍게도 be

동사에 대해서만큼은 후손 언어들보다 더 단순하다. 라틴어에서 be동사에 해당하는 동사는 ESSE 하나뿐이며 이 하나의 동사가 우리가 지금까지 논의한 네 가지 뜻을 모두 담당한다. 현대 스페인어에서 이 동사의 자손은 SER이며, 스페인어에 필요한 동사도 이것 하나로 충분했을지도 모른다. 하지만 SER의 쌍둥이 ESTAR 역시 라틴어에서 나왔는데, 이 동사의 기원을 찾아가다 보면 '서다stand'라는 뜻의 라틴어 동사 STARE가 나온다.•

어떻게 'stand'라는 뜻의 동사가 'be' 동사가 되었을까? '나는 잘못을 시인한다I stand corrected', '우리는 경외감을 느낀다we stand in awe', '현재 상태 그대로as it now stands' 같은 관용구들을 생각해보라. 여기에서 stand는 사실 똑바로 서 있는 자세보다는 존재의 상태와 더 관련이 있다. 이런 표현들이 점점 더 많이 사용된다면, stand는 이런 관용구와 유사한 문장 구조에서뿐만 아니라 보다 덜 유사한 문장 구조에서도 점점 더 be를 대체할 수 있게 될 것이다. 그러다 보면 be와 stand 사이의 차이점이 그저 세부적인 것 정도로 줄어들 수도 있고, 그렇게 된다면 stand를 be 대신 사용하는 것이 문법에 포함될 수도 있는 것이다. 이러한 과정을 문법화grammaticaliztion라고 부르는데, 영어에서는 stand를 be를 대신하여 사용하는 용법이 문법화의 과정을 거치지 않았지만,

• 정확히 말하자면 스페인어의 SER는 라틴어 동사 두 가지가 혼합된 것이다. 둘 중 하나는 'to be' 동사인 ESSE로 이 동사는 나중에 ESSERE가 된다. 다른 하나는 '앉다'라는 뜻의 동사로 영어의 'to sit'과 어원상 동계어인 SEDERE이다. 스페인어 동사 원형 SER와 SER의 여러 형태들 중 일부는 SEDERE에서 유래하며, ES와 FUI를 포함하여 SER의 많은 다른 형태들은 ESSERE에서 유래한다.

로망스어군의 여러 언어들에서 STARE는 문법화의 과정을 거쳤다. 포르투갈어와 카탈루냐어도 SER와 ESTAR를 스페인어와 거의 비슷하게 사용하며(똑같지는 않다), 이탈리아어에서 ESSERE와 STARE가 사용되는 규칙은 다르지만 여기에서도 문법화는 일어났다.*

스페인어에서 SER와 ESTAR를 제대로 구분해 사용하는 것이 쉽지는 않지만, 이와 비슷한 경우를 다른 언어들에서도 많이 볼 수 있다. 두 종류 혹은 그 이상의 존재 상태를 구분하는 것은 사실 예외적이라기보다 일반적인 것에 가깝다. 앞서 논의한 'be'의 네 가지 의미(a – 일시적 특성, b – 장소, c – 정의, d – 영속적 특성)로 돌아가면 언어마다 이 네 가지 의미를 다르게 묶는 것을 알 수 있다. 예를 들어, 스와힐리어에는 b의 의미를 전달하는 형태 하나, 나머지 a, c, d의 의미를 전달하는 다른 형태가 하나 있다. 타밀어에는 b와 c를 의미하는 형태 하나, a를 의미하는 형태 하나 그리고 d를 의미하는 형태가 하나 있다. 베트남어에서는 a와 d를 한 형태로 묶고, b를 의미하는 것과 c를 의미하는 형태가 각각 따로 있다. 간단히 말해, 이 네 가지를 나누는 것은 언어마다 다를 수 있는 것이다.

다른 미묘한 요소들을 적용하는 언어들도 있다. 예를 들어 일본어는 b를 뜻하는 동사를 두 개 만들어 더 복잡해지는데, 하나는 무생물에 사용하고 다른 하나는 생물에 사용한다. 사실 생각해보면 영어도 마찬가지다. 영어에서 물건에 사용하는 대명사(it)와 살아 있는 존재에 사

* 프랑스어에서는 이 두 동사를 하나의 동사로 합쳤다. 프랑스어에서 'to be' 동사에 해당하는 동사의 원형인 ÊTRE와 이 동사의 형태 중 ÉTAIT와 같은 형태들은 ESTAR에서 왔으며, SUIS, EST, FUT, SERA 등 다른 모든 형태들은 ESSE에서 왔다.

용하는 대명사(he, she)를 구분해 사용하는 것과 비슷하다. 또한 일본어에는 특정 문장 구조에서 여성들은 be 동사를 생략해서 말하고 남성들은 생략하지 않고 말해야 하는 규정도 있다.

러시아어에서는 영어와 마찬가지로 be의 네 가지 의미를 한 가지 방법을 사용해 나타내지만 그 사용 양상은 다르다. 러시아어에서 be 동사에 해당하는 동사는 БЫТЬ BYT'이다(영어 be와 관련이 있으며, 현재형 ÉCTЬ YEST'은 영어 is와 연관되어 있다). 하지만 이 동사는 현재형에서는 대부분 생략된다. 말로 할 때는 아무 흔적을 남기지 않고 생략되며, 글로 쓸 때는 기호(-)로 대체될 수 있다. 이처럼 be에 해당하는 동사를 생략하는 언어는 러시아어 외에도 많이 있다.

숙취 판매

•

영어에서 be 다음으로 흔히 사용되는 동사는 have다. 이 동사를 보면 즉각 '소유'라는 개념이 떠오르지만 이 동사가 의미하는 바는 그보다 더 다양하고 넓다. 다음의 문장을 생각해보자.

> You have a hangover, because you have drunk too much, so too bad you have to work now. (너는 숙취가 있다. 왜냐하면 술을 너무 많이 마셨기 때문이다. 그러니 지금 일을 해야 하는 것이 안됐다.)

이 문장에서 have a hangover는 숙취를 '가졌다'는 뜻이고, have drunk는 '술을 마셨고' 지금도 그 영향을 느낀다는 뜻이며,

have to work는 일을 '해야 한다'는 뜻이다.

스페인어에서 have에 해당하는 동사에는 TENER와 HABER가 있으며, 여기에 HAY라는 특별한 형태가 하나 더 있다. 복잡해 보일 수 있지만, SER와 ESTAR에 비하면 이것은 훨씬 쉬운 문제다. 무엇보다 이 세 가지의 역할은 아주 명백하다. 먼저 TENER는 두 가지 역할을 한다. 일단 소유의 역할을 하고, QUE와 함께 쓰이면 의무의 역할을 한다. '숙취가 있다have a hangover'는 TENER (UNA) RESACA이며, '일을 해야 한다have to work'는 TENER QUE TRABAJAR이다. HABER 역시 두 가지 역할을 한다. 하나는 힘든 역할이고 다른 하나는 쉬운 역할이다. 일단 영어의 'have'• 와 마찬가지로 HABER는 다른 동사들을 완료형으로 만드는 역할을 한다. HABER TOMADO (DEMASIADO)는 '(너무 많이) 마셨다have drunk (too much)'라는 뜻이다. 전치사 DE와 함께 쓰이면 HABER도 의무를 나타낼 수 있다. HABER DE TRABAJAR는 '일을 해야 한다have to work'라는 뜻이다. 하지만 현대 스페인어에서 의무를 나타낼 때는 주로 TENER QUE를 사용하며, HABER DE는 자주 쓰이지 않는다. 마지막으로 특별한 형태인 HAY가 있다. 이 형태는 어원적으로 보자면 (HABER의 한 형태인) HA와 '거기there'라는 뜻의 단어 AHÍ의 흔적이 합성된 것이다. HAY는 QUE와 함께 쓰이면 비인칭 필요를 나타낸다. "HAY QUE PENSARLO BIEN"(그것을 잘 심사숙고

• Have와 HABER가 동계어처럼 보이겠지만 그렇지 않다. 영어 동사 have는 사실 '들어맞다, 들어가다'는 뜻의 스페인어 동사 CABER와 동계어다. 스페인어 동사 HABER는 프랑스어 AVOIR와 이탈리아어 AVERE와 함께 인도유럽어족의 한 오래된 어근에서 유래한다. 이 어근은 영어에는 별로 흔적을 남기지 않았는데, 다만 습관habit, 금지하다prohibit와 같은 라틴어에서 들어온 차용어에서 그 흔적을 조금 찾아볼 수 있다.

해야 한다)라는 표현에서 HAY는 '우리는 ~해야 한다'라는 뜻이다(프랑스어에서 IL FAUT와 비슷하다). 그리고 QUE 없이 쓰이면 이 단어는 '~이 있다(there is, there are)'라는 뜻이다. TENER와 HABER는 둘 다 동사의 활용이 매우 불규칙하며, 가정법에서 쓰인다.

문법적으로 볼 때 영어와 스페인어가 have와 HABER/TENER를 조동사로 사용하는 방식은 신기할 만큼 유사하다. 두 언어 모두 이 단어들을 의무를 나타내는 데 사용하고 완료시제를 만드는 데 사용한다. 'have'라는 뜻을 가진 동사를 사용하여 의무를 표현하는 언어는 별로 흔하지 않으며, 완료시제를 만들 때 이 동사를 유일한 조동사로 사용하는 언어도 (게르만어파나 로망스어군 언어들을 제외하고는) 흔치 않다.

이 동사들의 기본적 역할인 소유를 나타내는 방법에 있어서도 영어와 스페인어는 매우 유사하다. 영어와 스페인어에서 have나 HABER를 사용하여 소유를 나타낼 때 두 언어는 '소유자가(주어) 소유한다(동사) 소유물을(목적어)'와 같은 동일한 문장 구조를 가진다. 통계적으로 볼 때 세계의 모든 언어들 중 이러한 문장 구조를 사용해 소유를 나타내는 언어들은 생각보다 많지 않다(포르투갈어, 프랑스어, 독일어가 여기에 포함되며, 페르시아어도 포함된다). 이 같은 문장 구조로 소유를 표현하는 것을 제1유형이라고 하자. 모든 언어들 중 제1유형을 사용하는 언어는 약 25퍼센트 정도다.

제2유형은(25퍼센트) 동시성에 기초하여 소유를 표현하는데, '소유자가 소유물과 함께 있다'라는 의미로 번역할 수 있다. 이 유형은 스와힐리어를 포함하여 아프리카 언어들 사이에서 아주 흔히 사용된다.

제3유형은(20퍼센트) '소유자에게 있어서, 존재한다, 소유물이'

정도로 번역할 수 있다. 이 유형은 동남아시아와 중국의 여러 언어들에서 자주 발견된다. 이 유형은 겉으로 보기에는 영어의 제1유형과 아주 비슷할 수 있다. 소유자가 먼저 오고, 동사가 오고, 마지막으로 소유물이 온다. 사실 내가 베트남어를 배울 때, 처음에는 동사 có를 'have'라는 뜻으로 외웠다. 하지만 다른 문장에서 이 단어가 사용될 경우 그렇게 해석하는 것이 말이 되지 않았다. 이 단어의 뜻을 '가지다' 대신 '있다, 존재하다'라고 이해하고 나니, 이 단어의 모든 뜻이 다 합쳐졌다. 여기에 속하는 대부분의 언어들에서 해당 동사의 뜻은 '가지다'라기보다는 '존재하다'와 유사하다. 그러므로 영어 사용자들이 목적어로 생각하는 소유물은 사실 이 유형에서는 주어의 역할을 하며, 영어 사용자들이 주어로 생각하는 소유자는 주제topic의 역할을 한다. 영어에서는 주제를 표현할 때 보통 'regarding, as for(~에 대해 말하자면)'를 사용한다. 그러므로 베트남어 문장 TÔI CÓ MỘT CHIÊC ĐIỆN THOẠI MỚI를 영어로 옮기면 'I have a new telephone(나는 새 전화기를 가지고 있다)'이라고 하는 것이 바른 번역지만, 베트남어 문장을 그 의미 그대로 영어로 옮기면 'As for me, there exists a new telephone(나에 대해 말하자면, 새 전화기가 존재한다)'이 된다.

제4유형은(20퍼센트) '소유물이 소유자에/소유자에게/소유자 위에 있다'와 같은 방법으로 소유를 표현한다. 타밀어 · 힌디-우르두어 · 일본어 · 아랍어 · 한국어(한국어는 제4유형뿐만 아니라 제1유형과 제3유형을 이용하여 소유관계를 표시하기도 한다. – 옮긴이 주) · 러시아어와 같이 다양한 바벨 언어들이 이 유형을 사용하며, 핀란드어 · 헝가리어와 켈트어파 언어들도 이 유형을 사용한다.

제5유형은(10퍼센트) 가장 적은 수의 언어가 사용하는 유형으로, '소유자의 소유물이 존재한다'와 같은 방법으로 소유를 표현한다. 바벨 언어 중에서는 터키어와 벵골어가 이 유형을 사용한다.

세계의 언어들은 대부분 이 다섯 가지 방법을 통해서 'have'를 표현하지만, 그렇지 않은 경우도 자주 있다. 영어와 스페인어 사용자 모두 차, 어머니, 숙취, 파티, 여유시간을 '가지고 있다'라고 표현하며, 이 모든 경우를 다 동일한 소유의 현상으로 생각하는 경향이 있다. 하지만 이 각각의 '소유물'을 사거나 판다고 생각해보라. 현실적·도덕적·상업적 차이점을 바로 느끼게 될 것이다. 다른 언어들은 영어나 스페인어보다 소유에 대한 강박적 욕구가 덜한 편이다. 다른 언어들에서는 '가지다'를 사용한 문장을 사용하기보다 '머리가 깨질 것 같다'거나 '우리는 파티를 한다'라거나 '여유시간이 있다'라고 다양하게 표현하는 것을 선호한다.

많은 언어들에서 소유관계를 표현할 때 양도할 수 있는 것과 양도할 수 없는 것을 구분하여 표현하며, 두 가지 다른 동사나 두 가지 다른 장치를 사용한다. 이 두 범주를 나누는 구분점은 언어마다 다르다. 예를 들어 일본어에서는 실제로 소유하는 것, 말하자면 그물이나 돈에 대해 말할 때 모츠MOTSU라는 동사를 사용한다. 이 동사는 위에서 본 제1유형에 해당하는 방법으로 사용되며, 문자적 의미는 '쥐다, 들다'이다. 일본어에서 소유를 나타내는 다른 방법으로는 제4유형, '소유물이 소유자에게 있다'는 표현도 사용할 수 있다. 이 유형은 제1유형과 동일하게 누군가가 소유한 구체적인 물건에 대해 이야기할 때에도 사용할 수 있지만, 친척, 불평, 질환, 시간 등 시장으로 가져갈 수 없는 것들에 대해 말할 때는 제4유형만 사용해야 한다. 타밀어도 소유물의 종류를 구분하는데, 일본어와는 다른 방법을 사용한다. 누군가가 돈을 가지고 있는데, 그 사람이 부자인 경우, 타밀어에서는 돈이 '그 사람에게' 있다고 말한다. 하지만 누군가가 약간의 돈을 지금 잠시 가지고 있는 것이라면 돈은 '그 사람 위에' 있는 것이 된다. 타밀어에서는 '영구적 소유'와 '일시적 소유'를 두 개의 다른 접미사를 사용하여 구분한다.

이런 구분이 익숙하지 않을 수 있다. 그러나 익숙하지 않다고 해서 이러한 구분이 비논리적인 것은 아니다. 다만 배우기 어려울 뿐이다. 스페인어에는 이러한 구분이 없기 때문에 영어 사용자의 입장에서는 다른 언어들보다는 훨씬 배우기 쉬울 것이다.

2

북경어

普通話

PŬTŌNGHUÀ

13억 명

북경어를 모국어로 사용하는 사람들은 약 9억 명으로, 그 어떤 언어의 모국어 사용자보다 그 수가 많다. 북경어를 제2언어로 사용하는 사람들은 약 4억 명 정도다. 중국, 대만, 싱가포르, 말레이시아 등이 북경어를 사용하는 주요 국가들이다. 이전에는 중국 출신 이민자 대부분이 북경어가 아닌 다른 중국 언어를 사용했지만, 오늘날 중국 출신 이민자들은 주로 북경어를 사용한다.

자칭 이름	푸통화普通話, PǓTŌNGHUÀ(중국 본토에서 사용하는 이름으로 문자적 의미는 '보통말'이다), 궈위國語, GUÓYŪ(대만에서 사용하는 이름으로 '나라의 언어'라는 뜻이다), 화위華語, HUÁYǓ(아시아의 다른 지역에서 사용하는 이름으로 '중국의 언어'라는 뜻이다). 표준 중국어, (현대) 표준 북경어라고 불리기도 한다. 또는 뭉뚱그려 중국어라고도 불린다.
어족	북경어는 흔히 '중국어 방언들'이라고 불리는 중국 언어들 중 하나다. 중국티베트어족에 속하며, 북경어는 이 어족에서 독보적으로 가장 규모가 큰 언어다.
문자	북경어는 독자적인 문자를 가지고 있다. 본문 참조.
문법	북경어에는 굴절이 거의 없다. 단어가 단수, 복수에 상관없이 현재, 과거, 미래에 상관없이, 주어, 목적어에 상관없이 오직 한 가지 형태만 가진다는 뜻이다. 명사에는 성이 존재하지만 여러 개의 범주로 구분되며, 각 범주에 속하는 명사들은 몇몇 문법적 상황에서, 예를 들어 수사 뒤에서와 같은 경우, 특정한 분류사와 함께 쓰여야 한다. 영어로는 '캐틀cattle(소)' 같은 단어의 사용에 비교해볼 수 있는데, 영어에서 이 명사는 수사를 사용해 직접 셀 수 없지만('one cattle', 'two cattles'처럼 사용할 수 없다), 분류사와 비슷한 역할을 하는 단어 'head'를 사용해서 'two head of cattle(소 두 마리)'처럼 사용할 수 있기 때문이다.
소리	성조 언어 중 가장 유명한 언어가 아마 북경어일 것이다. 북경어에서 사용되는 음절은 그 구조가 놀랄 만큼 단순하다. 주로 자음 하나로 시작해 모음이 하나 또는 두 개 따라오는 구조다. 모음 뒤에 자음이 온다면 그 자음은 /n/이나 /ng/이다. 글로 쓸 때는 r도 음절 마지막에 모음 뒤에 올 수 있지만, r이 실제 자음으로 발음되는 경우는 없다.
차용어	산스크리트어(종교 용어), 일본어(과학 및 경제 용어), 영어.
수출어	차우Chow(음식), 펑수이feng shui(풍수), 경호gung-ho(열성적인), 카우타우kowtow(머리를 조아려 고두의 예를 올리다), 핀인pinyin(병음), 타이치tai chi(태극권), 타우tao(도), 인양yin-yang(음양). 음식과 관련된 용어인 촙 수이chop suey(음식 종류), 컴쾃kumquat(금귤), 랩생 수총lapsang souchong(차 종류), 복초이bok choy(청경채) 등은 광둥어에서 기원했다. 진생ginseng(인삼)은 중국 남부의 언어에서 왔다.
공자	중국은 2004년부터 공자학원을 통해 북경어를 활발히 홍보하고 있다. 2017년 말 기준으로 142개 국가에서 516개의 공자학원이 운영 중이다. 공자학원에 따르면 지난 13년 동안 700만 명이 넘는 학생들이 수업을 들었다. 2000년대 초 이후로 북경어는 상당히 많은 인기를 끌고 있다.

2: 북경어
신화적 중국 문자

●

바벨 언어들 중에서 영어 사용자가 가장 배우기 쉬운 언어가 스페인어라고 한다면, 아마 가장 배우기 어려운 언어는 북경어와 일본어일 것이다. 중국어의 성조를 익히기 위해서는 엄청난 끈기가 필요하고, 일본어의 공손함을 제대로 표현하는 데 익숙해지기란 정말 어려운 일이기 때문이다. 더군다나 두 언어의 복잡한 문자 체계는 상황을 더 어렵게 만든다. 중국의 한자로 된 문자 체계보다 더 많은 수의 기호를 외워야 하는 현대 문자 체계는 존재하지 않는다. 혹자는 한자를 북경어를 둘러싼 만리장성에 비교하기도 한다. 물론 난공불락까지는 아니지만, 매우 어려운 것은 사실이다. 일본어는 중국어보다는 적은 수의 글자를 사용하지만 상상 그 이상의 방법을 찾아내어 복잡성을 추가했다.

요즘 서양인들은 식당·가판대·온라인·포장용품 등에서 한자를 쉽게 발견할 수 있고, 목·팔·등·발 및 신체에 여러 곳에 한자가 들어간 문신을 발견할 수도 있다. 하지만 한자를 제대로 새기지 못하면,

매우 우스꽝스러운 내용이 되기도 하고 앞뒤가 안 맞는 말이 되기도 한다. 다행스러운 점은 무엇이 잘못되었는지 알아볼 수 있는 사람이 별로 없다는 점이다.

우리가 수백 개 또는 수천 개의 한자를 다 알아야 할 필요는 없으며, 모든 한자를 다 알 수도 없다. 하지만 한자에 대해 어느 정도 아는 것은 가능한 일이다. 그런데 서양인들이 한자에 대해 알게 된 시간이 짧지 않은데도 불구하고 한자에 대해 제대로 알고 있는 사람은 매우 드물다. 한자에 대한 책을 쓴 일문과 교수 J. 마샬 엉거J. Marshall Unger는 다음과 같이 말한 바 있다. "한자처럼 수많은 잘못된 정보가 공급되고, 수많은 오해가 난무하는 주제는 지구상에 없을 것이다." 한자에 대한 오해를 불식시키기 어려운 이유는 사실 오해들이 어느 정도는 진실의 일면을 담고 있기 때문이다. 그렇다면 오해가 지닌 진실의 일면을 먼저 살펴보고, 부정확한 내용들은 수정해보자.

1. 한자는 위에서 아래로 쓴다.

•

진실: 전통적으로 중국의 글은 실제로 위에서 아래로, 오른쪽에서 왼쪽으로 열을 지어 썼다. 만일 여러 열이 들어갈 공간이 없다면, 예를 들어 세로 길이가 짧은 간판 모양일 경우라면 글자는 오른쪽에서 왼쪽으로 썼다. 사실 오늘날 대만, 홍콩 및 해외의 중국인 커뮤니티에서는 신문이나 책을 이렇게 전통적 방식을 따라 세로로, 오른쪽에서 왼쪽으로 쓰는 방식을 종종 볼 수 있다. 이러한 방식으로 되어 있는 책은 아랍어나 히브리어 책과 마찬가지로 제본이 책의 오른쪽에 되어 있다.

책 등에 적는 제목은 위에서 아래로 적으며 각각의 글자는 정상적으로 똑바로 서게 적는다. 영어 및 다른 유럽 언어들이 책 등에 제목을 쓰는 방식과는 다르다. 이들 언어에서는 대부분의 경우 제목을 90도 각도로 눕혀서 적는다. 영어, 네덜란드어와 스칸디나비아 언어들의 경우에는 대부분 시계방향으로 눕혀 쓰고, 프랑스어와 스페인어의 경우에는 반시계방향으로 눕혀서 쓰는 경우가 더 많다. 반면, 독일어는 어느 방향으로 할지 결정을 못하는 모양새다.

수정: 그런데 요즘 중국어로 된 글 대부분은 가로로, 왼쪽에서 오른쪽으로 적히고 인쇄된다. 중국 본토뿐만 아니라 다른 지역에서도 이 방식이 점점 더 표준이 되어가고 있다.

2. 한자는 기본적으로 그림이다.

•

진실: 일부 한자들의 경우 사물의 양식화된 그림이거나 개념을 직관적으로 시각화한 것이 사실이다. 사람을 뜻하는 인人이 사람의 두 다리를 묘사하고 있다거나, 이二와 그 의미인 '둘' 사이에 연관성이 있다는 것쯤은 따로 설명하지 않아도 직관적으로 알아차릴 수 있다. 그리고 직관적이지는 않더라도, 나무를 나타내는 글자인 목木에서 나무를 연상하는 것은 어려운 일이 아니다. 물론 그 시작을 찾아내기가 약간 더 어려운 글자들도 있다. 예를 들어 '물'을 뜻하는 수水가 그렇다. 하지만 이 글자 역시 구불구불한 강 옆에 물방울 네 개 또는 소용돌이 네 개가 붙은 것에서 기원했다는 역사적 증거가 있다.

또한 어떠한 한자들은 단일한 상형문자나 표의문자는 아니지만, 이러한 것들이 두 개 이상 합성된 문자들이다. 잘 알려진 예로는 나무 두 개로 이루어진 '수풀'을 뜻하는 한자 림林과 나무 세 개로 이루어진 '숲'을 뜻하는 한자 삼森이 있다. 또한 '그늘' 또는 '쉼'을 뜻하는 휴休은 '나무 아래 그늘 아래에서 쉬는 사람'을 나타낸 것으로, 나무 왼쪽으로 사람을 부수로 만든 亻이 있다(너무 깔끔하고 매력적인 설명이지만 많은 전문가들이 인정하지 않는 설명이기도 하다).

상형문자에 관해서는 재미 있는 이야기들이 많다. 전문가들 말에 따르면, 알을 뜻하는 한자 란卵은 고환 한 쌍의 형태를 나타낸다고 한다. 또한 어머니를 의미하는 한자인 모母는 여성의 가슴을 형상화한 것이다. 여덟을 뜻하는 한자 팔八은 더 흥미로운 기원을 가지고 있다. 일부 학자들은 이 기호가 원래는 '나누다'라는 의미였으며, '여덟'이라는 뜻을 가지게 된 것은 이 숫자가 아주 쉽게 나누어지는 숫자이기 때문이라고 주장한다(8은 세 번이나 반으로 나누어진다). 하지만 어떤 학자들은 '나누다'라는 단어와 '여덟'이라는 단어가 과거에 발음이 같았을 뿐이라고 주장하는데, 이 주장이 조금 더 우세한 상황이다.

두 개의 상형문자로 이루어진 글자의 예로는 '형'을 뜻하는 兄이 있다. 네모 모양은 '입'을 뜻하며, 입을 받치고 있는 다리 두 개는 '아이'를 뜻하는 글자의 변형이다. 그러므로 형兄은 (큰) 입을 가진 아이를 나타낸다.

수정: 그런데 한자의 98퍼센트 정도는 이런 상형문자나 표의문자가 아니다. 아무리 오래 열심히 쳐다봐도 그 형상만으로는 그 한자가 무슨 뜻인지 알아낼 수 없다는 말이다. 혹여 알아낼 수 있다고 한들, 그것은 우연의 일치일 뿐이며 그 한자들이 실제 그렇게 만들어진 것은 아니다.

3. 한자는 3,500년 동안 존재했다.

•

진실: 지금까지 보존되어 있는 중국 문자로 새겨진 가장 오래된 글은 기원전 1500년 경의 글이다. 그리고 이 시기 이후 중국의 문자 체계는 단절 없이 발전되어 왔다. 그러므로 중국의 문자는 3,500년, 아니 그보다 더 오래 된 것이 맞다.

수정: 그런데 현대의 중국인들은 오래된 한자를 전혀 이해할 수 없다. '둘'을 뜻하는 이=와 같이 아주 드문 경우를 제외하면, 최초의 한자는 현재의 한자와 생김새가 전혀 다르기 때문이다. 그 차이가 너무 큰 나머지 한자로 된 최초의 글이 발견된 이후에도 학자들이 이것이 중국의 글이라는 것을 알아내기까지 한참이 걸렸다.

그런데 만일 중국의 문자가 3,500년 전에도 존재했다는 사실만으로 3,500년 동안 이어져 내려왔다는 증거가 된다면 라틴 문자는 더 오래된 문자라고 주장할 수도 있을 것이다. 라틴 알파벳은 기원전 1800년경 근동 지방(이집트 아니면 가나안 지역)에서 발명된 최초의 알파벳으로부터 내려온 것이기 때문이다. 게다가 이 최초의 알파벳은 대부분 이집트의 상형문자로 이루어져 있었다(정확히 말하자면 이집트 상형문자 중 개별 소리들을 나타내는 작은 부분들로 이루어져 있다). 그리고 이 상형문자가 기원전 3300년까지 거슬러 올라간다는 것을 생각해보면, 라틴 알파벳은 5,300년의 전통을 가진 문자라고도 할 수 있는 것이다.

물론 한자와 라틴 문자 사이에는 한 가지 다른 점이 있다. 중국에서는 문자와 언어가 함께 점진적인 발전을 겪었지만, 서양의 경우에는 언어를 제외한 문자 체계만 발전을 거듭한 것이다. 또한 이집트에서 근동·그리스·로마를 거쳐 현대 영어까지 발전해오는 동안, 서양의 문자 전통은 한 언어에서 다른 언어로, 심지어 한 어족에서 다른 어족으로 여러 번 넘나들었다.

4. 약 5만 개의 한자가 존재한다.

•

진실: 5만이라는 숫자는 아마도 1076년, 1716년, 1915년에 발간된 유명한 세 권의 사전에서 나온 것으로 보인다. 이 세 사전에는 각각 4만 7,000에서 5만 4,000개 사이의 한자가 포함되어 있었다. 지금까지 발간된 사전 중 가장 많은 수의 한자를 담고 있는 사전은 2004년에 대만에서 발간된 이체자사전異體字字典, The Dictionary of Chinese Variant Form으로, 이 사전에는 10만 6,230개의 글자가 실려 있다.

수정: 그런데 이런 사전들에 실린 한자들 모두가 유효한 것은 아니다. 특정 지역에서만 사용되는 글자들이나 아니면 아주 전문적인 글자들이 포함된 경우도 많다. 아니면 좀 더 일반적인 한자들의 다른 형태이거나 아주 구식 한자들이다. 대만 이체자사전에 기록된 한자들 중, 오늘날 유의미한 한자들은 기껏해야 여덟 개 중 하나에 불과하다. 물론 그렇다고 해서 교육받은 중국인들이 1만 3,000개가 넘는 한자를 모두 안다는 뜻은 아니다. 실제로는 이 숫자의 4분의 1 정도만 알아도 전혀 부끄럽지 않은 수준이다.

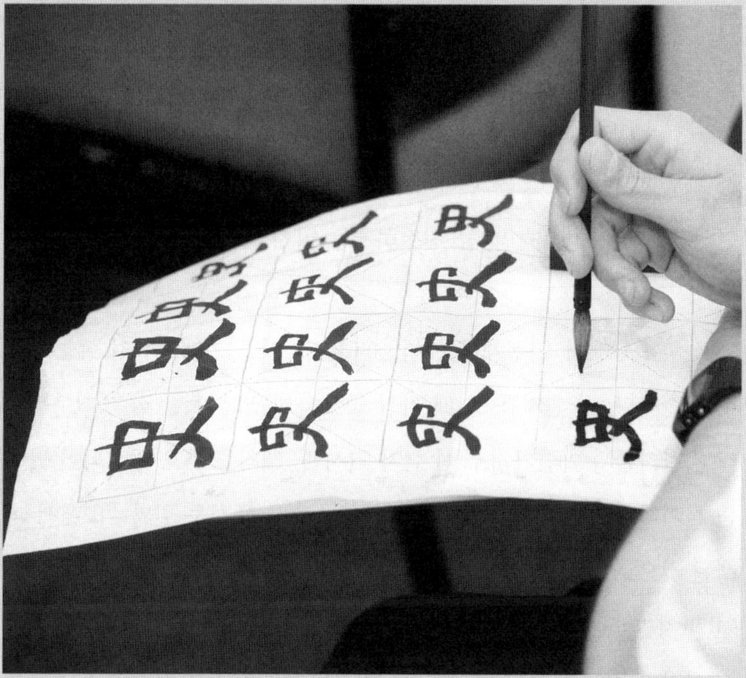

한자를 읽고 쓰는 것을 배운다는 것은 반복, 반복, 또 반복의 연속을 의미한다.
오늘날에는 컴퓨터 키보드가 점차 이를 대체하고 있다.

5. 한자는 발음에 대해 아무것도 알려주지 않는다

•

진실: 한자는 어떤 발음으로 읽어야 하는지 친절하게 안내해주지 않는다. 사실 북경어를 처음 배우는 학생들은 한 글자 한 글자 그저 기계적으로 각 한자의 올바른 발음을 외우는 수밖에 없다.

수정: 그런데 대부분의 한자들은 어떤 발음으로 읽어야 하는지 단서를 제공한다. 물론 모든 한자가 단서를 제공하지는 않으며, 이 음성적 단서가 우리가 바라는 만큼 친절하지는 않지만, 그래도 없는 것보다는 낫다.

이 단서가 어떻게 작동하는지 잘 보여주는 대표적인 예는 마媽라는 한자다. 이 한자를 볼 때 가장 중요하게 알아야 할 점은 대부분의 다른 한자들과 마찬가지로 이 한자 역시 두 개의 요소로 구성되어 있다는 점이다. 이 경우, 글자의 왼쪽에는 '여자'를 뜻하는 한자 여女에서 파생된 것으로 보이는 부수가 보인다. 이 부수는 한자 여女에서 파생된 것이 맞지만, 발음에는 영향을 미치지 않는다는 점이다. 파생된 형태는 더 이상 독립된 한자가 아니다. 독립된 한자는 온전히 사각형의 공간을 다 채우며, 발음이 되어야 한다. 마媽라는 한자에서 발음에 영향을 미치는 구성요소는 오른쪽 부분에 있는 마馬(말)다.

한자에 익숙하지 않은 사람이라면 마媽의 뜻이 '암컷 말'이라고 생각할지도 모른다. 하지만 한자의 조합방식은 다르다. 복합 글자 또는 (중국인들이 부르는 대로) 형태-소리글자(형성자)는 소리를 담당하는 요소와 의미를 담당하는 요소가 합해진 것이다. 따라서 마媽라는 한자는 '여자' 부분이 의미적 단서를 제공하고, '말' 부분이 음성적 정보를 제공한다. 이 한자의 의미는 '어머니'이며, 발음은 마mā로 난다. 성조는 다르지만, 마馬, mǎ와 같은 발음이다. 물론 중국인들이 글자를 읽을 때마다 매번 이렇게 퍼즐을 푸는 것은 아니다. 중국인들은 이미 어린 시절에 여러 글자의 뜻과 발음을 외우기 때문에 쉽게 그냥 안다. 하지만 기본적으로 글자의 조합이 어떻게 이루어지는지를 아는 것은 중요하다. 중국의 어린이들과 외국 학생들이 한자를 외울 때 도움을 주기 때문이다.

물론 마馬처럼 합성 글자가 아닌 한자에는 이 방법이 통하지 않는다. 언어학자 데이비드 모서David Moser은 다음과 같이 말했다. "이러한 한자들은 종이 위에 조용히 앉아서 위압한다. 그리고 이러한 한자들의 발음은 수많은 시간 동안의 반복 연습을 통해서만 기억할 수 있다." 발음뿐만 아니라 한자들의 뜻을 기억하는 것 역시 한자를 통해 시각적 단서를 얻을 수 없는 한 마찬가지다. 마馬의 경우에는 사실 시각적 단서를 제공한다고 볼 수 있다. 이 한자는 말의 모양을 표현한 상형문자에서 발달한 것이기 때문이다. 글자의 아래에는 말의 다리를 발견할 수 있고, 오른쪽 아래에 위치한 획에서는 말의 꼬리를 찾아볼 수 있다.

이러한 이중 단서 체계에는 몇 가지 문제점이 있다. 첫째, 어느 부분이 어떠한 단서를 제공하는지 불분명할 수 있다는 점이다. 합성 글자에서 의미를 담당하는 부분은 왼쪽에 있을 수도 있고(마媽의 경우 '여자' 부분이 왼쪽에 있다), 오른쪽에 있을 수도 있으며(노奴(종)), 아래쪽에 있을 수도(람婪(탐하다)), 또는 위에 있을 수도 있다(이런 한자는 찾아볼 수 없었는데, 아마 여자가 최상위에 위치하는 경우가 없어서일 것이다). 그리고 위와 옆을 둘러싸고 있을 수도 있다(위威(위엄)). 다행인 것은 의미를 담당하는 단서의 수가 제한되어 있다는 점이다. '여자'를 나타내는 단서를 포함하여 약 200개 정도가 있다.* 결국 어떤 한자가 이 목록에 속하는 한자 두 개로 이루어져 있지 않는 이상(이런 경우가 의외로 많다) 의미적 단서는 대개 알아볼 수 있다는 이야기다.

둘째, 어떤 한자의 실제 발음과 그 한자가 음성적 단서로 쓰일 때의 발음이 얼마나 유사한지 그 정도의 차이가 상당하다는 것이다. 유사성이 완벽해서 음성적 단서와 글자의 실제 발음이 동일한 경우도 있고, 유사성이 완벽하지는 않아도 꽤 높아서, 두 발음이 자음과 모음은 동일하지만 성조는 다른 경우도 있다(마媽가 이런 경우다). 그런데 실제 발음과 음성적 단서 사이의 유사성이 별로 높지 않는 경우도 꽤 있다. 문聞이 좋은 예다. 이 한자의 아래쪽에는 '귀'를 뜻하는 글자 이耳가 작게 들어가 있다(이 글자는 귀의 형태를 그린 상형문자에서 유래한다). 이耳는 문聞의 의미적 구성요소로, 문聞은 이전에는 '듣다'라는 뜻이었는데 지금은 '냄새를 맡다'라는 뜻도 있다. 이 한자의 나머지 부분은 이耳 위에 확연히 보이는 '문'을 뜻하는 문門이다. 스스로 독립된 글자로 쓰일 때 이 글자의 발음은 멘mén이다. 하지만 여기에서는 단지 음성적 단서로서 쓰였는데, 원래 발음과의 유사성은 매우 낮아 문聞의 발음은 웬wén이다. 역사의 어느 한 시점에는 문聞과 문門의 발음이 서로 비슷했고, 각각 뭔muən과 뮈언miuən으로 발음되었던 것으로 보인다. 하지만 불행히도 이 두 소리는 점점 더 멀어졌고, 이제는 음성적 단서를 알아보기 힘들 정도가 되었다. 최악의 경우는 따로 있다. 발음이 너무 많이 바뀌

* 엄밀히 말해서 201에서 214개 사이의 항목으로 이루어진 이 목록은 부수 목록이다. 부수가 의미적 구성요소와 완전히 똑같은 것은 아니지만, 현 수준의 논의에서는 비슷하게 봐도 괜찮다고 본다.

어서 원래의 유사성은 전혀 확인할 수 없는 경우도 있기 때문이다.

6. 글자가 단어다

•

진실: 사실상 모든 한자에는 뜻이 있고, 이것은 영어에서 음절이 전혀 아무런 의미도 가지지 않는 것과는 다르다. 예를 들어 der라는 음절은 wonder(놀라움), derby(경주) 등 단어의 일부가 되기 전까지는 아무런 뜻을 가지지 않는다. 그러나 북경어에서 한자는 대부분 스스로 독립된 단어로 쓰일 수 있고 아니면 합성어의 일부로 쓰일 수 있다.

수정: 그런데 북경어에서 대다수의 단어들은 두 개 또는 세 개의 한자로 이루어진 합성어다. 현대 북경어에서 약 88퍼센트의 단어들은 두 개 이상의 한자로 이루어져 있다. 두 개 이상의 한자로 이루어진 단어가 일상적인 대화에서 실제 차지하는 비율은 이보다는 낮은데, 한 개의 한자로 된 소수의 단어들(대명사, 전치사 등 소위 기능어들이) 아주 자주 사용되기 때문이다. 하지만 명사·동사·형용사 등에서는 한 개의 한자로 된 단어들은 소수에 불과하다.

참나무를 뜻하는 단어 상수橡樹, XIÀNGSHÙ를 살펴보자. 첫 번째 한자는 '참나무', '도토리'를 뜻하는 단어로 사용될 수 있다. 두 번째 한자는 '나무', 또는 '식물'을 뜻한다. 하지만 첫 번째 한자 하나보다 두 개의 한자로 된 합성어가 흔히 쓰인다. 그 이유는 바로 상橡의 발음 '샹XIÀNG'은 수많은 다른 뜻도 가지기 때문이다. '조각상', '방향(으로)', '코끼리', '목' 등 그 뜻도 다양하다. 모두 다른 한자로 표현되므로 종이 위에서는 상橡으로만 적어도 '참나무'라는 뜻이 전달된다('도토리'라는 뜻일 수도 있지만 그 경우 보통 '참나무 자식, 참나무 알'이라는 뜻의 샹쯔XIÀNGZǏ라고 표현한다). 다시 말해 상橡은 여러 의미를 가진 동음이의어를 많이 갖고 있는 글자이기 때문에 말로 할 때는 그 중 어느 뜻인지 설명이 필요하고, 따라서 '나무'를 뜻하는 슈SHÙ가 붙는 것이다. 글로 적을 때는 상橡이라는 글자 자체가 필요한 모든 정보를 포함하고 있으므로 추가적인 설명이 필요하지 않다. 하지만 현대 북경어는 말을 따라서 글도 적기 때문에 오늘날 북경어에서 '참나무'는 두 글자인 상수橡樹, XIÀNGSHÙ로 적는다. 하지만 20세기 초까지만 해도 수樹는 글로 적을 때는 생략되었는데 그때까지만 해도 실제로 사용하는 말이 아니라 고전 중국어에 기초해서 글을 적었기 때문이다.

합성글자와 합성어는 아주 다른 것이라는 것에 주의하기 바란다. 5번에서 봤던 '어머니'를 뜻하는 마媽는 합성글자로서, 의미적 요소와 음성적 요소로 이루어져 있다. 하지만 딱 한 음절인 마mā로 된 이 한자는 합성어가 아니다. 여기 6번에서 본 '참나무'를 뜻하는 합성어 상수橡樹, XIÀNGSHÙ는 두 개의 한자로 이루어져 있고, 두 한자 모두 발음이 된다. 이 경우 합성어를 이루는 두 가지 한자 모두 합성글자지만 이것은 그저 우연일 뿐이다.

7. 중국 언어들은 모두 동일한 글자를 사용한다.

•

진실: 중국어에 속하는 언어를 사용하는 사람들은 모두 1956년까지(거의) 동일한 한자를 사용했고, 한자의 뜻도 거의 동일했다. 결과적으로 두 가지 다른 종류의 중국어를 사용하는 사람이라도(예를 들어 한 사

람은 북경어의 베이징 방언을 사용하고, 다른 한 사람은 광둥어 방언을 사용한다고 할 때) 서로의 말은 알아듣지 못해도 글은 대부분 이해할 수 있었다. 사실 북경어 안에서도 방언들 간의 차이가 커서 사람들이 서로 특정 단어를 제대로 알아듣지 못할 수 있다. 이럴 때는 글로 적으면 문제가 해결된다. 이것이 바로 북경어로 된 영화에 북경어 자막이 달리는 이유다. 예를 들어 광둥어를 모국어로 사용하는 사람이 영화를 보더라도 자막으로 영화를 이해할 수 있기 때문이다.

이 모든 것은 지금도 대체로 그렇다. 그리고 이제는 모두가 학교에서 북경어를 배운다. 따라서 북경어를 말하지 못하는 사람도 북경어로 읽고 쓸 줄은 안다.

수정: 그런데 중국의 여러 언어들 사이에는 일부 문법적 차이점이 존재하고(어순, 특정 불변화사 사용법 등), 이 차이점은 글에도 반영이 된다. 그리고 일부 중국 언어들, 특히 광둥어는 북경어에서 사용되지 않는 단

중국 영화에는 북경어 (그리고 영어) 자막이 있는 것이 일반적이다.

어를 표기하기 위해 특별한 한자를 개발하기도 했다. 그리고 다른 한편으로 생각할 점은 대부분의 중국 언어들은 거의 글로 적히지 않는다는 것이다.

더 중요한 점은 1956년에 중화인민공화국은 수천 개의 한자를 간소화한 간체를 쓰기 시작했지만 홍콩과 대만에서는 전통적인 한자가 그대로 유지되고 있다는 점이다. 대부분의 경우 간체자는 전통적인 형태에서 너무 많이 달라져서 둘 중 하나만 아는 사람이 다른 하나를 이해하기 쉽지 않다.

8. 한자는 말장난하기에 좋다.

•

진실: 북경어에는 말장난 좋아하는 사람에게 신이 내린 선물인 동음이의어가 가득하므로 북경어가 말장난에 이상적인 언어인 것은 맞다.

수정: 그런데 북경어를 사용한 말장난은 보통 글자로 적히는 순간 끝이 난다. 북경어에서는 대부분의 동음이의어가 다른 글자를 사용하기 때문이다. 오리가 맥주를 주문하고서는 바텐더에게 "내 빌bill에 놓아주세요"라고 했다는 류의 말장난은 북경어로 적은 글에서는 불가능하다('부리'를 뜻하는 빌bill과 '계산서'를 뜻하는 빌bill이 영어에서는 소리도 같고 철자도 같다).

그러나 때로는 북경어에서도 의도한 뜻과 발음은 같지만 실제 뜻은 다른 글자를 사용해서 원래 의도한 뜻을 전달할 수 있다. 영어에서 The New World 대신에 발음은 같지만 완전히 다른 단어를 사용해 The Gnu Whirled(The New World와 발음이 같다 – 옮긴이 주)라고 적는 것과 비슷하다고 볼 수 있다. 이렇게 적으면 컴퓨터는 이해하지 못하겠지만 대부분의 사람들은 그 뜻을 금방 이해할 것이다. 이런 류의 말장난은 만리방화벽(중국의 인터넷 감시 및 검열 시스템)을 피할 수 있는 많은 가능성을 열어준다. 만리방화벽은 컴퓨터 인공지능을 사용하여 정부의 의도에 반하는 온라인상의 온갖 종류의 발언을 억압한다. 정치적인 의견뿐 아니라 단순하게 비속한 표현까지도 억압의 대상이 될 수 있다. 가장 유명한 예로는 카오니마草泥马, CǍONÍMǍ가 있다. '풀 진흙 말 Grass Mud Horse'을 뜻하는 이 표현은 같은 발음의 카오니마肏你妈, CÀO NǏ MĀ 라는 욕을 대체하는 표현이다. '풀 진흙 말'은 심지어 '중국 네티즌들이 만들고 온라인 정치 토론에서 접하게 되는 밈·별명·신조어 사전'의 제목이 되기도 했다.

9. 북경어는 한자를 버리는 것이 나을 것이다.

•

진실: 제2언어 학습자뿐 아니라 북경어를 모국어로 사용하는 사람들에게도 한자를 배우는 것은 음소문자를 배우는 것보다 훨씬 더 많은 시간이 드는 것은 확실하다.

수정: 문자 체계를 한자에서 라틴 알파벳으로 전환하는 것이 효과적이라고 하더라도 그렇게 되지는 않을 것이다. 이것은 중국 문화가 특별히 보수적이기 때문은 아니다. 그저 글로 쓴다는 것에 있어서는 모든 문화가 보수적이기 때문에 그렇다. 사소한 철자법 개정에도 사람들은 격렬하게 반발하기도 한다. 커다란 개혁은 오직 혁명적 시대에만 가능한 일이다. 아타튀르크 치하의 터키를 생각하면 된다.

그렇다면 중국인들이 그들의 '끔찍한 문자 체계'를 고수하는 것이 과연 옳은 것일까? 가장 명백한 대안은 마오쩌둥 시대에 만들어진 병음(한자음을 라틴 문자로 표기하는 시스템)일 것이다. 병음 표기는 북경어를 배우는 학생들 사이에서는 주로 한자 발음을 파악하기 위해 그리고 모국어 사용자들 사이에서는 주로 한자를 핸드폰이나 컴퓨터에 입력하기 위해 널리 통용되고 있다. 그 유명한 네 쌍둥이 MĀ, MÁ, MǍ, MÀ가 보여주듯이 병음은 각 음절의 성조를 수고스럽게 다 나타내준다. 하지만 병음으로는 북경어의 많은 동음이의어들, 즉 성조까지 포함하여 완벽하게 동일하게 발음되는 단어들을 구별할 수 없다. 병음 표기는 한자로 적을 때보다 훨씬 더 많은 오해를 낳을 수도 있는 것이다.

그렇지만 병음 표기에는 한자 표기에 없는 것이 있는데, 바로 띄어쓰기다. 우리가 북경어에서 동음이의어라고 부르는 것들은 대부분 동일한 발음의 음절이지 단어가 아니다. 한자로 적힌 글에서는 어떤 한자가 독립된 단어인지 아니면 긴 단어의 일부인지 즉각적으로 알아차리기 힘들다. 반면 병음 표기에서는 그런 모호함은 존재하지 않는다. 샹XIÀNG은 '참나무', '조각상', '방향(으로)', '코끼리', '목'을 의미한다. 하지만 북경어 사용자들은 실제로 이런 개념들을 전달할 때 단순히 샹XIÀNG이라고 말하지 않는 경우가 많다. '참나무'를 말할 때는 샹슈XIÀNGSHÙ라고 하고, '코끼리'라는 뜻으로는 사용할 때는 다샹DÀXIÀNG(큰 코끼리)이라고 말하고, '목'을 말할 때는 징샹JǏNGXIÀNG(목-목), '조각상'이라는 뜻으로는 디아오샹DIĀOXIÀNG(DIĀO는 '새기다'라는 뜻이다)을 사용한다. 그리고 '방향'이라는 뜻으로는 팡샹FĀNGXIÀNG(FĀNG은 '장소' 또는 다시 한 번 '방향'이라는 뜻이다)이라고 말한다.

병음으로 표기된 북경어에서는 띄어쓰기 덕분에 이런 단어들이 즉각 인식되지만, 띄어쓰기가 없는 한자로 적힌 경우에는 두 개의 한자가 하나의 단어일 수도 있고, 어쩌다가 나란히 놓인 두 개의 단어일 수도 있다. 또한 중국 언어학자들의 연구결과에 따르면 중국어 단어에서 동음이의어는 1퍼센트를 넘지 않는다고 한다. 이 언어학자들은 실제로 혼란을 일으킬 수 있는 단음절 단어 70개를 찾았고, 이 70개 단어가 가질 수 있는 뜻은 모두 164가지였다. 이들은 또한 문제가 있을 수 있는 다음절 단어 39개도 찾았는데 이 39개 단어가 가질 수 있는 뜻은 82개였다.

하지만 이 문제는 쉽게 해결할 수 있다. 다른 언어들에도 동음이의어는 많이 존재한다. 영어에서 there(거기), their(그들의), they're(그들이~이다) 그리고 rode(타다ride의 과거형), road(길), rowed(노를 젓다row의 과거형)는 다 발음이 동일하다. 또한 morning(아침)과 mourning(애도) 역시 동음이의어이지만 묵음이 포함된 철자로 구분이 되는데, 북경어에서도 병음에 묵음을 더하는 방법으로 동음이의어 단어들을 쉽게 구분하는 것이 가능하다. 물론 이런 장치 때문에 병음을 배우는 것이 조금 더 어려워질 수도 있겠지만, 한자를 외우는 수고에 비하면 아무것도 아닐 것이다.

어쩌면 이러한 추가적인 장치조차 필요하지 않을 수도 있다. 베트남어에도 많은 동음이의어가 있지만, 북경어의 병음 체계와는 달리 보통 음절을 각각 따로 띄어 적기 때문에 병음처럼 단어의 경계가 표시되지 않는다. 그럼에도 베트남 사람들은 자신들의 문자 체계를 아무런 문제없이 잘 쓰고 있다.

10. 이제 한자에 대해 모든 것을 알았다.

•

유감스럽지만 전혀 그렇지 않다. 한자는 다른 모든 문자 체계와 너무 달라서 우리가 다룬 것보다 훨씬 더 많은 의문점들을 만들어낸다. 한자로 된 단어들은 어떠한 순서로 사전에 기록되는가? 획 수를 세는 방법을 사용한다. 같은 발음이 나는 두 한자를 종이에 적지 않고 어떻게 구별하는가? 그 한자가 사용되는 일상적인 단어를 예로 들어 언급한다. 중국어는 점자로 어떻게 표현하는가? 병음을 점자로 표시한다. 이외에도 수없이 많은 의문점들이 있다.

수많은 의문점뿐만 아니라 근거 없는 믿음들도 많이 돌아다닌다. "모든 한자는 음절 하나를 나타낸다." 아니다. 수백 개의 예외가 있다. "새로운 한자는 더이상 만들어지지 않는다." 아니다. 만들어지고 있다. 그리고 우리가 좀 더 심도 깊게 살펴보아야 할 주장도 있다. 그것은 "일본어 역시 한자로 적는다"라는 주장이다. 과연 그럴까?

2b: 한자와 일본어

세계에서 가장 널리 사용되는 언어인 영어로 넘어가기 전에 2b장을 끼워 넣은 이유는 일본어에 대해 다시 논하고 싶은 점이 있기 때문이다. 이 언어를 특별하게 만드는 것 중 하나는 바로 엄청나게 배우기 어려운 문자 체계다. 앞서 일본어를 소개하는 장에서 이에 대해 논하지 않은 것은 일본어의 문자 체계가 한자에 기초를 두고 있기 때문이다.

"한자에 기초를 두고 있다"는 말을 "한자와 거의 동일하다"라고 이해하면 안 된다. 일본어의 문자 체계는 중국의 문자 체계보다 더 복잡하고 난해하기 때문이다.

간지와 간지를 발음하는 방법

일본어로 된 최초의 글들은 5세기 또는 6세기경 한국의 학자들을 통해 일본에 전해진 한자를 사용해서 적혀 있다. 그러나 더 이상 한자를 사용하지 않는 베트남이나 한국인들과는 달리 일본인들은 한자를 다른 글자로 교체한 적이 없다. 그 대신 일본인들은 한자에 여러가지 요소를 추가했다. 그런데 일본어와 북경어는 본질적으로 그 구조와 기초 어휘가 다르기 때문에, 한자에 기초를 둔 문자 체계는 본질적으로 일본어와는 맞지가 않았다. 따라서 일본어에 한자를 도입함으로써 여러 가지 심각한 부작용들이 생겼다.

그렇다면 일본 사람들이 한자(일본인들은 간지라고 발음한다)를 사용하기로 결정한 후 무슨 일이 일어났을까? 일단 한자에서 발음에 대한 단서가 사라졌다. 앞 장에서 보았듯이 대부분의 한자는 의미적 요소와 음성적 요소로 이루어져 있어서 글자의 뜻과 발음에 대한 단서를 제공한다. 일본어에서도 의미적 요소는 유효하게 남아 있지만 음성적 요소는 그렇지 않다. 어쨌든 이 글자들은 이제 중국어 단어들이 아니라 일본어 단어들을 적는 데 사용되는 것이고, 한 언어에서 비슷한 소리가 나는 단어들이 다른 언어에서도 비슷한 소리가 나라는 법은 없는 것이다. 앞에서 언급한 것처럼 '어머니'라는 뜻의 글자가 시각적으로 '말'이라는 글자와 관련이 있는 것은 북경어에서 이 두 단어의 발음이 비슷하기 때문이다. 하지만 일본어에서는 이 두 단어의 발음은 비슷하지 않다. 그러므로 일본어를 배우는 사람들은 간지의 시각적 형태와 그 발음 사이의 관계를 외울 때 북경어를 배우는 사람들이 한자의 시각적 형태와 발음 사이의 관계를 외울 때보다 더 큰 어려움을 겪는다. 일본어를 글로 적는 일을 조금이나마 쉽게 만들려는 노력의 일환으로 제2차 세계대전 후 일본 정부에서는 '상용간지' 목록을 발표하여 문자를 표준화하고 간지의 총 개수를 제한했다. 그럼에도 불구하고 현재 2,136개나 되는 간지가 상용간지 목록에 포함되어 있으며, 이 목록에 포함되지 않은 간지가 1,000여 개 이상 사용되는 것으로 추정된다.

그렇다면 일본어를 배우는 사람은 2,136개나 되는 간지의 발음을 외워야 하는 걸까? 그것뿐이라면 그나마 다행이다. 많은 경우 간지에는 '읽는 법'이 하나 이상 존재한다. 즉, 하나의 간지에 여러 개의 뜻과 각 뜻에 따른 발음이 따로 있다는 말이다. 일반적으로 여러 발음 중 하나는 일본어 고유어 발음이다. 예를 들어, 수手는 테te로 발음할 수 있는데, 이렇게 읽으면 일본어로 '손'이라는 뜻이다. 이것이 이 글자를 일본어 고유어로 읽는 법이다. 그런데 합성어인 착수着手, chakushu(시작하다, 문자적 의미는 '손을 대다')의 경우, 수手는 테te가 아니라 슈shu로 발음한다. 이 발음은 수 세기 전 중국에서 이 단어를 차용해올 당시 중국어의 발음에 기초한 것이다. 이 단어의 첫 글자 착着은 차쿠chaku라고 발음되는데, 이 역시 오래 전 구식이 된 중국어 발음 착chak에 기초한 발음이다. 하지만 이 글자 역시 일본어 고유어를 나타날 수 있는데, 예를 들어 기모노着物(문자적 의미는 '입는 것')라는 고유어 합성어에서 이 글자는 기ki로 발음된다.

기모노와 '차쿠부츠'

•

간지 하나당 고유어 발음과 수입된 발음이라는 두 개의 완전히 다른 발음이 존재한다니 꽤 심각한 상황이지 않은가? 그런데 실제 상황은 이보다 더 복잡하다. 고유어 발음이 하나가 아니라 두 개인 간지도 많으며, 몇몇 간지의 경우 그보다 더 많은 수의 고유어 발음이 있기도 하다.

게다가 많은 글자들이 여러 다른 지역에서 시대를 달리하여 일본으로 여러 차례에 걸쳐 차용되어 들어왔고, 그 결과 수입된 단어에도 다양한 발음이 존재할 수밖에 없게 된 것이다. 물론 2,136개의 상용간지가 전부 다 여러 개의 발음을 가진 것은 아니다. 하지만 상용간지 중 많은 수가 두 가지 발음을 가지며, 이 두 가지 발음 모두 일상적으로 사용된다. 게다가 불교에 관련된 글 등 특별한 용어로 쓰일 때는 적용되는 추가 발음도 있다. 예를 들어 '수영'을 뜻하는 간지 영泳의 고유어 발음은 오요oyo지만, 중국어에서 파생한 발음은 에이ei다. 이 글자는 '수영하다泳ぐ, OYOGU'에서는 오요oyo로 '영법(泳法, EIHŌ)'에서는 에이ei로 쓰인다. 일부 간지의 경우 훨씬 더 많은 발음을 가지고 있는 것도 있다. 가장 많은 발음을 가진 간지는 생生이며, 12개의 발음을 가지고 있다. 일본어 고유어에서만 9가지로 발음이 되며, 중국어에서 들어온 단어에서도 여러 가지로 발음이 된다. 이 글자의 뜻은 '출산하다'에서 '생사raw silk', '학생'에 이르기까지 다양하다.

결국 일본어를 읽을 때에는 글자의 발음이 맥락에 따라 달라지기 때문에 끊임없는 의사결정과정이 수반된다. '기모노'를 뜻하는 단어 着物은 차쿠부츠chakubutsu라고 읽을 수도 있다. 하지만 그렇게 읽으면 의미가 전달되지 않는다. 이 단어는 기모노kimono라고 발음해야 하고, 그렇게 해야 의미가 전달된다. 일본어에서는 간지의 대부분이 여러 개의 발음을 가진다.

그런데 일본어 간지의 발음에도 어느 정도 일정한 법칙은 존재한다. 수手는 독립된 단어로 쓰일 때는 항상 테te로 발음되고, 합성어 착수着手의 일부로 쓰일 때는 항상 슈shu로 발음된다. 그렇다면 각각의 글자가 아니라 글자가 들어간 단어에 집중해서 발음을 익히는 것이 해결책이 될 수 있을 것이다. 사실 영어를 읽는 사람들도 이와 비슷하게 한다. 영어에서 'cha'를 어떻게 발음해야 하는지는 전체 단어를 보기 전까지는 확정지어 말할 수 없다. 캐릭터character, 챕터chapter, 샴페인champagne, 카오스chaos, 췌이프chafe(쓸리다), 쉐이즈chaise(마차), 차차cha-cha(차차차, 라틴춤), 초크chalk(분필), 하누카chanukka(유대교 명절), 컬리비어트chalybeate(철분을 함유한) 등 어느 단어의 일부로 사용되느냐에 따라 'cha'의 발음이 달라지기 때문이다. 하지만 문제는 영어나 대부분의 다른 언어들이 단어의 경계를 표시하는 것과 달리 일본어에서는 단어의 경계를 표시하지 않는다는 점이다. 일본어로 적힌 글에는 띄어쓰기가 없기 때문이다. 이 말은 서로 나란히 놓인 두 개의 글자가 한 단어일 수도 있고 아닐 수도 있다는 말이다. 그럼에도 불구하고 일본어에 숙련된 사람이라면 어느 글자가 한 단어에 속하는지 아닌지 가려낼 수 있다. 하지만 이렇게 하려면 문맥을 깊이 살펴보아야 한다.

어미를 적는 방법

•

2,000개가 넘는 간지를 익히는 것도 어려운데, 일본어의 복잡함은 거기에서 그치지 않는다. 중국어에서는 단어에 문법적 어미가 붙지 않으므로 어미를 적을 글자도 존재하지 않는다. 반면 일본어에는 수많은 어미가 존재한다.

이 문제를 해결하기 위해 일본인들은 어미와 동일한 소리가 나는 간지를 그 간지의 원래 뜻과 상관없이 사용했다. 이 해결책에는 두 가지 단점이 있었다. 첫째, 이 방법은 어떤 간지가 그 글자의 원래 뜻을 나타내는지 아니면 그저 어미의 소리를 나타내기 위해 사용된 것인지를 알려주지 않는다. 하지만 일본 사람들은 이런 모호성에 익숙하므로 크게 개의치 않았을 것이다. 둘째, 어미를 적기 위해서 복잡한 간지를 반복해서 적어야 하는 어려움이 있었다. 단순히 음차를 위해 복잡한 한자를 써야 한다면 얼마나 효율이 떨어지는 일이겠는가.

얼마 지나지 않아서 일본인들은 문법적 기능을 하는 간지를 단순화해서, 원래의 간지와는 다르게 만들자는 생각을 하게 되었다. 이 방법은 앞의 두 가지 문제를 모두 해결할 수 있었다. 이렇게 생겨난 기호는 원래 간지보다는 훨씬 단순했지만, 대부분의 경우 여전히 여러 획이 필요했다.

오늘날 이런 단순화된 기호들을 모두 합쳐서 가나•라고 한다. 가나의 형태와 사용법은 시간이 흐름에 따라 많은 변화를 겪었지만, 가나는 여전히 일본어의 문자 체계에서 중요한 요소로 남아 있다. 실용적인 관점에서 보자면 사실 일본어에는 가나만 있으면 된다. 일본어 구어••에 쓰이는 모든 단어와 문장은 간지를 사용하지 않고 가나만을 사

• 가나라는 용어는 각각의 기호(글자)를 지칭할 수도 있고, 각 기호가 속한 전체 집단을 지칭할 수도 있다.

•• 일본어 문어에서는, 글로 적었을 때만 구분이 가능한 중국에서 들어온 여러 차용어가 쓰인다. 즉, 발음은 동일하지만 다른 간지로 적히는 단어들이 많다. 즉, 문맥에서 충분한 단서가 주어지지 않는다면 이 단어들을 소리 내어 읽었을 때 듣는 사람을 헷갈리게 할 수 있다는 말이다. 그런데 듣는 사람을 헷갈리게 하는 문장이라면 잘 쓰인 문장이라고 볼 수 없다. 그러므로 동일한 발음이 나는 단어들 사이의 의미를 구분하기 위한 용도로만 사용되는 간지는 일본어에 유익하기보다 유해하다고 볼 수도 있겠다.

용해서 적는 것이 가능하기 때문이다. 1945년에서 1965년 사이에 일본 정부와 언어 위원회에서는 간지를 폐지하는 방안을 계획했었다. 하지만 간지를 사용하는 것이 교양 있어 보인다는 문인들의 주장이 실용적인 관점을 이겼고, 일본 정부와 위원회의 입장도 변화하게 되었다. 오늘날 일본인들은 가나만 사용해서 글을 쓰는 것을 교양이 없는 것으로 여기지만, 1700년 이전에는 가나로만 적힌 글을 사용하는 여자를 교양이 넘치는 사람이라고 생각했었다(앞에서 살펴보았던 일본어의 언어적 남녀 구분은 그 당시 문어에도 적용되었다). 오늘날 히라가나라고 알려진 이 문자 체계는 현재 일본어에서 사용되는 두 종류의 가나 중 하나다.

히라가나와 가타카나, 두 개의 가나

•

가나에는 히라가나와 가타카나 두 종류가 있다. 문자적으로는 각각 '부드러운 가나', '부분적 가나'라는 뜻이다. 이 둘은 다르게 생겼지만 동일한 소리를 나타낸다. 히라가나의 46개 기호는 각각 가타카나에 대응하는 기호가 있고, 그 반대도 마찬가지다. 이 둘의 차이점은 영어 알파벳에서 대문자와 소문자가 그렇듯이 발음에 있는 것이 아니라 모양과 기능에 있다. 모양을 생각할 때, 히라가나가 '부드럽다'고 불리는 데는 이유가 있다. 히라가나는 둥근 글씨체로 일본어를 시각적으로 독특하게 만드는 요소다. 한눈에 보아도 つ, の, お(각각 추tsu, 노no, 오o를 나타냄)가 중국어가 아님을 알 수 있다. 가타카나도 중국어에 존재하지 않는 기호지만, 가타카나의 모양은 한자와의 구분이 명백하지 않다. 예를 들어 좀전에 언급한 つ, の, お는 가타카나로 ツ, ノ, オ로 나타낼 수 있다.

가타카나가 '부분적 가나'라고 불리는 이유는 간지의 한부분으로 만든 기호이기 때문이다. 예를 들어 オ는 어於의 왼쪽 부분에서 파생되었다. 히라가나 역시 비슷한 방식으로 생겨났지만, 히라가나는 인쇄체가 아니라 필기체로 적은 간지에 기초하고 있어 모양이 확연히 다르다.

기능에 있어서도 이 두 종류의 간지에는 확연한 차이가 있다. 히라가나는 앞서 논의한 필수적 역할, 즉 문법적 어미를 적는 역할을 한다(히라가나는 일본어에서 단어 사이에 빈 칸이 없는 문제점도 어느 정도 해소하는데 어미가 단어의 경계를 나타내 주기 때문이다). 히라가나는 간지를 대신하기도 한다. 글을 쓰는 사람이 특정 간지를 제대로 쓸 줄 모른다거나 글을 읽는 사람이(예를 들어 어린아이가) 간지를 알아보지 못한다거나 할 때 말이다. 그리고 히라가나는 해당하는 간지가 존재하지 않는 단어를 적을 때도 사용된다. 마지막으로, 히라가나는 가끔 간지 바로 옆에 적혀서 간지를 어떻게 읽어야 하는지 알려주는 도우미 역할을 하기도 한다. 히라가나를 이렇게 간지 대신 사용하는 것을 후리가나('배정하는 가나') 또는 요미가나('읽는 가나')라고 하며, 간지가 없어도 충분히 글로 의사소통이 가능함을 보여준다.

반면, 가타카나는 '어렵고 이상한 단어들'이라고 부를 만한 것들을 표시하고 이해하기 쉽게 해주는 기능을 한다. 이런 단어들에는 외래어를 차용하거나 인용하는 경우(중국어 차용어는 제외), 생물종과 광물 이름 등을 포함한 기술적·과학적 용어 또는 의성어 등이 포함된다. 그리고 가타카나는 단어를 강조할 때도 쓸 수도 있다. 결국 히라가나는 문법과 발음을 돕는 역할을 하고, 가타카나는 영어에서 강조 등을 위해 기울임꼴을 사용하는 기능과 겹친다고 볼 수 있다.

일본어 자판은 똑똑하다. 히라가나나 로마자로 입력하면 단어를 원하는 대로 가타카나, 히라가나, 심지어 간지로도 알아서 변환해준다. 다만 간지의 경우 여러 개의 동음이의어 사이에서 원하는 글자를 고르는 과정을 거쳐야 한다.

모자란 가나 채우기

•

가나 체계의 아름다움은 각각의 기호가 한 개의 음절을 나타낸다는 데 있다. 하지만 현대 일본어에는 100개가 넘는 음절이 존재하는데, 가나의 숫자는 히라가나든 가타카나든 46개뿐이고, 여기에 몇 가지 부가적인 기호가 더 있을 뿐이다. 따라서 모자란 기호를 채우기 위해 가나에서는 발음구별기호를 사용한다.*

작은 발음구별기호들 중에서도 특히 가나의 오른쪽 상단에 오는 짧은 두 획으로 된 기호가 중요하다(이 기호의 이름은 다쿠텐DAKUTEN(탁

점)이며, 그냥 '점'이라고 하기도 한다). 다쿠텐은 자음을 부드럽게 만든다. 좀 더 전문적으로 말하자면 '유성음화'한다. 따라서, か는 무성음 카ka로 소리가 나지만, 점을 더하면 が가 되면서 유성음 가ga가 된다. 한다쿠텐HANDAKUTEN(반탁점)이라고 하는 '동그라미' 기호도 있는데, 이 기호는 /h/ 소리를 /p/ 소리로 바꾼다.

이런 일본어의 발음구별 기호보다 더 어려운 점은 '가나 하나, 음절 하나'라는 법칙이 이y가 자음과 모음 사이에 오는 음절, 예를 들어 캬kya와 같은 음절에서는 지켜지지 않는 것처럼 보인다는 것이다. 캬kya는 きゃ로 적는데, 보다시피 분명히 두 개의 기호로 이루어져 있다. 하지만 일본어를 읽는데 숙련된 사람은 이것은 하나의 가나로 본다. 오른쪽 기호는 왼쪽 기호보다 크기가 작은데, 작은 기호는 큰 기호의 일부로 여겨지기 때문이다. 다시 말해, 이 두 개의 기호는 이중음자를 이룬다. 영어의 ch처럼 말이다. 이중음자는 두 개의 기호로 이루어져 있으나 하나의 소리를 나타낸다. 그러나 영어와는 달리 일본어를 포함한 여러 언어에서 이중음자를 이루는 두 개의 기호는 하나의 글자로 취급된다.

• 가나 체계는 인도의 문자 체계와 마찬가지로 음절 문자 체계다. 하지만 아주 엄밀히 따지자면 사실 음절 문자 체계가 아니라고 할 수도 있는데, 가나에서 기호 하나는 하나의 음절이 아니라 하나의 모라mora를 나타내기 때문이다. 여기에서 모라란 시간의 언어적 단위를 나타낸다. 일본어에서는 대부분의 경우 하나의 음절은 하나의 모라로 되어 있지만, 자음으로 끝나는 음절이나 장모음(라틴 문자로는 ā, ō로 쓴다)으로 된 음절은 그 길이가 두 배로, 니뽄Nippon의 경우 두 개의 모라로 이루어진 두 개의 음절로 되어 있으며, 도쿄Tōkyō 역시 마찬가지다. 일본 사람들이 가나를 만들 때 각각의 기호가 음절 하나씩을 나타내는 체계에서 영감을 받은 것은 맞다. 일본 사람들에게 영감을 준 문자 체계는 인도의 불교 문헌에 사용되는 언어인 산스크리트어를 적는 데 사용하는 브라흐미 문자다.

비이성적이지만

•

2,000개가 넘는 간지는 대부분 두 개 이상의 발음을 가진다. 두 종류의 가나는 기본 기호와 복합 기호를 합쳐서 각각 100개가 넘는 기호로 되어 있고, 때로는 간지 옆에 함께 쓰인다. 이 정도면 일본어가 '세계에서 가장 복잡한 문자'를 가진 언어라는 타이틀을 얻을 만한 것 같다. 그런데 이것이 끝이 아니다.

일본어를 잘 모르는 사람들에게 일본어로 된 글은 이해할 수 없는 난해한 글에 불과하다. 그런데 가끔 익숙한 글자를 발견할 수 있는데, 일단 숫자가 있고, 약간 놀랍지만 로마자도 볼 수 있다. 일본에서 일본에서 기자나 블로거, 이메일 작성자 등 글을 쓰는 사람들은 로마지 RŌMAJI(일본어로 '로마자')로 쓴 단어들을 가끔씩 사용한다. 일본 사람들은 너무나 많은 발음을 가진 다양한 기호를 쓰기 때문에 로마자 26개 정도가 더해지는 것 정도는 아무렇지도 않은 것 같다.

라틴 문자로 적는 단어의 대부분은 두음문자로 km이나 CD, SMS처럼 국제적으로 사용되는 용어나, 아니면 영어에 기초했으나 일본 사람들이 만들어낸 표현들이 포함된다. 예를 들면 '졸업생'을 뜻하는 OB(old boy)와 OG(old girl) 또는 사무실에서 일하는 여성 직원을 말하는 OL(office lady) 등이 있다. 일본어를 복잡하게 만드는 요소는 한 가지 더 있다. 일본어는 세로로 적을 수도 있고, 가로로도 적을 수 있는데, 세로로 적는 경우 열은 오른쪽에서 왼쪽으로 정렬이 되고, 가로로 적는 경우, 줄은 왼쪽에서 오른쪽으로 진행된다. 따라서 일본어로 된 책 중 어떤 것은 책을 왼쪽 방향으로 읽고 넘겨야 하고, 또 어떤 것은 오른쪽으로 읽고 넘겨야 한다.

이 복잡한 문자 체계가 왜 더 합리적으로 개선되지 않았는지 그 이유는 분명하다. 앞서 언급했던 대로 문어를 바꾸는 것은 혁명 같은 커다란 사회적 혼란의 시기에나 가능한 일이기 때문이다. 문어에 손을 대는 일은 그것이 철자법에 대한 규칙이든 문자 체계의 선택이든 대부분의 사람들에게 보수적인 거부반응을 일으킨다. 19세기 후반과 20세기 전반에 여러 단체에서 간지 대신 가나 또는 로마자를 더 널리 사용하자는 운동을 벌였지만, 모두 아무런 성과를 내지 못했다. 1940년대 후반에도, 로마자로 된 교과서가 일본의 초등학교 학생들의 성취도에 아무런 해를 끼치지 않으며, 어쩌면 오히려 성취도를 높일 수도 있다는 연구 결과가 나왔는데도 불구하고 변화는 없었다. 비합리적이며 비이성적이라는 생각이 들 수 있겠지만, 언어란 그저 단순한 말이나 글자가 아닌 민족정체성과 문화에 대한 것이기도 하기 때문에 쉽게 바꾸기 힘든 것이다.

1

영어
English

15억 명

3억 7,500만 명의 모국어 사용자들이 영국·미국·캐나다·호주·아일랜드·뉴질랜드·남아프리카공화국·카리브해 섬들에 산다. 10억 명이 넘는 제2언어 사용자들은 주로 영국이 이전에 소유했던 다른 지역들(남아시아와 아프리카)과 유럽에 살지만, 다른 지역에도 존재한다. 적대적인 국가 몇 곳을 제외하면 실질적으로 세계 모든 국가에서 영어를 사용하는 이민자들이 상당수 살고 있다.

이름 바벨 20 언어에서 영어를 부르는 이름은 챕터 순으로 다음과 같다. ANH, 영어, ĀṄKILAM, İNGİLİZCE, INGGRIS, ENGELISI, AṄGREZĪ, EIGO, KIINGEREZA, ENGLISCH, ANGLAIS, INGG(E)RIS, ANGLIYSKIY, INGLÊS, INGREJI, ʾINGILĪZIYY, AṄGREZĪ, INGLÉS, YĪNGYǓ. 그리고 English.

어족 영어는 인도유럽어족의 게르만어파에 속하는 언어지만 로망스어군의 영향을 크게 받았다.

문자 라틴 알파벳을 사용하며 발음구별기호는 실질적으로 거의 사용하지 않는다. 철자법과 발음의 관계가 기이하고 변덕스럽기로 악명이 높다.

문법 영어에는 인도유럽어족에 속하는 언어로서는 놀라울 정도로 어미나 어형의 변화가 얼마 없으며, 성의 구분도 약간의 흔적만 있을 뿐이다.

소리 영어의 모음 소리는 많은 편이다(이중 모음을 포함하여 20개 이상). 약 24개인 자음의 숫자는 일반적인 편이다.

차용어 영어는 프랑스어·라틴어·고대 그리스어에서 수많은 단어들을 빌려왔으며, 스페인어·이탈리아어·네덜란드어·독일어·아랍어·히브리어·페르시아어·산스크리트어 등에서도 많은 단어들을 빌려왔다.

단일어 영어의 특이한 점 중 하나는 영어 사용자들이 쉽게 배울 수 있는 영어와 아주 비슷한 다른 언어가 없다는 것이다. 포르투갈어 사용자들에게는 스페인어가 쉽고, 베트남어 사용자들은 중국어를 어려워하지 않는다. 영어를 모국어로 사용한다는 것에는 아주 많은 장점이 있다. 하지만 중요한 단점이 한 가지 있는데 바로 영어를 모국어로 사용하는 사람들은 대부분 단일어 사용자라는 것이다.

1: 영어

특별한 공통어?

●

지금까지 살펴보았듯이 공통어는 인류와 수천 년 간 함께 해왔으며 세계의 여러 지역에서 사용되었다. 하지만 그 어떤 언어도 오늘날의 영어만큼 엄청난 성공을 거두지는 못했다. 신뢰할 만한 수치는 이번에도 역시 존재하지 않지만, 대략 지구상 인구의 네 명 중 한 명은 영어를 할 줄 아는 것으로 보인다. 아주 잘 하지는 못하더라도 말이다.

그리고 이 숫자는 계속 커지고 있다. 오늘날 중국의 어린 학생들은 북경어를 한자로 쓰는 법을 다 익히기도 전에 영어를 배우기 시작하며, 전 세계적으로 출판되는 책 5권 중 한 권은 영어로 쓰여 있다. 학술적인 글의 80퍼센트 이상은 영어로 쓰여 있으며, 세계적인 영화나 노래도 대부분 영어로 되어 있다. 그리고 인터넷에서 사람들이 가장 많이 찾는 사이트의 경우 절반 정도가 영어로 되어 있다. 비군사항공의 공식 언어는 영어이며, 남극의 공통어도 영어이고, 달에서 사용된 유일한 언어도 영어다. 어떻게 보면 영어는 바벨의 끝이라고도 할 수 있다. 언어적 다양성은 여전히 높지만 영어를 통해 그 높은 벽을 넘을 수 있기 때문이다.

영어에 대해 객관적으로 살펴보기 위해 페르시아어를 다룰 때 대화를 나누었던 질문자를 다시 한 번 초대해보자. 우리의 손님은 영어를 모국어로 사용한다.

다시 불러줘서 고맙다. 페르시아어에 대한 이야기를 나눴을 때, 페르시아어가 어떻게 넓은 지역에서 오랜 시간 번성했는지 설명해줬었다. 그렇다면 내 모국어인 영어는 어떠한 특징을 가지고 있어서 이렇게 지배적인 언어가 되었는가?

그것이 영어의 어떤 특징들 때문이라고 생각하는 이유는 무엇인가?

물론 영어의 성공 때문이다. 영어에 훌륭한 특징들이 없었다면 이렇게 성공적으로 자리 잡지는 못했을 것 아닌가. 그렇지 않은가?

왜 그렇게 생각하는가? 징기스칸, 가래톳페스트 등도 잘 나갈 때는 엄청나게 성공적이었다. 석유는 페르시아 만 지역에 엄청난 부를 안겨주었다. 조건만 잘 맞는다면 얼마든지 성공할 수 있는 것이다. 정치적·경제적·문화적 발전이 영어를 빠르게 전파되도록 만들기까지는 매우 오랜 시간이 걸렸다. 1400년대 후반의 영어는 그저 잉글랜드에서 300만 명 정도가 사용하던 언어였고, 그외 다른 지역에서는 사용하는 사람이 거의 없었다. 그 당시 사람들 중 누구도 영어가 국제적 공통어가 될 것이라고는 생각하지 않았다. 17세기 초에 들어서야 잉글랜드와 영어가 정치적·경제적 장래성을 보이기 시작했다는 점을 잊지 말아야 한다.

PAR AVION(항공편으로). 19세기 우편 서비스가 국제화되었을 때, 항공우편의 공식 언어는 여전히 프랑스어였다.

영국 상인들이 인도에 도착한 것을 말하는 것인가? 상인들이 대영제국의 기반을 다졌고, 대영제국이 영어를 세계적으로 퍼뜨렸다. 그렇지 않은가?

어느 정도까지는 그렇다. 대영제국은 거대했고, 전 세계에 영어의 씨를 뿌렸다고 볼 수 있다. 하지만 사실 대영제국이 번성하던 시기에 세계의 언어라고 할 만한 것은 영어가 아니라 프랑스어였다. 영어가 도전장을 내밀기 시작한 것은 제1차 세계대전 이후였으며, 제2차 세계대전 이후에 미국이 세계의 주도권을 잡기 시작한 직후까지만 해도 그다지 널리 퍼져 있지 않았다. 사실 현재 영어가 가지고 있는 지위는 최근 들어서 생겨난 것이다. 냉전의 종식과 함께 러시아어가 경쟁에서 밀려나면서 명실상부한 세계의 언어가 된 것이다.

러시아어가 경쟁자였다고? 그것이 정말인가?

그렇다. 민주주의와 자본주의 세계에서는 러시아어가 중요하지 않았지만, 공산주의 국가들 사이에서는 러시아어가 널리 사용되고 있었다. 그리고 1970년대까지만 해도 공산주의 국가들이 많이 존재했다. 당시에는 중국도 영어에 별 주의를 기울이지 않고 있었다. 미국의 뒷마당인 라틴아메리카에서조차도 영어는 그다지 존재감이 없었다.

물론 영국이 영어의 확장에 아무런 역할을 하지 않았다는 말을 하는 것은 아니다. 특히 북아메리카와 영연방 지역에서는 영국의 역할이 중요했다. 하지만 다른 지역들의 경우, 영어는 영국이 아니라 다국적 기업이 제공하는 소비재와 텔레비전 쇼, 영화와 음악 등을 통해 퍼져나갔다. 여느 공통어가 퍼지는 것과 동일한 방식으로 권력과 돈과 삶에서 즐거움을 주는 것들을 따라 퍼져나간 것이다. 영어의 특별한 점은 현대 기술의 발달로 하나의 언어가 세계 대부분의 지역에서 강력한 존재감을 가질 수 있는 환경이 마련된 것일 뿐이다.

그래서 지구상 네 명 중 한 명이 영어를 사용하게 된 것인가?

아마 그럴 것이다. 네 명 중 한 명이라고 하면 전 세계 인구 중 19억 명이 영어를 사용한다는 말인데 3억 7,500만 명의 원어민과 15억 명에 달하는 제2언어 사용자가 존재한다고 보면 가능한 숫자다. 알아듣기

영어에는 정치적 경계가 없다. 심지어 북한도 영화제를 홍보하기 위해 국제적 공통어를 사용한다.

힘든 영어를 구사하거나 영어로 말하는 것을 겁내고 주저하는 사람들까지 포함한다면 정확한 수치라고도 볼 수 있을 것이다.

나는 여전히 영어의 부상이 영어의 어떤 특정한 성질, 특히 복잡하지 않은 문법과 분명히 관련이 있을 것이라는 생각이 든다. 페르시아어가 제국 전 지역에서 온 건설자들 사이에서 공통어가 된 것은 페르시아어의 문법이 간단했기 때문이라고 하지 않았는가.

그렇지 않다. 정확히는 페르시아어가 건설자들 사이에서 공통어가 되었고, 그 결과로 페르시아어의 문법이 단순화된 것이다. 그 과정에서 페르시아어는 '형태적 복잡성'의 대부분, 간단히 말하자면, 어미와 성 구분을 잃었다. 그리고 바이킹들이 잉글랜드에 정착해서 그 지역의 여성들과 결혼했을 때, 이와 동일한 일이 영어에도 일어났다. 언어적으로 혼합된 가정은 언어적으로 혼합된 건설 현장과 마찬가지로 단순화된 언어를 만들어냈다. 그리고 영어에 어미가 거의 없고 성의 구분도 없다는 점은 영어를 익히기 쉽게 만들어준다.

결국 내 말대로 그래서 영어가 세계의 언어가 된 것 아닌가?

그것은 너무 성급한 판단이다. 문법적 단순화는 1,000년 전에 일어난 일이며, 이후 영어는 기존에 가지고 있던 복잡성에 더하여 새로운 복잡성도 많이 발전시켰다. 영어의 문법은 영어 사용자가 생각하는 것보다 더 많이 이상하고 어렵다. 동사의 시제가 특히 그렇다. 현재 진행형과 단순 현재형 사이의 차이점, 말하자면 "she's deciding"(그녀는 결정하는 중이다)과 "she decides"(그녀는 결정한다)의 차이점이 그런 예다. 그리고 'was going to do', 'would do', 'have been meaning to do', 'was going to have it done', 'would have been going to do' 등(모두 '~을 하려 했다(그러나 못했다)'라는 표현이지만 각각의 뉘앙스가 미묘하게 다르다 – 옮긴이 주) 한없이 미묘한 차이점들이 존재한다.

'would have been going to do'라는 표현을 사용하는지는 잘 모르겠다.

모국어 화자도 잘 모르는 표현인데, 다른 사람들은 어떠하겠는가? 그리고 어려운 부분은 더 있다. 시제 변화를 하면서 모음을 바꾸고 때로는 자음도 바꾸는 강변화 동사도 어렵고 관사도 어렵다. 특히 관사의 사용법은 정관사를 사용해야 하는지, 부정관사를 사용해야 하는지, 아무런 관사도 사용하지 않아야 하는지 결정하기가 매우 어렵다. 전치사도 마찬가지로 언제 어떠한 전치사를 사용해야 하는지 고르기 쉽지 않으며, getting by on something(무엇을 그럭저럭 해내다), getting along with someone(누군가와 잘 지내다), getting on for so many o'clock(몇 시가 다 되어가다) 같은 구동사phrasal verb를 어떻게 사용해야 하는지 결정하는 것도 쉽지 않은 일이다.

하지만 이런 전치사들은 문법이 아니지 않나? 전치사는 어미가 아니라 어휘의 일부일 뿐이며, 어휘와 문법은 다른 것이라고 생각한다. 영어의 어휘량이 아주 많다는 점은 인정한다. 하지만 그것은 영어의 위대한 장점 중 하나라고 생각한다.

물론 저런 예문 중 일부는 문법의 문제인지 어휘의 문제인지 구별하기 힘든 것이 사실이다. 하지만 영어의 어휘량이 많은 것 자체가 문제이기도 하다. 모국어 사용자의 경우야 많은 어휘량이 더 없이 자랑스럽겠지만, 영어가 모국어가 아닌 사람들에게는 매우 끔찍한 일이다. 국제적 공통어는 화려하기보다 효율적이며 경제적이어야 한다.

영어에 단어가 너무 많다는 것인가? 하지만 이렇게 생각해보자. 영어에는 게르만어파 단어와 로망스어군 단어가 섞여 있다. 예를 들면 get과 obtain, street와 avenue처럼 말이다*. 이 점이 영어를 이상적인 공통어가 될 수 있게 한다. 게르만어파 언어를 사용하는 독일 사람들과 스칸디나비아 사람들뿐만 아니라 로망스어군 언어를 사용하는 프

랑스 사람들과 스페인 사람들도 영어를 쉽게 배울 수 있다.

스페인어 사용자에게 영어가 배우기 쉽다고 생각하는지 물어본 적 있는가? 스페인어 사용자들은 영어의 구동사와 전치사를 익히는 것이 아주 어렵다고 생각하고 영어의 많은 모음을 제대로 소리 내는 것은 거의 불가능하다고 느낀다. 영어가 세계의 언어로서 부적절하다는 말을 하는 것은 아니다. 다만 영어가 다른 언어와 비교하여 특별히 세계의 언어가 되기에 더 적합하다는 것은 아니라는 것이다. 영어에는 어미와 성 구분이 없는 것과 같이 세계의 언어로서 좋은 점도 있지만, 어려운 발음, 혼란스러운 철자법, 어휘의 과다, 상당히 이상한 문법 등 세계의 언어로서 좋지 않은 점도 있다.

하지만 영어의 장점들을 떠올려보자. 영어는 다재다능하고 적응력이 뛰어나다. 새로운 단어를 쉽게 만들어내며, 다른 언어들에서 단어들을 흡수한다. 그리고 영어는 평등주의적 본성으로도 유명하다.

미안하지만 그런 말은 언어학에 대해서 거의 아는 것이 없는 사람들이 하는 상투적인 주장에 불과하다. 모든 언어는 필요에 따라 새로운 단어를 만들어낸다. 영어가 다른 언어들로부터 단어를 자유롭게 받아들이는 것은 사실이지만, 그것은 좋은 것도 나쁜 것도 아니다. 차용은 필요에 따라 어휘를 늘리는 여러 방법 중 하나일 뿐이다.

평등주의적 본성에 대해서 말하자면, 영어가 문법으로 사람의

• get과 obtain은 모두 '얻다'라는 뜻이고, street와 avenue는 '길'이라는 뜻이다. 각각 첫 번째 단어는 게르만어파에 뿌리를 두었으며, 두 번째 단어는 로망스어군에 뿌리를 둔 단어다. - 옮긴이 주

나이나 지위에 따른 구분을 거의 하지 않는다는 것은 맞는 말이다. 하지만 그렇다고 영어라는 언어 자체에 어떤 직접적이고 민주적인 특성이 있는 것은 아니다. 그리고 실제 영어를 사용할 때는 언어적 예의에 대한 지식이 반드시 필요하다. 다른 언어에서는 상대방이 무엇을 원하는지 간단히 물어볼 수 있지만, 영어에서는 'what they would like', 'what they would prefer', 'what you can get them', 'whether you may help them' 등의 복잡한 표현을 사용해서 물어봐야 한다(모두 무엇을 원하는지를 에둘러 묻는 표현이다). 맥주를 시킬 때도 그냥 "I want a beer"(나는 맥주를 원한다)라고 한다면 다소 무례한 표현이다. 그리고 please나 thank you 같은 표현을 빼먹으면 안 되는 대화도 많다. 이러한 언어적 예의가 나쁘다고 말하는 것이 아니다. 단지 이러한 것들을 제대로 익히는 일이 쉽지 않다는 이야기다.

그래도 영어는 중국어처럼 성조 언어는 아니다. 이것은 장점이 분명하다.

그 점에 대해서는 동의한다. 성조는 익히기 어렵기 때문에 성조가 없다는 것은 국제적 언어로서는 좋은 점이다. 하지만 영어의 발음도 다른 면에서는 꽤 많이 어렵다. 나 같은 경우에도 말할 때와 들을 때 had('가지다have'의 과거형)와 head(머리), poor(가난한)와 pour(붓다), coughs(기침)와 cuffs(소매), leaf(나뭇잎)와 leave(떠나다)를 구분하는 데 몇 년이 걸렸다.

나는 지금도 스트레스를 받거나 하면 leave를 /leaf/로 any를 /annie/로 발음하는 등 잘못 발음하기도 한다. 영어를 40년 사용했는

영어에는 수많은 '흔한 실수'들이 있다. 인도네시아 사이트인 'Learn English with Demi'(데미와 함께 영어를 배워요)는 이러한 실수들을 잘 설명해 준다.

데도 그렇다. 아주 많은 수의 사람들이 영어를 제2언어로 배운다고 해서 영어를 배우는 것이 쉽다고 말할 수는 없다. 언어를 배우는 일은 어려운 일이고 끝이 없는 일이다.

맙소사. 나는 우리가 세계에 가장 이상적인 공통어를 제공했다고 생각하고 있었다. 이것이 완전히 잘못된 생각이라는 말인가?

스스로에게 너무 가혹할 필요는 없다. 당신이 영어에 대해 느끼는 바는 지극히 당연한 것이다. 어떤 언어든지 널리 퍼지고 지배적인 언어가 되면, 사람들은 미처 깨닫기도 전에 그 언어에 대해 좋게만 생각하게 된다. 그 언어가 얼마나 대단한지, 얼마나 풍부한지, 얼마나 음악적인지 등. 하지만 사실 세계의 주요 언어들이 모두 다 별것 아닌 언어로 시작했다. 아랍어는 사막 부족민으로부터, 페르시아어와 산스크리트어는 스텝 지역의 말 타는 사람들로부터, 북경어는 쌀농사 짓는 농부들로부터, 프랑스어는 로마의 군인들과 패배한 갈리아인들로부터 시작되었다. 하지만 몇 세기가 지난 후에 이 언어들은 역대 최고의 언어적 성과를 거둔 것처럼 숭배받았다. 아랍어와 타밀어는 신의 언어로 여겨졌고, 라틴어와 그리스어는 문학에 적합한 언어로, 러시아어는 프롤레타리아들의 계급 없는 천국의 언어로, 프랑스어는 유례없이 논리적인 언어로 여겨졌다.

그리고 이제 영어 차례가 되었다. 영어는 배우기 쉽고, 노래하기 쉽고, 직접적이고, 명확하고, 유연하다는 등의 평가를 받는다. 영어는 러시아어보다 배우기 쉽고, 독일어보다 노래하기 쉽고, 일본어보다 직접적일지는 모르지만, 에스페란토나 대부분의 크리올 언어보다는 어렵고, 이탈리아어보다는 노래하기에 좋지 않고, 네덜란드어보다는 덜 직접적이다.

세계 경제의 중심이 미국에서 아시아로 넘어가고 있다. 그렇게 되더라도 영어가 세계의 언어로 남을 수 있을까?

아주 짧게 잡더라도 앞으로 한 세대 동안은 영어가 현재의 지위를 유지할 것이라고 확신한다. 현재 지금 이 순간에도 수많은 어린이들이 세계 곳곳에서 영어를 배우고 있으니 말이다. 그렇다면 그 후에는 어떻게 될까? 현재 영어를 배우고 있는 어린이들이 커서 낳은 자식들이 다시 영어를 배우리라는 보장은 없다. 만일 앞으로 20년, 30년 사이에 영어를 배우는 것보다 다른 것에 시간을 쓰는 것이 더 유익하다고 느끼게 된다면 영어를 배우는 아이들은 줄어들 것이다. 이런 일들은 실제로 일어나왔다. 나의 할아버지는 프랑스어를 유용하고 세련된 언어라고 생각하고 자라왔기 때문에 나의 아버지에게 프랑스어로 편지를 쓰셨다. 할아버지가 어린 소년이었던 1900년대 초반에는 그것이 사실이었지만, 편지를 쓴 1950년대에는 더 이상 사실이 아니었다. 이러한 일들은 역사가 지속되는 한 반복될 것이다.

그래서 요즘 부모들 중에는 아이들에게 북경어를 가르치는 이들이 늘어나고 있다. 그들이 옳은가?

북경어가 유용한 언어이고 내일은 더 유용한 언어가 될 것이라고 생각하는 것 자체는 분명히 옳다. 사람들은 오랫동안 중국이 차기 강대국이 될 것이라고 생각해왔고, 그러므로 중국의 언어를 할 줄 아는 것은 유용한 기술이다. 하지만 "북경어가 국제적 공통어가 될 것인가"라고 묻는 것이라면 그것은 아주 다른 문제다. 경제적 우위가 정치적 우위로 이어지고 이어서 언어적 우위로 이어진다는 주장을 하는 사람들은 많지만, 대다수의 언어학자들은 그렇게 생각하지 않는다.

왜 그런가? 우위가 전부 아닌가?

그렇지 않다. 데이비드 크리스탈David Crystal이나 존 맥호터John McWhorter 같은 저명한 언어학자들은 공통어가 형성되기 위해 필요한 정치적·경제적 기제들이 북경어의 경우에는 작동하지 않을 것이라고 본다. 일단 북경어는 너무 심하게 어렵다. 영어 사용자뿐만 아니라 대다수 사람들에게 모두 어렵다. 심지어 동아시아 사람들조차도 어렵게 느낀다.

다른 이유도 있는가?

물론 있다. 바로 임계 질량의 문제다. 과거에는 가장 성공적인 공통어라고 해도 일부 지역에서만 사용되거나(예를 들어 중동 지역의 아람어 또는 서로마 제국 지역의 라틴어) 아니면 국제적 엘리트들만 사용했다. 특히 프랑스어는 18, 19세기에 국제 외교 언어였다. 이같은 공통어의 성행은 그 언어를 사용하는 사람들의 힘에 기초하고 있었다. 아랍인들이 중동 지역을 정복했을 때 아랍어가 중요해지면서 아람어는 쇠퇴했고 아람어는 더 이상 공통어가 아니라 일부 사람들의 모국어로서만 살아남았다. 나폴레옹 이후 프랑스가 힘을 잃자, 외교관들은 점차적으로 프랑스어를 영어로 대체했다. 하지만 영어는 오늘날 전 세계에 퍼져 있으며 영어 사용자들의 망이 잘 구축되어 있다. 어떤 국가에서는 그 망이 매우 촘촘하고 어떤 지역에서는 약간 느슨하다는 차이는 있지만 말이다. 그리고 더 많은 수의 사람들이 사용할수록 더 유용해진다는 점에 있어서 언어도 다른 의사소통수단과 마찬가지다. 나는 다른 어떤 언어도 이제는 새로운 공통어가 될 수 없을 정도로 영어 사용자의 수가 이미 일종의 임계치를 넘어섰다고 생각한다.

그렇다면 영어가 이긴 것인가?

지금으로서는 그렇다.

지금으로서는? 방금 그 어떤 언어도 영어를 무찌를 희망이 없다고 하지 않았나?

그랬다. 하지만 영어의 승리로 끝나지 않을 수도 있는 몇 가지 각본도 존재한다. 서유럽에서 라틴어에 일어난 일을 기억하는가?

라틴어가 로망스어군의 여러 언어로 변했던 것을 말하는 것인가?

라틴어는 프랑스어나 스페인어, 포르투갈어 같은 여러 다른 언어들로 바뀌었다. 하지만 그것은 이야기의 일부분일 뿐이다. 사실 그 이후에도 간소화된 버전의 라틴어가 종교 지배층과 지식인들 사이에서는 약 1,000년 동안이나 공통어로 남아 있었다. 영어의 미래도 이와 비슷할지 모른다. 영어도 라틴어처럼 힌디-우르두어나 스와힐리어, 한국어 등 지역 언어들의 영향을 받아 여러 종류로 갈라지고 마침내는 서로 알아들을 수 없는 독립된 언어로 발전할 가능성이 있다. 현재 인도의 힝글리시, 우간다의 우글리시, 한국의 콩글리시 등으로 알려진 종류는 앞으로 생겨날 언어들의 조짐일지도 모른다. 또한 영어를 모국어로 사용하는 사람들의 비중이 점점 더 줄어들게 되면서, 영어의 복잡성도 줄어들게 될 가능성도 있다. 단어의 뜻만 가지고는 이해하기 힘든 많은 숙어들, 예를 들어 'to nail one's colors to the mast'(태도를 분명히 하다) 또는 'not to put too fine a point on it'(까놓고 말해서) 같은 표현들은 모국어로서의 영어에는 포함되지만 국제적 공통어로서의 영어에는 포함되지 않을 것이라는 말이다. 그리고 어느 시점이 되면 영어에서 일부 문법적 예외들이 사라진다고 해도 놀랍지 않을 것이다. 예를 들어 swim(수영하다)의 과거형은 swimmed가 될 수도 있고,

이 인도 만화는 몬테네그로의 한 웹사이트에 올라왔지만 세계 어느 곳에서도 이해할 수 있는 만화다.

sheep(양)의 복수형은 sheeps가 될 수도 있다(swim의 과거형은 swam이며, sheep의 복수형은 그대로 sheep이다). 당신에게는 이런 말이 끔찍하게 들릴 수도 있겠다.

끔찍하다기보다는 이상할 뿐이다.

하지만 그런 변화는 항상 일어난다! 이전에 영어에서 shape(형태를 만들다)의 과거형은 shope이었지만 지금은 shaped이고, help(돕다)의 과거형은 holp였으나 지금은 helped이며, laugh(웃다)의 과거형은 low였지만 지금은 laughed가 되었다. 복수형도 마찬가지다. 이전에 shoes(신발)는 shoon이었고, eyes(눈)는 eyen이었다. 공통어는 언제나 불규칙한 형태를 규칙적으로 만들며 이러한 과정은 계속될 것이다. 어쩌면 'she saw(단순 과거형)'와 'she has seen(현재완료형)'의 차이점을 중요하게 생각하는 사람들이 줄어들게 되면 둘의 구분도 사라질 수 있다. 또한 국제적으로 사용되는 영어가 모국어인 영어와 멀어질수록 철자 역시 더 단순화할 수도 있다. 예를 들어, dumb(말을 못하는), doubt(의심) 등에서 묵음인 'b'를 뺄 수도 있고, tomb(무덤)은 발음(툼)을 그대로 적용하여 toom으로 바꿔 쓸 수도 있는 것이다.

혼란스럽다. 다음 시나리오는 어떻게 진행될 예정인가?
다음으로 생각하는 시나리오는 동시 통역 기술이다.

아, 바벨피시! 《은하수를 여행하는 히치하이커를 위한 안내서》에 나오는 보편적 통역사를 말하는 것인가?!
맞다. 좀 더 정확하게는 바벨피시의 실리콘 버전인 바벨칩이라고 불러야 할 것이다. 누군가 내게 말레이어나 포르투갈어, 펀자브어 등으로 말하면 내 귀에는 이어폰을 통해 내가 선택한 언어로 들리게 하는 기술이다. 하지만 문제는 이러한 장치가 공상과학소설이나 구글의 과학자들이 바라는 것만큼 제대로 작동할 수 있을지 모른다는 점이다. 일부 언어들을 동시에 번역하는 기술은 점점 더 발전하고 있지만, 어떤 언어들은 여전히 기대에 못 미치는 수준이다. 그리고 번역 기술은 대부분 글을 번역하는 것에 집중되어 있다. 아직까지는 사람의 말을 그대로

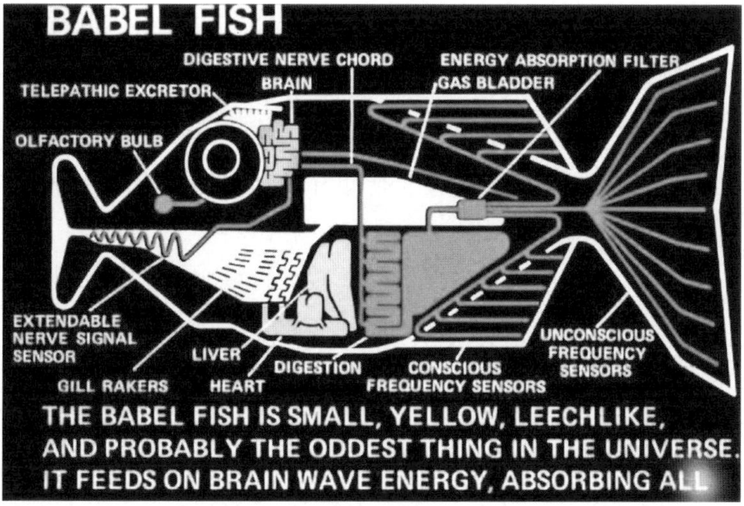

더글라스 아담스Douglas Adams의 바벨피시는 한때 '우주에서 가장 기이한 존재'였으나 점점 삶, 우주, 모든 것의 해답으로 진화해가고 있다.

입력하여 자연스럽게 번역되어 나오는 수준의 기술은 개발되지 않고 있다.

몇 년 안에 완벽해지지 않을까?

그럴지도 모르겠다. 동시 통역 기술 개발이 예상했던 것보다 좀 더 까다로운 것으로 밝혀졌지만, 대형 IT회사들이 어느 정도 성과를 내고 있는 것으로 보이기는 한다. 그런데 만일 바벨칩이 현실이 된다면 공통어로서의 영어는 붕괴할 것이다. 모국어 이외의 언어를 배울 필요가 없어질 테니 말이다.

그렇게 되면 외국어를 사용하는 사람과의 의사소통은 더빙된 영화 속에 있는 것과 비슷할 것 같다.

원래의 언어가 동시에 들릴 것이라는 것을 빼면 그렇다. 아니 좀 더 정확히 말하자면 원래의 언어가 약간 먼저 들릴 것이다. 번역에 약간의 시간 차가 있을 테니까.

앞으로 우리의 미래는 인공지능이 구원자가 될 수도 있고, 북경어가 전 세계를 장악할 수도 있고, 영어가 계속해서 우세할 수도 있다. 아니면 현재의 영어가 그 특징을 잃어버리고 밋밋한 국제적 영어 Global English**, 즉 '글로비시**Globish**'와 그 밖의 여러 지역적 종류로 퇴보할 수도 있다. 어느 쪽이 가장 가능성이 높다고 보는가?**

당분간은 영어가 그 지배력을 계속 유지하면서 여러 지역적 변화를 겪고, 동시에 바벨칩이 점점 더 중요한 역할을 하게 될 것이라고 생각한다. 또한 장기적으로는 인공지능이 장악할 것이라고 본다. 언어적으로도 그렇고 다른 많은 방면으로도 분명 그럴 것이다.

그때가 되면 영어의 전성기는 끝나는 것인가?

꼭 그렇지는 않다. 모국어 스타일의 정통 영어가 정치인, 외교관, 지식인 등의 국제적 엘리트층과 상위 기업가들 사이에서는 표준으로 남을 수 있다. 그와 동시에 아시아와 아프리카 지역의 영어들은 점점 더 지역색을 더해갈 것이다. 하지만 글로비시의 부상은 바벨칩 때문에 막힐 수 있다.

그야말로 기술적인 경이로움이라고 할 수밖에 없다.

하지만 신뢰할 수 없는 경이로움이다. 번역 기술이 빠른 시간 내에 완벽해질 것이라고 생각하지는 않는다. 하지만 10년쯤 뒤에 기술이 더 발달하면 많은 사람들이 영어를 꼭 배울 필요는 없다고 생각할 만큼 좋아질 수도 있다. 그리고 그렇게 된다면 많은 영어 모국어 사용자들은 (이미 그렇게 생각하고 있지만) 영어 이외에는 어떤 언어도 배울 필요가 없다는 생각을 더 강하게 갖게 될 것이다.

그것은 좋은 일인가?

양쪽 모두에게 큰 손실이다! 그렇게 되면 지금도 그렇지만 영어를 모국어로 사용하는 사람들은 정신적 민첩함, 다른 문화에 대한 더 깊은 이해, 제2언어가 주는 끊임없는 놀라움 등 이중언어 사용에 따른 기쁨을 알지 못하게 될 것이다. 그리고 영어를 이해하기 위해 바벨칩에 의존하는 사람들도 손해를 보게 될 것이다. 영어는 배우기 쉽지 않은 언어이긴 하지만, 일단 익히고 나면 너무나도 멋진 언어다. 세계의 다양한 곳에서 쓰여진 훌륭한 문학 작품을 직접 읽을 수 있고 수많은 좋은 영화들을 직접 경험할 수 있다. 이러한 문화적 가치는 포기할 수 없는 절대적인 가치가 될 것이다.

참고 자료

각 장 처음에 각 언어에 대한 정보를 적어 놓은 표는 다음의 자료들을 참고하였다.

- Languagesgulper.com - 수십 개의 언어에 대해 자세히 설명해놓은 웹사이트.
- 버나드 캄리Bernard Comrie(ed.), 《The World's Major Languages》(1990) - 바벨 20
- 언어 중 18개의 언어를 포함한 36개 언어들에 대한 에세이.
- 아샤 페렐츠베이그Asya Pereltsvaig, 《Languages of the World》(2012).

20: 베트남어

이 언어를 배우기 위해 여러 가지 자료를 사용했고 존경스러운 선생님을 두 명 만났다. 내가 사용한 책들 중 가장 유용했던 책은 《Đỗ Thế Dũng》과 레 탄 투이Lê Thanh Thủy가 쓴 《Vietnamesisch ohne Mühe》(독일어판 2015, 프랑스어판도 존재한다. 아쉽지만 영어판은 존재하지 않는다) 그리고 데이나 힐리Dana Healy의 《Teach Yourself Vietnamese》(2003)이었다. 가브리엘 와이너Gabriel Wyner의 《Fluent Forever》(2014)와 알렉스 롤링스Alex Rawlings의 《How to Speak Any Language Fluently》(2017)를 추천한다.

어떤 사전이든 사기 전에 먼저 꼭 훑어보기를 바란다. 나는 베트남어 사전 중에서 《Từ điển hiện đại》(Nhà Xuất Bản Thời Đại 출판)을 좋아하는데, 이 사전은 영어가 아니라 독일어로 되어 있다.

'Anki' 앱은 단어를 공부하는 데 아주 효율적이다. 베트남에서 돌아온 지 얼마 되지 않아 이 앱을 발견한 이후로 나는 이 앱에 완전히 빠져버렸다. iOS를 제외한 모든 플랫폼에서 무료다.

그리고 어떤 언어를 공부하든지 Forvo.com은 매우 유용하다. 이 웹사이트에서는 베트남어를 포함하여 수백 개의 언어로 모국어 화자들이 발음하는 단어와 구절들을 들을 수 있다.

19: 한국어

유조영미 교수의 《Sound Symbolism in Korean》(1977)과 손호민이 편집한 《Korean Language In Culture and Society》(2006) 등 여러 자료를 참고했다. 음성 상징에 대한 일반적인 논의가 잘 되어 있는 논문으로는 《Language and Linguistics Compass》(2012, pp. 654~672)에 실린 마크 딩게만스Mark Dingemanse의 〈Advances in the cross-linguistic study of ideophones〉를 꼽을 수 있다.

18: 타밀어

주요 참고 자료는 수마디 라마스와미Sumathi Ramaswamy의 《Passions of the Tongue》(1997)이었다.

17: 터키어

이 장의 후반부는 제프리 루이스Geoffrey Lewis의 《The Turkish Language Reform》(1999)를 참조했다. 아주 재미있게 읽을 수 있는 책이다. 강력히 추천한다.

16: 자와어

인도네시아의 정치적 문화에 대한 베네딕트 앤더슨Benedict Anderson의 책 《Language and Power》(1990)를 많이 참고했다. 수포모 푸됴수다르모Soepomo Poedjosoedarmo의 논문 제목은 〈Javanese Speech Levels〉(bit.ly/Soepomolevels)이다.

15: 페르시아어

니컬러스 오스틀러Nicholas Ostler의 책 《The Last Lingua Franca》(2010)에는 페르시아어의 역사에 대한 유용한 챕터가 포함되어 있다. 존 맥호터John McWhorter는 그의 책 《What Language Is》(2011)에서 페르시아 역사에 대한 몇 가지 중요한 논점을 다루고 있다.

14: 펀자브어

안드레아 보든Andrea Bowden의 여러 논문과 재스민 캔왈Jasmeen Kanwal과 아만다 리차트Amanda Ritchart가 함께 쓴 여러 논문이 이 장에 영향을 끼쳤다. 본문에서 언급한 성조에 대한 책은 모리아 입Moira Yip의 책으로, 책의 제목은 《Tone》(2002)이다.

13: 일본어

모모코 나카무라Momoko Nakamura의 《Gender, Language And Ideology》는 다소 장황하고 전문용어로 가득한 책이지만, 이 문제에 대해서 철저하고 비판적인 논의를 담고 있다. 일본어에 대한 일반적인 입문서로는 요코 하세가와Yoko Hasegawa의 책을 좋아하는데 책의 제목은 《Japanese: A Linguistic Introduction》(2014)이다. 이 책의 28장은 여성의 언어에 대해 다루고 있다.

12: 스와힐리어

조나스는 레슬리 c. 무어Leslie C. Moore가 쓴 논문 〈Multilingualism and second language acquisition in the northern Mandara Mountains〉(PDF: http://bit.ly/Jonasfrom-Jilve)를 통해 바깥 세계에 알려졌다. 이 글은 조지 에슈George Echu와 사무엘 제시 오벵Samuel Gyasi Obeng이 편집한 《Africa Meets Europe: Language Contact in West Africa》(2014)에 실렸다. 참고한 다른 자료들 중에서는 허먼 바티보Herman Batibo가 쓴 우울한 제목의 책 《Language Decline and Death in Africa》(2005)와 에푸로시비나 아데크비야Efurosibina Adegbija의 《Language Attitudes in Sub-Saharan Africa》(1994)를 언급하고 싶다.

11: 독일어

타일러 스노블렌Tyler Schnoebelen의 글은 bit.ly/weirdtongues에서, 마이클 시소Michael Cysouw의 글은 http://bit.ly/CysouwRARA에서 볼 수 있다. 이 글은 허스트 사이먼Horst Simon과 하이케 비제Heike Wiese의 책 《Expecting the Unexpected》(2011)에도 실려 있다.

10: 프랑스어

앙리에뜨 왈터Henriette Walther는 《Le français dans tous les sens》(1988)을 포함하여 읽기 쉬운 책들을 여러 권 썼다. 읽기는 조금 더 어렵지만 종합적인 내용을 담고 있는 책으로는 게오르그 크렘니츠Georg Kremnitz, 팡슈 브로딕Fañch Broudic, 카르멘 알렌 가라바토Carmen Alen

Garabato가 쓴《Histoire sociale des langues de France》(2013)가 있다. 영어로 된 책으로는 장 브누아 나도Jean-Benoît Nadeau와 줄리 바로우Julie Barlow가 쓴《The Story of French》가 있다.

9: 말레이어

제임스 스네돈James Sneddon의《The Indonesian Language》(2003)와 앤드루 심슨Andrew Simpson이 편집한 책《Language and National Identity in Asia》에서 심슨이 쓴 인도네시아 챕터를 주로 참고했다.

8: 러시아어

버나드 캄리Bernard Comrie의 'The Indo-European Linguistic Family: Genetic and Typological Perspectives'가 유용하게 쓰였다. 이 글은 안나 지아칼로네 라마트Anna Giacalone Ramat와 파올로 라마트Paolo Ramat의 책《The Indo-European Languages (1997)》에 실려 있다.

7: 포르투갈어

유용하게 사용한 두 가지 자료는 말린 뉴이트Malyn Newitt의《A History of Portuguese Overseas Expansion, 1400–1668》(2005)과 밀튼 아제베두Milton Azevedo의《Portuguese: A Linguistic Introduction》(2005)이었다.

6: 벵골어

문자 체계에 대한 가장 최고의 책은 피터 대니얼스Peter T. Daniels와 윌리엄 브라이트William Bright가 편집한《The World's Writing Systems》(1996)이다. 이 책은 크고 무겁고 두껍고 비싸지만, 이 책이 이 주제에 대해서 알려주지 않는 것은 알 필요가 없는 것이라고 봐도 좋다(적어도 출간될 당시에는 그랬다). 내용적으로는 모든 것이 완벽하지는 않지만 헨리 로저스Henry Rogers의《Writing Systems: A Linguistic Approach》(2005)도 참고할 만하다.

5: 아랍어

'아랍어 콘사이스 사전'은 내 책장 선반에 놓은 어원 사전들과 여러 웹사이트의 도움을 받았다. 영어는 etymonline.com, 독일어는 Duden, 스페인어는 Coromines, 네덜란드어는 etymologiebank.nl, 프랑스어는 Larousse 그리고 전반적으로는 en.wiktionary.org를 참고했다. 클리브 홀스Clive Holes의 《Modern Arabic》(2004)과 키스 버스티그Kees Versteegh의 《The Arabic Language》(2001)의 도움도 많이 받았다.

4: 힌디-우르두어

본문에서 언급한 바와 같이 이 장의 주된 참고 자료는 알록 라이Alok Rai의 《Hindi Nationalism》(2007)과 타리크 라흐만Tariq Rahman의 《From Hindi to Urdu》(2011)이었다.

3: 스페인어

이 장은 문법책인 〈English Grammar〉(Olivia and Hill Press) 시리즈가 아주 유용했다. 이 시리즈는 영어 문법을 기초로 하여 아홉 개의 외국어를 설명한다. E.O. 애시톤E.O. Ashtond의 《Swahili Grammar》와 나탈리아 루진Natalia Lusin의 《Russian Grammar》도 사용했다.

2: 북경어

참고한 많은 자료들 중에서 데이비드 모서David Moser가 1992년에 쓴 글 'Why Chinese is so damn hard'(bit.ly/ MoserMandarin)와 그가 쓴 책 《A Billion Voices: China's Search for a Common Language》(2016)가 특별히 좋았다.

2b: 한자와 일본어

이 장의 중요한 참고 자료는 스티븐 해거스Steven Hagers의 《Schrift in Japan》(2005)이었다. 요코 하세가와Yoko Hasegawa의 책 《Japanese, A Linguistic Introduction》(2014)의 4장에서도 일본어 문자 체계에 대해 다루고 있다.

1: 영어

니컬러스 오스틀러Nicholas Ostler의 《The Last Lingua Franca》(2010)는 공통어의 과거, 현재, 미래를 종합적으로 다루고 있다.

감사의 글

사랑하는 나의 아내, 친구들 그리고 열성적으로 도움을 주었던 자원봉사자들과 수많은 전문가들이 아니었더라면 이 책을 쓰는 것은 훨씬 더 힘들고 지루한 작업이었을 것이다. 책을 쓴다는 것은 원래 외로운 작업이지만, 이들이 아니었다면 훨씬 더 외로웠을 것이다.

이 책의 내용은 대부분 해당 언어를 전공한 학자나 그 언어를 모국어로 사용하는 사람으로부터, 아니면 양쪽 모두로부터 검토와 수정을 받았다. 특히 아브히시크 아브틴스Abhishek Avtans(힌디-우르두어), 가브리엘 반 덴 베르크Gabrielle van den Berg(페르시아어), 아테스 다글리Ateş Dağlı(터키어), 스티븐 해거스Steven Hagers(일본어), 로테 호크Lotte Hoek(벵골어), 마르텐 모우스Maarten Mous(스와힐리어), 팜 바오 탄 휘엔Phạm Bảo Thanh Huyền(내 베트남어 선생님이자 친구), 루이 폼발Rui Pombal(포르투갈어), 요런 프롱크Joren Pronk(북경어), 티멘 프롱크Tijmen Pronk(러시아어), 조지 퀸George Quinn(자와어), 스테판 베닝어Stefan Weninger(아랍어)의 도움을 많이 받았다. 만일 책에서 틀린 내용을 발견하거든 이들 말고 내 탓을 해주기 바란다. 추가적으로 귀중한 정보를 제공해준 사람들에게도 감사를 전한다.

내가 대중을 위한 언어학 책을 처음 썼던 20년 전과 비교해볼 때, 전문지식을 흔쾌히 공유하는 학자들을 찾기가 점점 더 어려워지고 있다. 대부분의 대학들에서 교수들의 업무량이 늘어나고 있기 때문일 것이다. 그럴 수밖에 없는 사정에 충분히 공감하지만, 사회가 비용을 지불해서 생산된 지식이 점점 더 학계의 벽 안에만 남게 되는 문제가 발생하고 있다.

이 책은 또 다른 전문가 집단 없이는 존재하지 못했을 것이다. 바로 Profile Books에서 일하는, 또는 이 회사와 일하는, 책을 사랑하는 사람들 말이다. 편집자인 조너선 버클리Jonathan Buckley와 마크 엘링햄Mark Ellingham에게 'meedenken'해줘서 고맙다는 말을 전하고 싶다. 번역하기 어려운 이 네덜란드어 단어는 문자적으로 '따라 생각하다'라는 뜻이지만 실제로는 공동 창조에 가까운 의미를 가진 단어다. 내 에이전트인 캐롤라인 도나이Caroline Dawnay에게도 많은 감사를 전한다. 이들 모두에게 한 잔 대접하면서 많은 것을 축하하고, 힘들었던 일들은 잊어버리자고 하고 싶은데, 서로 멀리 떨어져 있어 다같이 모일 수 없는 것이 안타까울 뿐이다.

내 이전 책《Lingo》를 좋아했던 사람들이 이 책에 많은 도움을 주었다. 이들은 원고를 먼저 읽고 조언과 격려를 해주었으며, 수정할 내용을 정리해주기도 했다. 모두들 내가 계속 전진할 수 있도록 도와주어 매우 감사하게 생각한다.

그리고 마지막으로, 고마움을 전해야 할 나와 가장 가깝고 내가 가장 사랑하는 사람들이 있다. 이 책과 상관없이 언제 어디서나 나와 함께 해준 사람들이다. 스스로도 잘 알고 있을 것이므로 성은 빼고 이름만 불러보겠다. 마르텐, 카린, 바트, 니알라, 스탠, 엘렌, 에릭 그리고 물론 내 감사의 알파와 오메가이자 내 대부분 일상의 알파와 오메가인 마를린에게 깊은 고마움을 전한다.

옮긴이의 말

한국은 언어적으로 굉장히 단일한 나라이다. 한국에 사는 절대 다수의 사람들이 한국어를 모국어로 사용하며, 사회의 구석구석이 전부 다 한국어로 돌아간다.

초등교육부터 고등교육에 이르기까지 모든 교육이 한국어로 이루어지며, 직장에서는 한국어로 보고서를 작성하고 회의를 한다. 신문도 한국어로 나오고, 시사 프로그램이건 예능 프로그램이건 방송도 한국어로 나온다. 동네 편의점도, 은행도, 의회도, 법원도 다 한국어를 사용한다.

이런 언어적 단일성이 한국인에게는 너무나 당연한 일이지만, 전 세계적으로 볼 때 언어적 단일성은 전혀 일반적이지 않으며, 실은 상당히 특별한 경우에 속한다. 많은 나라에서는 언어적 다중성이 일상적이고 당연한 삶의 모습이다. 이는 간단한 산수 계산만 해봐도 알 수 있다. 전세계에 약 6,000개의 언어가 있고 (7,000개 이상의 언어가 있다고 보는 사람들도 많다) 약 200개의 나라가 있다고 할 때, 평균적으로 한 나라에서 30개의 언어가 사용된다고 봐야 하기 때문이다. 언어적 다중성이 높은 사회에서는 집에서 사용하는 언어와 학교 및 직장에서 사용하는 언어가 다른 사람들이 많고, 지역마다 전혀 다른 언어가 사용되는 경우도 많으며, 나라의 공식 언어가 여러 개인 경우도 있다.

언어적으로 단일한 사회에 살면서 한국인들이 언어적 다양성에 대하여 자연스럽게 생각해보거나 관심을 가져 볼 기회가 적은 것은 사실 당연한 일이다. 그런 면에 있어서 이 책은 세계 곳곳의 20가지 다양한 언어에 대해 깊이 있게, 하지만 동시에 흥미롭게 소개해주고 있어서 그 의미가 남다르다.

사실, 언어학을 공부하고 언어에 대한 관심이 높은 나조차도 타밀어나 자와어가 세계에서 가장 많이 사용되는 언어 20가지에 속하는지는 이 책을 보고서야 알게 되었다.

"이 책에 등장하는 스무 개의 언어들은 그 맛이 좋은 만큼 동시에 위험하다."

저자가 책의 도입부에서 밝히고 있는 말이다. 이 책에서 다루는 20개의 언어들은 모두 다 고유한 역사적, 사회적, 문화적, 언어적 특징을 가지고 있으며, 여러 다양한 어족에 속해 있고, 여러 다양한 문자 체계를 사용하는 등 언어적 다양성의 매력을 십분 뽐내고 있다.

따라서 그 맛이 좋다. 하지만 이 20개의 언어들은 6,000개가 넘는 언어들 중 가장 덩치가 크고 힘이 센 언어들이다. 힘이 센 언어들 때문에 왜소한 언어들이 설 자리를 잃고 빠르게 사라져가고 있다. 정확한 수치를 알 방법은 없으나, 한 추정치에 따르면 21세기 내내 2주마다 언어가 하나씩 없어질 수도 있다고 한다. 따라서 위험하다(가장 힘이 센 영어는 특히나 위험하다).

이 책을 한마디로 정의하는 데 있어서 저자 스스로의 평가가 그래서 가장 정확하다고 본다. 바벨은 언어적 다양성을 뽐내면서 동시에 언어적 다양성을 위협하는 언어들을 다루는 '달콤쌉싸름'한 책이다.

한국어 독자의 입장에서 이 책의 한계점은 명확하다. 영어 사용자를 대상으로 쓰인 책이기 때문에, 기본적으로 영어를 '기본값'으로 놓고 논의를 전개한다는 점이다. 각 장의 맨 처음에 제시되는 표의 수출어는 각 언어에서 '영어'로 수출된 단어들을 나열하고 있으며, 본문에서 어떤 언어적 특성을 어렵고 복잡한 특성으로 설명하고 있다면 그것은 '영어' 사용자의 입장에서 볼 때 어렵고 복잡한 특성이라는 것이다.

예를 들어, 베트남어에서 언니, 형, 동생, 삼촌, 조카 등의 단어들이 인칭대명사로 사용되는 점을 두고서, 저자는 이것을 어렵고 복잡한 문법적 특성이라고 소개했지만 한국어 사용자의 입장에서 보면 사실 이 점은 전혀 어렵고 복잡한 문법적 특성이 아니다. 그렇지만 이 한계점은 동시에 이 책의 장점이 될 수도 있다. 한국어를 기본값으로 놓고 사고하는 것이 자연스럽고 익숙한 우리들에게, 한국어가 기본값이 아닌 상태의 논의를 따라가는 것은 다소 생소하지만 흥미로운 경험일 수 있기 때문이다.

이 책은 그 주제의 특성상 언어에 대한 설명을 언어로 하기 때문에 메타적 성격이 강하다. 이 메타적 성격이 번역에 있어서 까다로운 부분이기도 했다. 예를 들어, 터키어의 어떤 언어적 특징에 대해 설명할 때, 저자는 영어의 단어, 문장, 문법을 예로 들어 설명한다. 영어로 쓴 책이니 영어의 단어와 문장과 문법을 사용해 터키어에 대해 설명하는 것은 당연하다. 하지만 한국어 독자들을 위해서는 터키어를 설명하기 위해 예로 든 영어 단어와 문장과 문법을 다시 한국어로 설명해야 하는 과제가 발생한다.

영어에 익숙한 독자들과 익숙하지 않은 독자들 모두 내용을 충분히 이해할 수 있도록 번역하는 것을 목표로 했다.

2021년 6월,

김승경

사진 출처

베트남어: pp.17, 39(저자).

한국어: p.50(korea.net, Republic of Korea, Flickr); p.60(Hyunwoo Sun, Flickr).

타밀어: p.73(http://tasveerghar.net); p.77(Sodabottle/Wikimedia); p.82 (unknown).

터키어: p.93(Topkapi/Wikipedia); p.100(Fotosearch/Getty Images).

자와어: p.115(Tropenmuseum/National Museum of World Cultures); p.117(Nurphoto/Getty Images); p.121(painting by O'ong Mariyono).

페르시아어: p.133(Jean-Michel Coureau/Getty Images); p.138(Guennol Collection; purchase through the Lila Acheson Wallace Gift; photo by Marie-Lan Nguyen); p.144(map by Draughtsman Ltd); p.146(Stan Termeer).

펀자브어: p.157(Pinterest); p.160(Adam Jones/Flickr).

일본어: p.173(Komatsuken, Museum of Fine Arts Boston).

스와힐리어: p.189(Swahili in German East Africa('Under Every Leaf' blog)); p.195(Justin Raycraft/Flickr).

독일어: p.208(Nina Stoessinger/Flickr); p.217(wortreich); p.220(spreadshirt.de).

프랑스어: p.231(Hulton Archive/Getty Images); p.238(자유이용 저작물).

말레이어: p.253(Scubazoo/Alamy Stock Photo); p.260(Wanderlust Diaries blog, orders-abroad.com).

러시아어: p.267(Barcroft Media/Getty Images); p.279(Mikhail Yakovlev/Wikimedia).

포르투갈어: p.286(Wikimedia); p.295(Francisco Santos/Wikimedia).

벵골어: p.304(indiarailinfo.com); p.318(Nguyễn Vũ Hưng/Flickr); p.323(Wikimedia).

아랍어: p.332(Themeplus/Flickr).

힌디-우르두어: p.353(HomoCosmicos/Alamy Stock Photo); p.363(Wikimedia); p.367(Imperial War Museum); p.368(David Boyk).

스페인어: p.376(Real Academia Española); p.379(Bob Daemmrich/ Alamy Stock Photo).

북경어: p.397(DLIFLC PAO/Flickr); p.403(미상)

한자와 일본어: p.417(Tamaki Sono/Flickr).

영어: p.425(alan.98/Flickr); p.427(Uri Tours/Flickr); p.432(https://learnenglishwithdemi.wordpress.com); p.437(미상).

바벨
20개의 언어로 떠나는 세계 문명기행

초판 1쇄 발행 2021년 6월 23일

지은이 가스통 도렌
옮긴이 김승경
펴낸이 성의현
펴낸곳 (주)미래의창

편집주간 김성옥
책임편집 정보라
디자인 공미향

출판 신고 2019년 10월 28일 제2019-000291호
주소 서울시 마포구 잔다리로 62-1 미래의창빌딩(서교동 376-15, 5층)
전화 070-8693-1719 **팩스** 0507-1301-1585
홈페이지 www.miraebook.co.kr
ISBN 979-11-91464-20-7 03700

※ 책값은 뒤표지에 있습니다. 잘못된 책은 바꿔 드립니다.